21世纪高等院校物流专业创新型应用人才培养规划教材

现代物流管理概论

主　编　赵跃华
副主编　刘　钦　张志强

内 容 简 介

本书共分 15 章，分别是绪论、物流系统、货物运输管理、储存管理、装卸搬运管理、包装管理、流通加工管理、配送管理、物流信息管理、物流标准化管理、供应链管理、采购与供应管理、电子商务物流管理、国际物流和其他物流形式，全面系统地阐述了现代物流管理的基本理论和相关技术。

本书可作为普通高校物流管理专业的专业课教材，也可作为工商管理、市场营销、电子商务、贸易经济等专业的选修课教材，还可作为企事业单位从事物流工作的在职员工培训用书。

图书在版编目（CIP）数据

现代物流管理概论/赵跃华主编．—北京：北京大学出版社，2015.1
（21 世纪高等院校物流专业创新型应用人才培养规划教材）
ISBN 978-7-301-25364-9

Ⅰ.①现… Ⅱ.①赵… Ⅲ.①物流—物资管理—高等学校—教材 Ⅳ.①F252

中国版本图书馆 CIP 数据核字 (2015) 第 008002 号

书　　　名	现代物流管理概论
著作责任者	赵跃华　主编
策 划 编 辑	李　虎　刘　丽
责 任 编 辑	刘　丽
标 准 书 号	ISBN 978-7-301-25364-9
出 版 发 行	北京大学出版社
地　　　址	北京市海淀区成府路 205 号　100871
网　　　址	http://www.pup.cn　新浪微博：@北京大学出版社
电 子 信 箱	pup_6@163.com
电　　　话	邮购部 010-62752015　发行部 010-62750672　编辑部 010-62750667
印 刷 者	北京虎彩文化传播有限公司
经 销 者	新华书店
	787 毫米×1092 毫米　16 开本　21.5 印张　494 千字
	2015 年 1 月第 1 版　2022 年 1 月第 5 次印刷
定　　　价	48.00 元

未经许可，不得以任何方式复制或抄袭本书之部分或全部内容。
版权所有，侵权必究
举报电话：010-62752024　电子信箱：fd@pup.pku.edu.cn
图书如有印装质量问题，请与出版部联系，电话：010-62756370

21世纪高等院校物流专业创新型应用人才培养规划教材编写指导委员会

(按姓名拼音顺序)

主 任 委 员	齐二石			
副主任委员	白世贞	董千里	黄福华	李向文
	刘元洪	王道平	王海刚	王汉新
	王槐林	魏国辰	肖生苓	徐 琪
委 员	曹翠珍	柴庆春	陈 虎	丁小龙
	杜彦华	冯爱兰	甘卫华	高举红
	郝 海	阚功俭	孔继利	李传荣
	李学工	李晓龙	李於洪	林丽华
	刘永胜	柳雨霁	马建华	孟祥茹
	乔志强	汪传雷	王 侃	吴 健
	于 英	张 浩	张 潜	张旭辉
	赵丽君	赵 宁	周晓晔	周兴建

丛 书 总 序

物流业是商品经济和社会生产力发展到较高水平的产物，它是融合运输业、仓储业、货代业和信息业等的复合型服务产业，是国民经济的重要组成部分，涉及领域广，吸纳就业人数多，促进生产、拉动消费作用大，在促进产业结构调整、转变经济发展方式和增强国民经济竞争力等方面发挥着非常重要的作用。

随着我国经济的高速发展，物流专业在我国的发展很快，社会对物流专业人才需求逐年递增，尤其是对有一定理论基础、实践能力强的物流技术及管理人才的需求更加迫切。同时随着我国教学改革的不断深入以及毕业生就业市场的不断变化，以就业市场为导向，培养具备职业化特征的创新型应用人才已成为大多数高等院校物流专业的教学目标，从而对物流专业的课程体系以及教材建设都提出了新的要求。

为适应我国当前物流专业教育教学改革和教材建设的迫切需要，北京大学出版社联合全国多所高校教师共同合作编写出版了本套"21世纪高等院校物流专业创新型应用人才培养规划教材"。其宗旨是：立足现代物流业发展和相关从业人员的现实需要，强调理论与实践的有机结合，从"创新"和"应用"两个层面切入进行编写，力求涵盖现代物流专业研究和应用的主要领域，希望以此推进物流专业的理论发展和学科体系建设，并有助于提高我国物流业从业人员的专业素养和理论功底。

本系列教材按照物流专业规范、培养方案以及课程教学大纲的要求，合理定位，由长期在教学第一线从事教学工作的教师编写而成。教材立足于物流学科发展的需要，深入分析了物流专业学生现状及存在的问题，尝试探索了物流专业学生综合素质培养的途径，着重体现了"新思维、新理念、新能力"三个方面的特色。

1. 新思维

(1) 编写体例新颖。借鉴优秀教材特别是国外精品教材的写作思路、写作方法，图文并茂、清新活泼。

(2) 教学内容更新。充分展示了最新最近的知识以及教学改革成果，并且将未来的发展趋势和前沿资料以阅读材料的方式介绍给学生。

(3) 知识体系实用有效。着眼于学生就业所需的专业知识和操作技能，着重讲解应用型人才培养所需的内容和关键点，与就业市场结合，与时俱进，让学生学而有用，学而能用。

2. 新理念

(1) 以学生为本。站在学生的角度思考问题，考虑学生学习的动力，强调锻炼学生的思维能力以及运用知识解决问题的能力。

(2) 注重拓展学生的知识面。让学生能在学习到必要知识点的同时也对其他相关知识有所了解。

(3) 注重融入人文知识。将人文知识融入理论讲解，提高学生的人文素养。

3. 新能力

(1) 理论讲解简单实用。理论讲解简单化，注重讲解理论的来源、出处以及用处，不做过多的推导与介绍。

(2) 案例式教学。有机融入了最新的实例以及操作性较强的案例，并对案例进行有效的分析，着重培养学生的职业意识和职业能力。

(3) 重视实践环节。强化实际操作训练，加深学生对理论知识的理解。习题设计多样化，题型丰富，具备启发性，全方位考查学生对知识的掌握程度。

我们要感谢参加本系列教材编写和审稿的各位老师，他们为本系列教材的出版付出了大量卓有成效的辛勤劳动。由于编写时间紧、相互协调难度大等原因，本系列教材肯定还存在不足之处。我们相信，在各位老师的关心和帮助下，本系列教材一定能不断地改进和完善，并在我国物流专业的教学改革和课程体系建设中起到应有的促进作用。

齐二石

2009 年 10 月

齐二石 本系列教材编写指导委员会主任，博士、教授、博士生导师。天津大学管理学院院长，国务院学位委员会学科评议组成员，第五届国家 863/CIMS 主题专家，科技部信息化科技工程总体专家，中国机械工程学会工业工程分会理事长，教育部管理科学与工程教学指导委员会主任委员，是最早将物流概念引入中国和研究物流的专家之一。

前　言

物流学是一门综合性学科，它涉及经济学、管理学、法学、信息学、工程学等多门学科。随着这些学科研究的发展，我们对物流的研究就更加普及、更加深刻。物流的规模和现代化程度是反映一个国家经济发展水平的重要标志之一。由于物流的系统化和现代化创造了巨大的经济效益，因此人们称物流为"第三利润源泉"。未来国家经济要持续、稳定地发展，对物流的现代化提出了更加紧迫的要求。

随着国民经济的高速发展，社会对物流专业人才的需求十分旺盛，尤其对既有一定理论基础，又有实践能力的物流专业人才的需求更为迫切；同时，随着我国教学改革的不断深入及毕业生就业市场的变化，以就业市场为导向的物流教学，培养创新型应用人才已经成为高等院校的教育培养目标，这也对物流专业的教材建设提出了新的要求。

现代物流管理所设涉及的内容十分广泛，物流界普遍认为，可以从以下三个方面加以划分：第一，对物流活动要素的管理，其中包括对运输、储存、装卸搬运、包装、流通加工、配送等环节的管理；第二，对构成物流系统各要素的管理，主要包括对物流人员、物流财务、物流的物品、物流信息等要素的管理；第三，对物流管理活动中具体职能的管理，其中包括物流战略、组织、技术、成本、服务与质量等的管理。目前，各类物流管理方面的教材有很多，本书在借鉴它们的同时，吸收了国内外物流管理理论及最新研究成果和最新资料的基础上，密切联系我国物流的实际情况，以阐述物流管理的基础理论为目的，介绍物流的基础概念，概述物流基本职能及其管理，以及电子商务、供应链管理、物流战略管理，特别对物流标准化管理、物流质量管理和环保物流等方面内容作了较深入的阐述。

本书编写具有以下几个突出特点。

1. 系统性

本书在各章节内容安排上，突出了物流各功能环节要素的系统性，同时对与物流紧密相关的供应链、需求链、电子商务等问题都作了较为系统的论述。在教材每章中引用相应案例，并设计了反映每章主要内容的小结和练习题，旨在帮助读者复习思考，提高综合解题的能力。

2. 前沿性

本书在编写中概括了物流理论和实践，以及现代物流理论的相关知识，对现代物流中一些新的理论观点(绿色物流、逆向物流、应急物流、定制物流、创新物流、虚拟物流和需求链等)与新的物流技术给予了高度关注，并在教材中兼收并蓄、广泛体现，给读者以启迪。

3. 实用性

中高级物流管理人才需要具备一定的物流理论知识，同时还必须熟悉物流的实际运作业务。本书在撰写中，尽可能将物流的基本理论和物流实践紧密结合起来，一方面注重物流理论的系统论述；另一方面也关注物流实践的运用，书中每章都配有国内外成功的案例分析及实训操作等内容，以加深读者对物流实践知识的理解和培养实践操作能力。

4. 新颖性

本书在编写中补充了以下其他同类书籍涉及较少或尚未涉及的内容。

（1）物流行业的定位。"物流业也属于国民经济中第三产业——生产性服务业，其提供的产品就是物流服务。物流服务是一种不可感知的无形商品。"以加深读者对物流行业的理解。

（2）需求链的相关理论，以强化读者对供应链的认识和理解。

（3）物流统计作为物流信息管理的重要组成部分的相关理论，以形成物流信息管理的系统性。

（4）物流标准化的相关理论，以强化物流标准化对物流现代化的支撑作用。

（5）对新的现代信息技术的应用——物联网的相关理论也作了较为详细的阐述。

本书由赵跃华教授任主编（编写了第1~5章），由张志强（编写了第6~10章）和刘钦任副主编（编写了第11~15章）。刘钦负责全书的文字校对和整理工作，赵跃华负责全书的修改完善和统稿工作。

本书在编写过程中参阅了大量物流管理方面的书籍，在此，向其作者表示衷心的感谢！

由于水平所限，书中难免会有不当之处，欢迎广大读者不吝赐教，提出宝贵意见。

编　者

2014年10月

目　　录

第 1 章　绪论 ………………………………… 1

1.1　物流及物流管理 ……………………… 2
 1.1.1　物流与物流管理的基本
    概念 ………………………… 2
 1.1.2　物流在国民经济中的作用 …… 3
 1.1.3　现代物流的功能 ……………… 5
 1.1.4　物流管理的必要性和
    重要性 ……………………… 7
 1.1.5　物流管理的内容 ……………… 8
 1.1.6　物流学的主要观点 …………… 8
 1.1.7　现代物流与传统物流的
    区别 ………………………… 10
 1.1.8　现代物流理念 ………………… 11
 1.1.9　现代物流的特征 ……………… 13

1.2　物流及其发展 ………………………… 14
 1.2.1　国外物流发展概况 …………… 14
 1.2.2　各国物流管理的差异 ………… 15
 1.2.3　我国物流发展概况 …………… 16

1.3　物流分类 ……………………………… 18
 1.3.1　按物流服务特点不同分类 … 18
 1.3.2　按物流实现方式不同分类 … 18
 1.3.3　按物流所涉及的范围不同
    分类 ………………………… 19
 1.3.4　按物流活动的先后顺序不同
    分类 ………………………… 22

1.4　物流活动和物流企业 ………………… 22
 1.4.1　物流活动 ……………………… 22
 1.4.2　物流企业概述 ………………… 25
 1.4.3　物流企业分类 ………………… 26
 1.4.4　我国各类物流企业发展
    概况 ………………………… 29
 1.4.5　物流企业的运作模式 ………… 31
 1.4.6　第三方物流 …………………… 32

本章小结 ……………………………………… 37
练习题 ………………………………………… 38
实训操作 ……………………………………… 39

第 2 章　物流系统 …………………………… 40

2.1　物流系统概述 ………………………… 42
 2.1.1　物流系统的概念 ……………… 42
 2.1.2　物流系统的功能、分类与
    模式 ………………………… 42
 2.1.3　物流系统的构成 ……………… 43
 2.1.4　物流系统的特点 ……………… 45
 2.1.5　物流系统分析 ………………… 46

2.2　物流战略管理 ………………………… 48
 2.2.1　物流战略及其管理 …………… 48
 2.2.2　基于供应链下的物流战略
    管理 ………………………… 48

2.3　物流组织管理 ………………………… 50
 2.3.1　物流组织概述 ………………… 50
 2.3.2　物流组织结构 ………………… 51
 2.3.3　物流人力资源管理 …………… 54

2.4　物流成本管理 ………………………… 56
 2.4.1　物流成本管理在物流管理中的
    作用 ………………………… 56
 2.4.2　物流系统服务与成本 ………… 58
 2.4.3　物流成本的构成及分类 ……… 60
 2.4.4　物流成本控制 ………………… 61

2.5　物流服务与物流质量管理 …………… 66
 2.5.1　物流服务管理 ………………… 66
 2.5.2　物流质量管理 ………………… 69

本章小结 ……………………………………… 76
练习题 ………………………………………… 77
实训操作 ……………………………………… 78

第 3 章　货物运输管理 ……………………… 80

3.1　货物运输及其地位和作用 …………… 81
 3.1.1　货物运输的概念 ……………… 81
 3.1.2　货物运输在国民经济中的
    地位和作用 ………………… 81
 3.1.3　货物运输在物流管理中的
    作用 ………………………… 82

3.2 货物运输管理的基本内容 …………… 83
　3.2.1 货物运输生产的特征 ……… 83
　3.2.2 运输组织管理 ……………… 84
　3.2.3 货物运输技术管理 ………… 85
3.3 货物运输合理化 ………………………… 95
　3.3.1 组织合理化运输的意义 …… 95
　3.3.2 制约合理化运输的主要
　　　　因素 ………………………… 96
　3.3.3 合理化运输的主要形式 …… 97
　3.3.4 合理化运输的优化设计 …… 98
本章小结 ………………………………………… 101
练习题 …………………………………………… 101
实训操作 ………………………………………… 103

第4章　储存管理 …………………………… 104
4.1 储存及其地位和作用 ………………… 105
　4.1.1 储存的概念 ………………… 105
　4.1.2 储存在国民经济中的地位和
　　　　作用 ………………………… 105
　4.1.3 储存在物流管理中的
　　　　作用 ………………………… 106
4.2 储存管理的内容 ……………………… 106
　4.2.1 储存系统的构成 …………… 106
　4.2.2 仓库 ………………………… 107
　4.2.3 储存业务管理的内容 ……… 108
4.3 储存合理化 …………………………… 109
　4.3.1 储存合理化标志 …………… 109
　4.3.2 实现储存合理化的措施 …… 110
　4.3.3 存储论在储存管理中的应用——
　　　　库存控制管理 ……………… 111
本章小结 ………………………………………… 119
练习题 …………………………………………… 119
实训操作 ………………………………………… 120

第5章　装卸搬运管理 ……………………… 122
5.1 装卸搬运及其在物流管理中的
　　作用 …………………………………… 123
　5.1.1 装卸搬运概述 ……………… 123
　5.1.2 装卸搬运在物流管理中的
　　　　作用 ………………………… 126
5.2 装卸搬运管理的基本内容 …………… 126
　5.2.1 装卸搬运作业管理的内容 … 126

　5.2.2 装卸搬运作业组织原则 …… 127
　5.2.3 集装化装卸搬运技术 ……… 128
　5.2.4 装卸搬运作业优化分析 …… 128
本章小结 ………………………………………… 132
练习题 …………………………………………… 132
实训操作 ………………………………………… 134

第6章　包装管理 …………………………… 135
6.1 包装及其在物流管理中的作用 …… 136
　6.1.1 包装的概念 ………………… 136
　6.1.2 包装在物流管理中的
　　　　作用 ………………………… 136
　6.1.3 包装的主要功能 …………… 137
6.2 包装的分类 …………………………… 138
　6.2.1 按包装在物流中的作用
　　　　不同分类 …………………… 138
　6.2.2 按包装材料不同分类 ……… 138
　6.2.3 按包装的保护技术不同
　　　　分类 ………………………… 139
　6.2.4 按包装的集装化程度不同
　　　　分类 ………………………… 139
6.3 包装的技术和方法 …………………… 141
　6.3.1 包装的一般技术和方法 …… 141
　6.3.2 包装的特殊技术和方法 …… 141
　6.3.3 现代包装技术及其方法 …… 142
6.4 包装的合理化与标准化 ……………… 143
　6.4.1 包装的合理化 ……………… 143
　6.4.2 包装的标准化 ……………… 144
本章小结 ………………………………………… 145
练习题 …………………………………………… 145
实训操作 ………………………………………… 147

第7章　流通加工管理 ……………………… 148
7.1 流通加工及其在物流管理中的
　　作用 …………………………………… 149
　7.1.1 流通加工的概念和特点 …… 149
　7.1.2 流通加工在物流管理中的
　　　　作用 ………………………… 151
7.2 流通加工的类型和方式 ……………… 151
　7.2.1 流通加工的类型 …………… 151
　7.2.2 流通加工的方式 …………… 153
本章小结 ………………………………………… 154

练习题 ·················· 154
　　实训操作 ················ 156

第8章　配送管理 ················ 157

8.1　配送及其在物流管理中的作用 ······ 158
　　8.1.1　配送概述 ············ 158
　　8.1.2　配送在物流管理中的作用 ·············· 160
8.2　配送管理的基本内容 ········ 161
　　8.2.1　配送的分类 ··········· 161
　　8.2.2　配送的流程 ··········· 163
　　8.2.3　配送业务管理 ·········· 164
　　8.2.4　配送合理化 ··········· 165
8.3　配送中心及其管理 ·········· 167
　　8.3.1　配送中心的基本职能 ······ 167
　　8.3.2　现代物流配送中心 ······· 168
本章小结 ··················· 171
练习题 ···················· 172
实训操作 ··················· 173

第9章　物流信息管理 ············ 174

9.1　物流信息及其在物流管理中的作用 ·················· 175
　　9.1.1　物流信息概述 ·········· 175
　　9.1.2　物流信息在物流管理中的作用 ·············· 176
　　9.1.3　物流信息的种类 ········ 177
9.2　物流信息管理概述 ·········· 179
　　9.2.1　物流信息的收集 ········ 179
　　9.2.2　物流信息处理 ·········· 182
　　9.2.3　物流信息的服务——物流决策 ··········· 182
　　9.2.4　物流统计信息 ·········· 183
9.3　物流信息化 ·············· 186
　　9.3.1　物流信息化概述 ········ 186
　　9.3.2　物流信息系统的应用 ····· 188
　　9.3.3　物联网 ·············· 192
本章小结 ··················· 195
练习题 ···················· 196
实训操作 ··················· 197

第10章　物流标准化管理 ············ 198

10.1　物流标准化及其在物流管理中的作用 ················· 199

　　10.1.1　物流标准化概述 ········ 199
　　10.1.2　物流标准化的特点 ······ 200
　　10.1.3　物流标准化在物流管理中的重要作用 ············ 200
10.2　物流标准的分类 ············ 201
　　10.2.1　物流通用标准 ········· 201
　　10.2.2　物流技术标准 ········· 202
　　10.2.3　物流工作标准 ········· 203
10.3　物流标准体系 ············· 203
　　10.3.1　物流系统通用基础标准 ··· 203
　　10.3.2　物流系统建设标准 ······ 205
　　10.3.3　物流管理标准 ········· 205
　　10.3.4　物流作业技术标准 ······ 207
　　10.3.5　物流信息技术标准 ······ 210
　　10.3.6　物流服务标准 ········· 211
　　10.3.7　物流质量管理标准 ······ 211
　　10.3.8　国际物流标准 ········· 212
本章小结 ··················· 213
练习题 ···················· 213
实训操作 ··················· 215

第11章　供应链管理 ············ 216

11.1　供应链 ················· 217
　　11.1.1　供应链概述 ··········· 218
　　11.1.2　供应链成员间的相互关系 ·············· 218
　　11.1.3　供应链的整合与优化 ···· 219
11.2　供应链管理与物流管理 ······· 222
　　11.2.1　供应链管理概述 ······· 222
　　11.2.2　供应链管理与物流管理的关系和区别 ········· 224
　　11.2.3　供应链管理环境下物流管理的特点 ········ 225
11.3　供应链的设计 ············· 226
　　11.3.1　影响供应链设计的主要因素 ············ 226
　　11.3.2　供应链设计的原则和步骤 ·············· 227
11.4　需求链 ················· 228
　　11.4.1　需求链概述 ··········· 228
　　11.4.2　供应链管理与需求链管理的区别 ··············· 229
　　11.4.3　供应链管理向需求链管理发展的模式 ········· 230

11.4.4 需求链管理方法 231
本章小结 234
练习题 235
实训操作 236

第 12 章 采购与供应管理 237

12.1 采购概述 238
　　12.1.1 采购的概念 238
　　12.1.2 采购的作用 239
　　12.1.3 采购的分类 239
12.2 采购管理 242
　　12.2.1 采购管理概述 242
　　12.2.2 战略采购与采购战略 246
12.3 供应商管理 250
　　12.3.1 供应商管理概述 250
　　12.3.2 供应商管理的内容 251
本章小结 254
练习题 254
实训操作 256

第 13 章 电子商务物流管理 257

13.1 电子商务概述 258
　　13.1.1 电子商务的概念 258
　　13.1.2 电子商务的结构 259
　　13.1.3 电子商务的分类 259
　　13.1.4 电子商务的运行特征 260
　　13.1.5 电子商务运行的
　　　　　基本形式 261
13.2 电子商务物流及其业务流程 263
　　13.2.1 电子商务物流概述 263
　　13.2.2 电子商务与物流的关系 264
　　13.2.3 电子商务物流业务流程 268
本章小结 270
练习题 270
实训操作 271

第 14 章 国际物流 272

14.1 国际物流及其所受影响 273
　　14.1.1 国际物流概述 273
　　14.1.2 经济全球化趋势对
　　　　　国际物流的影响 276
14.2 国际物流运作 278

14.2.1 国际货物仓储与
　　　　保税业务 278
14.2.2 国际货物包装与
　　　　流通加工 279
14.2.3 国际货物商品检验检疫 ... 280
14.2.4 国际货运保险 282
14.2.5 国际货物报关 284
14.2.6 国际货物运输 286
14.2.7 国际物流信息系统 287
14.3 国际供应链 288
　　14.3.1 国内供应链与国际供应链的
　　　　　区别 288
　　14.3.2 国际供应链的重要性 289
本章小结 292
练习题 292
实训操作 294

第 15 章 其他物流形式 295

15.1 绿色物流 296
　　15.1.1 绿色物流概述 296
　　15.1.2 绿色物流管理 299
　　15.1.3 绿色物流的实施 301
15.2 逆向物流 302
　　15.2.1 逆向物流概述 302
　　15.2.2 逆向物流与循环经济 305
15.3 应急物流 305
　　15.3.1 应急物流概述 305
　　15.3.2 应急物流管理 307
15.4 精益物流 309
　　15.4.1 精益物流概述 309
　　15.4.2 精益物流的实施 310
15.5 定制物流 312
　　15.5.1 定制物流概述 312
　　15.5.2 定制物流的实施 313
　　15.5.3 大规模定制物流 314
15.6 虚拟物流 315
　　15.6.1 虚拟物流概述 315
　　15.6.2 虚拟物流的风险及管理 ... 317
　　15.6.3 虚拟物流发展对策 317
15.7 第四方物流 318
本章小结 323
练习题 324

参考文献 328

第1章 绪　　论

【学习目标】

通过本章的学习，学生应重点掌握物流的基本概念和功能，以及物流对国民经济的作用，物流发展沿革，物流行业分类和物流企业等，能够对现代物流有宏观的认识，为今后的学习打下良好的基础。

【关键概念】

物流　物流管理　第三方物流　物流基本功能　物流增值功能　物流综合功能　第三利润源泉　物流行业　物流企业　现代物流

> **导入案例**
>
> 海尔的 JIT 采购与配送管理体系
>
> 　　海尔的 JIT(Just in Time,准时制)采购配送中心整合海尔集团的采购与配送业务,形成了极具规模化、网络化、信息化的 JIT 采购及配送体系。
>
> 　　海尔物流 JIT 采购管理体系:实现为订单而采购,降低物流采购成本;推行 VMI(Vendor Managed Inventory,供应商管理库存)模式,建立与供应商的战略合作关系,实现与供应商的双赢合作。目前,JIT 采购面向包括 50 余个世界 500 强企业的供应商实施全球化采购业务,在全面推进实施寄售采购模式的同时可为用户提供一站到位的第三方服务业务。
>
> 　　海尔物流 JIT 配送管理体系:提高原材料配送的效率,"革传统仓库管理的命",建立了两个现代智能化的立体仓库及自动化物流中心,利用 ERP 物流信息管理手段对库存进行控制,实现 JIT 配送模式。从物流容器的单元化、标准化、通用化到物料搬运的机械化,再到车间物料配送的"看板"管理系统、定置管理系统、物耗监测和补充系统,进行了全面改革,实现了"以时间消灭空间"的物流管理目标。目前,JIT 配送全面推广信息替代库存,使用电子标签、条码扫描等国际先进的无纸化办公方法,实现物料出入库系统自动记账,达到按单采购、按单拉料、按单拣配、按单核算投入产出、按单计酬的目标。形成了一套完善的看单配送体系。拥有先进的 JIT 采购及配送管理体系、丰富的实践运作经验、强大的信息系统,海尔 JIT 采购配送中心将打造出新时代的采购配送流程。
>
> (资料来源: http://wenku.baidu.com.)

　　海尔公司是中国知名的电器生产制造企业,它的 JIT 采购与配送系统为其降低物流成本发挥了重要的支持作用。从企业面临的激烈竞争角度讲,降低企业的物流成本是一个重要的课题。因此,必须加强物流管理,才能提高物流效率,降低生产成本,从而提高企业效益和社会效益。

1.1　物流及物流管理

1.1.1　物流与物流管理的基本概念

　　我国在国家标准《物流术语》(GB/T 18354—2006)中对物流的概念是这样定义的:"物品从供应地向接收地的实体流动过程。根据实际需要,将采购、运输、储存、装卸、搬运、包装、流通加工、配送、回收、信息处理等基本功能实施有机结合。"

　　管理是人类共同劳动的客观要求,物流活动也是一种共同劳动,当然也需要进行管理。

　　物流管理就是指在社会的生产过程中根据物质资料实体流动的规律,应用管理的基本原理和方法,对物流活动进行计划、组织、协调、控制与监督,使各项物流活动实现最佳组合以降低物流成本、提高物流效率和经济效益。

　　物流管理的"管"就是指物质活动要受到一定的限制和约束,"理"则指物流活动要符合物质实体流动的规律,因此,物流管理就是通过一定的手段和方法,使物流活动与其规律相适应从而求得实效。物流管理的常用方法有经济方法、行政方法、法律方法和教育方法,这四种方法相辅相成,相互制约,有机结合进行有效的管理。

1.1.2 物流在国民经济中的作用

自从 20 世纪 70 年代末我国经济界引入"物流"概念以来，物流引起了政府和经济界、企业界各方面的高度重视。近年来，物流业的迅猛发展所形成的新一轮"物流热"催生着人们对物流赋予了新的理念。发展现代物流已经成为全社会的共识。特别是 2005 年国家在"十一五"规划中，历史性地第一次专门提出大力发展现代化物流的规划目标，这一重大举措标志着在"十一五"时期，我国物流进入了一个崭新的发展阶段。

我国改革开放以来，国民经济持续高速发展，为我国物流的发展提供了坚实的基础。2013 年我国 GDP 达到 56.88 万亿元人民币，比 1990 年增长近 14.33 倍，高速发展的经济必然促进物流的迅速发展。"十五"期间我国物流总额达到 159 万亿元人民币，比"九五"期间增长 1.4 倍。我国物流的这种发展态势，极大地推动了我国物流现代化发展进程。现代化物流的内涵一方面表现为物流系统的技术革命，即以现代化物流技术取代传统的物流技术；另一方面则表现为对现代物流理念的认识和对物流系统的现代化管理。

我国经济要在 21 世纪长期持续、稳定、协调发展，作为"第三利润源泉"的物流已经成为国民经济的一个重要产业支柱，在社会经济建设中具有十分重要的作用。物流如何适应经济现代化发展的需要是近年来经济界（包括物流界）十分关注的问题。物流学是一门研究物质资料的生产、流通、消费等各环节的物流规律的学科，它的研究对象则是处于不断运动中的物资及影响物资流通的各相关因素，它涉及物质资料空间位移过程中各种经济问题和技术问题，以及相适应的物流经济管理理论、方法和物流技术。

物流学研究的任务是实现在物流活动中采用先进的物流管理理论和物流技术，使物流的投入与物流目标达到总体平衡，实现物流效益的最大化，为人民生活和国家经济建设提供优质服务。

1. 物流是生产不断进行的前提条件，是社会再生产过程的必要环节

社会化生产都是经过生产、分配、流通、消费这四个环节，恩格斯说过"生产和随着生产而来的商品交换是一切社会制度的基础，在每个历史阶段出现的社会中，生产品的分配，以及与之相伴的社会阶段或等级的划分也是由这个社会生产什么、怎样生产和怎样交换生产品来决定的。"

社会再生产的主要特点是它的连续性，这是人类社会得以发展的重要保证，一个社会既不可能停止生产也不可能停止消费。而持续不断的"再生产之流"总是以获得必要的生产资料并使之与劳动力相结合开始的。企业生产要持续不断地进行，一方面必须按生产需要的数量、质量、品种、规格和时间不断地供给原材料、燃料、工具、设备等生产资料；另一方面又必须及时将生产的产品销售出去，也就是说必须保证物质资料不间断地流入生产部门，经过加工后又不间断地流出生产部门。同时在生产部门内部这些物质资料也要在各生产工序场所间相继输送，使它们经过一步一步的深加工后变成为价值更高、使用价值更能满足用户需求的新产品。这两种形式的物流如果停顿，生产过程就必然受到影响或者停滞。所以说物流为企业生产提供了外部和内部的经营环境，是企业生存和发展的重要支撑力量，是企业生产运行的根本保证。因此物流是社会生产与再生产不断进行的前提条件。

2. 物流是国民经济的动脉系统，是联系国民经济其他产业的纽带

一个社会（或国家）的经济都是由众多的产业部门和企业组成，而这些又分布在不同的地域，它们之间相互供应其产品用于其他方的生产性消费和个人生活消费，它们既互相依赖又相互竞争，形成错综复杂的关系。特别是现代科技的发展和新技术革命的兴起，引起和正在引起经济结构、产业结构和消费结构的一系列变化。这些变化和复杂的结构必须通过物流把它们联系起来，就像人体各器官要由血管把它们联成一个循环的整体一样。物流就是维系这些关系错综复杂的产业、部门和企业的纽带。物流这条纽带把众多的不同类型的企业和部门及众多产品连接起来，成为一个有序运行的国民经济体系。马克思说过"交换没有造成生产领域之间的差别，而是使不同的生产领域发生关系，并把它们变成社会总生产的多少相互依赖的部门。"商流和物流一起把各个部门变成社会总生产过程中相互依赖的部门。现代物流是伴随工业化、城市化发展而兴起的生产性服务行业，加快发展现代物流，对于提高物流效率，降低社会物流成本，促进经济结构调整和增长方式的转变，推动第三产业乃至整个国民经济的发展都具有十分重要的意义。近年来现代物流在全球范围内的迅速发展，促进了生产要素在更大范围内的自由流动和优化配置，进一步推动了区域、国际经济的合作、互补融合，使各地、各国在更大范围、更深程度上参与经济全球化进程，为形成优势互补、互惠互利的区域、国际合作新格局提供了坚实的平台。特别是迅速步入以电子技术和信息技术为特征的现代化物流，已经成为国民经济的重要支柱产业。

3. 物流是保证商流顺利进行、实现商品使用价值和商品价值的物质基础

流通的出现是商品经济发展的必然，在商品流通中一方面要发生商品的所有权的让渡，即实现商品的价值，该过程称之为"商流"；另一方面又要完成商品从生产地向消费地的空间转移，即发生商品的实体移动，以实现商品的使用价值，该过程称之为"物流"。流通首先起源于商品交换活动，来源于商流，但是，商流只是实现了商品所有权的转移，并没有完成商品的全部流通过程，卖方还需要将商品交付给买方。这种交付过程就是商品的流通过程，或者说是商品从生产地向消费地的实体流动过程，也就是物流。

在商品流通过程中，物流是伴随商流而产生的，但它不是商流的物资内容和基础。商流的目的在于让渡商品的所有权，而物流才是商品交换过程所要解决的社会物资转移过程的具体体现。没有物流过程就无法完成商品的流通过程，商品的价值和使用价值就不可能实现。因此商流是物流的前提，而物流则是商流的保证。总之，商流和物流构成了商品流通的两大环节，商流和物流相互促进、共同作用，从而推动社会经济的不断发展。

4. 物流技术的发展是决定商品生产规模即产业结构变化的重要因素

商品生产的发展要求社会化、专业化和规模化，但是如果没有物流的发展，这些要求很难实现。由于运输技术的发展而使产销两地距离缩短，产品才能在短时间内进入消费市场；同时由于储存技术的发展，使商品的使用价值可能在较长时间延存，使其能在较长时间内消费；由于包装技术的发展，能使商品安全运输、安全储存、保护商品，使其更好地销售。总之，物流技术的发展从根本上改变了商品生产的消费条件，为社会经济发展创造了前提条件，而且随着现代化科技的发展，物流对社会生产及国民经济的发展都将起到越来越重要的作用。

5. 物流发展是提高微观经济效益和宏观经济效益的重要源泉

根据发达国家的经验，随着市场竞争的加剧，作为企业创造利润的"第一源泉"（即原材料成本的节约）和"第二利润源泉"（即劳动力成本的节约）已趋枯竭，人们已经开始重视物流这块降低成本的最后处女地。"物流是降低成本的宝库"已成共识，这就是常说的物流是"第三利润源泉"。物流组织得如何，直接关系着生产过程和销售过程是否能够顺利进行，关系着商品价值最终能否顺利实现。而且物流费用已经成为生产成本和流通成本的重要组成部分。以 2013 年物流成本占国家 GDP 的比例来分析，美国为 9.9%，日本为 11.4%，我国为 18%。以我国 2013 年 GDP 的 56.88 万亿元为例，按照"十一五"规划要求，该比例要下降 2%，则可节约 1.14 万亿元；如果按达到美国的 9.9% 的比例，则可节约 3.13 万亿元，可见通过降低物流费用来提高利润的潜力很大。物流实践证明，通过合理组织运输和配送，减少装卸搬运次数，改进商品包装和装卸设备机具，提高物流效率，减少商品损耗等措施都可以大大提高企业利润水平。

长期以来，由于重生产、轻流通的传统观念，造成产需脱节、流通不畅，给国家经济和人民生活带来了很大损失。例如，由于包装不善、野蛮装卸和运输不合理等原因，大量物资在流通过程中受损，仅此一项每年损失达上百亿元，其中水泥在流通过程中损失 5 亿～6 亿元，陶瓷玻璃损失达到 8 亿多元，化肥损失约 4 亿元，粮食由于仓储和保管不善每年损失达 300 亿元。改革开放以来，国民经济迅速发展，物流得到了政府和企业广泛重视，上述情况虽然有了明显的改善，但由于我国的物流水平还处于初级阶段，在流通各环节因物流管理方法和物流技术诸方面原因，仍然存在许多有待改善的问题，因此提高物流管理水平无论是对企业经济效益还是社会宏观经济效益都有十分重大的意义。

1.1.3 现代物流的功能

1. 物流的基本功能

从现代物流的角度看，物流的基本功能应包括运输、储存、装卸搬运、包装、流通加工、配送和物流信息 7 项。其基本功能具体应包括以下内容。

（1）运输管理：主要包括运输方式、运输路线和车辆调度的组织管理。

（2）储存管理：主要包括原料、产品的库存控制管理和保管管理。

（3）装卸搬运管理：主要包括装卸搬运系统的设计、组织、管理。

（4）包装管理：主要包括包装容器、包装材料、包装技术、包装标准化和系列化等。

（5）流通加工管理：主要包括加工方法与技术的研究、加工场所的布局、加工流程的制定与优化。

（6）配送管理：主要包括配送作业流程与优化、配送的合理配置与调度、配送中心的优化布局等。

（7）物流信息管理：主要包括对反映物流活动内容的信息和物流要求的信息，以及物流作用的信息和反映物流特点的信息进行收集、处理、储存和传输，为物流活动服务。

以上物流的职能管理将在以后的各章分别进行详细阐述。

2. 物流的增值功能

1) 物流增值服务的含义

物流增值服务，是指能够满足用户的特定需要，增加用户价值并围绕物流服务进行的创新性服务。这里主要包含以下4层含义。

(1) 满足用户的特殊需求。

(2) 增加用户价值。

(3) 围绕物流基本服务而开展的服务。

(4) 增值服务是一种创新性服务。

2) 物流增值服务的特点

(1) 相对性。物流增值服务无论是从服务的深度还是广度上讲，都是相对于物流的基本服务功能而言的，是物流的7项基本服务功能的合理延伸。

(2) 从属性。物流增值服务与物流基本服务有主从关系，基本功能是物流服务的核心业务，而增值服务则是围绕基本服务向外延伸的服务。如果这种增值服务游离于基本服务功能范围之外，那么它只能算是一种多元化经营的服务项目。

(3) 增值性。从增值服务的含义可知，物流增值服务必须增加价值，理应比物流基本功能创造更多的价值。从利润的角度分析，物流增值服务的利润率确实高于基本服务的利润率。

(4) 创新性。创新性是物流增值服务的基本特性，正是这种创新服务，才大大提升了物流企业服务的竞争力。

3) 物流增值服务的内容

物流增值服务一般包括以下内容。

(1) 提供便利性服务。物流效率要求物流服务要简单方便，在提供服务时，推行诸如门到门的一条龙服务。免费培训、维护、省力化设计、安装，全天候服务，自动订货，代办转账，货物监控跟踪等多项增值服务。

(2) 提高反应速度的服务。在服务经济时代，快速反应已经成为物流服务要求之一，而对用户快速反应的方法有二：一是提高运输设施、设备的技术性能，如修建高速铁路、公路及火车、汽车提速等；二是采用具有增值性的物流服务方案，优化生产和流通的物流配送中心，重新设计适合的流通渠道，简化流程，从而提高物流系统的快速反应能力。

(3) 延伸性服务。物流的延伸性增值服务内容有：向上可以延伸到市场调查、采购、订单处理，向下可延伸到物流咨询、物流方案设计、库存规划控制、物流教育培训、代配送、代结算等。

4) 物流增值服务的作用

(1) 增值服务是物流供需双方潜在的利润增长点，是"第三利润源泉"的重要源泉。创新服务拓展了新的市场机会，为用户提供增值服务，使供方和物流企业都获得了新的利润增长点，从而获取更多的利润。物流的创新服务能够为需方——用户企业提高产品本身竞争力，从而占有更多的市场份额，获得更大的利润价值。

(2) 物流增值服务是物流企业的重要竞争手段。随着市场向服务经济的扩展，物流企业面临的市场竞争局面愈演愈烈。在物流基本服务都能提供的情况下，物流服务竞争焦点将会由物流的基本服务向增值服务方面拓展，没有创新的增值服务，物流服务就很难在物流市场中立足,更谈不上拓展更多的高端用户,创造更大的价值。

(3) 促进物流服务的不断完善和物流业的不断发展。物流业的竞争促进物流业的发展,物流业在发展中提高了服务水平、服务档次。一项物流增值服务不可能成为物流企业获得竞争力的永久性手段,物流业在不断发展,物流服务在持续完善,只有不断地推出新的创新性增值服务,才能满足用户不断增长的服务需求。这样周而复始的不断循环促进了物流业和物流服务的持续发展。

3. 物流的综合功能

(1) 创造物品之间的空间效用。通过运输或配送将物品从供方送到用户手中,克服供需之间物品的空间距离,从而实现物品的空间功能。

(2) 创造物品之间的时间效用。通过储存保管将物品从供方送到用户手中,克服供需之间物品的时间距离,从而实现物品的时间功能。

(3) 创造物品之间的性质效用。将物品从供方通过加工改变成需方需要的形状性质再送到用户手中,克服供需之间物品的形状性质的距离,从而实现物品的性质功能。

(4) 创造物品之间的信息效用。将物品从供方通过信息活动实现运输、储存、装卸、包装、加工等功能,克服了物流各环节的信息不对称,从而实现供需之间物品流通的整体功能。

1.1.4 物流管理的必要性和重要性

1. 物流管理的定义

国家标准《物流术语》(GB/T 18354—2006)中对物流管理是这样定义的:"为达到既定的目标,对物流活动的全过程进行计划、组织、协调与控制。"

2. 物流管理的必要性

从生产力范畴来看,物流管理是非常必要的。物流的出现是社会化生产发展到一定程度的结果。物流活动包括运输、储存、装卸搬运、包装、流通加工、配送等环节,涉及人、财、物等诸要素,物流要解决物质资料在供需之间的矛盾、空间及时间的矛盾,以及品种、数量、质量之间的矛盾,要使这样复杂的系统正常运转,使其中每个环节和诸多要素有机配合,必须加强物流管理。据有关研究分析,商品处于物流状态的时间要占其从原材料采购到生产、消费全部时间的94%,因此为了促进商品的生产、消费,协调产需之间的时间和空间的矛盾,更加凸显出加强物流管理的必要性。

从生产关系范畴来看,物流活动的主体是物流企业,而物流活动是由人来完成的,在生产过程中必然会产生各种经济关系,存在国家、集体、个人之间的不同的经济利益关系。同时在物流活动中,也会产生复杂的人与物、人与人的关系,这些都需要通过物流管理进行有效的协调。

3. 物流管理的重要性

(1) 加强物流管理是降低物流成本,提高物流效益的关键措施。搞好物流管理可以实现合理运输、合理装卸搬运、合理储存、合理配送,使其费用降低,损失减少,从而提高物流活动的经济效益。

（2）加强物流管理是提高物流效率的根本途径。加强物流管理，合理组织物流，可以减少库存、加快商品周转、节约运力、提高物流效率。

（3）加强物流管理是改善物流质量的重要手段。物流质量对用户来说体现为物流服务的及时性、经济性和满意性。物流质量好意味着以较少的消耗实现满意的服务。

（4）加强物流管理是推行物流标准化管理的重要措施。推行物流标准化对提高物流各环节的作业效率和有效衔接配合都是十分重要的。在现代化物流发展过程中，推行物流标准化尤其重要。

（5）提高物流管理水平是提高物流安全性的前提。如果管理不善就会造成物流事故增多，损失加大；如果物流不畅，就会使处于流动中的商品受到破坏和损失。据有关部门的统计资料显示，由于物流管理不善，我国物流损失每年达数百亿元。可见，提高物流管理水平会提高物流活动安全性，减少因物流损失造成的经济损失。

1.1.5 物流管理的内容

物流管理是以物流活动为对象，以最低的物流成本向客户提供令其满意的服务为目标，而对物流活动进行的有效管理。其主要的管理包括以下内容。

（1）物流战略管理。要求企业站在长远发展的立场上，对发展目标、经营战略及服务水平等进行统筹规划。

（2）物流作业管理。根据业务要求，制订企业经营计划，并对物流作业进行监督管理。

（3）物流系统运营管理。物流系统运行是实现物流战略目标的手段，因此，只有完善的系统和网络的设计及设施的规划才能保证物流系统合理运行。

1.1.6 物流学的主要观点

1. 商物分流说

商物分流是指流通中的商业流通与实物流通各自按照自己的规律，独立进行的两种流通活动。

流通从生产中分化出来之后，并没有结束社会化大生产的分工和专业化向各经济领域的延伸，这种延伸也表现在流通领域。本来商流、物流，以及由商流和物流形成的信息流是相互联系在一起相伴而生并共同运动的，只是各自的运动形式不同而已。

按照流通规律，物流、商流、信息流是三流分离的。商流承担的是商品价值和使用价值及所有权转让的实现；物流承担的是商品时间效用和空间效用的实现；信息流则承担商流和物流之间的信息传递及处理的。实现商物分流是物流学赖以生存的先决条件。现代社会流通的专业化分工、职能化分工所形成的商物分流是社会再生产的一种必然产物，也是物流科学中的一种新观念。物流学正是在商物分流的基础上将物流独立出来进行研究和探索形成的一门学科。

2. "黑大陆"和物流"冰山"说

1962年美国经济管理学家德鲁克在强调重视流通的文章中就提出物流是一块"经济的黑暗大陆"一说。该理论是当时人们对物流本身的正确评价，也是唤起人们对还有许多未知领域的物流进行深入地探索和研究的一种见解。

从某种意义上说，"黑大陆"说是一种未来学的研究结论，是战略分析的结果；但它对后人对于物流领域进行深入地探索和研究的重大启迪作用是不可忽视的。

物流"冰山说"最早是由日本早稻田大学的西泽修教授在研究物流的成本结构时提出的，他认为在现行的财务会计方法制度不可能完全掌握物流的所有实际费用，并把这种现象比作冰山一角，物流成本的计算就像冰山的一角一样，所露出的只是其很少的一部分。

西泽修先生用物流成本的"冰山说"进一步论证了德鲁克的物流"黑大陆"说。随着物流的发展，物流领域尚待研究和探索的课题还有很多。

3. "第三利润源泉"说

"第三利润源泉"说出自日本，它是对物流潜力和效益的一种描述。

从经济管理发展的过程来看，企业获利的途径大致有两种：第一就是企业依靠科技进步，采用节约消耗、节约代用、综合利用、回收利用等方式对原材料的节约而产生的利润，人们习惯称之为"第一利润源泉"；第二就是企业依靠科技进步提高劳动生产率，采用机械和自动化生产，降低劳动力的消耗而对劳动力的节约生成的利润，人们习惯称之为"第二利润源泉"。

随着科学技术的发展和社会的进步，企业面临着竞争日益激烈的市场经济环境，企业由节约原材料和节约劳动力来获取利润的空间已经越来越小。同时物流的发展所带来的效益已经在经济生活中崭露头角，企业也开始关注物流过程的利润因素。物流学家把物流比作降低成本的最后处女地，因此物流被称作"第三利润源泉"。于是企业形成了"物流是降低成本的宝库"这一认识，并且物流已经成为现代企业所推崇的获取利润的一种途径。

从三种利润源泉的本质看，"第一利润源泉"关注的是生产力中的劳动对象，"第二利润源泉"关注的是生产力中的劳动者，而"第三利润源泉"则是在既关注劳动对象又关注劳动者的同时更关注劳动工具的载体——物流。

4. "效益背反"说

效益背反是物流中常见的普遍现象，是物流领域的内部矛盾的反映。

"效益背反"是指在物流系统各功能要素间存在的一种相互损益的矛盾关系。即一种功能要素的优化和利益发生的同时，往往会导致另一种或几种功能要素的利益受到损失，反之亦然。这种此消彼长、此赢彼亏的现象，虽然在工业、商贸业等经济领域都存在，但在物流领域中这种现象尤其突出。

1) 物流系统作业中的效益背反

由于物流中的运输、仓储、包装、装卸搬运、流通加工等各项活动相对于同一资源的两个方面处于一种相互矛盾的关系，要较好地达到其中一方面的目的，必然会使另一方面的目的受到损失。因此现代物流就更加注重物流系统资源整合的一体化运作，从而达到整个物流系统效率的提高、总成本的降低的目的。

2) 物流服务水平与物流成本的背反

物流企业在实际的物流活动中，一般对物流服务和物流成本的关系决策中不外乎有四种方案：①保持服务水平不变，降低成本；②提高服务水平，增加成本；③提高服务水平，保持成本不变；④用较低的成本，实现较高的服务。

提高物流服务水平就意味着物流成本的增加。物流系统的功能及其在流通中的地位决定了它的基本任务就是为商品流通服务，因此，物流系统的目标就是以最低的物流成本，向用户提供尽可能高水平的物流服务。这也是企业在认识了物流服务与物流成本之间的背反关系后，权衡物流的产出与投入效果的一种理智的选择。

5. 物流"成本中心"说

物流在整个企业战略中，只对企业的营销活动成本产生影响，物流是企业成本的重要形成源。物流管理的重要问题，就是通过有效的管理降低物流总成本，所以"成本中心"是指物流既是企业成本的形成源，又是降低企业成本的关注点。一些经济学家之所以称物流是"降低成本的宝库"应该说正是基于这种认识。

6. 物流"服务中心"说

这种学说来自于欧美国家学者，他们认为物流活动的最大作用是对用户提供了良好的服务，从而提高了企业的竞争力。其最大的关注点是物流对企业的服务保障作用，通过物流的后勤保障，企业才得以其整体能力来压缩成本，增加利润。难怪他们把描述物流的词汇选用"后勤"一词。

7. 物流"战略"说

物流发展的实践，使人们越来越认识到物流对企业来说，是一种更具战略性的手段，是企业发展战略的重要组成部分。物流管理涉及企业的总成本和企业的整体效益，因此物流影响着企业的兴衰成败、生死存亡。

1.1.7　现代物流与传统物流的区别

从1915年物流概念的形成到现在，物流业已经经历了近百年演变，社会经济已经进入了一个崭新的以信息技术为特征的现代信息经济时代，物流业在传统物流的基础上发生了翻天覆地的巨大变化。现代物流与传统物流主要有以下区别。

（1）服务功能方面的差异。传统物流的功能是相对独立的，因此不具备控制供应链的功能，而现代物流则强调对供应链的全面管理和控制。

（2）与用户关系的差异。传统物流是建立在以价格竞争和基本服务基础上的短期协作关系，而现代物流与用户是建立在供应链基础之上的战略合作伙伴关系，形成供应链用户成员的信息共享、过程同步、合作互利、反应及时、服务满意的共赢关系。

（3）现代信息应用方面的差异。传统物流没有外部整合系统，更谈不上以电子订货系统、销售时点系统、卫星定位系统、地理信息系统、射频技术为代表的电子化、信息化、智能化等现代信息技术。现代物流正是广泛应用现代信息技术得以极大地发展，才具有传统物流根本无法与之抗衡的巨大优势。当然，这也是社会进步和经济发展的必然。

（4）物流企业管理上的差异。传统物流企业通常是分散的、人工的粗放型管理，而现代物流企业采用的是现代化、信息化管理。足见现代物流是一个崭新的系统概念，它包含了商品的生产、流通、销售的全过程，它是传统物流向生产、流通及消费领域的延伸，并赋予了全新的内涵。它将社会物流与企业物流有机整合，即从采购物流经过生产物流指导销售物流的末端——消费。

1.1.8 现代物流理念

现代物流就是指物品从起点到终点及相关的信息有效流动的全过程，它是将运输、仓储、装卸搬运、流通加工、整理配送和信息处理等功能有机结合，形成完整的供应链，从而为用户提供多功能、一体化的综合物流服务。

1. 市场的延伸理念

物流被认为是市场的延伸，如今又赋予了它新的内涵。
（1）通过为用户提供物流服务的手段来拓展市场。
（2）将物流功能和物流设施看做是潜在的市场机会。
（3）物流是市场竞争的手段和策略。
（4）物流是企业的核心竞争内容之一。

2. 服务理念

军事后勤为战争服务，工业后勤为生产活动服务，商业后勤为商业经营服务，总之，物流的职能就是服务。随着服务理念的深化，物流服务出现了层次上的变化，以物流功能服务推进到物流的增值服务和超值服务（高投入、高产出）。如今，无论是生产企业还是流通企业都要面对提供优质服务的问题，物流服务理念和物流战略已成为企业发展的基本战略之一。

3. 价值与利润理念

物流学者把物流比作为降低成本的最后处女地，称其为"第三利润源泉"，因此，人们逐步有了"物流是降低成本的宝库"这一基本认识。于是物流的价值和利润的理念在经济界受到了极大的关注，开始强调高度重视流通管理。根据发达国家的经验，随着市场竞争的日益加剧，在原材料、设备和劳动力成本降低的空间已趋于饱和的情况下，会将成本的降低转向物流领域。

4. 系统化理念

物流系统是指在特定的社会经济大环境中的物品和物流设备设施、人员和信息收集等相互制约的动态要素所构成的，具有特定功能的一体化系统。在物流运行中存在"效益背反"性特点，它是指物流功能间、物流服务与物流效益之间的二重矛盾性，即追求一面必然舍弃另一面的矛盾状态。研究物流成本的"效益背反"关系，实际上是研究物流的经营管理问题。追求物流合理化需要用物流总成本来评价，物流系统是一个庞大的系统，在这个系统中又有若干子系统，而子系统间又有广泛的横向和纵向的联系。物流系统又具有一般系统所共有的特征，即整体性、相关性、目的性、环境适应性，同时还具有规模庞大、结构复杂、目标众多等庞大系统所具有的特征。

5. 一体化理念

物流一体化是指利用物流管理手段使产品在有效的供应链内运动，从而使供应链上所有成员都获得利益的新理念。

物流是企业与用户和供应商之间的联系纽带，它直接影响到企业的发展。当用户的订单、产品需求信息通过销售活动、预测及其他形态传递到企业，然后这种信息会转化成具体的生产计划、采购计划,从而形成产品的增值,最终将产品的所有权让渡给用户。从企业内部分析,物流一体化是将所有涉及的物流功能各环节有机结合起来形成企业内部物流的一体化作业。而在市场竞争的局面下,企业必然将其物流活动扩展到用户与供应商相结合的层面,这种通过外部物流一体化的延伸,被称为供应链一体化。物流一体化利用物流的作用使物品在有效的供应链上移动,使供应链各参与者都能获益,从而形成一套科学的、相对独立的体系——物流、商流、信息流的一体化体系。

6. 专业化理念

第三方物流是物流交易双方的物流服务的提供者,是一种社会专业化以合同或联盟形式的物流服务商。全球经济一体化及专业分工使物流发达国家(实际上也是经济发达国家)敏锐地意识到物流自营成本过高,转而发展专业化的第三方物流来达到降低成本、改善服务的目的。现在专业化的第三方物流已经成为物流发达国家的主要经营模式,是现代化物流发展的大趋势,例如,美国利用第三方物流的货运外包占61%,仓储外包占63%;欧洲国家利用第三方物流约占总物流70%。据美国田纳西大学一份研究报告称,大多数生产企业利用第三方物流实现了成本节约60%、服务水平可提高62%,人员可减少50%,资产可减少48%。这些数据显示,第三方物流对企业应该是一个相当可观的利润增长点。由此可见,专业化的第三方物流的发展前景十分诱人。统计表明,目前全世界第三方物流的成长性约在18%左右,而且其需求形势的发展锐不可当、十分强劲。

7. 精益物流理念

精益物流最早起源于日本丰田公司的一种生产管理理念,其核心是关注零库存,并以此为目标发展的一系列管理方法。而物流学者则从物流管理的角度对比,并与供应链管理的思想密切结合起来,进而提出了精益物流的新概念。精益物流的内涵则是运用精益理念对物流活动进行管理,其目标就是在为用户提供满意服务的同时,把成本降低到最小化。

始于日本丰田公司的JIT(准时制管理)在全世界被崇尚,其本质就在于它能够灵活经营,适应市场需求变化,从经济性和适应性两方面来保证企业利润的不断提高。在准时制管理中对物流的要求就是做到及时物流,即在准确的时间、准确的地点,提供准确的原材料和产品以保证供应,它遵循以下基本原则。

(1) 从用户的角度而不是从企业或职能部门的角度来研究什么能够产生价值。

(2) 按照整个价值流确定供应、生产和配送产品中所必需的流程及活动。

(3) 提供及时、持续、快捷的物流增值活动。

(4) 消除浪费,追求完善。

8. 联盟与合作理念

基于物流的联盟作为最可观的合作理念已逐渐被人们所认识。20世纪80年代中叶发展物流联盟和广泛开展合作关系的思想已经成为物流实践的基础。合作最基本的形式是发展有效的组织间联盟,合作以形成多种形式的业务伙伴关系。一方面促使企业从外部资源寻找物流服务以提高效率、降低成本;另一方面促使两个或两个以上的物流供应商与需求商组织联合起来。物流企业是物流联盟的主体,现代的第三方、第四方物流能够提供系统的现代化物流服务,物流外包则是生产制造企业物流管理的一种主体模式。

随着经济全球化发展，世界大市场概念已成为现实。全球化经济对各种生产方式和营销模式产生了巨大的影响，企业通过世界市场采购原材料，又在世界各地组织生产，然后将产品销往世界各地，这就必然导致物流的全球化；而全球化物流又是企业全球战略的产物，是世界范围内进行物流的联盟与合作的支持条件。

9. 环保理念

环保物流即绿色物流，是指在物流实现的过程中，为了实施国家可持续发展战略的根本大计，而抑制因物流活动的增加导致物流量的急剧扩张对环境造成的危害。同时实现对物流环境的净化和保护，使社会环境和物流资源得到充分利用，形成一种能促进社会经济发展和人类健康发展的环保型物流。

1.1.9 现代物流的特征

1. 物流电子化

可以说，物流电子化与物流信息化是科学技术发展进程中诞生的现代应用技术，在发展过程中它们是相互促进共同发展起来的。它们都对现代物流的发展起到了巨大的推动作用。作为电子商务的前身的电子数据交换（EDI）技术是为了简化烦琐、耗时的订单处理过程，以加快物流速度，提高资源配置利用率而产生的。物流电子化的应用最终是为了解决商流、物流、资金流、信息流的传递效率问题，使物流效率达到最优化，从总体上达到降低物流成本，实现经济效益的最大化。

2. 物流信息化

物流信息化主要表现在物流信息的表示、传递、储存及使用等方面与传统物流有着革命性的突变。这些革命性的变化包括物流信息表达的数字化，物流信息收集的自动化、代码化，物流处理的计算机化，物流信息传递的网络化、标准化、实时化，物流信息存储的数据库化，物流信息管理的系统化，物流信息查询的个性化，物流信息的商品化等。

3. 物流自动化

自动化的基础是信息化，自动化的核心是机电一体化，自动化的表现就是操作无人化，自动化的效果就是活力化。物流自动化广泛应用于物流运作过程，如条码/语音系统、射频自动识别系统、自动分拣系统、自动存取系统、自动导向系统、货物自动跟踪系统等，这些在发达国家已经普遍应用于物流作业，而且取得了巨大的效益。我国，由于物流业起步较晚、发展水平较低较慢，自动化程度还很低，但是物流产业的自动化发展趋势是历史的必然。随着经济的持续发展和科学技术的不断进步，我国实现物流自动化已为期不远了。

4. 物流智能化

应该说，物流智能化是物流自动化和物流信息化的一种高层次的应用。物流运作过程中大量的运筹、决策，如物流运作方案的模拟与优选，库存水平的确定与控制，自动导向与自动分拣的运行控制，自动存取系统的运行与控制等都需要高智力地解决。在物流自动化的进程中，物流智能化是不可回避的技术问题。目前一些发达国家已经发明了如"专家系统"、机器人等相关的物流智能化技术,并在物流业推广应用,取得了巨大的成功。为了实现物流现代化,提高物流智能化水平是一条必然的途径。

5. 物流柔性化

实际上,柔性化是实现营销"以用户为中心"的理念提出的,物流是一种服务性行业,要做到物流运作的柔性化,就要求物流企业根据用户的需求,随时灵活地调节物流企业的物流运作活动,对用户的物流服务需求做出及时的响应。20世纪90年代末,国际上推出的柔性制造系统(FMS)、计算机集成制造系统(CIMS)、物料需求计划(MRP)系统,制造资源计划(MRPⅡ)系统、企业资源计划(ERP)系统、及时制(JIT)系统,以及供应链管理(SCM)系统等都是将生产流通进行集成,根据用户需求来组织生产物流运作的。因此,在当今"以用户为中心"的营销理念的推动下,物流运作必须柔性化,才能适应社会经济发展和市场竞争的需要。

1.2 物流及其发展

1.2.1 国外物流发展概况

物流这个概念最早出现在美国,1915年美国人阿奇·肖在《市场流通中的若干问题》一书中第一次提出"物流"这个词,并提出了"物流创造不同需求"的问题。第二次世界大战中围绕战争供应,美国提出了"后勤理论",并成功地运用于战争中,把后勤与战争的物资生产、采购、运输、配给等问题作为一个整体来考虑,使战略物资的后勤供应服务得更好。由于经济的发展需要,"后勤"这个词被工商企业引用,于是出现了商业后勤、流通后勤的提法。此时的后勤已包含了生产过程和流通过程的物流,而且形成了一个更广泛的物流概念。1954年美国人康柏施指出"物流是市场营销的另一半,重视市场营销中的物流是物流管理发展的一个里程碑。"1962年,美国著名经济学家德鲁克在题为《经济的黑暗大陆》一文中强调应高度重视流通及流通中的物流管理,并出现了司马凯伊等人撰写的世界上第一部关于"物流管理"的教科书,并且该书被纳入了美国大学学科教育体系中,这些都对物流实践和物流理论产生了重大的推动作用。在此基础上,物流理论研究和物流实践都领先于世界的美国成立了世界上第一个物流管理协会。20世纪50年代中叶,日本在经济复苏过程中十分重视西方科技发展的研究,派出了考察团到美国,从物流发达的美国学到了物流的真髓,继而引发了日本后来物流发展的异军突起。到了70年代末,日本已经成为世界上物流最发达的国家之一。

关于物流的概念,目前世界上有以下几种主要观点。

1985年世界物流管理协会把物流定义为"物流对原材料、在制品库存、产成品及相关信息从起源地到消费地之间有效的成本、有益的流动和储存进行计划、执行和控制以满足顾客要求的过程。该过程包括进向、去向和内部流动。"

1994年欧洲物流协会则认为"物流是一个系统内对促进商品的运输、安排及与此相关的支持活动的计划、执行与控制,以达到特定的目的。"

不过,关于物流的定义,世界各物流协会都普遍采用了1998年美国物流管理协会对物流的定义。即"物流是供应链程序的一部分,其专注于物品服务及相关信息,从起点到消费点的有效流通及储存的计划、执行与控制(管理)，以达成顾客的要求。"

1979年中国物资经济学会代表团参加了在日本举办的第三届国际物流年会回来后，在《国外考察报告》中首次把日本的"物流"这个词引入中国，至今已有近30多年历史，"物流"这个概念也经历了一个不断发展、不断完善的过程，也是我国经济界、企业界对物流理论的研究、探讨和实践的过程，从而使人们对物流的认识得以不断完善和发展。

物流(Physical Distribution，PD)的概念自从1915年被提出，经过70多年的时间才有了定论，用Logistics取代了PD的概念，其深刻内涵并非只是概念上的取代，而是标志着一种现代物流观念的确立和物流战略管理一体化新里程碑的开始。它包含了生产领域的原材料采购、生产过程中的物料搬运与厂内物流，以及流通过程中的物流和销售物流，可见其外延性更为广泛、深刻。

关于物流概念，我国在国家标准《物流术语》(GB/T 18354—2006)中对物流的概念的描述，是我国正式对"物流"概念的标准化解释，它无疑将对我国物流理论研究和物流实践产生重大的影响。

从以上各国对物流的定义中，大致可以看到不同国家不同时期对物流的定义理解的差异，但总体上都反映了以下几个共同的基本观点。

(1) 物流概念的形成和发展与社会市场、市场营销、企业管理的发展有关。
(2) 物流概念与实践虽然最早始于军事后勤，但对公共企业和个人都适用。
(3) 物流无论是实物供应，还是后勤的概念，其内涵都强调了实物流动的观点。

如何正确理解物流的基础，至少要明确以下几点。

(1) 物流的流体是货物、服务和相关信息。
(2) 物流的流向是起源地到消费地。
(3) 物流管理的核心是计划、执行和控制。
(4) 物流管理要在成本和效益间平衡。
(5) 物流的功能主要是以运输、储存、装卸搬运、包装、流通加工、配送和信息管理等。
(6) 物流管理的目的是满足用户需求。
(7) 物流管理是供应链的一部分。

1.2.2 各国物流管理的差异

物流水平反映一个国家的经济发展程度，物流管理体现一个国家的民族特性和经济发展模式的差异。

1. 美国

早在第二次世界大战中，美国军队为了有效地组织军事物资调运而运用运筹学原理，解决了一系列战争物资供应中出现的问题，完成了军事物资的调运和支持任务，因而称为后勤供应。第二次世界大战后这种组织管理手段被应用到企业的生产管理中，并开拓了企业生产的崭新局面，取得了很好的经济效益。这实际上就是美国物流的初始阶段，也就是全球范围内最早的所谓"物流"。现在美国物流已被广泛采用，涉及对物资采购、存储控制、物料搬运、订货处理，以及仓库厂址的选择、储存、运输、包装、退货处理等。美国发展物流的原因是物流机械，为降低运输成本、提高运输效率，他们不断在物流机械上大做文章，改装各种大吨位运输车辆和适合各种温度条件下运输的特种车辆，从而大大提高了运载能力和货物运输种类。随着电子技术和信息技术的出现，美国在物流领域内已迅速地实现了向机械化、自动化、信息化、智能化的推进。

2. 日本

1956年从美国引进物流概念以来，日本的物流经历了以流通为主、消费者为主和现代化物流与国际化物流的几个阶段。在不断降低成本的过程中，日本总结了一套行之有效的成本管理经验，即通过实施物流合理化对策，如优化运输方式、缩短物流路径、扩大直达运输、提高车辆装载率、导入共同配送、核定合理库存、提高保管效率、推进包装标准化、作业机械化、省力化、控制物流成本等来提高经济效益。日本的物流涉及各个领域，包括供应物流、销售物流、退货物流、废弃物流，并对其考核到每个项目。日本这种专注成本的管理模式卓有成效，从而引发日本物流发展的异军突起，并在世界物流界取得了令人瞩目的进展，成为世界上物流最发达的国家之一。

随着经济的发展，日本今后物流的发展方向是物流信息技术的开发，运用信息技术改造物流、加强物流人才的培养、推进新物流服务的实施、推进库存管理的数字化，以及推进整体系统化的共同化、协作化、标准化。

3. 英国

英国的物流起步较晚，在20世纪60年代末期，才在美国和日本物流管理的影响下，有了物流管理中心，初期它主要组织各类物流专业协会帮助企业从事人才培训；到了70年代才正式建立了全国物流管理协会，它们多半是从事物流具体工作的管理人员，协会主要以提高物流管理专业化程度为宗旨，推行综合性物流理念，全面规划物资的流通业务，并致力于发展综合物流体制，强调为用户提供综合性服务。物流企业不仅向用户提供和联系运输工具，而且还向用户出租仓库，并提供其他配套服务。在该理念的推动下，建立区域性综合物流中心，向社会提供多功能、全方位服务。这种多功能物流中心的使用对整个欧洲物流产生了很大的影响，进而形成了英国的综合物流体制。计算机应用和网络的出现，对英国物流起到了极大的推动作用，为英国现代化物流揭开了新的篇章。

1.2.3 我国物流发展概况

1. 初期发展阶段（1949—1965年）

该阶段，我国国民经济还处于一个恢复性发展时期，由于经济基础薄弱，生产力水平低下，加之当时国家实行计划经济，对各种商品特别是生产资料和主要消费资料都是指令性计划生产、分配和供应，流通只不过是用来保证这种分配供应的执行而已。当时的经济指导思想是"重生产、轻流通"。物资流通刚刚起步，只是在一些生产部门和流通部门建立了为数不多的储运仓库、开展运输作业。运输则是以铁路、公路、水路、航空等处于初级规模的基础上的物流雏形。随着经济的发展，初步有了物流网络，但多数处于商物合一、兼营型的初级物流业。

2. 停滞阶段(1966—1978年)

物流是市场经济发展的结果，我国的计划经济就已经制约了物流的发展，该阶段给国家经济和社会发展造成了严重危害，国民经济处于物资严重短缺的经济状态。从整体上看，该阶段物流基础设施基本上没有发展，甚至连一些原来的设施也遭到不同程度的破坏。

3. 较快发展阶段(1979—1991年)

该阶段由于我国实行了以经济建设为中心的改革开放政策，国民经济得到了迅速发展，随着经济发展的同时，物流业也有了较快的发展，尤其是运输业、仓储业、包装业发展更快，新建了大量铁路、公路、水运码头、机场、仓库等基础物流设施。而且在物流技术设备等方面也有了很大的投入，建立了立体自动化仓库，并率先开展在国民经济中占重要地位的物资（如粮食、水泥等大宗货物）的散装运输和集装箱运输等新兴物流技术的应用。在物流理论研究方面，相关的物流学术团体纷纷建立并积极开展国内外物流学术交流活动，采取请进来、走出去的方式，学习和研究了国外许多先进的物流理论和管理经验，特别是中国物资流通学会在1989年成功地举办了"第八届国际物流年会"，这对我国的物流理论研究和物流实践都起到了历史性的推动作用。从此，在我国物流学作为一门独立的学科来研究，并逐渐被经济界、物流界所重视，逐步改变了孤立对待运输、仓储、装卸、包装等物流功能的传统流通观念，从而开始系统地、深刻地进行物流理论研究和物流实践的探索，该阶段物流逐渐开始向专业化、社会化过度。

4. 高速发展阶段(1991年至今)

这段时期，市场经济运行的力度逐步加强，我国经济已经从计划经济大踏步地向市场经济迈进，国内商品流通和国际贸易的迅速发展，物流业也受到高度重视。该阶段正值我国进入"八五"规划时期，也是我国经济高速发展的时期。1992年国民经济总量比上年增长12%，国家经济的高速发展带动物流业迅速发展，并且成为推动物流现代化、国际化发展的根本动因。正因为如此，国家对高速发展的物流采取了一些重大的政策措施，在"八五"规划中明确地把第三产业尤其是物流业作为发展重点。在"八五"期间我国十项重大项目中属于物流领域的就占了五项，而且都是物流的龙头行业——交通业方面的重大项目。"九五"、"十五"期间，国民经济持续发展，为物流业带来了巨大的发展机会，物流总量持续增长。2006—2011年，我国经济更是进入了一个新的发展时期，社会物流出现了一个高速发展的局面，"十一五"期间我国物流总量达到446万亿元，比"十五"时期增长2.8倍。国家在"十一五"规划中，更加明确地专门对大力发展现代物流提出了具体要求，规划中说："推广现代化物流管理技术，实现物流采购、生产组织、产品销售和再生资源回收的物流系统化，建设物流标准化，加强物流技术的开发和利用，推进物流信息化，建立大型物流枢纽，发展区域性物流中心。"这些重大举措的实施标志着"十一五"时期，我国物流发展进入了一个更新的快速发展阶段。我国物流界包括从事物流理论研究的院所和从事物流实践的物流企业任重道远，将面临的任务是十分艰巨的，前景是十分广阔的。

1.3 物流分类

在社会经济生活中物流活动是普遍存在的,但在不同的领域中物流的表现形态、技术特征和运作方式等都有很大的差异。构建一个有效的物流系统,加强物流管理,必须研究物流的基本构成,通过科学地分类和研究,探讨物流活动的共同点和差异。一般来说物流主要有以下几种分类。

1.3.1 按物流服务特点不同分类

(1) 交通运输业。以交通运输为主体及以它为支撑、保证、衔接作用的相关行业。

(2) 储运业。以储存为主体,兼有多项职能及与储运相关密切的运输业,目前我国主要有物资储运业、商业储运业、粮食储运业、乡镇储运业、后勤储运业。

(3) 通运业(第三方物流)。是货主与运输业之外的第三者从事托运与货运委托人行业,各种运输业除了直接办理承运外都是通运业,从事委托承办等实现货主的运输需要,该行业是国外物流中的主要行业之一,在我国刚刚起步。

(4) 配送业。以配送为主体的各行业,主要从事大量商流活动,是一种商流、物流一体化的行业。

1.3.2 按物流实现方式不同分类

(1) 铁路货运业。主要从事包括铁路运输相关的装卸、搬运、储运等业务。铁路运输从事的业务有整车运输、集装箱运输、混载货物运输及行李货物运输。

(2) 汽车货运业。在我国有一般汽车货运和特殊汽车货运两个行业。一般汽车货运主要从事长途、短途货物运输。有的一般货运从属于其他行业,如配合储运的汽车运输,为实现配送的汽车运输,为提高铁路、航空、水运服务功能的汽车运输业等。特殊汽车货运主要从事专门长、大、重和危险品等特殊货物的货运业。

(3) 远洋货运业。在海洋上进行长途货物运输的行业,也称为海运业。该种行业的业务是以船舶运输为中心,包括港口装卸运输和仓储等,这种运输多用于国际物流领域。远洋运输业务有船舶运输、船舶租赁和租让运输代办等。

(4) 沿海船运业。专门从事近海、沿海地域的船舶货物运输。

(5) 内河船运业。专门从事内河船舶货物运输。内河运输所使用的船舶在船舶吨位、技术性能、管理方法上与海运业都有很大的不同,因而形成各自的行业。

(6) 航空货运业。可分为航空货运业和航空货代业,前者直接从事货物委托运输,后者是中介受货主委托代办航空货运。航空货运业主要从事国际、国内航空货运、快运、包机运输等。

(7) 集装箱联运业。专门办理集装箱"一票到底"联运的集装箱运输办理业,代货主委托完成各种方式的联合运输,并组织集装箱"门到门"运输和集装箱回收等业务。

(8) 仓库业。以仓库存货为主体的行业,包括代储、代存、自存自运等业务。

(9) 中转储运业。以中转货物为主的仓储运输业。

(10) 运输代办托运业。以提供代理托运为主的货运业。

(11) 起重装卸业。以大件、笨重货物的装卸、安装、搬运为主的行业。

(12) 快递业。以承接并组织快运、快递的服务业。

(13) 拆船、拆车。以拆解船体、车体并进行加工的"再生物流"行业。

(14) 集装箱租赁业。专门从事集装箱出租的行业。

(15) 托盘联营业。以组织托盘出租、回收、交换等业务的行业。

(16) 第三方物流业。以接受委托而进行物流或供应链物流服务的现代物流领域的一种新兴行业。

1.3.3 按物流所涉及的范围不同分类

1. 企业物流

企业物流就是指工业企业、物资企业、贸易企业、运输企业等企业内部的物品实体流动。企业物流是一种微观物流。

1) 企业物流的种类

(1) 生产企业物流。它是以购进的生产所需要的原材料、燃料、设备工具为起点，经过加工成为产品，然后供应给社会需要部门为终点的全过程，它包括采购供应、生产阶段和销售阶段的物流。

(2) 流通企业物流。流通企业物流可分为采购物流、流通企业内部物流和销售物流三种形式。采购物流是流通企业组织采购供应货源，将货物从生产供应商集中到流通企业部门的物流。流通企业内部的物流包括内部的储存、保管、加工、装卸搬运、配送等物流活动。销售物流是流通企业将产品转移到消费者手中的物流。

流通企业物流又可分为以下几类。

① 批发企业物流，是指在流通批发企业经营中所产生的物流活动。

② 零售企业物流，是指流通零售企业经营中所产生的物流活动。

③ 仓储企业物流，是指仓储企业在储存、保管、经营中所产生的物流活动。

④ 配送中心物流，是指配送中心集储存、运输、加工、配送为一体化的综合物流活动。

⑤ 第三方物流企业的物流，是指第三方物流本身不拥有商品，而是通过签订合作协议在特定的时间内按特定的价格向用户提供个性化的物流代理服务时所形成的物流活动，如商品储存、运输、装卸搬运、配送、加工物流作业等。

2) 企业物流的特点

(1) 企业物流的连续性。企业内部物流是由静态的点和动态的线连接在一起的网络结构，静态的点是物料处在空间位置不变的状态，如相关的装卸搬运等企业的场内配置、运输条件生产布局等，而生产物流动态运动的方向、流量、流速等正是使企业生产处于有节奏、有次序的连续不断运行的基础。

(2) 物料流转是企业生产物流的关键特征。物料流转的媒介手段是物流搬运，在企业生产过程中，物料搬运流转贯穿于生产加工全过程的始终。生产过程物流的目的是提供畅通无阻的物料流转，保证生产持续、高效的运行。

为此，必须对物料流转进行合理化分析，尽可能减少不必要的搬运，消除物料在场内的相向、迂回搬运，使物料搬运作业与生产、供应、分发等形成流水作业。这对合理选择和配备搬运设备、充分利用物流空间、提高物流效率、降低物流费用具有十分重要的作用。

（3）企业物流成本的二律（效益）背反规律实质上是研究物流的经营管理问题。企业的管理目标是降低物流成本并取得最大的经济效益，成本能真实地反映物流活动实态，同时也可以作为评价物流活动的尺度。因此，在企业经营管理中，物流成本管理无疑是最重要的管理工作。只有认真分析研究物流成本的二律背反规律，并充分利用它，才能在物流经营活动中最大限度地降低物流成本，获得较好的经济效益。

2. 城乡物流

1）城市物流

城市物流是在一定的城市行政范围内为满足本城市经济发展要求和发展特点而组织的一种区域性物流，其所关注的目标是实现一个城市内的物流合理化问题。城市物流是一种中观社会物流，其具有以下特点。

（1）城市物流的繁杂性。城市物流涉及城市的政治、经济、文化活动等因素，使城市物流的组织具有繁杂性特点。城市物流关系到城市生产、生活所需要的生产、生活资料的物流合理规划问题。而且城市物流的繁杂性还表现在一般城市建设总是先于物流设施的建设，使物流发展先天滞后，给城市物流合理化提出了更高的要求。

（2）城市物流节点多、分布广。城市物流除了大量的货物运输、储存、装卸搬运外，每个工厂、配送中心、货站、商店、机关单位都形成了物流节点，城市物流末端节点数量多、分布广。因此，城市物流的基地、物流中心、物流园区、配送中心的规划就成为物流节点规划的重点，这些节点与节点之间的联系即城市运输、配送就构成了星罗棋布的城市物流网络。

2）农村物流

农村物流，实质上是研究广大农村的物流及连接城乡之间的，在农业生产及其相关的农资供应和农产品销售过程中所形成的物流，也可称为农业物流。其具有以下特点。

（1）主体的特殊性。农村物流的主体既有加工企业、运销企业又有农户，而农户又具有多重身份，从数量特征上统计弹性很大。

（2）农村物流路径的复杂性。主要源于农业生产的分散和农产品的消费普遍存在于广大城乡之间。

（3）农村物流环境的影响性。主要是农村物流客体的特殊性形成的物流能力（包括物流基础设施和物流管理等）、物流环境、农产品产业规范和标准化等对农业物流的制约和影响。

（4）农村物流需求的不确定性。主要表现在对农产品需求差异和选择变动上。本书对农村物流只作上述的简单提及，而着重点在于探讨工业及生产建设领域所涉及的物流问题。

3. 区域物流

以跨越若干近邻的经济中心城市为纽带的物流叫区域性物流，区域性物流也是一种中观社会物流。经过多年的努力，在我国一些经济发达的地区，特别是在经济发达的东部和南部地区，区域性物流已经基本形成。例如，我国以沿海大城市群为代表的四大物流圈：以北京、天津、沈阳、大连、青岛等城市为中心的环渤海物流圈；以上海、南京、杭州和宁波等城市为中心的长江三角洲物流圈；以厦门和福州为中心的环台湾海峡物流圈；以广州、深圳为中心的珠江三角洲物流圈。这些经济发达的区域性物流圈的形成和发展，必将带动其周边地区物流乃至全国物流的迅速发展，并将对我国物流现代化起着十分重要的推动作用。

4. 国民经济物流

1）国民经济物流是指在一个国家范围内的宏观社会物流

国民经济物流的重点是宏观地构筑地区间和企业间运输网络。工业是国民经济的主导产业，工业及工业布局对物资生产和物资流通具有决定性的作用，是衡量一个国家经济发展水平最重要的标志。

（1）工业布局的平衡性要求物流组织与设施与之相配套适应。

（2）工业布局产品开放性要求以物流作支撑。

（3）工业布局门类完整性要有完整的物流系统做保证。

（4）工业布局的最佳效益要通过优化布局最大限度地减少原材料与产品的物流费用来实现，最终提高社会经济效益。

2）国民经济物流是一个国家范围内最高层次的物流

国家必须从国家宏观战略的高度，从整体物流系统上进行规划和组织，从而建立起国民经济现代化物流体系。

（1）强化工业生产布局的合理化。

（2）强调经济区域化、合理化地组织物流。

（3）仓储设施的均衡合理布局。

（4）采用多种形式的运输格局。

（5）提高和推广现代化物流技术，推行物流标准化，加强物流服务质量管理。

5. 国际物流

国际物流是国与国之间的物资进出口贸易所形成的物流。它是一种宏观社会物流。随着经济全球化的发展，国际物流已经逐渐成为各国经济建设普遍关注的问题，也是当今世界经济竞争的一个焦点。

1）国际物流的特点

（1）国际物流环境的差异性，包括各国的政治、经济、法律、人文、科技、物流设施等差异而形成的各国之间物流环境的差异。

（2）国际物流必须以国际化信息系统为依托。国际化信息系统是国际物流，特别是国际联运最重要的手段之一。

（3）国际物流的标准化程度要求较高。要使国际物流流畅、快捷，统一的物流标准非常重要。若没有一个统一的标准，国际物流很难衔接，物流水平很难提高。

（4）国际物流是以远洋运输为主的多种运输方式的组合。国际物流由于运输距离长，主要是以远洋运输为主体，实施铁路、航空、公路，以及由这些运输方式组合的复合式综合运输体系。

2）国际物流的形式

(1) 按形成角度不同来分,国际物流有以下几种形式。

① 生产企业直接与外商进行的进出口贸易形成的国际物流。

② 生产企业通过外贸公司进出口贸易形成的国际物流。

③ 专业外贸公司进出口贸易形成的国际物流。

(2) 按运输方式不同来分,国际物流有以下几种形式。

① 陆路运输(包括管道运输)进出口贸易形成的国际物流。

② 海路运输进出口贸易形成的国际物流。

③ 航空运输进出口贸易形成的国际物流。

④ 多式联运进出口贸易形成的国际物流。

⑤ 邮购运输进出口贸易形成的国际物流。

1.3.4 按物流活动的先后顺序不同分类

按物流活动的先后顺序分类,物流可分为以下几种类型。

(1) 供应物流。是指企业的物资从采购到投入生产前的物流活动,包括物资的采购、进货、运输、仓储、仓库保管等环节。

(2) 生产物流。是指从原材料投入生产的第一道工序开始,到半成品、成品或可出售制品入库整个生产过程的全部物流活动,还包括流通过程中带有生产性的劳务所产生的物流活动,如包装、流通加工等。

(3) 销售物流。是指从企业成品库、流通仓库或厂内分发销售等销售过程中所发生的物流活动,包括生产上的直销和流通企业的销售。其内容包括产成品的库存管理、订货处理、发货运输与用户服务等。

(4) 回收与废弃物流。

① 回收物流是指对生产和生活消费过程中所形成的,可回收利用的物品进行回收过程中所产生的物流活动。如对包装物、废机具、边角余料、废金属材料等的回收产生的物流活动。

② 废弃物流是指对生产和生活消费过程中所产生的废弃物,可以回收利用的回收并加工为再生资源,另一部分不可再生利用的废弃物,为了保护环境而对其进行收集、整理、运输、处理等过程发生的物流活动。

1.4 物流活动和物流企业

1.4.1 物流活动

物流是增值性、生产性服务活动,这种服务活动是一种既会产生成本又会增加环境负担的经济活动。对物流双重性的认识,应当是研究物流的一个基本点。物流管理的目的就是使物流活动提高物流运作效率,降低物流运作成本,尽量减轻因物流活动对环境造成的影响,实现物流活动科学合理地增值。

1. 物流活动创造价值

1) 物流活动是生产性服务活动

1966年美国经济学家 H. Greenfiel 最早提出了生产性服务业（Producer Services）的概念。生产性服务业又称生产者服务业，在理论内涵上是指市场化的中间投入服务，即可用于商品和服务的进一步生产的非最终消费服务。生产性服务业是生产者在生产者服务业市场上购买的服务，是为生产、商务活动（而非直接向个体消费者）提供的服务。生产性服务也可理解为服务生产的外部化或者市场化，即企业内部的生产服务部门从企业分离和独立出去的发展趋势，分离和独立的目的是降低生产费用，提高生产效率，提高企业经营的专业化程度。生产性服务业的出现是社会化分工的结果。

生产型服务业主要是指直接或间接为生产过程提供中间服务的服务型产业，通常包括金融业、保险业、现代物流业、技术研究开发、法律服务、会计服务、广告服务、管理咨询、教育培训、电讯与信息技术服务、房地产业、工程设计与维修等。生产型服务业具有"四高"的特点，即高科技含量、高附加值、高人力资本和高成长性。它对其他产业特别是制造业有很强的带动性。在经济发达国家，生产型服务业占服务业的比重在70%以上，增幅也是同期服务业增幅的两倍。生产型服务业是围绕企业生产进行的保障性服务，它贯穿于企业生产的上游、中游和下游诸环节。生产型服务的特征是被企业用作生产商品或提供其他服务的生产过程的投入，是纯粹为企业生产而提供的中介服务，其消费过程中会产生更多的产品，向社会提供更多的有效服务。经济学的观点告诉我们，物流服务性活动是人类一般性劳动，但它却能创造一定的使用价值。通过以上理论分析，充分说明物流服务就是一种典型的生产性服务活动。

2) 物流活动创造价值

马克思的劳动价值理论，将商品生产过程视为劳动过程和价值形成过程的统一，即：在生产过程中，具体劳动创造商品的使用价值，抽象劳动创造商品的价值。物流活动是生产性服务活动，它同工农业生产一样，在生产过程都具有生产三要素，即劳动者、劳动对象和劳动工具。物流生产提供的产品是物流服务。这种具体生产活动创造了以下两种价值。

（1）物流活动创造时间价值（或称时间效用）。"物"从供给者到需求者之间存在时间差，改变这一时间差所创造的价值，称做"时间价值"。通过物流获得时间价值的形式有以下几种。

① 缩短时间创造价值。缩短物流时间，可获得多方面的好处，如减少物流损失、降低物流消耗、增加物的周转、节约资金等。流通时间完全可以理解为物流时间，因为物流周期的结束是资本周转的前提条件。该时间越短，资本周转越快，表现出资本的较高增值速度。从全社会物流的总体来看，加快物流速度、缩短物流时间，是物流必须遵循的一条经济规律。

② 弥补时间差创造价值。经济社会中，供给与需求之间存在时间差，可以说这是一种普遍的客观存在，正是有了这个时间差，商品才能取得自身的最高价值，才能获得十分理想的效益。例如，粮食集中产出，但是人们的消费是一年365天，天天有需求。商品本身是不会自动弥补这个时间差的，如果没有有效的方法，集中生产出的粮食除了当时的少量消耗外，就会损坏掉、腐烂掉，而在非产出时间，人们就会找不到粮食吃。物流便是以

科学的系统方法来弥补(有时是改变)这种时间差，以实现其"时间价值"。

③ 延长时间差创造价值。物流总体是遵循"加速物流速度，缩短物流时间"这一规律，以尽量缩小时间间隔来创造价值的，但是，在某些具体物流中也存在人为地能动地延长物流时间来创造价值的。例如，秋季集中产出的粮食、棉花等农产品，通过物流的储存、储备活动，有意识地延长物流的时间，以均衡人们的需求，这种配合适机销售的营销活动的物流便是通过有意识地延长物流时间、有意识地增加时间差来创造价值的。

(2) 物流活动创造场所价值(或称空间效用)。物流活动创造场所价值是由现代社会产业结构、社会分工所决定的，主要原因是供给和需求之间的空间差，商品在不同地理位置有不同的价值，通过物流将商品由低价值区转到高价值区，便可获得价值差，即"场所价值"。

2. 物流服务是商品

现代商品学告诉我们，商品不仅包括实物形态的商品，而且还包括非实物形态的劳务型的商品。劳务是国民经济各部门(包括物质生产部门和非物质生产部门)所提供的服务的最终成果。服务产品从总体上来说是一种无形产品，但这并不否定有些劳务具有实物形态的"影子"，如一部电影凝结着编剧、导演、演员、作曲家、摄影师、灯光员、乐队人员等的共同劳动的成果。物流服务是一种典型的非实物形态的商品。经济学的观点告诉我们，物流服务性劳动是人类一般性劳动，它向社会提供的是物流服务，如运输服务、仓储服务、装卸搬运服务、包装服务、加工服务、配送服务、物流信息服务等，而且还能创造一定的使用价值(各项物流服务的结果)。

经济发展的实践告诉我们，经济越发展，物流就越发展。随着社会经济的发展，物流服务越来越凸显出它对经济的支承作用，物流服务的市场需求也越来越旺盛，2013年全国社会物流总额达到197.8万亿元人民币，呈现由"稳中趋缓"向"趋稳回升"转变的态势。

3. 物流活动与环境

物流活动对环境的影响主要是由于社会物流量的急剧扩张、物流速度的提高、物流设施设备的大型化后，影响环境并增加了对环境管理的难度。

1) 影响环境的物流因素

人类的物流活动会形成废气排放、噪音污染、震动、扬尘、有毒物的污染等，造成对人生活的影响和对环境的破坏。

物流对环境的影响主要表现在噪声对人的精神、情绪、健康的影响，废气、废液对空气、水的污染影响，运输车辆事故对人伤害性的影响等。这些影响与诸多因素有关。

(1) 与粗放式的物流经营有关。粗放式的物流经营，为了加快发展速度过多关注于数量的增长，造成不合理的物流普遍存在，单位经济增长付出过多的运能、运力，造成交通的混乱和排放物的增加。

(2) 与物流标准化有关。在推行标准化过程中，只重视物流设施、设备、工具、车辆技术标准等内在标准的研究，忽视物流对环境及社会的影响。所以，在推行物流标准化时，必须将物流对环境的影响放在标准化的重要位置上，除了各种反映设备能力、效率、性质的技术标准外，还要对安全标准、噪声标准、排放标准、车速标准等作出具体的规定。

2) 减轻环境负担的措施

从现今科学技术和管理水平来看，物流对环境的破坏作用，是没有办法根除的，因此，在管理方面，必须采取措施予以限制或减轻，把减轻环境负担作为管理的目标。

（1）应当提高铁路运输和水运的比例，减少对环境危害最大的汽车运输。在多种可选择的运输方式中，汽车运输对环境的破坏作用是最大的。在管理方面可以采取以下措施来降低环境的负担：①把铁路、公路、水运的结构合理化作为宏观调控的目标。增加铁路物流量，降低公路的物流量；②将铁路、水运的干线运输和公路的集散运输作为物流合理化的一个重要课题，发展多式联运，限制汽车的长距离、大量运输，从而减少污染的同时提高物流系统的能力；③依靠科学技术，采用无铅汽油、清洁燃料，从能源的源头来解决和降低污染；④采用管道输送的物流方式，以减轻液体、气体排放物和粉状扬尘对环境的污染。

（2）合理规划物流结点和物流线路的分布，对物流结点实行集约化。使物流结点远离居民密集地区，是解决和降低噪声、粉尘、振动及尾气污染的有效措施。为此在规划物流结点时，物流基地、物流中心等大型物流结点，应当远离城市中心区并且适当集中分布，配送中心应当和居民密集区保持适当距离，在城市中心行驶的配送车辆，应当采用低污染的先进运输设备。大型运输汽车，应当限制进入城市地区。对排放标准不合格，噪声、振动过大的运输车辆，应该实行严格的交通管制。

1.4.2 物流企业概述

1. 物流产业

物流产业是指运用各种物流基础设施为实现商品的实体移动而形成的一种产业。物流业是整个国民经济的重要的组成行业，其发展水平往往反映一个国家的经济发展水平。

从物流系统理论的角度分析，在国民经济中已经存在的交通、运输、仓储、邮电等行业已经形成了一个巨大的行业群体、一个充满生机的新兴产业，即物流业，它被称为21世纪国民经济发展的重要产业和新的经济增长点。物流本身既是一个庞大的纵向经济领域，又是一个为其他经济领域服务的横向经济领域，是一个跨地区、跨行业、跨部门的综合性、基础性产业。这个产业由铁路运输、公路运输、水路运输、航空运输、管道运输、仓储和托运等行业为主体而组成，同时还包括商业、物资、供销、粮食、外贸等行业中的物流业，还涉及机械电器业中的物流设备制造行业和国民经济所有行业的供应、生产、销售中的物流活动。物流产业的特征表现为：第一，物流产业是国民经济中的动脉系统，它连接国民经济各个领域，并使之成为一个有机的整体，实现全社会物流总成本的降低；第二，物流产业通过对各要素的优化组合和合理配置，最大限度地发挥物流各要素的作用，提高全社会的物流效率。第三，物流产业能够为社会提供更为全面、多样化的物流服务，并在物流全过程中实现价值的增值。

2. 物流企业

物流企业是为其他生产或流通型企业提供流通服务、供应链解决方案和信息技术服务的第三方企业。《物流术语》（GB/T 18354—2006)中对物流企业的定义为："从事物流基本功能范围内的物流业务设计及系统运作,具有与自身业务相适应的信息管理系统,实行独立核算,独立承担民事责任的经济组织。"按照《物流企业分类与评估指标》对物流企业的定义为:"至少从事运输(含运输代理、货物快递)或仓储一种经营业务,并能够通过对运输、储存、装卸、包装、流通加工、配送等基本功能进行组织和管理,具有与自身业务相适应的信息管理系统,以满足客户物流需求,实行独立核算,独立承担民事责任的经济组织。"物流企业具有集散、中转、储运、流通加工、信息、营销等功能,其中物流信息、营销功能与传统储运企业功能有较大的区别,而且也成为物流的重要组成部分。

1.4.3 物流企业分类

1. 一般分类

1)综合型与功能型物流企业

综合型物流企业能够完成和承担多项甚至所有物流功能,而且一般规模较大、资金雄厚,并且有着良好的服务信誉。而功能型物流企业也可称作单一物流企业,仅能承担一项或者几项物流功能,按其主要从事的物流功能可进一步分为运输企业、仓储企业等。

2)物流自营企业和物流代理企业

物流自营企业是利用自己的物流设施、设备来完成自己的物流业务。物流代理企业就是平常说的物流企业,代理型物流企业又可分为综合性代理企业和功能性代理企业,如货代公司、仓代公司。第三方物流企业就是以合同契约形式的物流代理企业。

2. 按国家标准《物流企业分类与评估指标》(GB/T 19680—2013)对物流企业的分类

1)运输型物流企业

(1)以从事运输业务为主,具备一定规模。

(2)可为客户提供运输服务及其他增值服务。

(3)自有一定数量的运输工具和设备。

(4)具备信息服务功能,应用信息系统可对运输货物进行状态查询、监控。

2)仓储型物流企业

(1)以从事仓储业务为主,具备一定规模。

(2)可为客户提供分拨、配送,流通加工等服务,以及其他增值服务。

(3)自有一定规模的仓储设施、设备,自有或租用必要的货物运输工具。

(4)具备信息服务功能,应用信息系统可对仓储货物进行状态查询、监控。

3)综合服务型物流企业

(1)从事多种物流服务业务,可以为客户提供运输、仓储、货运代理、配送、流通加工、信息服务等多种物流服务,具备一定规模。

(2)可为客户制系统化的物流解决方案;可为客户提供综合物流服务及其他增值服务。

(3)自有或租用必要的运输工具、仓储设施及相关设备。

(4)具有一定市场覆盖面的货物集散、分拨、配送网络。

(5)具备信息服务功能,应有信息系统可对物流服务全过程进行状态查询、监控。

分类标准中对具备条件的三类物流企业,按照评估标准分为 AAAAA 级、AAAA 级、AAA 级、AA 级、A 级五个级别,AAAAA 级为最高级,依次降低,A 级为最低级。三种类型物流企业评估标准见表 1-1～表 1-3。

表 1-1 运输型物流企业评估指标

评估指标		级别				
		AAAAA 级	AAAA 级	AAA 级	AA 级	A 级
经营状况	1. 年物流营业收入/元	16.5 亿以上	3 亿以上	6 000 万以上	1 000 万以上	300 万以上
	2. 营业时间	5 年以上	3 年以上		2 年以上	
资产	3. 资产总额/元	11 亿以上	2 亿以上	4 000 万以上	800 万以上	300 万以上
	4. 资产负债率	不高于 70%				
设备设施	5. 自有货运车辆/辆	1 500 以上	400 以上	150 以上	80 以上	30 以上
	6. 运营网点/个	50 以上	30 以上	15 以上	10 以上	5 以上
管理及服务	7. 管理制度	有健全的经营、财务、统计、安全、技术等机构和相应的管理制度				
	8. 质量管理	通过国家或行业相关认证			具有规范的质量管理体系	
	9. 业务辐射面	跨省区以上			—	
	10. 物流服务方案与实施	提供物流系统规划、资源整合、方案设计、业务流程重组、供应链优化、物流信息化等方面服务			提供整合物流资源、方案设计等方面的咨询服务	
	11. 客户投诉率（或客户满意度）	≤0.05%（≥98%）	≤0.1%（≥95%）		≤0.5%（≥90%）	
人员管理	12. 中高层管理人员	80% 以上具有大专以上学历或全国性行业组织物流师认证	60% 以上具有大专以上学历或全国性行业组织物流师认证		30% 以上具有大专以上学历或全国性行业组织物流师认证	
	13. 基层物流业务人员	60% 以上具有中等及以上学历或物流职业资格	50% 以上具有中等及以上学历或物流职业资格		30% 以上具有中等及以上学历或物流职业资格	
信息化水平	14. 信息系统	物流经营业务信息全部信息化管理			物流经营业务部分信息化管理	
	15. 电子单据管理	90% 以上	70% 以上		50% 以上	
	16. 货物物流状态跟踪	90% 以上	70% 以上		50% 以上	
	17. 客户查询	建立自动查询和人工查询系统			建立人工查询系统	

表 1-2 仓储型物流企业评估指标

评估指标		级别				
		AAAAA级	AAAA级	AAA级	AA级	A级
经营状况	1. 年物流营业收入/元	7.2亿以上	1.2亿以上	2 500万以上	500万以上	200万以上
	2. 营业时间	5年以上	3年以上		2年以上	
资产	3. 资产总额/元	11亿以上	2亿以上	4 000万以上	800万以上	200万以上
	4. 资产负债率	不高于70%				
设备设施	5. 自有仓储面积/m²	20万以上	8万以上	2万以上	1万以上	4 000以上
	6. 自有(租用货运车辆)/辆	500以上	200以上	100以上	50以上	30以上
管理及服务	7. 配送客户点/个	200以上	150以上	100以上	50以上	30以上
	8. 管理制度	有健全的经营、财务、统计、安全、技术等机构和相应的管理制度				
	9. 质量管理	通过国家或行业相关认证			具有规范的质量管理体系	
	10. 物流服务方案与实施	提供物流系统规划、资源整合、方案设计、业务流程重组、供应链优化、物流信息化等方面服务			提供整合物流资源、方案设计等方面的咨询服务	
	11. 客户投诉率(或客户满意度)	≤0.05%(≥98%)	≤0.1%(≥95%)		≤0.5%(≥90%)	
人员管理	12. 中高层管理人员	80%以上具有大专及以上学历或全国性行业组织物流师认证	60%以上具有大专及以上学历或全国性行业组织物流师认证		30%以上具有大专及以上学历或全国性行业组织物流师认证	
	13. 基层物流业务人员	60%以上具有中等及以上学历或物流职业资格	50%以上具有中等及以上学历或物流职业资格		30%以上具有中等及以上学历或物流职业资格	
信息化水平	14. 信息系统	物流经营业务全部信息化管理			物流经营业务部分信息化管理	
	15. 电子单据管理	100%以上	70%以上		50%以上	
	16. 货物物流状态跟踪	90%以上	70%以上		50%以上	
	17. 客户查询	建立自动查询和人工查询系统			建立人工查询系统	

表 1-3 综合服务型物流企业评估指标

	评估指标	AAAAA 级	AAAA 级	AAA 级	AA 级	A 级
经营状况	1. 年物流营业收入/元	6.5 亿以上	2 亿以上	4 000 万以上	800 万以上	300 万以上
	2. 营业时间	5 年以上	3 年以上		2 年以上	
资产	3. 资产总额/元	5.5 亿以上	1 亿以上	2 000 万以上	600 万以上	200 万以上
	4. 资产负债率	不高于 75%				
设备设施	5. 自有(租用仓储面积)/m²	10 万以上	3 万以上	1 万以上	3 000 以上	1 000 以上
	6. 自有(租用货运车辆)/辆	1 500 以上	500 以上	300 以上	200 以上	100 以上
	7. 运营网点/个	50 以上	30 以上	20 以上	10 以上	5 以上
管理及服务	8. 管理制度	有健全的经营、作业、财务、统计、安全、技术等机构和相应的管理制度				
	9. 质量管理	通过国家或行业相关认证			具有规范的质量管理体系	
	10. 业务辐射面	跨省区以上			—	
	11. 物流服务方案与设施	提供物流系统规划、资源整合、方案设计、业务流程重组、供应链优化、物流信息化等方面服务			提供整合物流资源、方案设计等方面的咨询服务	
	12. 客户投诉率(或客户满意度)	≤0.05%(≥99%)	≤0.1%(≥95%)		≤0.5%(≥90%)	
人员管理	13. 中高层管理人员	80%以上具有大专及以上学历或全国性行业组织物流师认证	70%以上具有大专及以上学历或全国性行业组织物流师认证		50%以上具有大专及以上学历或全国性行业组织物流师认证	
	14. 基层物流业务人员	60%以上具有中等及以上学历或物流职业资格	50%以上具有中等及以上学历或物流职业资格		40%以上具有中等及以上学历或物流职业资格	
信息化水平	15. 信息系统	物流经营业务信息全部信息化管理			物流经营业务部分信息化管理	
	16. 电子单据管理	100%以上	80%以上		60%以上	
	17. 货物物流状态跟踪	100%以上	80%以上		60%以上	
	18. 客户查询	建立自动查询和人工查询系统			建立人工查询系统	

1.4.4 我国各类物流企业发展概况

1. 传统的仓储运输企业转型而成的物流企业

传统的仓储、运输、货代企业,如中国远洋国际货运公司、中国对外运输公司、中国铁路运输总公司、中国储运总公司等大型物流企业,改变原来单一的货运和仓储服务,依托原来的设施、业务基础和经营网络的优势，不断拓展和延伸物流服务，扩大经营范围，逐步向专业化物流企业转型。

2．专业物流企业

随着我国物流大发展，近几年国内一些应运而生的新的物流企业，如宝供物流公司、宅急送快递公司、华运通物流公司等，它们运用现代物流理念和灵活的竞争策略，在激烈竞争的物流市场中发展很快，成为我国物流领域中的一支生力军。如宝供物流公司自1994年成立以来，一直致力于为制造企业提供"门到门"一站式联运服务，1997年又率先使用 Internet/Intranet 等信息化网络技术，对物流运作全过程进行跟踪和库存管理，目前已发展成能为 100 多家国际知名生产企业提供物流服务，提供从物流方案设计到全程物流服务的组织和实施的大型综合服务型物流企业，被摩根斯坦利评价为"中国最具价值的第三方物流企业"。而宅急送公司则是目前国内最大的民营快递公司。

3．工商企业自有的物流企业

一些工商企业逐渐认识到"物流是第三利润源泉"的重要作用，将自己的仓储运输部门独立出来，建立自己的物流体系，以整合分布在不同部门的物流资源，实现企业物流合理化，降低企业物流成本，提高企业经济效益。还有一些大型工商企业，利用现成的市场网络和闲置的物流资源对外开展第三方物流业务，如海尔、长虹、联想、华联超市、国美电器等大型工商企业。

4．外资（合资）物流企业

目前，国际一些知名的大型物流企业纷纷登陆中国，如 Maersk、UPS、DHL、日通、宅急便等美国、日本的公司，他们看好中国的物流市场前景，利用合资或独资形式，开始在中国经营物流业务，建立物流网络及物流联盟，运用其成功的物流服务经验和现代物流理念为用户提供综合物流服务。

日通、住友、TNT 等公司先后在上海、北京、广州等大中城市建立物流机构和货运网络，凭借其丰富的经验、优质的服务和一流的管理，在我国三资企业物流服务中占领了一个相当大的市场份额。

5．物流软件企业

2000 年杰合伟业软件技术公司发布的中国第一个城市物流配送管理应用软件——杰合配送管理系统，以及该公司针对城市物流配送领域的应用服务提供的解决方案，拉开了物流电子化配送业务的序幕。随后许多 IT 企业纷纷加入到物流软件开发应用的竞争队伍中，而成为物流行业的一员。

6．物流装备制造企业

我国物流装备企业发展很快，20 世纪 70 年代只有昆明船舶设备集团一家较大的物流自动化设备公司，到 20 世纪 90 年代就增加到 8 家。随着物流信息化、自动化时代的到来，我国的自动化仓库成套设施供应商发展很快，目前多数物流装备企业都能提供如叉车、货架、升降机等装卸搬运、输送设备，而相对于自动化程度较高的立体化仓库等功能控制型设备还只有昆明船舶设备集团和北京起重运输机械研究所等企业能够生产。

1.4.5　物流企业的运作模式

1. 传统物流企业运作模式分析

长期以来，由于受计划经济的影响，传统物流企业沿用的是单一的职能型经营模式。条块分割、管理多元、运储分离的物流机制，很难实现对全社会的综合物流服务。其主要表现有三：一是物流技术低下，很难将物流功能进行有效的整合起来实现综合物流服务；二是物流围绕生产而进行，生产是物流的推动力，企业更多的是关注生产成本，缺乏对包括物流在内的总成本的认识；三是难以对可能取得的投资回报进行量化，收益具有不确定性。

由于以上原因，传统物流企业的运作是建立在功能基础上的后勤保障，对存在的综合物流缺乏认识，所以只能进行单一的储存和运输业务，而不可能从综合物流服务的理念去考虑整合物流功能的问题。这种功能单一分散的物流运作模式和多元化的物流格局，导致我国物流社会化程度低下，造成物流适应社会化大生产、专业化流通的集约化经营的优势很难发挥，规模经营、规模效益难以实现，形成布局不合理、设施利用率低、资金浪费严重的局面。

如前所述，传统物流企业主要包括运输企业、仓储企业和货运代理企业。

（1）运输企业是具体运输的承担者。运输企业按照运输合同把货物运送到指定地点，其运送手段相对简便、专业性强，主要是对货物的集装、分配、搬运、中转、装卸等作业。

（2）仓储企业是货物储存业务的承担者。仓储企业主要从事货物的装卸搬运、入库、出库及保管业务。

（3）货运代理企业是运输的组织者和设计者。货运代理企业是运输服务的延伸，主要包括揽货、配载、运送、报关、装运、装拼箱、转运、仓储、编制有关运单、垫付和结算运杂费、运输咨询、提供货运信息等业务。货代企业的出现是以市场营销为出发点，充分解决了市场和物流分离、市场服务与物流服务分离的状况，从而提供更加专业的物流服务，同时货代企业也是现代物流企业的基础和雏形。

2. 现代物流企业运作模式

现代物流企业是连接生产、交换、流通、消费等各个环节，并为之提供专业物流服务的经济组织，它是建立在以信息技术和现代物流理念基础之上的，为用户提供个性化、专业化服务和综合性物流服务的经济组织，它不仅可以提供货物运输、储存、包装、装卸搬运、配送、流通加工等有形服务，还可以提供优化物流方案的设计和物流信息等无形服务。

现代物流企业运作模式具体有以下特点。

（1）依托于信息系统强有力的支持。现代物流企业建立在以数据交换系统、互联网为基础的公共物流信息平台之上，并可以通过全球卫星定位系统和条码技术对货物实施全程跟踪与监控，实现实时监控和信息共享。

（2）树立为用户服务为导向的管理理念。物流企业的利润来源于对用户的增值服务，响应用户的需求已经成为当今物流市场竞争战略的重要手段，以满足用户的需求。现代物流企业向用户提供超值服务与用户建立战略联盟关系，降低物流总成本并提升物流企业本身的核心竞争力。

(3) 提供深度的物流服务。现代物流企业不是简单的货代企业，也不是单纯的运输企业，它的业务已经涉及用户的销售计划、订货计划、生产计划、库存计划等整个生产经营过程，影响到用户企业的生产运作，使用户随时可以调节生产和库存、生产周期和销售周期，设计企业的生产能力，实现生产的JIT管理，从而在激烈的市场竞争中始终立于主动地位。

(4) 现代物流是建立在先进的物流技术基础之上的高效率、低成本的运营模式。现代物流企业拥有先进的物流技术和先进的物流装备，充分发挥这些技术和装备的效能作用，将会极大地提高物流运作效率、降低物流成本。

1.4.6 第三方物流

1. 第三方物流的概念

随着经济全球化竞争的加剧、信息技术的飞速发展，市场机制推动了运输发展，第三方物流应运而生，并日渐为西方物流研究和物流实践所重视。对于第三方物流，国内外有多种解释，这里仅以国家标准《物流术语》(GB/T 18354—2006)中所界定的含义来理解："独立于供需双方，为客户提供专项或全面的物流系统设计或系统运营的物流服务模式。"就是说，它是物流交易双方的物流功能的外部服务的提供者。从某种意义上讲，第三方物流是物流专业化的一种形式。

第三方物流又通常称为合同物流(Contract Logistics)或物流联盟，是指从生产到销售整个流通过程中服务的第三方。其特点就是它本身不拥有商品，而是通过签订合同或结盟合作的形式在特定的时间内，按特定的价格向用户提供物流服务。

和其他经济概念一样，第三方物流也有广义和狭义的理解。

广义的第三方物流是相对于自营物流而言，产品供需双方以外的中间物流服务商提供的物流服务。凡是社会化专业物流企业都属于此类。

狭义的第三方物流就是指能够提供系统物流服务的第三方物流活动，其具体标志：一是有提供现代化系统物流服务的企业素质；二是可以向用户提供包括供应链在内的全过程物流服务；三是是一种固定的长期委托、承包形式的物流外包；四是提供增值物流服务的现代化物流活动。

2. 第三方物流的基本类型

(1) 资源性第三方物流。这种第三方物流，是指具有运输、仓储等基本物流设施和设备的运输业者和仓储业者。

(2) 非资源性第三方物流。这种第三方物流，主要指各类货运、仓储代理公司。

3. 第三方物流的优势及特点

1) 第三方物流的优势

(1) 使企业集中精力发展核心业务。第三方物流所推崇的理念是首先确定企业的发展优势，并把企业的资源集中在具有核心竞争力的项目上，把物流业务外包给专业公司。

(2) 减少固定资本投入、加速资本周转。对于生产企业来说，物流成本在整个生产成本中占有很大的比例。据统计，我国工业品物流成本占商品成本的55%左右。企业如果自己投资物流设施设备，需要投入很大一笔资金建仓库、购买设备和建立信息网络。这些条件对于一个缺乏实力的企业来说，是一个可望不可即的设想。如果把物流业务外包给第三方物流企业就可以省去这笔固定资本投入，将把其用到其他更需要的经营业务之中去，加速企业资金周转获得主营行业更大的效益。

（3）第三方物流拥有规模经营优势。它可以从其他物流服务商那里获得比其他用户更优惠的运输价格，集中运输，汇总配载，实现货物集中供货，从而降低单位成本。同时第三方物流企业拥有自己的物流网络和针对不同的物流市场的能力，包括运输、仓储等主要物流信息，如运输量、报关、清关、运输报价等信息通常由第三方物流搜集处理。它们把这些信息的获取成本分摊到多个用户中，必然会降低运营成本。

（4）灵活运用新技术，实现以信息换库存方式降低成本。信息化技术日益发展的今天，第三方物流企业能不断地提升、更新物流信息技术和设备，而单个生产企业通常难以实现，而且不同的零售商有多样化的配送和信息需求。而要满足这些多样化的需求，势必增大企业库存。这时第三方物流可以利用信息技术，灵活、快捷的速度，低廉的成本优势来满足企业这种库存要求，以快速的响应和及时的物流配送来换取企业在不增大库存的情况下满足用户的需求，而这些都是生产企业一家很难做到的。

（5）提供灵活多样的服务，为用户创造更多的价值。用户通过第三方物流服务满足自身需求，从而不必因自建和租用物流设施设备而占用大量资金而使自己不能灵活经营。第三方物流能够向用户提供更多的个性化的服务，如生产企业一时难以满足用户的暂时缺货、短暂的仓储服务等。另外设施先进的第三方物流还可对其服务全程监控，通过先进的信息技术对在途货物跟踪监控、管理、及时发现问题，避免配送中意外事故的发生，从而保证货物及时、安全地送达。

2）第三方物流的特点

与传统物流相比，第三方物流具有以下特点。

（1）第三方物流是一种契约化的多功能物流服务，这种服务除了传统的运输、仓储服务外，还包括用户服务、预测需求、订单处理、信息咨询等业务。

（2）第三方物流服务是个性化服务，这种服务不同于公共物流服务。它需要按照不同的用户企业在竞争需要、需求特征、业务流程等方面提供个性化服务并形成自己的特色以吸引客户。这也表明物流服务开始从"产品推销"向"市场营销"过渡。

（3）第三方物流是建立在现代电子信息基础之上的。第三方物流企业要为用户提供现代化物流服务就必须有良好的信息处理能力，现代电子信息技术的快速发展为第三方物流提供了这种条件，从而极大地推动了第三方物流的发展。

（4）第三方物流是专业化物流服务。第三方物流的运作从物流方案的设计、物流技术工具、物流设施到物流管理都体现专业化水平，这既是用户的需要，也是第三方物流企业自身发展的基本要求。

4. 第三方物流是供应链的承担者

经济全球化的推进，供应链管理在企业的经营集团化和国际化的趋势下应运而生，从整体系统的观点出发，物流管理是指通过从市场到企业生产，直到供应商的整个过程中的物流、信息流、资金流的有效协调，以满足用户的需求，充分实现用户的商品的使用价值。供应链管理涵盖物流管理，并把它提高到一个前所未有的战略高度，形成一个包含商流、物流、信息流、媒介流于一体的体系。它把链中的商流、物流、信息流、资金流进行计划、组织、协调与控制，其目标就是通过供应链成员的密切合作，实现快速、准确、有效的物流服务。

供应链是由核心企业及相关的上下游企业组成的一个网链，供应链管理则是一种系统化、集成化管理思想和方法，即以物流为纽带通过加强链中活动及实体间的信息交流和协调，使链中的商流、物流、信息流和资金流达到最优化。由于供应链中各环节分属不同的利益主体，这就加大了协调的难度，要使供应链中各成员都用最少的库存为用户服务，必须实行供应链的集成管理，而第三方物流是各企业之间物流活动的纽带，是众多个供应链的交汇点，这种集成管理的最合适的成员应该就是进行专业化的第三方物流企业。所以从某种意义上说第三方物流是"第三方供应链管理"。可见，第三方物流在供应链中具有极其重要的作用。

5. 第三方物流利润的来源

由于现代经济的发展，供需双方基于利益等原因推动了第三方物流的发展，那么我们有必要了解第三方物流存在的物质基础——第三方物流企业的利润来源及用户从第三方物流那里所能获得的利益。

第三方物流企业的利润来源从本质上讲是管理所产生的价值，也就是我们提到的第三利润源泉，第三方物流企业的利润来源与用户的利益在很大程度上是一致的，它来自于与用户共同创造的一种新的价值。这种价值是与用户共同分享的，第三方物流企业在物流运作过程中为用户节省的费用越多，所获得的利润就越高。

第三方物流之所以能够迅速兴起并得到全球企业的极力推崇，根本原因就在于其独特的价值作用。第三方物流能够协助用户获得如价格、利润、服务、信息及新技术的采用等潜在的竞争力。物流学者的研究证明，用户对第三方物流的期望主要体现在物流的运作利益、物流的管理利益和物流合作的战略利益等经济利益方面。

1）物流作业利益

第三方物流能为用户提供的作业利益主要是通过作业改进来实现的。

一方面，鉴于用户自行组织物流活动时限于专业、技术、信息等原因会明显地不经济、不合理，而通过第三方物流则可以获得更有效的服务和显著的效益；另一方面，用户通过第三方物流来改善本企业的运作管理，例如，增加运作的灵活性、提高质量或服务速度的一致性及效率等。

2）经济利益

在竞争激烈的市场经济环境中，企业追求的主要目标是利润，物流成本一般是企业经营中占比较高的成本，第三方物流企业能够利用自己的专业化、社会化优势整合各种物流功能元素，寻求最佳的物流运作方案，最大限度地降低物流运作成本而获得最大经济利益。

3）服务利益

在现代化大生产和专业化分工愈加细化的条件下，服务已经成为当今企业有效的竞争手段。以最低的成本为用户提供与其相应的服务正在成为企业努力的方向，从这种意义上讲，协助用户企业提高对其用户的服务水平和质量也正是第三方物流所追求的目标。

第三方物流利用快捷的信息平台能够提高对用户的响应能力，加快订单处理，缩短交货时间，实行门到门服务；利用信息网络能够实行对货物的跟踪监控，保证交货的安全可靠；利用配送的优势能够对用户即时送货上门，售后服务，退货处理，废品回收等全方位服务，提高用户的满意度。

4）管理利益

在现代经济发展的环境中，企业对第三方物流的认同和物流业务外包的形势日渐扩张的局面下，第三方物流能够通过为用户提供物流运作方案的咨询设计和接受用户的全部物流业务外包等形式获得物流运作管理方面的利益，已经是一个不争的现实。

6. 国外第三方物流发展概况

1）发达国家第三方物流占有整个社会物流较大的比重

全球经济一体化及专业分工使发达国家企业意识到，物流自营成本太高，转而选择借助第三方物流的专业化、规模经营的优势来降低成本、改善服务。

在欧洲，第三方物流已有近百年的历史。早期主要提供组配、仓储、运输等服务，飞越式发展约在 20 世纪 80 年代末，此前欧洲的许多配送中心都是美国公司运作的。20 世纪 90 年代，第三方物流企业数量急剧增加，在欧洲物流市场中占有重要的位置。现阶段，欧洲市场的第三方物流服务收入占物流总收入的 24.42%。第三方物流公司分为不同的层次，面向不同的目标市场，提供不同层次的服务。

欧洲各国第三方物流市场情况见表 1-4，可以清楚地看到第三方物流在欧洲各国物流中的地位。

表 1-4　欧洲各国第三方物流市场情况　　　　　　　　　　单位：百万欧元

国　别	物流总支出	第三方物流收入	第三方物流收入占物流总支出比重
德国	34 602	8 074	23.33%
法国	25 695	6 911	26.9%
英国	23 635	8 150	34.48%
意大利	13 873	1 771	12.77%

美国波士顿东北大学供应链管理学系最近与埃森哲咨询公司完成的一年一度调查发现，2002 年《财富 500》中的企业有六成半都使用了第三方物流服务，其中关税经纪、货物付款和货运代理等服务最常用。美国第三方物流服务市场约每年五百亿美元，65%的企业使用第三方物流服务。

2）重视物流技术研究，为第三方物流发展提供了基本保证

以日本为例，第三方物流配送企业十分重视物流新技术的开发，不断提高物流服务质量，降低物流成本。在日本物流企业中可拆卸货架、移动式扫描仪的使用相当普遍。实现商品入库、验收、分拣、出库等物流作业的商品条码识别和计算机管理与控制，大大提高了物流效率。应该说，第三方物流的发展是建立在低成本、高效率的运营模式基础上。先进的物流技术不仅拓展了物流企业的盈利能力，而且还能使第三方物流在物流竞争中具有更大的优势。

3）物流一体化趋势为第三方物流发展提供了良好的发展环境

所谓物流一体化就是以物流系统为核心，由生产企业、物流企业、销售企业直到用户

(消费者)所形成的供应链的整体化和系统化,是物流发展的高级阶段。物流一体化要有专业化人才、专业化设施设备、专业化技术相匹配才能获得最佳的效果。成功的第三方物流企业根据产品供需双方的合同要求,采取灵活运用自营和代理两种形式为生产和供应商提供物流服务。

目前,发达国家在发展第三方物流,实现物流一体化方面已经积累了丰富的经验,培养了大批具有物流专业技术知识,有很强的物流整体规划和现代化管理能力的物流管理人才。第三方物流企业的功能也从单纯的仓储、运输服务转为一体化的综合物流服务功能。如英国的第三方物流在商业企业内已从配送发展到店内服务,即从店门开门、关门到清扫店铺、补货上架等原来由店铺人员做的事都交给了第三方物流商来完成。

7. 我国第三方物流发展概况

据 2004 年中国仓储协会调查资料显示,中国第三方物流仅占总体物流的 2%,而美欧等国则在 10%。我国第三方物流发展跟国外第三方物流相比还相当缓慢,其表现主要有以下几方面。

1) 对第三方物流发展的认识的制约

许多企业对物流特别是第三方物流的认识还停留在传统的储存、运输层面上,认为物流就是运输,概念十分模糊,总以为自建物流自成体系,方便省事。对发展第三方物流的社会性、现代性意义没有足够的了解和认识,这在很大程度上制约了我国第三方物流的发展。

2) 交易成本的制约

物流服务的外购也属于服务贸易形式在市场中进行的交易。第三方物流是通过合同形式来规范物流经营者之间的关系的,第三方物流服务的行为实际是一种委托与被委托、代理与被代理之间的关系,完全是以一种信用为基础的合作关系。生产企业以合同形式将物流服务委托给第三方物流,而第三方物流为了能及时满足用户要求,又以合同的方式联盟众多的仓储和运输合作者,交易的主体可能会涉及许多方面的物流参与者,其中任何一方物流参与者出现信用问题,都将影响服务成本。在我国现阶段经济领域中普遍存在着商业诚信缺失的问题,加之又缺乏良好的信用保障体系,由于信息不对称而导致的信用风险问题使物流出现差错、延迟、损失等事故,乃至增加物流交易成本。

3) 运行机制的制约

生产企业传统实行的产、供、销一体化,仓储、运输一条龙经营,在这种情况下,企业是不会寻求物流外包服务的。因此这种传统的运行机制不改变,社会化、专业化、现代化的大物流理念不加大推进贯彻力度,我国第三方物流就很难发展。

4) 信息技术的制约

信息技术的应用为开展现代化物流提供了强有力的支持。然而我国多数物流企业的信息技术起步较晚,信息化程度低,对物流信息的采集、处理、运用水平不高,最明显的是大部分仓储、运输企业还未完全运用自动识别、条码技术、EDI 技术、POS 技术、EOS 技术、GPS 技术、计算机管理等先进的信息技术,因此很难提供及时、准确、可靠及多样化服务。

5) 人才的制约

由于对物流,特别是对现代化物流认识理念上的差距,我国对物流人才的培养还处于初级规模，一些高层次的物流管理人才更是凤毛麟角。有资料显示，我国"十一五"期间物流行业需要大专以上学历的物流人才30万～40万人，需要对在职物流人员培训100万～200万人。而目前，我国各类院校能培养大专以上学历的物流人才每年约5万人，对在职物流人员的培训约10万人。可见，我国的物流人才对物流发展制约瓶颈问题的解决，将是十分迫切的任务。

典型案例

欧美的第三方物流

欧美第三方物流产业新发展 全球第三方物流市场呈现了持续增长的趋势，1995年全球用于第三方物流的费用支出为730亿美元，到2002年已达1 420亿美元。从地理分布来看，西欧和美国是传统的物流产业发达地区，1998年全球不同地区的物流费用支出，欧洲和美国的物流费用支出均超过了全球的1/4。亚洲和拉美地区也是物流产业的重要市场，近年来表现出了很好的发展势头。John Langley研究表明：通过对全球9 405家公司的问卷调查，北美和西欧的企业保持了超过70%的第三方物流使用率。

西欧是第三方物流产业的发源地，也是最为发达和成熟的市场，具有完善的物流网络体系。欧盟(EU)成立和欧元(Euro)诞生推进了泛欧洲(Pan-EuroPean)单一市场的发展。2004年5月1日，欧盟接受包括匈牙利、捷克、波兰等在内的10个新成员国，从而完成其成立以来的第五次也是最大的一次扩容。扩容后的欧盟成为全世界最大的区域经济体，其成员国也由原来的15个扩大到25个。统一的欧洲大市场无疑为第三方物流产业提供了更大的发展空间。欧洲物流市场支出估计为7 100亿欧元，相当于欧洲GDP的8%，其中3 200亿欧元为物流外包支出。根据UPS研究显示，1998年西欧市场物流费用支出总额为1 290亿美元，其中第三方物流产业收入为310亿美元，约占市场总额的1/4。欧洲第三方物流产业保持了较快发展，综合Datamonitor历年研究表明，1997年欧洲主要国家第三方物流支出约为320亿欧元，2001年约为510亿欧元，2002年已经达到580亿欧元。Datamonitor在其研究报告《欧洲物流市场图景E004004》(European Logistics Market Map 2004)预测欧洲主要国家(包括奥地利、比利时、丹麦、芬兰、法国、德国、希腊、冰岛、意大利、卢森堡、荷兰、葡萄牙、西班牙、瑞典和英国)到2008年的物流外包支出达到1 750亿欧元，占物流总支出的比例达到45%。

综上研究表明，无论从全球还是欧洲和美国等第三方物流发达地区来看，第三方物流产业市场规模保持高速增长，具有很大的发展潜力。企业特别是《财富》500强企业已经广泛采用第三方物流服务，第三方物流已经成为物流配送体系的核心。

（资料来源：孙龙建，王述英．欧美第三方物流产业的演进与启示[J]．物流技术，2005(5).）

本 章 小 结

本章简要介绍了国外几个物流发达国家的物流发展过程和我国物流发展的四个发展阶段。

物流及物流管理的基本概念和物流管理的重要作用，以及现代物流理念。

物流的七项基本职能，即运输、仓储、装卸搬运、包装、流通加工、配送、信息处理，以及在国民经济中的作用。

物流业的分类有以下几种：按服务特点不同划分为交通运输业、储运业、通运业、配送业；按物流实现方式不同划分为铁路货运业、汽车货运业、远洋货运业、沿海船运业、内河船运业、航空货运业、集装箱联运业、仓库业、中转储运业、快递业、托盘联营业、第三方物流业等十六种；按涉及范围不同划分为企业物流、城乡物流、区域物流、国民经济物流、国际物流。

第三方物流的基本概念、发展优势，及发达国家的第三方物流和我国第三方物流的发展情况。

物流企业及其分类主要有以下几种：一般分类为综合型和功能型物流企业及自营型和代理型物流企业；按国家标准《物流企业分类评估标准》对物流企业的分类，划分为运输型物流企业、仓储型物流企业、综合服务型物流企业。物流企业的运作模式：传统物流企业的运作模式和现代物流企业的运作模式，以及我国物流企业发展概况。

练 习 题

一、不定项选择题

1. 有形物品的通称为（　　）。
   A. 物品　　　　B. 物料　　　　C. 商品
   D. 物资　　　　E. 货物

2. （　　）是生产领域的一个专门概念。
   A. 物资　　　　B. 物料　　　　C. 货物　　　　D. 物品

3. 下列术语中，（　　）是交通运输领域中的一个专门概念。
   A. 物资　　　　B. 物料　　　　C. 货物　　　　D. 物品

4. 狭义的物流仅指作为（　　）的物质资料在生产者与消费者之间发生的空间运动过程。
   A. 商品　　　　B. 产品　　　　C. 原料　　　　D. 材料

5. 生产企业、流通企业出售商品时，物品在供方与需方之间的实体流动称为（　　）。
   A. 销售物流　　B. 综合物流　　C. 供应物流　　D. 生产物流

6. 现代物流在运作上呈现多样化特征，表现在（　　）。
   A. 功能集成化　B. 反应快速化　C. 服务系列化
   D. 作业规范化　E. 目标系列化

7. 现代物流学是自然科学与社会科学，即运输、装卸、包装、保管和加工的技术科学与经济学相结合的交叉学科，体现出现代物流学（　　）的特点。
   A. 具有很强的系统性　　　　　B. 是一门综合性的学科
   C. 是一门应用学科　　　　　　D. 同数学及电子计算技术有密切的关系

8. 发生在本企业内部的物品实体流动，称为（　　）。
   A. 企业物流　　B. 社会物流　　C. 供应物流　　D. 销售物流

9. 物流的价值表现有（　　）。
   A. 流通效用　　B. 场所效用　　C. 形体效用

D. 空间效用　　　　E. 时间效用

10. 物流是保证商流顺畅进行，实现商品价值和使用价值的（　　）。

A. 基础　　　　B. 物质基础　　　　C. 前提条件　　　　D. 重要源泉

二、简答题

1. 物流的基本职能有哪些？
2. 物流有哪些分类？
3. 如何理解物流活动中的效益背反现象？

三、分析应用题

1. 就"中国物流企业无序竞争"现象，上网收集相关资料并分析探讨原因。
2. 如何理解现代物流的特征？
3. 如何理解物流在国民经济中作用？

四、综合案例分析题

某国外集团欲进入中国第三方物流市场，经调查分析，果断联合中铁快运注册成立新的"圆通物流股份有限公司"，后又邀请当地一家知名咨询公司和刚刚改制自营的原国有货场加盟。暂且不论具体经营业绩如何，利用企业整合可行性的有关论点，分析这一整合过程的可取之处，并指出各个加盟者今后应发挥作用的重点。

思考题：

（1）什么是第三方物流？
（2）某国外集团为何要与中铁快运联盟？
（3）各个加盟者今后应发挥哪些作用？

实 训 操 作

【实训内容】

对某一自营物流企业运作案例进行调查与访问。
对某一第三方物流企业运作案例进行调查与访问。

【实训目标】

1. 结合对三类物流企业的实际经营模式的调查，加深对企业自主经营物流、第三方物流企业运作模式的认识和理解。
2. 了解物国内外各类物流企业的运营状况。

【实训成果】

1. 由学生自愿分组，每组3～5人，选择各类物流企业一两家进行调查访问。
2. 在调查访问前，应根据课程所学的基本理论知识制定调查访问提纲，包括调查问题与安排。
3. 调查访问后，每人写出一份简要调查报告。任课教师组织一次课堂讨论。
4. 经过讨论评选出几篇有价值的调查报告供全班学生交流，提高学生对物流企业运营的理解和认识。

第 2 章　物流系统

【学习目标】

通过本章的学习，学生应重点掌握物流系统的基本概念和功能及其特点，以及物流战略管理、物流组织管理、物流成本管理、物流服务与质量管理等，能够初步掌握一般物流系统分析的概念及步骤，了解物流战略管理、物流组织管理、物流成本管理、物流服务与质量管理的内容。

【关键概念】

物流系统　物流战略管理　物流组织管理　物流服务　物流质量管理

 导入案例

海尔的物流系统

海尔是我国著名的家用电器公司,其产品是世界驰名品牌产品。其奉行的是"有缺陷就等于废品"的质量战略意识,"客户永远是对的"的客户至上意识,"卖信誉而不是卖产品"的品牌意识。通过这些观念意识,可以看出海尔公司正是依靠为客户提供优质服务和产品的及时配送,而取得如此巨大的市场业绩。海尔十分注重将竞争优势建立在企业生产全过程的物流服务能力上。可以说,物流战略是海尔的核心战略。

海尔"创立世界名牌"的国际化战略目标,需要海尔有持续的优质产品,就要求其改变局限在国内的采购而变为国际采购,这种迅速走向国际化的采购,提高了物流成本,增加了物流的复杂性。这样一来海尔将面临全球物流壁垒的挑战,就要求海尔必须站在供应链的观点上去管理由大量不同国家的供应商及经销商所组成的复杂的供应链。海尔物流整合的主要做法是实施物流重组,科学地推进企业的物流管理,以市场链为依托,制订中长期物流实施计划。在海尔国际化战略的指导下,实施了物流重组,使物流服务能力成为海尔的核心竞争力,达到以最低的物流成本向客户提供最大的附加值服务的战略目标。

采购是物流活动重要的一环,海尔为推进物流重组,将集团的采购全部集中在总部,实行全球化采购、规模化经营。其实行的是在最低物流成本条件下通过提供技术采购支持系统,将企业内部的库存管理实行JIT管理,加大批次,减少批量,以库存速度换库存水平战略。在ABC分类的基础上,成品将实施配送需求计划,利用先进的资源管理系统实施企业部、内外部物资的统一配送。与此同时,集团对企业内部运输资源进行整合,实施一体化战略,统一协调运输业务。海尔的物流整合依托基础资源,邀请专业物流公司协助制定物流系统规划方案,借助外力发展企业的物流。

1. 以立体化仓库为突破口全面推进

海尔物流中心拥有世界先进的硬件及软件系统,三向高位堆垛机由世界著名的物流搬运设备制造公司——林德公司提供,其软件则是由世界著名的ERP企业——SAP公司提供的,该立体化仓库有9 200个货位,日进出托盘1 600个。

2. 检验外移和库存控制

海尔利用立体仓库的硬件设施和SAP R3管理软件,实施了"高架立体仓库只保存三天的库存"的强力措施。根据生产的JIT要求,进入工厂的物料必须100%合格,为此海尔选择了合适的第三方物流公司并派人员到其公司去,对物料供应商的物料进行派外检验。这种派外检验工作大大缩短了海尔的质量验收周期,节约了时间,提高了库存控制效率。

3. 向第三方物流模式推进

海尔集团计划在尽可能短的时间内摸索出一套独特的物流管理模式,创立自己的物流体系,使物流能力成为其争取竞争优势的核心能力。为此,海尔正建立企业内部的物流部,在为集团服务的前提下,向第三方物流模式推进,最终实现物流专业化、社会化,进而成为海尔的一个物流企业——一个独立的海尔物流公司,成为海尔集团一个新的经济增长点,并有力地推动海尔国际化战略的实现。

(资料来源:http://wenku.baidu.com/link?url=p9Lo1e3VY_13drcju88JS4QfdGeND2PkjSkYI16pQfGI5F6zufz-1-IgGhUHJkvSGwCFflbwfWIGARx5kxh4f5j-Ua5TXAEeWwecl-YJQAW.)

海尔是我国著名的大型家电生产企业之一,其产品是世界驰名品牌。海尔公司成功地运用物流系统运作提高了企业的生产效率,降低了物流成本,这种成功运用物流系统的做法不仅为海尔创造了非凡的经营业绩,同时也为中国众多的生产企业提供了启示。

2.1 物流系统概述

2.1.1 物流系统的概念

物流系统是指由两个或两个以上的物流功能单元构成的,以完成物流服务为目的的有机集合体,是由商品(货物)及与其相关的物流设施、设备、人员及通信联系等若干相互制约的动态要素所构成的具有特定功能的体系。

2.1.2 物流系统的功能、分类与模式

1. 物流系统的功能

物流系统包括输入、转化、输出、制约、反馈等功能,不同的物流系统功能内容各不相同。

(1) 输入。就是通过提供资源(能源、设备、劳务)等手段对某一系统发生作用,称为外部环境对物流系统的输入。

(2) 转化。是指物流本身的转化过程,从输入到输出之间所进行的生产、供应、销售、服务等物流业务活动称为物流系统的转化,具体内容包括物流设施的建设、设备的投入、物流活动(运输、储存、包装、装卸搬运、流通加工、信息处理等)的开展和管理。

(3) 输出。物流系统与其本身所具有的各种手段和功能,对环境的输入进行各种处理后所提供的物流服务称为系统的输出。

(4) 制约。外部环境对物流系统施加的约束影响称为外部环境对物流系统的影响和干扰,如资源、能源、资金、生产能力、价格影响、需求变化、仓库容量、运输能力、政策变化等多种因素的制约。

(5) 反馈。物流系统在从输入转化为输出的过程中,由于受系统各种因素的制约不能按原计划实现,需要把输出结果返回给输入进行调整,即使能按原计划实现,也要对信息反馈结果作出评价,这就是信息反馈。如物流活动分析报告、各种物流统计数据资料、国内外市场信息及相关动态等资料。

2. 物流系统的分类

物流系统可分为社会物流系统和企业物流系统两大类。

(1) 社会物流系统。社会物流系统是指为保证社会再生产的进行,在整个社会环境中由需要位移的物资和包括运输、仓储设施、设备、人员及通信联系等若干相互制约的动态要素所构成的具有特定功能的物流大体系。该物流体系是为整个社会经济活动取得社会经济效益服务的社会宏观物流。物流系统既具有一般系统所共有的特征,即整体性、相关性、目的性、环境适应性,同时还具有规模庞大、结构复杂、目标众多等大系统所具有的特点。

(2) 企业物流系统。企业物流系统从属于社会物流大系统,其系统输入就是企业的供应物流,其系统转换就是企业的生产物,其输出物流就是企业的销售物流。企业物流系统除了具有自身独特社会物流大系统的特点外,又具有自身独特的特点:一是企业物流系统

的网络结构性,二是企业物流系统运行的节奏性,三是企业物流系统的二律背反性。

3. 物流系统的模式

物流系统的模式如图2-1所示。

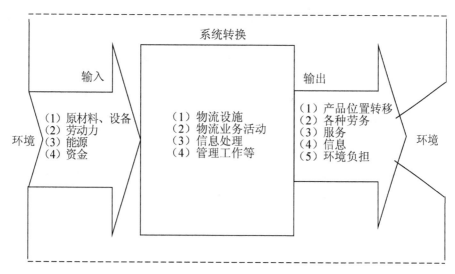

图2-1 物流系统模式

2.1.3 物流系统的构成

物流系统与一般管理系统一样,也是由人、财、物、设备、信息和任务等要素构成的整体。

1. 物流系统的一般要素

物流系统的一般要素,即人、财、物三要素,其具体内容见表2-1。

表2-1 物流系统的一般要素

要素名称	内　　容
劳动者(人)	人是物流系统的主体因素,是物流得以顺利进行和提高物流水平的关键因素,因此,提高从事物流工作人员的综合素质是建立一个有效的物流系统并使其高效运行的根本所在
资金(财)	资金是物流活动中不可缺少的物质基础,物流服务本身也是以货币为媒介的,同时物流系统的建设和完善也是以资金作保证的
物	物是指开展物流业务活动所需要消耗的物化劳动如原材料、能源等物资条件,以及所使用的劳动手段及工具,如设施、设备、器具等

上述要素对物流发生的作用和影响称之为对物流系统的输出。需要指出的是,物流信息以物流输入为起点,经过物流周期性运动以反馈的形式回到原来的起点。

2. 物流系统的基础要素

物流系统的建立和运行需要有大量的技术设备和手段,这些要素是物流实现其功能的前提条件,具体如表2-2所示。

表2-2 物流系统的基础要素

名称	内容
物流设施	它是组织物流系统运行的物资基础条件,如物流站场、物流中心、仓库、公路、铁路、港口、机场等
物流设备器具	它是保证物流系统运作的手段条件,如运输设备、仓储设备、加工设备、装卸搬运设备、包装工具、搬运工具、维护保养工具、办公机具等
信息技术网络	它是掌握和传递物流信息的手段,如通信设备及线路、传真设备、计算机及网络设备等
组织及管理	它是物流网络的"软件",起着联系协调、组织指挥各要素的作用,以保障物流系统目标的实现

3. 物流系统的基本服务功能要素

物流系统的基本服务功能是指物流系统所具备的基本能力,这些基本能力的有效组合就构成了物流系统的功能,就能合理地、有效地实现物流目标。物流系统的基本服务功如表2-3所示。

表2-3 物流系统服务的基本功能

物流功能	功能细分	主要业务	一般特点
运输	运输	集货、运输方式和工具选择、路线和行程规划,车辆调度,商品组配、送达	干线、中间运输、中长距离、少品种、大批量、少批次、长周期、功能单一
运输	配送	分拣、拣选、运输方式和工具选择、路线和行程规划,车辆调度,商品组配、送达	支线、前端或者末端运输、短距离、多品种、小批量、多批次、短周期、功能综合
储存	仓储管理	收货、检验、分拣、保管、拣选、出货	储存管理:对确定的库存(动态、静态)进行管理
储存	库存控制	对库存品种、数量、金额、地区、方式、时间等结构的控制	储存决策:确定储存组合(什么、多少、何时、哪里)等
装卸	装上	将流体装入载体	与发运转换相联系
装卸	卸下	将流体从载体中卸出	与到货转换相联系
装卸	搬运	将流体从一个地方短距离地搬运到另一个地方	与载体的换装或者转移相联系
包装	工业包装	按照生产和销售需求规格,用不同于产品的材料将产品包装起来,使之成为一个完整的产品	方便批量生产
包装	销售包装	按照市场要求规格,将产品用印有必要产品信息的包装材料进行包装,促进销售	方便使用和销售
包装	物流包装	按照物流运作要求,用具有足够强度、印有必要物流信息的包装材料将一定数量的商品进行包装,以及包装加固、打包	方便物流运作

续表

物流功能	功能细分	主 要 业 务	一 般 特 点
流通加工	生产型加工	剪切、预制、装袋、组装、贴标签、洗净、搅拌、喷漆、染色	在流通过程中进行的生产性活动,已完成生产过程
	促销型加工	烹调、分级、贴条形码、分装、拼装、换装、分割、称量	在销售过程中进行的生产活动,以便促销
	物流型加工	预冷、冷冻、冷藏、理货、拆解、贴物流标签、添加防虫防腐剂	在物流场所进行的生产活动,以利物流、保护商品
配送	生产性配送	生产过程中原材料、配件备品的短距离搬运	输送距离短,输送量小而杂
	流通性配送	满足不同用户不同需求的销售配送	输送距离远,输送量大而杂
	管理信息	物流企业或者企业物流管理部门的人、财、物等信息	涉及物流组织内部的信息
	运作信息	功能、资源、网络、市场、客户、供应商等信息	涉及物流过程与市场的信息
	外部信息	政策、法律、技术等	涉及物流环境的信息

从物流活动的实际来看,物流是由运输、储存、包装、装卸搬运、流通加工、配送和信息处理等功能要素组成的。上述功能要素中,运输、储存、装卸搬运、包装、流通加工、配送等属于物流的运作功能要素;物流信息处理则属于物流的管理功能要素。其中运输和储存是最基本的运作功能要素,一般而言,供应链系统都必须具备运输功能,然后是储存功能,而装卸功能则是伴随运输或仓储等作业的转换而经常发生的。

特别是运输功能,通过物流的基本概念就可以很清楚地了解到,它是物流活动根本不能逾越的核心功能。运输功能和储存功能分别解决了供求之间场所和时间分离的问题,创造了物流"空间效用"和"时间效用",因此在物流系统中,它们是物流的主要功能要素。这些功能要素反映整个物流系统的能力,增强这些要素间的协调性、可靠性,就能够进一步完善物流功能,提高整体物流效能。因此,它们是物流学科重点研究和发展的内容。

物流系统的增值服务功能在1.1.3节已讲述,此处不再赘述。

2.1.4 物流系统的特点

物流系统具有一般系统所共有的特征,即整体性、相关性、目的性、环境适应性,同时还具有规模庞大、结构复杂、目标众多等大系统所具有的特点。

1. 物流系统是一个"人机系统"

物流系统是由人和形成劳动手段的设备、工具所组成的,它表现为物流劳动者运用物流设施、设备作用于物资的一系列活动。人是系统的主体,因此研究物流系统时总是把人和物有机地联系起来加以分析,而且始终把人的主观能动作用放在首要考虑的位置。

2. 物流系统是一个大跨度系统

物流系统一是地域跨度大,二是时间跨度长。物流系统的储存功能和运输功能就是解决供求之间的时间跨度矛盾和地域跨度矛盾的。大跨度系统带来的主要问题是管理难度大，因此对物流系统信息的运用就更加迫切、更加重要。

3. 物流系统是一个可分系统

由于物流系统是一个由若干相关联的子系统组成的，系统与子系统、子系统与子系统之间都有着时间、空间，以及资源利用方面的关联。也存在着在目标、成本及运行结果等方面的关联，物流子系统的组成并非一成不变，它是由物流管理的目标和管理分工所决定的。物流系统作为国民经济大系统的一个子系统，对整个国民经济有着特别重要的作用。因此，对物流系统的研究分析，既要从宏观方面研究物流系统运行的全过程，也要从微观方面对其中的子系统(环节)加以研究分析。

4. 物流系统是一个动态系统

物流系统是一个具有满足社会需要、适应环境能力的动态系统。物流活动受社会生产和需求的广泛制约，也就是说不断变化的社会环境，如社会商品的生产状况和需求的变化、资源变化、企业间的合作等，都会影响物流系统，因此必须对物流系统进行不断的整合、完善，这就要求物流系统要具有更大的灵活性和可变性的柔性化特征。在社会环境较大变化的情况下，甚至要对物流系统进行重新设计。

5. 物流系统是一个复杂性系统

物流系统拥有大量的资源，资源的大量化、多样化带来了系统本身的复杂性。从资源上看，物流系统涉及成千上万的商品，数量很大；从资金上看，物流系统要占有大量资金；从网络上看，物流系统遍布全国各地乃至全世界。这些人力、财力、物力资源的组织管理和合理利用将是一个非常庞杂的问题。

6. 物流系统的效益背反理论

"效益背反"是物流中常见的普遍现象，是物流领域内部矛盾的反映。

所谓"效益背反"就是指在物流系统各功能要素间存在的一种相互损益的矛盾关系，即一种功能要素的优化和利益发生的同时，往往会导致另一种或几种功能要素的利益受到损失，反之亦然，这是一种此长彼消、此赢彼亏的经济现象。其主要表现为：物流系统中的物流服务与物流成本的背反。

2.1.5 物流系统分析

物流系统分析是指在一定的时间、空间内对所从事的物流活动作为一个整体来研究，以系统的观点、系统工程的理论和方法进行分析研究，以实现其空间和时间的经济效应。系统的观点是用来研究物流活动的现代物流科学的重要观点。

1. 物流系统分析的实质

（1）物流系统分析作为一种决策的工具，其主要目的在于为决策者提供直接判断和决定最优方案的信息和资料。

（2）物流系统分析把任何研究对象均视为系统，以系统的整体最优化为工作目标，并力求建立数量化的目标函数。

（3）物流系统分析强调科学的推理步骤，使所研究物流系统中各种问题的分析均能符合逻辑的原则和事物的发展规律。

(4) 运用数学的基本知识和优化理论,对各种方案进行比较。

(5) 通过分析使物流系统运行更加合理,有效地实现物流系统的目的。

2. 物流系统分析的范围

为给系统的分析评价和系统的设计提供充足的信息和依据,其分析范围包括运输配送系统、系统布置、物流预测、库存系统等。

3. 物流系统分析的要素

(1) 系统实现的目标。

(2) 要达到目标需要的设备技术、条件和相应的资源。

(3) 利用资源和需要达到的目标建立各种方案的模型,其中应注明目的、资源条件、时间、费用、各要素间的关系等。

(4) 建立判别标准,筛选最佳方案。

4. 物流系统分析模型

在物流系统规划、设计和分析中,都离不开定量的数学模型分析,模型是进行系统分析的基础和有力手段。

1) 物流系统模型及物流系统模型化的含义

模型能够表现系统的各组成要素的相互关系,反映系统特征,但又不同于实际系统而具有同类系统的共性,有助于解决被抽象的实际系统。

物流系统模型是对物流系统的特征及其变化规律的一种表示或抽象。

物流系统模型化就是把物流系统中各个组成部分的特征及各组成部分之间的关系和变化规律进行量化,以揭示出物流系统的实质。

2) 常见的几种物流系统模型

在物流系统分析和规划中常会用到系统模型化,如生产布局,库、港、站场的选址,物料搬运,库存控制,运输线路规划,物资调运方案,物流量预测等。对于具体的物流系统可以选择适当的数学模型,一般常见的物流系统模型有以下几种。

(1) 线性规划模型。线性规划数学模型是在要求变量满足约束条件下,使线性函数达到最大或最小值。

其基本模型可表述为

$$\max(\min) = C_1 X_1 + C_2 X_2 + \cdots + C_n X_n \tag{2-1}$$

满足约束条件:

$$a_{11}x_1 + a_{12}x_2 + \cdots + a_{2n}x_n \leqslant (\geqslant) b_1$$
$$a_{21}x_1 + a_{22}x_2 + \cdots + a_{2n}x_n \leqslant (\geqslant) b_2$$
$$\vdots$$
$$a_{m1}x_1 + a_{m2}x_2 + \cdots a_{mn} \leqslant (\geqslant) b_m$$
$$x_1 x_2, \cdots, x_n \geqslant 0$$

其中整数规划是线性规划中的特殊问题,要求求解结果必须是整数。如布局选址、人员安排、设备数量等。这类模型包括由单一选址和多址选择的问题。一般线性规划问题求解方法较复杂,但运输问题的线性规划,其约束方程组的系数矩阵具有较特殊结构,可以用简便的表上作业法来求解。

(2) 库存控制模型。库存控制是物流系统中的一个重要问题,库存控制需要解决三个主要问题:一是决定库存检查周期,二是决定订货数量,三是决定订货时间。对于几种主要库存控制模型,在第 3 章做进行详细的讨论,这里不再赘述。

(3) 图与网络分析。图与网络分析广泛用于管理科学控制论等领域。物流系统中完成所有物流点的配送,用线路最短的最小线路网、最小费用等问题都能够通过网络分析法得以解决。

(4) 预测模型。预测是编制各种计划的前提,物流系统中的运输、储存、配送等各项业务活动都是以预测资料数据为基础制定的,预测的准确与否直接影响到计划和决策的可行性。

一般预测技术可分为以下两类。

① 定性预测技术主要是利用讨论法、德尔菲法等相关特殊信息和专家的分析来预测未来的趋势。

② 定量预测技术主要利用明确而特定的相关信息及因果关系对主导事件进行预测,常用的因果关系预测技术方法有回归分析法、指数平滑法和移动平均法等。

2.2 物流战略管理

2.2.1 物流战略及其管理

1. 物流战略

物流战略是指为实现物流可持续发展,就实现物流发展目标的途径与手段而制定的长远性、全局性的规划与谋略。

物流战略是企业为更好地开展物流活动而制定的具体行动方针,是企业战略的组成部分,它必须服从企业战略,与之相协调,并为之服务。

2. 物流战略管理

所谓物流战略管理是指通过物流战略的设计、战略实施、战略评价与控制等环节,整合物流资源、组织结构等实现物流系统宗旨和战略目标的总和。

2.2.2 基于供应链下的物流战略管理

1. 供应链物流战略管理的层次

物流管理战略内容分 4 个层次,如图 2-2 所示。

(1) 全局性的战略。物流管理的最终目标是满足用户需求(把企业的产品和服务以最快的方式、最低的成本交付用户),因此用户服务应该成为物流管理的最终目标,即全局性的战略性目标。通过良好的用户服务,可以提高企业的信誉,获得第一手市场信息和用户需求信息,增加企业和用户的亲和力并留住顾客,使企业获得更大的利润。要实现用户服务的战略目标,必须建立用户服务的评价指标体系,如平均响应时间、订货满足率、平均缺货时间、供应率等。

(2) 结构性的战略。物流管理战略的第二层次是结构性的战略,包括渠道设计和网络分析。渠道设计是供应链设计的一个重要内容,包括重构物流系统和优化物流渠道等。网络分析是物流管理中另一项很重要的战略工作,它为物流系统的优化设计提供参考依据。网络分析的内容主要包括:①库存状况的分析。通过对物流系统不同环节的库存状态分析,找出降低库存成本的改进目标。②用户服务的调查分析。通过调查和分析,发现用户需求和获得市场信息反馈,找出服务水平与服务成本的关系。③运输方式和交货状况的分析。通过分析,使运输渠道更加合理化。④物流信息及信息系统的传递状态分析。通过分析,提高物流信息传递过程的速度,增加信息反馈,提高信息的透明度。⑤合作伙伴业绩的评估和考核。

对物流管理系统的结构性分析的目标是要不断减少物流环节,消除供应链运作过程中不增加价值的活动,提高物流系统的效率。

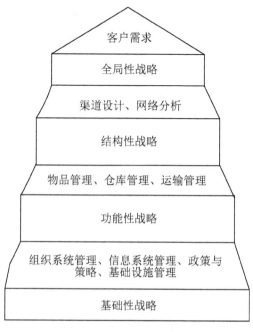

图 2-2 战略层次图

(3) 功能性的战略。物流管理第三层次的战略为功能性的战略,包括物品管理和仓库管理和运输管理。内容主要有:①运输工具的使用与调度;②采购与供应、库存控制的方法与策略;③仓库的作业管理等。

物品管理与运输管理是物流管理的主要内容,要不断地改进管理方法,使物流管理向零库存这个极限目标努力,降低库存成本和运输费用,优化运输路线,保证准时交货,实现物流过程的适时、适量、适地的高效运作。

(4) 基础性的战略。第四层次的战略是基础性的战略,主要作用是为保证物流系统的正常运行提供基础性的保障。内容包括:①组织系统管理;②信息系统管理;③政策与策略;④基础设施管理。

2. 从垂直一体化到水平一体化物流战略

(1) 垂直一体化物流战略。这种物流战略是企业经常采取的一种战略。企业生产过程中,要求采购、物流、销售等环节共同完成任务,在这种战略指导下,企业往往自己组织人力、物力和财力来完成每个环节的工作,而不依赖外部资源,也就是企业物流活动通过自己建立的物流部门来完成。

（2）水平一体化物流战略。单个企业内部所进行的物流活动成本必然相对较高，而且一个企业什么都做往往做不专业，效率也会受到影响；而如果有专业的物流企业提供专项服务，即采用专业的物流外包模式，生产企业和物流企业实现业务上的联合，由于专业物流企业拥有专业人员和专业设备，将能提高物流作业的效率和降低物流成本。

目前在我国这种水平一体化的物流战略正在逐步兴起，虽然还没有占到主流，但它将是未来发展的一个趋势。

3. 物流战略联盟

物流战略联盟是一个综合性很强的物流战略，单个企业可以和其他企业及物流企业形成一个物流联盟，通过协议和合同规范各自的行为，当企业有了物流需求时可以在这个联盟中随时找到合作伙伴，实现高效的、低成本的物流。这种联盟具有很高的灵活性、开放性和自由性，企业可以自愿和灵活地加入或者退出。

与物流有联系的各个企业形成一个网络联盟，通过发挥各自优势实现强强联合。如有的企业营销网络分布有很强的优势，其他产品上有优势的企业可以和前者结成同盟，把产品优势和渠道优势结合起来，共同开发该产品在某个市场上的优势。

物流战略联盟具有以下特征。

（1）行为的协同性。供应链中核心企业和节点企业之间要在行为上有高度的协同性。激烈的市场竞争要求供应链上的各个企业通过供应链来整合各自行为，弥补自身的弱势和不足。上下游企业之间增强业务上的联系和协调，有机整合，共同完成供应链管理目标。

（2）组织的虚拟性。在垂直一体化物流战略中，物流和其他部门共同作为企业的各个部门，共存于一个经济实体——企业中，所以在传统的模式中，采购部门、物流部门、生产部门及销售部门其实是一个实质上的整体，既有部门独立体系和任务，又要接受企业的指令。而在供应链管理环境下，供应链中各企业之间的联合主要是通过各种协议和合同联系在一起，通过合同来稳定各种关系，企业之间也不能像传统模式下采用指令的方式来控制。供应链模式下，各有关方面的合作就是一种契约关系，虽然彼此联系在一起，但各自其实是平等和独立的企业。

（3）形式的多样性。供应链物流联盟战略产生于价值链的各个环节，而且众多产业之间也可以产生供应链，所以这种联合的形式就必然与此相适应是多样的。如就这些合作的形式看，有合作生产、共同开发市场、技术转让、相互特许等多种方式。

（4）信息的共享性。信息在供应链管理中具有非常重要的作用，物流联盟战略中的各企业要实现行为的协同和优势互补，首先要有信息上的沟通和共享，依据信息来决策和安排，供应链的运行必须依赖信息在企业之间实现共享。现代 IT 技术，如 Internet 和 EDI，也为供应链发展提供了物质基础和实现平台。

2.3　物流组织管理

2.3.1　物流组织概述

1. 物流组织

组织是两个人以上的群体组成的一个内部成员关系协调的有机体。从一般意义上讲，组织应包括两层含义：一是指由若干要素构成的有序的结构系统；二是指根据一定的目的，按照一定的程序，对事物进行处理的行为过程。前者是指社会组织和自然组织，而后者则是指人们的行为活动。

物流组织则是指专门从事物流管理的机构。从广义上讲，它既包括企业内部的物流管理和运作部门，企业间的物流联盟组织，也包括从事物流及中介服务的部门，物流行业组织及政府物流管理机构；从狭义上讲，物流组织是从事物流经营活动的企业。物流组织的宗旨是合理调度组织成员相互协调、相互合作，共同完成组织的既定物流目标。

2．物流组织分类

1）按照组织层次和管理权限不同分类

物流组织按照组织层次和管理权限不同为以下 3 类。

（1）中央物流管理组织，是指由国家直接设立和领导的物流管理机构，负责制定全国性的物流政策、安排全国性的物流计划、指导国家经济建设的物流任务的完成。

（2）地方物流管理组织。是指各省、市、县等地方政府的物流管理机构，负责各管辖范围内的物流组织的活动，并有权制定本辖区地方性物流政策法规，同时还必须执行中央物流管理组织下达的物流任务。

（3）企业物流组织。是指企业内部专门从事物流管理的机构，对工商企业而言，物流管理组织只是企业管理的一部分，而对物流企业而言，其全部管理组织都是物流管理组织。

2）按照组织所处的领域不同分类

物流组织按照组织所示的领域不同可分为以下两类。

（1）生产领域的物流组织，是生产企业的物流管理机构。其职责是组织为本身生产服务的物流活动，如原材料采购的供应物流、生产工序间的生产物流（物料及半成品的存放与搬运）和产品出厂销售的销售物流等。

（2）流通领域的物流组织，是指专门从事社会物流服务的机构，因此，也称专业性物流组织。

3）按照组织在物流管理中的任务不同分类

物流组织按照组织在物流管理中的任务不同可分为以下两类。

（1）物流管理行政组织，是专门负责制定物流管理的法规、制度并对物流计划编制、组织实施的组织。

（2）物流管理业务组织，是指负责执行物流计划，进行各项具体物流活动的组织，如运输管理组织、仓储管理组织、配送管理组织等。

2.3.2　物流组织结构

物流组织结构涉及物流管理的行政组织和业务组织，物流管理的行政组织的组织结构比较简单，本书研究物流管理的业务组织，也就是企业的物流管理业务组织结构。

1．物流组织结构

物流组织结构是指物流企业及相关物流分支机构为实现组织目标，使组织内部有效运作，通过分工协作而设置的各职能部门和管理层级。它的建立和形成是社会分工和生产发展的结果,合理的组织结构对于企业各部门明确职责、加强管理、提高效率具有十分重要的意义。它可以将物流业务活动个环节之间及员工之间的分工协作关系,通过职责划分和相互关系的形式确定下来,以保证这种关系的稳定性和连续性,从而使企业的经营活动合理有效地运行,保证企业物流目标的实现。

2. 传统物流组织

1) 直线型物流组织结构

直线型物流组织结构(见图2-3)是一种最简单的组织结构形式,从最高层到最低层采取垂直、集权的管理模式。在这种模式中企业经理既要负责总体管理,又要负责下属各部门的日常业务,这对企业的综合管理水平要求很高。直线型组织结构一般适用于小型物流企业。

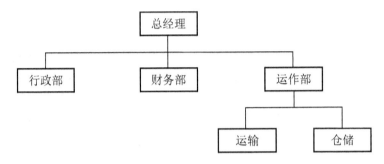

图2-3 直线型物流组织结构

直线型物流组织结构具有以下优缺点。

(1) 优点:设置简单、管理人员少,责任明确、减少推诿、权力集中、组织效率高。

(2) 缺点:权力过于集中,经理决策风险大,缺乏内部横向联系。

2) 直线职能型组织结构

直线职能型组织结构(见图2-4)是企业发展到一定阶段,企业将生产、营销、财务和物流等活动划归不同的职能部门,由各部门经理具体负责相应的物流活动。直线职能型组织结构一般适用于中型物流企业。

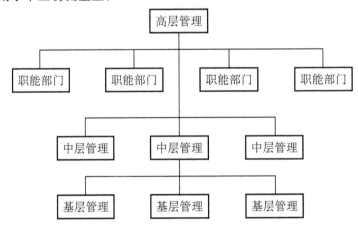

图2-4 直线职能型组织结构

直线职能型组织结构具有以下优缺点。

(1) 优点：既能统一指挥，又能发挥各职能部门的作用。

(2) 缺点：各部门目标不统一，易产生本位主义，协调工作量大，难以实现各阶段成本计算和控制，分工细、规章多、反应慢，不易迅速适应外部环境的变化。

3) 事业部型组织结构

事业部型组织结构(见图2-5)主要是集中政策、分散经营，在这种组织结构中事业部按产品、服务或按地区划分，具有独立的产品市场，拥有一定的自主经营、独立核算的权力。这种结构把政策制定集权化、专业经营分权化，企业高层总经理是最高决策层，制定企业的目标和政策，各事业部在执行企业总目标和政策的前提下，自主经营、自负盈亏。事业部型组织结构一般适用于大型物流企业。

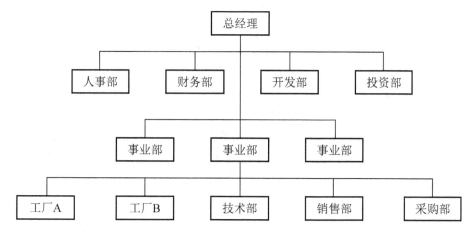

图2-5　事业部型组织结构

事业部型组织结构具有以下优缺点。

(1) 优点：有利于企业高层专心致力于企业重大战略问题的研究和决策，各事业部对所管辖的范围全面负责，可提高其经营的灵活性和积极性，展开公平竞争，促进企业良性发展。

(2) 缺点：容易造成各事业部只重视本部门利益的本位主义，管理部门易重叠设置，管理费用增加，不易有效利用企业资源，难以实现企业成本最低化。该种结构由于集权和分权关系敏感，容易影响企业的协调性。

3. 现代物流组织

1) 矩阵型物流组织结构

矩阵型物流组织结构是为了适应在一个组织内同时有几个项目需要完成，而每一个项目又需要具有不同专长的人员在一起才能完成这一特殊需求而形成的。矩阵型物流组织结构是兼有直线职能型和事业部型组织结构的优点并避免了其各自的缺点的一种二维组织结构模式。在这种组织结构中企业管理人员参与包括与其他职能部门相交叉的合作项目，在矩阵型组织结构中企业的传统职能虽然没有变化，但职能经理却能够分享到各职能部门的决策权，决策信息能够更好地在部门间横向流动，使各职能部门能够协调合作以完成特定的物流项目。矩阵型组织结构一般适用于物流服务多样化和个性化需求较高的企业。

矩阵型组织结构具有以下优缺点。

（1）优点：全方位集权和分权实现了有效结合，有利于部门间配合与信息交流，便于集中各专门知识技能，加速完成某一特定项目，便于避免重复劳动，可随项目的起止而组成和撤销，提高了组织结构的机动性和灵活性。

（2）缺点：各成员隶属于不同部门，项目负责人和原部门的负责人对参加项目的人员都有指挥权，容易造成多头管理、削弱了统一领导，形成相互掣肘、影响协调的现象。

2）网络型物流组织结构

网络型物流组织结构是以其他组织的合同为基础进行制造、营销、物流或其他关键业务活动的组织机构。传统的多层次组织结构正向减少中间层次的方向发展，原有的大单位化成小单位，而形成相互连接的网络组织。网络型物流组织结构是计算机网络信息技术发展的产物。网络型组织结构一般适用于将非核业务外包的各类企业。

网络型物流组织结构具有以下优缺点。

（1）优点：利用网络组织与外界合作，迅速获得资源，可将物流服务职能外包，集中资源专注于本身的职能，能够灵活适应市场环境的变化。

（2）缺点：企业很难控制外包服务活动。

综上所述，现代物流企业应具有许多全新的特点：第一，符合物流业务发展和经营特点；第二，各职能部门的职权与责任划分是以现代物流分工和相互协作为基础的；第三，管理要有层次，各部门既要在统一协调下实施职能管理，又要有一定的自主权，以实行自动的调节；第四，组织结构要有一定的弹性，能够随着市场环境的变化进行调整。

2.3.3 物流人力资源管理

企业的物流业务是物流组织的团队活动，除要有各级管理岗位和管理人员外，还要有物流业务活动的具体操作人员，只有通过这些人员的共同努力和协调配合，才能实现企业的物流战略目标。

因此，物流企业的人力资源管理就是在进行物流组织结构设计时，必须为组织机构各岗位选配合适人员。人员配备是组织通过业务要求和人员的素质的分析，为每个岗位配备合适的人员，组织进行人员配备目的的就是谋求人与事的最佳组合。人员配备既要满足企业组织的需要，又要考虑到企业组织成员的需要，使人尽其才、事得其人、人事相宜，以实现组织目标。

1. 物流人力资源管理的作用

（1）人力资源管理是物流系统管理中一项重要管理工作。企业是通过员工的共同努力来实现生产经营活动目标的，这就使得人力资源管理与其他业务管理相比显得更加重要，要发展现代物流，铸造现代物流企业，尤其需要重视人力资源管理，重视人才的作用。

（2）人力资源管理是提高员工工作绩效的重要途径。运用人力资源管理理念改善员工工作行为，是企业提高劳动生产率和生产经营业绩的重要途径。众所周知，劳动力的宏观配置目标是劳动力的充分利用，其微观配置目标则是事得其人，而人力资源管理的目标就在于人尽其才，才尽其用，做到企业人力资源的优化配置，从而保证经营目标的实现。

（3）人力资源管理对缓解企业管理中的矛盾具有重要的作用。通过人力资源管理能够帮助企业做到：用人得当，即人尽其才，降低员工流动率，使员工安心工作，让员工认为自己的报酬公平合理而努力为企业工作。提高各职能部门效能，提高员工之间的和谐性，形成一个统一协调的团队，为完成企业生产经营目标而精诚合作。

（4）人力资源管理是现代社会经济生活的迫切需要。经济的发展、社会的进步，使员工的素质越来越高，其社会需求和价值观也不断提高、不断变化。现实生活证明，员工的需要不仅是工作本身及工作带来的收入，还有一种非货币性的心理需求。所以企业管理者必须因势利导，借助于人力资源管理理念和方法寻求激励员工的新途径，因此企业必须高度重视人力资源管理。

2. 物流人力资源管理的内容

人力资源管理的具体任务就是根据企业发展战略要求，有计划地进行合理管理，作为物流企业，搞好员工的物流知识和业务技能的培训工作是物流人力资源管理的重要一环。尤其是现代物流的发展，物流技术的进步，对物流人才的要求更高，需要有掌握一定的物流专业知识、技能，适应物流现代化发展的人才。要加强对员工的培训和人力资源开发，采取各种有效措施激发员工的主动性、创造性，充分发挥其潜能，做到人尽其才、才尽其用，提高企业的劳动生产率，以保证企业的生产经营目标的实现，提高企业的经济效益和社会效益。人力资源管理主要包括以下内容。

1) 物流人力资源计划管理

人力资源计划编制要做到一方面要保证人力资源计划管理工作与企业生产经营的战略目标相一致，另一方面保证人力资源管理环节的相互协调。

2) 物流员工的招聘

物流员工的招聘是物流人力资源管理的关键一环，尤其是现代物流的发展，物流技术的进步，对物流人才的要求更高，需要有掌握一定的物流专业知识及能力的、适应物流现代化发展的人才，人员选聘就是通过一系列方法手段获取应聘人员的业务素质和行为能力的相关信息，物流员工招聘的途径可以从企业内部或从企业外部进行。从中筛选确定合乎企业所需要的各个层次的物流人才。

3) 物流员工的教育培训

为了使企业员工适应企业未来发展需要和满足员工进步的要求，需要对他们的思想、业务与智力等方面进行开发，使受聘员工胜任所在物流岗位的工作，同时还要对他们进行物流业务培训和思想道德、文化知识等培训。培训工作是物流人才资源管理中不可或缺的工作。

在员工培训工作中，首先要确立物流培训需求，针对企业岗位的实际情况进行分析，拟订培训计划，确定培训目标、培训方针和培训体系，确立各层次人员所必须具备的知识技术、技能等的培养要求及其实施办法。培训方法主要有：在职培训、脱产培训、自学和岗位轮训。培训的方式包括讲授培训、会议培训、案例研究培训、示范培训等。除此之外，培训的材料、设备、师资的选择也是十分重要的。

最后是对培训效果的评价考核，只有通过考核才能对培训工作作出正确的评价，确定人员的任用和胜任岗位层次的安排。

4) 物流员工的使用

如何合理使用员工是人力资源管理工作的核心内容，要把员工分配到与其业务技术水平相适应的工作岗位上去，充分发挥其才能，为实现企业的生产经营目标去尽职尽责。

5) 物流员工的关怀

除了对员工的合理使用外,对员工关怀同样也是人力资源管理的一项重要内容。这包括对员工的激励、奖惩、心理咨询、交往沟通等,企业领导要十分清楚地认识到现代企业员工的需求不仅在于物质方面,同样也在于精神方面。因此,企业要做到物质奖励和精神鼓励相结合。

6) 物流员工的考评

运用科学合理的评价标准和方法对员工工作绩效进行客观、准确、公正的评价是人力资源管理的一项重要工作,通过对员工在一定时期内的工作进行检验、评价与标准对照来进行考核,以确定员工是否能胜任其工作岗位,并对其工作业绩的优劣作出评价,以此促使员工发挥优势,改善不足,同时也使企业领导能合理地任用和安排员工,更好地为企业服务。

7) 物流员工的激励

企业对员工的绩效考核评价是对员工关怀和实行激励机制的前提和基础,是企业人力资源管理的重要方法,所谓激励就是调动员工工作积极性,使其发挥最大潜力。激励的实质是通过某种措施使员工产生有利于企业目标的行为动机,并按照企业所需要的方式行动,因此它是调动员工工作积极性、主观能动性的重要"武器"。众所周知,美国的心理学家马斯洛提出的"需要层次论"中,把人的基本需要概括为五种,即生理需要、安定与安全需要、归属需要、尊重需要、自我实现需要。当员工处于不同的需要阶段时,其表现大不相同,作为企业人力资源管理部门有责任去掌握员工的心理需求,帮助他们实现这些需求,并针对各类员工的具体情况,对他们的激励手段也不尽相同。常用的手段包括精神激励法和物质激励法两种,这是企业人力资源管理应当十分重视的问题。

2.4 物流成本管理

2.4.1 物流成本管理在物流管理中的作用

据资料统计分析,营销物流总成本构成中运输约占46%,仓储约占26%,存货管理约占10%,接收和运送约占6%,包装约占5%,管理约占4%,订单处理约占3%。在生产企业中物流成本往往占企业总销售额的14%左右,以至于一些经济学家认为销售物流具有极佳的潜力,而将物流管理形容为成本经济的最后防线和经济领域的"黑暗大陆"。因此说物流系统成本管理是物流管理的重要内容和手段,也是物流系统经济效益的量化指标,它能直观地反映物流活动的经济效益,这对改善物流系统管理具有十分重要的经济意义。

1. 物流成本及物流成本管理

1) 物流成本

国家标准《物流术语》对物流成本定义为:物流活动中所消耗的物化劳动和活劳动的货币表现。

从广义角度看,物流成本指生产、流通、消费全过程的物资实体与价值变化而发生的全部成本,包括生产企业的采购,经过生产制造过程中的半成品的存放、搬运、装卸、成品包装，以及运到流通领域进入仓库后的验收、分类、储存、保管、配送、运输，最后到消费者手里的全过程所产生的成本；从狭义角度看，物流成本是指物资实体的场所变化所耗费的运输、储存、装卸、搬运、包装等费用形成的成本。

2）物流成本管理

《物流术语》（GB/T 18354—2006)中对物流成本管理的定义为："对物流活动发生的相关费用进行的计划、协调与控制。"

无论是从现代物流活动的构成及其对企业生产和经营的作用，还是从物流系统服务的目标性质来看，对物流成本进行管理都是十分必要的，物流成本管理是建立在物流成本的预算和计划基础之上，而对物流活动进行实绩考核评估，实现控制成本，改善和优化物流运作的全部管理过程，是对物流全过程的成本进行核定、分析、计划、控制与优化以达到合理的物流成本，促进生产经营的有效运行，不断提高企业的经济效益的过程。

2. 物流成本管理的目的和作用

1）物流成本管理的目的

（1）正确反映物流成本。要进行物流成本管理，首先就要对物流成本有一个基本的数据分析与计算。该数据无论是通过统计的数据，还是通过预测分析计算的数据，都要求比较准确地反映物流的实际成本，以便进行以后的协调、控制管理。

（2）通过经济核算揭示物流管理中的薄弱环节。一般采用分析物流总成本构成的方法，即将物流费用按各环节归纳汇总后，再将其与总成本比较，得出各项费用占总成本的比例。对费用高的进行重点控制，找出降低成本的有效措施并加以改善。在运用数据查找问题时，要进行全面综合分析判断，经济核算为分析判断提供了一个有效的手段。

（3）通过成本管理控制物流运作，实现物流活动合理化。物流成本管理包括物流成本计算和物流预算管理、物流计划管理等内容，而物流预算是通过编制成本预算和计划的控制进行物流活动管理的，以达到最合理的物流运作，实现物流的服务目标和服务水平。具体做法就是通过会计方法确定物流成本计划发生额或成本计划指标，根据预计的物流量，按照相关项目分类设定，并在物流的运作过程中，及时测定实际发生的费用并与计划指标相比较，并采取措施将实际发生额向计划额接近，使物流运作活动在一个合理的成本下进行。

2）物流成本管理的作用

物流活动参与了商品价值和使用价值的形成，但对企业来说，它并不直接创造新的使用价值，从现代企业经营的环境和模式来看，它是一个典型的增值服务过程。众所周知，任何企业要实现生产经营目标都必须依赖于物流运作。随着现代企业的经营范围日渐扩大，物流的供应与分拨路线延伸拉长，因此物流运作的组织和运作效率就显得尤其重要。而现代企业的一个最重要的核心竞争力就是对市场的响应和服务能力，所以物流在企业生产经营过程中起着越来越重要的作用。

据世界货币基金组织的研究表明：物流成本平均约占各国国内生产总值的12%左右，特别是现代物流管理理念与现代成本管理的模式的融合给物流管理带来了新的思路和方法，为降低物流成本提供了更广阔的空间。

（1）改进企业的物流管理。企业的物流管理水平直接影响到物流成本的高低，因此，企业要降低物流成本就必须改善物流运作，提高物流管理水平，达到降低物流成本、提高经济效益的目的。

(2) 降低产品价格。无论是生产企业还是流通企业，物流成本最终都要转移到产品成本中去，所以物流成本是产品成本的组成部分，其高低对于产品价格具有重要的影响作用。通过对物流成本的管理，降低物流成本，进而实现产品价格的降低，这就是企业需要的市场核心竞争力。

(3) 为社会节约财富。加强物流成本管理就意味着在物流运作过程中运作环节的减少，原材料消耗费用的降低，这种费用的减少就是对社会财富的节约。而将节约的费用投入到企业其他增值业务中去，就可以创造更多的社会财富。从宏观角度看，这是一种事半功倍的社会经济效益。

2.4.2 物流系统服务与成本

物流成本管理是物流管理的重要内容，物流企业的服务项目、物流技术及组织管理水平与物流成本有很大关系。掌握物流成本分析和控制，加强物流成本管理是物流企业长期而重要的工作。

一般来说，降低物流成本就意味着影响物流服务水平的提高；反之，要提高物流服务水平就意味着增加物流成本。这不难理解，例如，一个用户需要物流商往距离200公里的城市提供配送并提出运费300元的条件。用汽车可两小时送达，用火车则要8小时才能送达。很显然，公路运输的服务效率高，但物流商的成本也高，约500元，而火车运输效率低，但物流商的成本也低，约300元。从本例中，显然用户是希望效率高的公路运输，但物流商肯定亏本。从对用户服务的角度，要求物流企业提供尽可能高的服务水平，而从物流企业效益的角度，又要求尽可能低的物流成本。这种物流服务水平的提高和物流成本的降低之间是相互冲突的。这种高水平的服务与最低的物流成本之间就存在一种效益背反的关系，这两种目标的互抵性、矛盾性如图2-6所示。

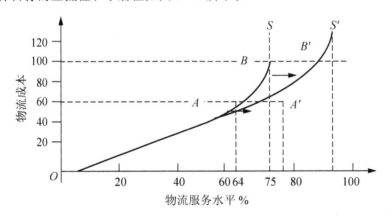

图2-6 物流成本与物流服务关系

虽然对物流服务水平的要求是无止境的，但是由图2-6可以看出，如在点$A(64,60)$和点$B(75,100)$之间物流服务水平(ΔS)的变化与物流成本(ΔC)的变化，即物流服务成本的边际成本(MS)。

$$MS = \Delta C/\Delta S = (100-60)/(75-64) = 40/11 \approx 3.64 > 1$$

物流服务水平是不可能达到100%的。同时可以看到,物流服务水平—物流成本曲线越来越陡,从上述计算可以看出,从 A 点到 B 点,物流成本的增加速度是物流服务水平增加速度的3.64倍,这不是用户愿意接受的,如果将 A、B 两点沿曲线向上移动到末端时,该比例将会迅速增大,服务水平的微小增加就会导致物流成本的很大增加,即为 $\lim\limits_{\Delta s \to 0} MS = \lim\limits_{\Delta s \to 0} \dfrac{\Delta C}{\Delta S} \to \infty$。根据图2-6可得

当 MS>1 时,物流服务水平的增加速度慢于成本增加速度;

当 MS=1 时,物流服务水平的增加速度等于成本增加速度;

当 MS<1 时,物流服务水平的增加速度快于成本增加速度。

随着物流服务水平和物流成本的上升,物流服务水平——物流成本曲线越来越陡。

显然物流用户需要 MS<1,因为其成本低,服务好,而对物流企业则是成本高,收益少。同理,当 MS>1 时,情况正好相反。要想使物流企业和物流用户都满意,只有在当 MS=1,即 $\Delta C = \Delta S$ 时才有可能出现,必须指出的是这种平衡情况是很少有的。但同时可从理论上推断出这种可能性,使物流服务与成本的关系曲线变化走向逐渐由陡峭趋于平缓,就可以渐进这个目标,也就是说,保持物流成本不变的同时提高物流服务水平,或者说保持物流服务水平不变,减少成本的投入。

降低物流成本和提高物流服务水平是物流系统肩负的两大使命,这两者之间的关系实际上,也是我们在物流系统的效益背反规律下的物流服务与物流成本之间的关系所权衡的那样:以最低的物流成本达到一定的物流服务水平,就是物流系统所追求的最佳效益,这样的系统才是一个有效的、合理的物流系统,也是物流系统实现有效系统的最终目标。这实际上就是我们对物流效益背反的理论探讨的目的。

1. 物流系统的投入——物流成本

物流系统的投入就是提供物流服务时所消耗的活劳动(劳务)和物化劳动(原材料、能源、设备、机具、设施等),即物流成本。在物流系统中,为了提高服务水平,开展各项业务活动,必然要消耗一定的活劳动和物化劳动,这些劳动的货币表现就是物流成本。物流成本包括商品包装、运输、储存、装卸搬运、流通加工、配送、信息处理等作业活动的成本。这些成本构成了物流总成本,也就是物流系统的总投入。

作为物流系统构成要素,物流的各项活动之间是相互关联,又相互制约的,其中一项活动的变化必然影响到其他活动的相应变化,例如商品储存仓库位置的变化就会影响到运输距离和运输频率的变化。运输方式的改变也同样会影响库存量的变化、包装的变化等。

物流系统要素之间的关联性使其在发挥功能性方面和各项物流活动之间具有互补性和替代性的可能。因此,在物流活动中同样的服务水平可以通过物流活动的不同组合方式来实现。当然不同的组合方式会形成不同的物流成本,这也是物流系统各项活动产生的成本间的交替损益关系。这种关系不是简单的正比或反比关系,而是相互影响、相互作用的综合影响,物流系统管理的整体目标是降低物流总成本和提高物流系统的服务水平。可以通过对这种关系的分析,确定出一个大致合理的服务水平要求下的总成本。

因此,在进行物流系统规划时,不能只考虑某一过程或某一功能的效益,而要追求物流系统的整体效益,也就是说,要求实现整个物流系统总成本最低,是物流系统追求的目标。

2. 物流系统的产出——物流服务

物流系统的功能及其在流通中的地位决定了它的基本任务就是为商品生产和商品流通服务的。因此物流系统的产出就是物流服务,物流系统产出的多少是用服务水平的高低、服务的优劣来进行评价衡量的。

物流服务具体包括以下标准。

(1) 服务的可靠性。包括商品齐全、数量充足、保证供应,在规定的时间内准确和及时地送达用户。

(2) 供货水平。要按照用户需求及时供货、及时补货,不断提高供货水平。

(3) 订货周期。要根据用户需求及时作出订货周期方案,以满足各种层次的用户需求。

(4) 运输方案的选择。要依照用户对商品本身的状态选择合理的运输方式和运输路线及运输工具,以达到最优化的运输方案。

(5) 特殊服务项目的提供。为用户提供特殊服务项目,不仅可以更好地满足用户需求,而且还能提高物流企业的竞争能力。

2.4.3 物流成本的构成及分类

1. 按物流范围不同分类

(1) 供应物流成本。包括从原材料(包括包装材料、容器等)采购到供应给生产者这一过程所发生的物流所形成的成本(也称采购成本)。

(2) 生产物流成本。包含在生产制造成本之中,很难单独计算,现行计算的生产物流成本不是很精确。这就是物流成本中著名的"冰山理论"的具体表现。"冰山理论"认为:现行的财会制度与核算方法,都不可能掌握物流费用(这里仅指生产物流成本)的实际情况。支付的物流费用只是冰山一角,人们无法看到物流总费用构成的冰山全貌。

(3) 销售物流成本。包括从确定向用户销售到向用户交货这一过程中所发生的物流而形成的成本。

(4) 废弃物流成本。因产品加工过程产生的废弃物和包装或运输容器材料等废弃物处理的物流过程所产生的成本。

(5) 退货物流成本。包括因随产品出售后的退货而发生的物流活动过程所产生的成本。

2. 按物流功能不同分类

按照物流运输、储存、包装、装卸搬运、流通加工、配送等不同功能分类,大体可分为以下 3 类。

(1) 物流流通成本。包括包装成本、运输成本、保管成本、装卸成本、流通加工成本和配送成本。

(2) 物流信息成本。包括因业务联系所发生的通信、传输等物流信息而产生的成本。

(3) 物流管理成本。包括各职能部门进行物流控制、管理所产生的成本。

3. 按支付形态不同分类

按支付形态不同分类是按会计费用常规方法的一种分类,大体可分为以下 8 类。

(1) 材料费。包括物流生产活动中使用物料消耗产生的费用,包括原材料、燃料、消耗性工具、低值易耗品等的消耗成本。

(2) 人工费。包括物流生产活动中使用人力劳务消耗所发生的费用,包括工资、奖金、福利、医保、劳保、培训等费用。

(3) 公益费。包括因物流生产活动所发生的公益事业性服务支出的费用,包括水、电、气、取暖、绿化等产生的费用。

(4) 维护费。包括因固定资产的使用、维护所产生的费用,包括折旧费、维护费、房产税、土地及车辆使用税、租赁费、保险费等。

(5) 一般经费。包括物流生产活动发生的差旅费、交通费、会议费、书报资料费、办公用品费、邮电通信费、城建税、能源税、产品耗损费、物流事故处理费用及其他费用。

(6) 特别费。包括按实际年限计算的折旧费及企业内部利息等费用。

(7) 物流费。包括将物流业务委托给第三方物流企业所发生的费用,包括外包的运费、保管费、装卸搬运费、出入库费用等。

(8) 其他费用。如商品购进采用含运费的送货制,或因商品的销售采用扣除运费的提货制等向外支付的费用。

2.4.4 物流成本控制

物流成本控制是指对物流各环节发生的费用进行有效的计划、监督和管理。

1. 物流成本控制的原则

(1) 全面性原则。
(2) 开源与节约相结合的原则。
(3) 责、权、利相结合的原则。
(4) 目标管理的原则。

2. 物流成本控制的内容

1) 运输费用的控制

据资料统计显示,运输费用占物流总费用比例最大,一般为40%~60%,是影响物流成本最大的因素。因此控制物流费用首先要在运输费用控制方面给予高度重视。

运输费用控制的方法有:加强运输经济核算,选择合理的运输工具、采用优化运输方案、防止运输过程的失误,做到合理运输、经济运输、安全运输。

2) 储存费用的控制

据资料统计显示,储存费用约占物流总费用的15%左右,对物流成本影响较大。

储存费用的控制方法有:充分利用定量、定期方法及"零库存"法订货,严格控制库存量,加强对仓储中出入库费用、保管费用的核算管理,做到合理储存,减少库存资金和利息的占用。降低库存服务和库存风险的支出。

3) 装卸搬运费用的控制

据资料统计显示,装卸搬运费用约占物流总费用的10%左右,对物流成本影响较大。

装搬费用的控制方法有:合理选择装搬设备,防止无效作业;合理规划作业流程的方法,推行物流标准化作业;优化作业工艺,减少作业次数,缩短操作距离。

4) 包装费用的控制

据资料统计分析,包装费用约占物流总费用的10%左右,对物流成本影响也较大。

包装费用的控制方法有:合理选择包装材料,包装作业采用机械化,实现包装标准化及包装的回收再利用。

5) 流通加工费用的控制

流通加工作为物流新的物流延伸性的增值服务方式,其控制方法有:合理确定加工方式、优化工艺和流程,充分发挥加工能力及加强流通加工的管理。

3. 物流成本控制的方法

物流成本控制的方法主要有:量本利分析法、绝对成本控制法、相对成本控制法、标准成本控制法、定额成本控制法等,它们从不同角度分析物流的投入和产出效益,即物流实现的经济价值。进行物流成本控制是为了更好地预测分析和制订经营计划。上述方法中,以量本利分析法使用最为广泛,它与经营分析相结合,能够促使企业降低成本;与预测技术相结合可以确定实现利润的最小业务量。

1) 量本利分析法

在不考虑税金的情况下,物流系统的量本利三者之间的关系可用数学模型来表示为

$$P = R - (V + F) = KQ - (V_c Q + F) = (K - V_c)Q - F \qquad (2\text{-}2)$$

在此模型中,我们着重研究盈亏平衡分析模式。

(1) 当物流系统达到盈亏平衡时,则有 $P = KQ - (V_c Q + F) = 0$,按照 $KQ = V_c + F$ 的关系,物流业务销售量的计算公式为

$$Q = F/K - V_c \qquad (2\text{-}3)$$

(2) 当利润确定的前提下的最小物流业务销售量的计算公式为

$$Q = (P + F)/K - V_c \qquad (2\text{-}4)$$

以上两式中:P 为销售利润;R 为销售(物流业务收入)收入;V_c 为单位产品(单位业务量)的变动成本;F 为固定成本总额;K 为单位产品(单位业务量)销售价格;Q 为产品销售量(物流业务量)。

在进行量本利分析法时,主要考虑的是对物流总成本的控制。物流总成本包括物流固定成本(含工资、管理费、设备折旧等基本不变的成本)和变动成本(含原材料费等随物流业务量而变化的成本)。利用量本利关系确定盈亏平衡,要借助盈亏平衡分析模型,求出企业盈利的最低业务量。盈亏平衡分析模型由固定成本、变动成本、总成本、物流业务总收入、盈利区、亏损区等相关参数构成。

其基本模型为式(2-3),即

物流保本业务量 = 总固定成本/物流单位服务成本 - 物流单位变动成本

为了更好地理解物流盈亏平衡模式,可以把收入、成本和物流业务量之间的数学关系作出物流盈亏平衡图,如图2-7所示。

此外,利用量本利模型还可以对不同的物流成本方案进行分析,找出一个最优化方案,从而作出物流决策。

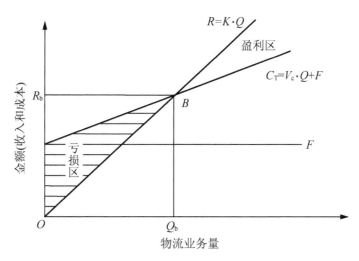

图 2-7 物流盈亏平衡图

(3) 物流决策分析计算。

利用量本利模型可以对不同的物流方案进行分析计算，找出成本利润的最佳方案，从而作出物流方案的决策。例如，物流配送中心的选址问题。

【例 2-1】 某物流公司拟建一个配送中心，现有 A、B、C 三处地点，有关物流成本数据如下：

A、B、C 三处的年固定成本分别为 4 万元、8 万元和 11 万元；三处的可变成本分别为 60 元/件、40 元/件、20 元/件；其物流配送价格为 100 元/件，其年配送量为 2 000 件。试对该物流配送中心地址选择作决策分析。

解：根据以上资料计算得：

A 处的总成本＝40 000＋60×2 000＝160 000(元)

B 处的总成本＝80 000＋40×2 000＝160 000(元)

C 处的总成本＝110 000＋20×2 000＝150 000(元)

显然，在相同配送量和价格条件下，C 处总成本最低，利润[2 000×100－150 000＝50 000(元)]最高。

在有了不同地点的成本数据时，在年配送量不能确定的情况下，也可以进行物流配送地址的选址决策分析，具体分析计算如下。

(1) 根据已知的成本数据，先确定 A、B、C 三处的成本函数模型，其中 x 代表配送量，则有

$f_A(x)=40\ 000+60x$

$f_B(x)=80\ 000+40x$

$f_C(x)=110\ 000+20x$

(2) 根据三个函数模型作出其成本——配送量图，找出三个函数的交叉点。如图 2-8 所示。

从图示可知，在物流配送量为 1 750 件以内时，于 A 建配送中心，成本最低；当配送量超过 1 750 件时，在 C 处建配送中心成本最低。量本利分析法具有简捷明了的优点，因此被广泛采用。

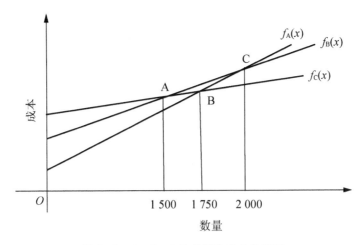

图 2-8　A、B、C 处的配送成本分析图

2）绝对成本控制法与相对成本控制法

（1）绝对成本控制法是把降低成本支出控制在一个绝对金额内的成本控制方法，要求把经营过程中发生的费用支出都列入成本控制范围内，而标准成本和预算控制则是绝对成本控制的主要方法。

① 标准成本控制法是在一定假设的条件下所发生的成本，是由物流作业所需要的直接材料费、人工费、管理费等组成。其基本形式是各自数量标准乘以相应的价格标准。

② 预算控制法是数值化的物流计划，是用财务数值表示的预期成本或收入，通过比较预算标准与作业的实际情况来评价物流运作业绩。

（2）相对成本控制法是通过物流成本与产值、利润、质量及功能的因素的比较分析，寻求在一定制约因素条件下获得最佳经济效益的一种控制方法。与绝对成本控制法相比，相对成本控制扩大了控制范围，它不仅关注成本本身的降低，还要考虑与其相关的物流服务、固定资产结构、管理水平等。绝对成本控制法和相对成本控制法比较可用表 2-4 加以说明。

表 2-4　绝对成本控制法和相对成本控制法比较表

比较项目	控制对象	控制目的	控制方法	控制时间	控制性质
绝对成本控制	成本支出	降低成本	成本与成本指标的比较	成本发生时或发生后	实施性成本控制
相对成本控制	成本素质关系	提高效益	成本与非成本指标的比较	成本发生前	决策性成本控制

通过以上比较，可清楚地看到两种成本控制法各自的特点，以便在实际成本管理时加以选择应用。

3）定额成本控制法

定额成本控制法是基于物流成本为及时有效地控制成本而整合物流各环节实际费用的一种方法。

在物流运作实际费用发生时，定额成本法将其划分为定额成本和定额差异两部分，发现实际费用与定额之间的差异，并找出差额，分析其原因，以便及时调整改善。

会计期终以产品定额为基础加减所汇集和分配的成本定额,就可得到物流运作产品和业务的实际成本 C_r,即

$$C_r = Cq + C_rq \tag{2-5}$$

式中,C_r 为实际成本;Cq 为定额成本;C_rq 为成本差异。

4. 物流成本控制的难点与对策

相对于生产制造企业而言,物流管理特别是物流成本管理都是一个崭新的领域,物流成本管理方面主要存在以下难点问题。

1) 成本分解困难影响核算准确性问题

现行的会计制度尚无物流费用的科目,进行物流成本核算时把现有的会计项目中将有关的物流费用分解出来就是一个问题。因为物流过程是一个从供应商到制造商再到用户的动态过程,物流费用反映一个资金的动态变化,而且横跨多项传统会计科目:其一,就是要以常用的会计方式进行物流费用的计算和核准,势必出现对混杂在其他费用中物流费用分解难的问题,同时还要涉及分解方式和分解标准是否能真实反映物流活动等诸多问题;其二,将分解后的物流费用汇总,还要考虑企业物流活动的确定是否真实反映物流运作和管理过程。总之,以现行的会计费用类别为基础的计算方法,难以得到真实反映物流一体化的绩效测量的数据。这也正是在第 1 章提到的著名的日本物流学家西泽修教授关于物流成本的"冰山理论"学说的最好注解——物流成本的计算就像冰山的一角一样,很难看清楚它的全部。

2) 物流成本管理标准问题

物流管理是一个崭新的学科领域,许多关于物流的研究理论还相对滞后,物流成本的标准化和物流统计管理还处在一个起步阶段,尚缺乏一个完善的物流成本管理标准,企业在计算物流费用时难免口径不一,可比性差,正因为如此,企业很难在统一的标准下进行物流成本的统计和计算、比较分析和控制,极大地影响了物流成本管理的效果,这也形成了制约现代物流管理中的一个亟待解决的瓶颈问题。

5. 降低物流成本的基本思路

1) 从物流全过程的角度来降低物流成本

对物流企业来讲,控制成本不能仅从本企业的角度还应考虑从产品生产到最终用户整个供应链过程的物流效率。例如对物流设施的投资或扩建,到物流设备的投入使用,再到物流各环节的运作,要从整个流通环节来全面考虑。

2) 通过实现供应链管理,完善对用户的物流服务来降低成本

在供应链环境下,仅仅考虑本企业物流高效率是不够的,它要求企业要协调其他相关企业及用户的关系,实现整个供应链运作的高效率,这就要求物流企业把降低成本的目标落实到企业所有职能部门中去。完善对用户的物流服务是物流企业获取利益的手段之一,在一般情况下,既要保证完善对用户的服务,又要防止过剩服务,要与用户协商,共同探讨有关降低物流成本的问题,例如利益共享,从而激励双方共同寻求控制成本的途径,达到物流供需双方共赢的目的。

3) 借助现代化信息平台降低物流成本

现代信息系统一方面可以使物流作业准确、迅速地进行;另一方面能由此建立物流经

营战略系统,从而使生产和流通企业全过程信息共享,充分应对各种需求,调整不同企业的经营战略,从供应链层次上整体控制物流成本。

4) 通过高效配送降低物流成本

随着社会分工和物流业的发展,配送在流通过程中的作用日益呈现出来,对配送的需求也越来越多,因此要求物流企业实现高效率配送,就必须十分重视配送计划管理,提高装载率,选择合理配送路线,改善车辆运行管理,达到降低物流成本的目的。

5) 利用一贯制运输和物流外包形式来降低成本

降低物流成本从运输手段角度讲,可以采用托盘集装、一贯制运输来实现,它是利用各类运输工具的有效衔接来实现从生产商到最终用户之间的物流。通过运输管理的标准化和统一化来减少商品周转过程中不必要的环节和托盘周转费用损失,并大大缩短商品的在途时间。值得强调的是利用物流外包(第三方物流)也是控制物流成本的一种行之有效的措施,这是因为第三方物流的规模化、节约化和专业化的运作可以大大地降低物流成本。

2.5 物流服务与物流质量管理

物流服务是物流企业的根本宗旨,现代经济追求服务意识已越来越为企业所共识。在服务与质量的关系上,离开质量只谈服务那是空谈;同样,离开服务只谈质量那是奢谈。因此,服务必须讲究质量,物流服务必须注重物流质量管理。

物流服务质量无论是从理论上还是从实践上,都应该从有形质量和无形质量两个方面进行探讨。物流服务的有形质量包括与物品相关的质量问题,体现在物品本身和质量、数量等方面;而物流服务的无形质量,则主要是指能否有效地向需方提供其所需要的服务,主要体现在交货的及时性、安全性、可靠性等方面。因此,物流服务就是向内部或外部需方提供物流服务时,保证在适当的时间、适当地点,提供适当数量的、合乎质量要求的实物的服务。

2.5.1 物流服务管理

1. 物流服务的含义及特征

1) 物流服务的含义

《物流术语》(GB/T 18354—2006)对物流服务定义为:"为满足客户需求所实施的一系列物流活动过程及其产生的结果。"

一般来说,物流服务是物流系统为某种商品或服务所创造时间效用和空间效用的活动。这包括从接收用户订单到商品送到用户手中为止,而提供的一系列服务活动。物流服务是供应链过程管理的产物,物流服务水平是衡量物流系统为用户创造时间和空间效用能力的尺度。从用户角度来看,是体现用户对物流服务满意度的标志。

2) 物流活动与物流服务

为用户提供相关的服务和产品,满足用户需求,这是企业最根本的宗旨。按照营销理论,营销活动有四个方面,即产品与服务、促销、价格、渠道。有效的营销组合就是把四个部分有机地结合,使之产生最大的服务效能。与物流活动有直接联系的是渠道,物流活动的输出就是有效的渠道管理,它将产品准确及时地输送到用户手中,满足其需求。在物流经营活动中,实际上每个人、每个环节都与服务密切相关,成功的物流企业总是将企业内部和外部的业务过程和标准与用户需求一致起来,建立起用户价值链,以用户需求标准来实施和评价企业的组织经营,强化对市场的响应能力。

在界定用户服务需求的基础上,设计与需求相符的物流活动流程并有效地运行与控制,用物流运作能力去引导用户,争取用户占领市场是物流营销不可或缺的手段,只有通过它,才能实现产品的实体和价值的转移,达到为用户服务的目的。

3) 物流服务的基本特征

(1) 增值性。物流服务能够创造出时间效用和空间效用,以节约成本为供应链提供增值利益,体现了物流服务作为价值创造活动的成果,也反映了物流服务对生产经营活动中产品和服务的增值作用。在现代市场经济中,物流服务的增值作用已经引起了人们的高度重视,因为它是"第三利润源泉"之所在。

(2) 差异性。其表现在因企业物流系统提供的服务能力和服务方式的影响,同时也受用户参与物流服务过程和对物流服务的评价和认识的极大影响。当然,物流的个性化、多样化需求也需要有差异化、柔性化的物流服务与之相适应。

(3) 网络性。在物流资源和功能组合中,现代网络理念和网络技术促进了物流服务的网络化发展。

(4) 结构性。由于物流服务资源配置结构的原因,加上企业生产经营导致物流需求呈多元化、综合化趋势发展,物流服务也会体现出结构性变化,提高物流服务水平就需要重视这种服务的结构性。

4) 物流服务要素及标准的确定

物流服务是面对物流市场的,因此物流企业必须从市场营销的理念出发,研究分析物流的不同市场和不同的用户群体的需求才能给企业一个准确的市场定位,企业有必要建立一套有效的具体服务量化标准的服务体系。

相对于产品需求而言,服务更具有主观性,对用户来说,诸如"按承诺的时间发货,及时履行订单,及时处理用户投诉"等一些没有具体量化要求的指标,既难以操作又难以考核。因此,企业总是希望能够以准确的量化指标来要求其期望的满意度,以此来考量物流服务水平。当然,这在以供方市场为主导的经济时期应该足够了,但在现代以需方市场为主导的经济时期,已远远无法达到用户的需求期望值。于是将服务标准量化考核就成为服务经济的重要内容,对服务质量的指标进行具体量化转换,就顺理成章地成为一种必然,而且是一种势在必行的竞争要求。如将"按承诺的时间发货"具体改为"在合同规定的时间±6小时内发货",这种有具体时间要求的数量标准规定,对企业具体操作人员和用户都一目了然,有一个十分明确的基准很好掌握。需要强调的是,这里有一个基本服务标准和超值服务标准的区别问题。服务标准是与产品和用户为载体来考核的,产品和用户的重要性不同,相应的服务标准亦不相同。

基本服务标准是能满足一般用户群需求的标准;而超值服务标准是针对对企业利益有极大影响的高端用户群体,超值服务标准具有比基本服务更高的要求标准。企业为了满足他们的需求,甚至采用一些超常规的运作方式来实现他们的满意度。这也是物流企业在当代市场经济呈现的多样化、个性化发展趋势的一种必然价值取向。物流服务要素及服务标准详见表2-5。

表 2-5 物流服务要素及服务标准

类 别	物流服务要素	基本服务标准	超值服务标准
交易前服务要素	订单处理计算机化	人工或计算机	计算机
	准确预估发货时间	准确率 99%	准确率 100%
	特殊订单处理	视情况	满足率 100%
交易中服务要素	履行订单准确性	98%	准确率 100%
	订货周期稳定性	基准周期±2日	基准周期±0日
	送货频率	2日一次	随需随送
交易后服务要素	送货准时率	合约期±2小时	合约期±1小时
	处理用户投诉	接诉后1日内处理	接诉后6小时处理
	用户退货处理	接受退货	1日内退货并赏

企业的服务标准的确定要经历一个反复拟定、实施、修改的过程，同时随着市场需求的变化，不断改善修正，始终关注用户需求。根据企业内外部环境进行调整完善，使之成为切实可行的具体标准。

2. 物流服务在物流管理中的重要作用

1）物流服务已成为企业差别化战略的重要内容

进入细分市场营销阶段，需求的多样化、个性化、分散化要求物流服务必须采取差别化战略来适应这种市场经济的变化。

2）物流服务深刻影响企业的绩效

物流服务水平是物流系统的重要条件，尤其是在物流成为重要的经营战略手段时，物流服务水准对生产经营更是具有举足轻重的作用。

3）物流服务能够有效地降低企业经营成本

除了原材料、人力的节约所形成的利润之外，物流成为"第三利润源泉"已经为人们所共识，因此，物流服务对企业的生产经营成本的节约和对企业的经济效益，都具有特别重要的意义。

4）物流服务是连接供应链的有效手段

随着现代经济全球一体化、网络化的发展，企业之间的竞争已不再是单个企业之间的竞争，而是供应链之间的竞争。所以物流服务就自然成为企业连接供应链系统并获得竞争优势的重要途径和手段。

5）稳定的物流服务质量有助于巩固供应链上下游客户的关系

稳定的物流服务质量除了巩固供应商、经销商、消费者的关系外，还提高了客户对企业的忠诚度。

3. 物流服务的基本内容

物流用户根据各自的生产经营特点，对物流服务有各自的需求，特别是在当代服务经济时代，个性化、多样化需求层出不穷。在对物流用户需求调查分析的基础上，选择确切的服务定位，并针对不同的用户采用不同的服务策略，以期达到物流服务的"适销对路"。

（1）以客户为核心的物流服务。主要采取向供需双方提供利用第三方物流专业人员来配送产品的各种可供选择的方式，这种专门化的增值服务方式可用来支持新产品的推动。

（2）以促销为核心的物流服务。主要采取涉及展销台和销售点的配置，以促进旨在促进销售的增值性服务。

（3）以制造为核心的物流服务。主要采取独特的产品分类和递送来支持制造活动，以适应特定的客户需求，从而改善服务。

（4）以时间为核心的物流服务。主要采取准时化形式，最大限度地满足客户的需求，提高物流服务效率。

4．物流服务方式的选择

（1）以市场需求为导向。物流服务是根据企业的生产经营信息和竞争服务水准来确定的。

（2）坚持多元化物流服务。随着客户行业和业态多样化发展，物流服务也需要在资源配置合理的情况下，根据不同类型需求采取柔性的多元化物流服务。

（3）拓展特色物流服务。企业在提供物流服务时，要有自己的服务风格，体现服务的特色化、差异化和柔性化，这也是物流战略的重要特征。

（4）强化物流服务绩效评价。对物流服务绩效评价实质上是对物流服务能力、竞争能力、发展能力的综合评价，对整个物流系统进行投入、产出分析，评价物流系统的总体水平和有效性。

5．物流服务营销

第三方物流服务在我国是一个新兴的行业，它们担负着为各行各业提供现代物流服务的使命。第三方物流服务营销策略组合是这类企业战略管理中的一项重要内容。对于第三方物流服务企业而言，其服务对象是物质交换市场上的供需双方。第三方物流服务企业的营销策略与一般的生产企业和服务企业都不同。因此，我国的第三方物流服务企业现阶段应该努力做好营销策略转换、组合工作。

1）营销策略转换

我国现有的第三方物流服务企业多数是从传统物流产业转型而来的，它们采用的营销策略仍然以产品营销策略为主。所以这些企业现在面临的首要问题是从原有的产品营销策略向服务营销策略的转换问题。

2）营销组合策略

对物流服务市场细分，按照顾客的服务需求进行细分定位策略和物流服务内容、方式、质量等方面的改进和提高，为顾客提供有创新性的物流服务及通过服务创新等手段为顾客提供差异化的服务，使第三方物流企业进行营销组合策略选择，从而取得竞争优势的营销策略。

2.5.2 物流质量管理

1．物流质量及物流质量管理

1）物流质量及物流质量管理的概念

质量是反映实体满足明确和隐含需要能力的特征的总和。任何产品、任何事项、任何活动都会面临质量问题。

（1）物流质量就是衡量物流运作服务水平高低的尺度，是物流服务质量的核心，是物流服务水平的决定因素，它关系到物流企业的整体绩效。

（2）物流服务质量就是指用精度、时间、费用和客户满意度表示物流服务的品质。

（3）物流质量管理就是按照全面质量管理的思想，运用科学的管理方法以最经济的手段对物流质量及其影响因素进行计划与控制，使物流活动的质量不断改善和提高，向用户提供满足其需求的服务。

物流质量管理保证了物流服务过程的质量标准及规范，通过对物流质量的控制和管理，发现差距并对其进行持续性改进，才能保证物流质量目标的最终实现。

2）物流质量管理的基本特点

（1）管理对象的全面性。物流服务从其内涵延伸来讲，可分为基本物流服务和增值物流服务。基本物流服务指物流活动各环节的基本功能性服务，包括如运输、储存、装卸搬运、包装、流通加工、配送和信息处理等；而增值服务则是为了满足关键用户的要求向其提供个性化的超值服务。物流服务质量工作要求既要满足一般大多数用户的基本物流需求，在可能的条件下，又要满足特殊用户的个性化增值服务的需求，向用户提供全面的服务质量。

（2）管理手段的全过程性。物流服务质量与运作各环节、各工种、各岗位的具体工作质量休戚相关，物流服务水平取决于物流运作全过程、物流工程和物流工作质量的整体绩效。过程管理是把物流活动的下一道作业环节视为上一道环节的用户。每一道作业环节都按质量标准严格把关，树立下道工序就是用户的思想观念，不断提高物流服务质量。

（3）参与管理的全员性。要保证物流质量势必涉及物流系统各环节、各类人员，他们都可能对物流质量产生影响。好的物流质量是全员共同努力的结果。物流质量管理的全员性正是物流质量的重要性和复杂性所决定的，它反映了质量管理的客观要求。要实现全员管理，最重要的是充分调动起广大职工参与管理的积极性，树立"质量第一，服务第一"的观念。

（4）物流质量管理与全面质量管理的相关性。物流质量管理是全面质量管理的重要一环，是全面质量管理的重要组成部分；同时物流质量管理也应当运用全面质量管理的方法，并融入全面质量管理的理念中去。

3）物流质量管理的内容

（1）物流服务质量。物流服务质量即物流服务产品质量，它是反映物流服务水平的质量特征。物流服务指标包括性能指标、可靠性指标、安全性指标、经济性指标、环保性指标等。

（2）物流工程质量。它是指企业为保证提供合格的物流产品而具备的手段和条件所达到的水平，包括物流企业的人员、设备、材料、方法手段，以及生产环境等因素。它反映企业物流管理水平和物流技术水平对物流产品服务所达到的质量标准的保证程度。

（3）物流工作质量。它指为保证物流产品质量和实际运用而进行的各方面工作的水平和能力，是物流运作、技术工作和组织管理工作，以及销售服务过程中的工作对产品达到物流质量的保证程度。

（4）对商品质量的保证和改善。现代物流过程并不仅仅是对商品的运输转移和储存保管，还能通过流通加工手段来改善和提高商品的质量。因此从这种意义上讲，物流活动也是商品质量的"形成过程"。

2．物流质量在物流管理中的重要作用

（1）物流质量就是衡量物流运作服务水平高低的尺度，它是物流服务质量的核心，是物流服务水平的决定因素，它关系到物流企业的整体绩效，是物流管理的重要内容。物流企业要提高物流效率，完善物流功能，提高经济效益，必须加强物流质量管理。

（2）物流质量是实现物流目标的关键因素，只有加强物流质量管理，实现物流各环节的标准化作业，才能达到以最低的物流成本满足用户服务的需求。

（3）物流质量是企业提高竞争力的手段之一，并构成企业的核心竞争力。特别是在全球经济一体化的经济时代，物流企业要进入国际市场就必须十分重视企业的服务质量。

（4）物流质量有助于企业巩固与供应商、经销商和消费者的关系，提高用户对企业的忠诚度。

（5）质量是人民健康生产生活的保障，产品质量与人民的工作、生活息息相关。一旦产品的质量出现问题，轻则造成经济损失，重则造成伤亡事故。物流企业为了对人民的生产、生活高度负责，就必须认真对待服务质量问题。

3．物流质量管理与物流标准化

1）物流质量管理与物流标准化的关系

（1）物流标准化是物流质量管理的依据和保证。

（2）加强物流质量管理必须贯彻执行物流标准。

2）ISO 9000 系列质量体系

（1）ISO 质量认证体系。质量认证是国际通行的，加强质量评价，质量监督管理的有效手段。加入WTO为我国企业的发展创造了良好的国际环境，解决了企业对世界经济异化市场准入和互惠问题，"入世"后我国物流可以平等地参与国际市场的竞争，如果说"入世"为我国企业解决了市场准入问题，那么 ISO 9000 标准就是为物流企业的服务提供了质量保证，解决了物流企业在国内外物流市场如何生存和发展问题。因此"入世"后，物流企业应该尽快实施 ISO 9000 标准和认证，提高服务质量，增强竞争力。尤其是对 ISO 9000 的认证工作更加迫切和重要。企业所需证实的程度一般分为三级，即"存在声明""文件证据""执行见证"三个级别。一般情况下在需要第三方认证时，大多要有"执行见证"（质量认证机构的质量认证书或认证标志）来加以证实。物流企业取得质量认证的基本步骤包括：一是前期准备；二是编写质量体系文件；三是对质量体系的运行；四是向质量认证机构申请认证注册。

① 质量认证的表示形式有：认证证书（合格证书）和认证标志（合格标志）两种。

② 认证机构。目前，我国主要的认证机构有：中国国家进出口商品检验局、中国电子元件质量认证委员会、中国电工产品认证委员会、中国方圆标志认证委员会等。

（2）核心标准。ISO 9000（质量标准体系——基础术语）、ISO 9001（质量标准体系——要求）、ISO 9002（质量标准体系——审核指南）、ISO 9004（质量标准体系——业绩改进指南）。ISO 9001 和 ISO 9004 是一对协调的质量管理标准，ISO 9001 给出产品质量保证和客户的满意程度，而 ISO 9004 则通过更广泛的质量管理观点提出了业绩改进指南。

(3) 中国国家标准体系。GB/T 19000(表述质量管理基础知识并规定质量管理体系术语)。GB/T 19001(质量管理体系要求),GB/T 19002(质量审核和环境管理系统指南),GB/T 19004(质量体系的效率和有效性)。

以上标准是我国物流企业在推行质量管理时必须遵照执行的,只有通过对国家质量标准体系和国际质量标准体系的贯彻执行和认证,才能从根本上提高企业质量管理水平和物流服务水平,增强企业在国际、国内市场竞争力。

质量管理原则——GB/T 19000—2008 系列质量管理体系标准的基础。

① 以用户为中心。满足用户要求并努力超越用户希望。
② 领导作用。企业领导把企业目标与管理方向统一起来。
③ 全员参与。鼓励员工参与企业管理工作。
④ 管理的系统方法。运用系统观理论方法实现企业质量目标。
⑤ 持续改进。总体业绩的提升是物流企业可持续发展的永恒目标。
⑥ 互惠互利的供需关系。互利共赢的供需关系将提高双方创造价值和供应链的竞争力。

4. 物流质量的控制

1) 物流质量控制的必要性

物流质量是物流服务管理的核心,是物流服务水平的决定因素,它直接关系到物流企业的整体效益,只有加强对物流运作质量的控制,才能保证物流服务目标的最终实现。

2) 物流质量的控制目标与内容

(1) 物流质量的控制目标。①优质服务。货物或损货差最少且费用最省。②及时迅速。按照用户要求的时间、地点,准时将货物送达。

(2) 物流质量控制。主要对物流各个运作功能在物流活动中较常见的质量问题的测量,其内容详见表 2-6。

表 2-6 物流质量控制的内容

物流作业环节	物流质量控制的内容
运输配送环节	运输途中货物的破损及污染率; 货物到达准时率; 货物到达准时率; 用户满意度等
仓储保管环节	分区分类储存标准; 便于装卸搬运作业的标准; 应用库存优化管理的水平; 库存总量控制及库存周转率
装卸搬运环节	装卸搬运作业中集装化装载水平; 多余搬运作业的消除程度; 装卸搬运流程的优化和系统化状态等
物流包装环节	集装单元及运输包装系列尺寸标准; 包装机械化省力化水平; 绿色包装和废弃物处理标准等

续表

物流作业环节	物流质量控制的内容
物流加工环节	适应用户多样化需求能力； 加工的集中程度和加工质量； 加工与物流其他作业的衔接等
信息处理环节	物流各作业流程的信息化处理水平； 为用户需求服务的信息响应程度等

3) 物流质量的控制过程

(1) 物流质量的控制过程。物流质量的控制过程是一个多步骤连续的过程，通过对用户满意度的测定，企业内部审核相关数据分析物流运作及服务绩效监督，实现对物流质量的实时控制。其主要包括以下过程：①质量需求分析；②制定质量标准；③产品质量与质量标准的比较分析；④物流运作能力分析；⑤质量特性值分析。

(2) 建立有效的物流质量管理信息系统。物流企业要确立采集数据并充分利用和分析现场运作质量数据，进行分析和控制时需要提供下列信息内容：一是用户满意度方面的数据信息与物流运作过程和服务要求的吻合；二是物流运作过程和物流服务的特性及趋势，包括有预防措施的概率；三是供应链的物流质量信息。

4) 物流质量控制技术

目前质量控制技术不少，主要选择以下 3 种常用质量控制技术。

(1) 正态分布图的应用。通过对物流质量连续计量的直方图(图 2-9)分析表明，物流质量变化呈正态分布状态，其特点为两头小、中间大、有一个单峰($y'=0$)；$f(x)$ 的图形是以 $x=\mu$ 为轴对称的；当 $x=\mu$ 时，取值最大 $f(\mu)=\dfrac{1}{\sigma\sqrt{2\pi}}$，$\mu$ 决定曲线的位置，σ 决定曲线的单峰的陡峭程度。由概率性质可知，正态分布曲线面积的概率最大为 1，此时物流质量，即物流服务合格率＝1－服务不合格率。当物流质量符合正态分布特征时，几乎所有物流质量计量值都落在 $\mu\pm 3\sigma$ 的范围内，而此时的曲线面积为 99.7%，即其质量概率(即物流服务质量合格率)为 99.7%。

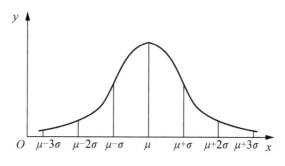

图 2-9 正态分布示意图

(2) 因果分析图的应用。把物流质量问题产生的所有原因进行分类，并在图上用箭头把因果关系表示出来，通过图示作出因果分析图作为质量改善和控制的依据，因其形状如"鱼骨"和"树枝"，故又称其为"鱼刺图"或"树枝图"。

物流质量控制中因果图的主要内容包括：物流质量及物流运作的最终总服务的质量特征，如运输中的实载率、事故率，影响质量的各种原因。

因果图在物流质量控制中可分为以下 3 种类型。

① 质量结果分解型，是指按照作业人员、设备、方法、对象、管理与环境等因素逐一查找。

② 物流作业分类型，是指按照物流作业环节、流程逐一查找。

③ 质量原因罗列型，是指先把可能影响质量的因素找出来，然后按照因果关系层次查找。

在作质量因果图时要注意所得结果的合理针对性、有实用价值，要明确达到什么目的、要尽量多列质量影响原因，要对质量产生因素进行多角度分析、发散型思维，以求把产生质量问题的原因都找出来。

如运输中出现的质量安全问题，用因果分析法可得出形成运输安全问题的原因图形如图 2-10 所示。

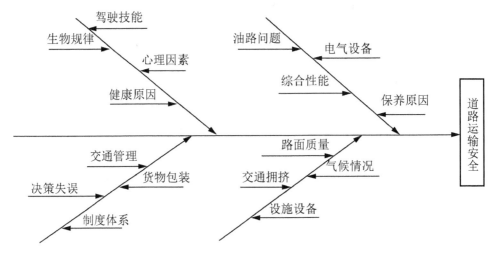

图 2-10 运输安全问题因果分析图

（3）PDCA 循环的应用。PDCA 循环可适合所有物流运作过程，PDCA 循环包括策划、实施、检查和处理这 4 个过程。

① 策划（Plan）：结合市场所需和物流企业经营状况，制定企业发展战略，物流服务标准及建立经营目标和实施过程，确定计划并制订保证该计划的有效执行。

② 实施（Do）：按照上述标准进行物流运作的实施过程，在实施阶段，企业各部门要按照企业的总体目标及标准制定出本部门的分目标和标准，并加以严格执行。

③ 检查（Check）：根据企业目标和物流服务质量要求，对物流运作过程和服务质量进行监控和测量，检查结果是否达到计划阶段所制定的标准并要查出问题，保证物流质量的持续改进。

④ 处理（Action）：最后根据检查结果采取有效措施，对物流服务质量方面的异常情况加以分析、处理，保持有利的，消除不利的。

根据 PDCA 循环过程，4 个环节是不断循环转动的，每经过一个循环就要解决一个物流运作问题，服务质量也同步得到提高的循环模式，其过程如图 2-11(a)；同时无论是供应链物流企业等相对较大的系统或是物流运作各环节乃至具体物流作业点或每个员工都存在 PDCA 循环,因此就形成了一个大循环套小循环的状态,如图 2-11(b);此外,由于 PDCA 的每一次循环都会改善物流运作过程并提高物流服务质量,从而形成了如图 2-11(c) 所示的类似"上楼梯"的循环模式。

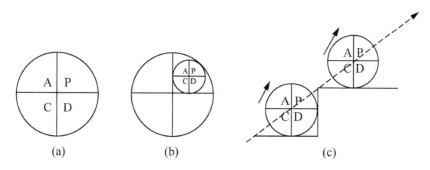

图 2-11 物流 "PDCA" 循环过程

即 PDCA 是一个"问题—修正—问题—再修正"往复不断的循环过程,从而实现服务质量不断提高的过程。

5. 提高物流质量管理的措施

1) 管理方面

(1) 改变传统的分散模式,提高物流人员质量意识,加强相互协调。

(2) 积极开展物流标准和质量管理工作,健全责任制,完善物流质量管理工作的计量评价体系。

(3) 以第三方物流角度来设计管理物流过程质量。

(4) 运用全面质量管理(Total Quality Management,TQM)新思想、新理论形成物流管理特色。

2) 技术方面

(1) 采用现代化信息和网络技术,实现物流信息系统计算机化,建立质量管理、信息管理系统,加强物流系统内部协调。

(2) 采用合理的包装材料,积极推进集装化运输、储存和装卸搬运作业。

(3) 提高物流作业标准化、机械化、自动化程度。

(4) 根据用户需要和物流综合规划,建立现代化物流中心,实现运输和仓储的现代化作业水平。

(5) 通过定性分析,结合物流运作确立合理的运输、仓储计划、设置合理的库存机制、确定合理的运输流向,提高物流服务质量。

(6) 在物流运输、仓储、装卸搬运、配送、用户服务等物流活动中采用科学的方法和现代化技术,提高物流工作质量。

(7) 充实和完善评价物流质量的指标体系,持续改进物流质量控制管理方法。

3) 环境方面

物流市场的发展完善是提高物流质量管理的重要因素,其中国家的宏观物流政策,市场需求程度等环境因素是决定物流质量实现的关键。

典型案例

UPS 的物流服务质量

UPS——美国"联合包裹运送服务公司"的物流服务工作。UPS 始建于 1907 年,从事信函、文件及包裹快速传递业务。历经百年的发展,UPS 业务量巨大,经济效益可观,在全球快递业中可谓独占鳌头。2012 年营业额达到 596 亿美元,运输车队 91 136 辆,员工人数将近 50 万人,日货运量约 450 万份包裹及文件,涉及全球 220 个国家。UPS 之所以取得巨大的经营成功,与其富有特色的物流服务是密切相关的。

(1) 货物传递快捷。UPS 规定国际快件三个工作日内送达;国内快件保证在翌日上午八点半送达。在美国国内,公司接到客户电话后即可在 1 小时内上门取件,并当场办妥托运手续。20 世纪 90 年代,UPS 开设的 24 小时服务的"下一航班送达",以其"快速、可靠"的服务准则,获得"物有所值的最佳服务"的声誉。

(2) 报关代理和信息服务。UPS 从 20 世纪 80 年代末起投资数亿元建立全球网络和技术基础设施,为客户提供报关代理。UPS 建立的"报关代理自动化系统",使其承运的国际包裹的所有资料进入该系统,这样,清关手续在货物到达海关之前即已办完。UPS 的电脑化清关为企业节省了时间,提高了效益。

(3) 货物及时追踪服务。UPS 的及时追踪系统是目前世界快递业中最大、最先进的信息追踪系统。所有交付货物都能获得一个追踪条码,货物走到哪里,该系统就跟到哪里,每天都有 1.4 万人次通过网络查寻其包裹的行踪。非电脑网络客户通过电话询问"客户服务中心",路易斯维尔德服务中心昼夜服务,200 多名职员每天用 11 种语言回答世界各地的客户大约 两万次电话询问。

(4) 先进的包裹管理服务。UPS 建立的亚特兰大"信息数据中心"可将 UPS 系统包裹的档案资料从世界各地汇总到这里。包裹送达时,员工借助"传递信息数据中心",投递实现了无纸化操作。

(5) 包装检验与设计服务。UPS 设在芝加哥的"服务中心"数据为患上,各种包装案例如抗震的、抗挤压的、防泄漏的等应有尽有。服务中心还曾设计水晶隔热层的包装方式,为糖果、巧克力的运输提供恒温保护;用 坚韧织袋包装,为 16 万台转换器提供了经得起双程磨损的材料。这类服务为企业节省了材料和运费,被誉为"超值服务"。

(资料来源:http://doc.mbalib.com/view/802b6c2ceb21e63951c913a57dd1eaa9.html.)

本 章 小 结

本章介绍了物流系统的基本概念及物流系统的模式:输入、转化、输出、制约、反馈。

物流系统的特点:物流系统是一个"人机系统"、物流系统是一个大跨度系统、物流系统是一个可分系统、物流系统是一个动态系统、物流系统具有复杂性、物流系统是一个多目标函数的系统。

物流系统战略管理的重要作用、内容、目标、基于供应链下的物流战略、物流的战略环境分析、物流战略决策、物流战略的制定和物流战略的控制等。

物流组织的内容、结构、物流组织变革和物流企业人力资源管理等内容。

物流成本的构成分类：按物流范围不同分类、按物流功能不同分类、按支付形态不同分类，物流成本控制的内容、物流成本控制方法和降低物流成本的基本思路。

物流服务的含义、特征、物流服务的基本内容和物流服务方式的选择。

物流服务水平的因素和物流服务水平的确定及物流服务战略的实施。

物流质量管理的基本特点和物流质量管理的内容及物流质量管理与物流标准化的关系。

物流质量管理与国际标准化组织 ISO 9000 系列质量体系。

物流质量的控制过程、物流质量的控制技术与物流过程质量控制要考虑的因素。

练 习 题

一、不定项选择题

1. 在物流系统中，一种功能的成本降低，会引起另一种功能成本额增加，形成此起彼消的关系这就是物流系统的（　　）规律。
   A. 效益背反　　　　B. 成本消耗　　　　C. 效益不变　　　　D. 成本不变
2. 物流成本是指在物流活动中所消耗的活劳动和（　　）的货币表现。
   A. 物化劳动　　　　B. 原材料　　　　　C. 管理费　　　　　D. 运输费
3. 物流战略的特征是（　　）。
   A. 全局性　　　　　B. 长远性　　　　　C. 具体性　　　　　D. 适应性
4. 以下（　　）不属于物流服务的特性。
   A. 及时性　　　　　B. 从属性　　　　　C. 移动性　　　　　D. 需求性
5. 物流组织变革的目标包括以下（　　）方面。
   A. 使组织更具环境适应性　　　　　　B. 使管理者更具环境适应性
   C. 使员工更具环境适应性
6. 物流质量的内容有（　　）。
   A. 物流服务质量　　　　　　　　　　B. 物流工程质量
   C. 物流工作质量

二、简答题

1. 物流系统模式要素是什么？
2. 物流系统有哪些特点？
3. 物流系统分析的目标是什么？
4. 物流系统分析模型主要有哪几种？
5. 物流战略的层次有哪些？
6. 物流组织结构有哪些？

三、分析应用题

1. 如何理解物流成本在物流管理中的重要作用？
2. 如何理解物流质量管理与物流服务管理的关系？

四、综合案例分析题

麦当劳世界十大知名品牌之一,自创业以来,已在全世界120多个国家拥有近30 000家连锁店。麦当劳开餐厅所用物品的冷链物流运作中,总是把质量放在第一位。麦当劳重视品质的精神体现在其每一家连锁店。每当餐厅选好地点,开店的第一任务就是建立一个完整的生产、供应和运输、存储的物流网络系统,以确保餐厅得到高质量的原材料供应。由于食客对麦当劳的质量要求越来越高,所以只有抓住质量这一关,把握原材料质量采购供应,才能做出符合质量要求的食品。

麦当劳采购进货食品原材料都是用冷藏车,车内的货物是根据冷冻货物对温度的敏感程度要求,按照由里向外分别装的是苹果派、鱼、鸡、牛肉、薯条的顺序来装车的。运到后立即验收,当各项检查合格后方能进库。麦当劳的餐厅都是每周进货二次,由餐厅经理在周二与配送中心联系冷货订单。配送中心则到周三和周五分两批送货。餐厅订货组按时做盘存报告,内容是食品原料的货号、品名、计量、库存盘点表、送退货单等。如若有紧急需要,一经确认,货品将在两小时内准时送到餐厅门口。

及时响应是麦当劳餐厅的需求物流供应发挥的特有作用,作为合作伙伴的夏辉公司为麦当劳提供了一条龙物流服务,包括生产和质量控制。麦当劳利用夏辉公司的物流中心为每个餐厅进行统一订货、储存、运输及配送服务。在麦当劳对品质的高标准要求之下,其对冷链物流标准要求也是十分严格的,包括食品的温度控制、食品验收等每一个环节都严格把关。如对装运鸡肉的冷冻车温度要达到-22℃,为此麦当劳统一配备价值53万元的8吨冷藏车,运货全程开冷机,装车和卸车严格控制在5分钟内。尽管同样的运程,若用5吨普通车上加盖厚棉被也能够达到一样的效果,且费用能节省50%以上。但是麦当劳却仍然坚持用8吨冷藏车运货,其根本目的就是绝对保证食品质量。

通过麦当劳公司的案例分析,就能够十分清楚地看到,麦当劳之所以长久不衰、兴旺发达,最根本的一条,就是他们特别重视产品和服务的质量管理,应该说,质量是企业的生命线,在麦当劳的经营中得到了一个最好的注解。

(资料来源:http://zhidao.baidu.com/link?url=uwl6gcAiwXWmzaI0JvF3-CuIJm-VVp1aCQMPktlsWsDT4Cu1Ii7ClRWXiMf1LcHLTH2-jJq8iJqwRdn _ WdOm3W4hjvcekrqwHFm98amV5pu2a.)

思考题:
(1) 麦当劳重视品质的精神体现在哪些地方?
(2) 麦当劳的冷链物流是如何运作的?
(3) 麦当劳之所以长久不衰的奥秘是什么?

实训操作

【实训内容】
物流系统分析。
【实训目标】
1. 结合物流系统,加深对用系统的观点研究物流活动受现代物流科学的核心问题的认识和理解。

2. 了解和掌握对物流系统的分析内容如物流目标、运作模式、业务流程、成本效益分析及物流设计的基本数据资料等。

【实训成果】

1. 由学生自愿分组，每组 3～5 人选择 1～2 家物流企业进行调查访问。

2. 调查访问后，每人写出一份调查报告。由任课教师组织一次课堂讨论。

3. 经过讨论评选出几篇有价值的调查报告供全班学生交流，提高学生对物流系统的分析研究能力。

第 3 章　货物运输管理

【学习目标】

通过对本章的学习,学生应重点掌握运输的基本概念和功能及对国民经济的的作用,熟悉运输管理的内容和业务流程,熟悉货物运输方式的技术经济特点,了解合理化运输的意义和实现的措施。

【关键概念】

运输　合理化运输　综合运输　多式联运

LOF 公司的运输服务决策

LOF 公司是一家建筑和玻璃制造商,其面临的挑战是要搬运和运输大量棘手的产品,其对顾客的承诺是既要有竞争性的价格,又能提供优越的运输服务,这些服务要求 LOF 公司去寻找有创新意识的承运人和实力强大的渠道伙伴关系。以前 LOF 公司曾使用多达 534 个承运人进行运输服务,玻璃运输要使用专门设备,以使玻璃损坏降低到最低程度。如使用专门设备,则意味着 LOF 公司无法提供回程的运输的产品,因此承运人要么以低价揽回回程运输产品,要么由 LOF 公司支付空载回程运费。为解决这一问题,LOF 公司通过与两位承运人进行联营,所有零担装运货物全部交给 ROLS 物流公司,虽然 ROLS 公司负责装运、跟踪和支付,但其并不运输货物,这样使 LOF 公司向其提供免费电话,对所有装运给予协助,这样,可以为装卸业务都选择最低成本的运输人和运输方式,以降低运输成本、简化业务。此外 CS 提供第三方的付款服务,负责以电子手段处理账单信息。除了技术方面外,LOF 公司在其他承诺上也有很高的服务期望和要求。LOF 公司不是利用价格刺激,而是致力于降低成本,尽管 LOF 公司认识到其合伙人在业务上必须有充分的回报,但是超额的利润反而会损害合伙人的关系,LOF 公司在其组织层次上保持与其合伙人之间的广泛沟通,有利于进一步了解合伙关系的价值和状况,LOF 公司认为,这样的合作关系能够为其顾客创造更大的价值。

(资料来源:http://www.zhidao.baidu.com/question52759216.html.)

LOF 公司的运输服务决策案例的启示向我们表明,运输是物流的中心环节,它对企业的生产成本影响重大,因此,在企业生产经营中必须加强物流管理,这对企业降低物流成本、提高企业经济效益和社会效益都具有十分重要的作用。

3.1 货物运输及其地位和作用

3.1.1 货物运输的概念

运输是人和物的载运及输送的活动,本书中专指对物的载运及输送。按照《物流术语》(GB/T 18354—2006)对运输的定义为:"用专用运输设备将物品从一个地点向另一地点运送,其中包括集货、分配、搬运、中转、装入、卸下、分散等一系列操作。"货物运输是以改变货物的空间位置的活动,运输是物流基本功能的服务。正如马克思所指出的"运输业所出售的东西就是场所的变动。"

3.1.2 货物运输在国民经济中的地位和作用

1. 货物运输是生产过程在流通中的继续

交通运输是国民经济的基础设施,是进行社会再生产过程的必要条件,交通运输生产的目的就是以高效率、低费用、质量好的服务来满足国民经济发展的运输需求。交通运输业作为一个独立的物资生产部门在国家经济建设和社会发展中处于"先行"的战略地位,是国民经济的一个重要支柱产业,只有通过交通运输业的生产活动,国民经济才能正常运行。

2. 货物运输是联结生产、分配、流通和消费的纽带

国民经济是由工业、农业、商业、运输业、建筑业等各种行业、各部门组成，它们既是独立的又是相互联系、相互促进和相互制约的。交通运输是国民经济的大动脉，它起着联结生产、分配、流通、消费各环节的纽带和桥梁的作用。通过运输把原材料、燃料和设备等辅助材料源源不断地运到工厂，保证工厂的连续生产，同时又将工厂生产的产品源源不断地运到消费地，将农村生产的农产品运往城市，满足城市消费者的需要，促进商品的流通。因此，运输生产为商品价值的实现提供了可能，使社会再生产得以进行。运输生产对商品价值是一种追加劳动，它不能增加其使用价值，但却增加商品本身的价值。运输这种追加劳动所创造的新价值，为社会提供了新的财富。

3. 货物运输能够扩大市场范围

运输可以调节商品的空间需求，扩大市场范围。随着运输产业的现代化，产品可以运到很远的消费地销售，本地缺乏的原材料及燃料、设备等可以通过运输在外地区去组织采购。这样企业的市场范围就会大大拓展。特别是在全球经济一体化的今天，跨国采购、跨国销售已经成为企业参与国际市场的一种趋势，它必将使企业的市场范围进一步扩大，继而企业的市场机会也会大大增加。

4. 货物运输能够促进商品价格的稳定

各地区因地理条件不同，拥有的资源也不尽相同，如果没有运输，外地的商品不能进入本地市场，由于资源的不同形成地区之间的市场不平衡性，造成商品供给的不平衡性，从而导致商品价格会出现很大的波动，进而给市场经济造成很大的震荡；而运输则可以使两地商品相互调整均衡，从而促进供求之间的相对平衡和价格的相对稳定。

5. 运输能够促进社会分工的发展

对于商品的生产和销售而言，要有分工合作以达到高效率化。但当产品的生产和销售两个环节分开时，如果没有高效率的运输这个桥梁。那么这两个环节的功能根本无法实现，因此运输是商品生产和销售之间不可或缺的纽带。有了它才能真正实现商品的生产和销售的分离，从而促进社会分工的发展。

3.1.3 货物运输在物流管理中的作用

1. 货物运输是物流管理的中心环节

运输是物流活动的中心活动，也是物流管理的中心环节。运输在物流中主要创造商品的空间效用和时间效用，从而实现商品的使用价值。通过这种效用的实现，才能满足消费者的需求，才能使整个商品交易过程得以实现，才能达到物流活动为用户服务的目的。

2. 货物运输对物流其他职能因素的影响

运输与物流其他职能的联系在物流实际运作中密不可分，例如，运输方式的选择就决定着改种货物包装的要求；不同运输工具的使用决定着与其配套的装卸搬运设备及接受和发运站台的设计；仓库储存量的大小，直接受运输状况的影响。

3. 节约货运费用对降低物流总成本具有重要作用

降低物流总成本是物流系统追求的目标之一，在整个物流成本中，运输承担着对货物大跨度的空间转移，其活动时间长、距离远、能源消耗多，所以其费用与其他物流环节的费用相比是很高的。据有关资料显示，运输费用占总物流费用成本的45%左右。很显然，要降低物流总成本，无疑降低运输成本是最有潜力的环节，一种运输方式的改变和优选，一项运输业务的合理组织都会对降低运输成本起着重要的作用。

3.2 货物运输管理的基本内容

3.2.1 货物运输生产的特征

1. 货物运输是生产性劳动

马克思把运输业称为第四个物质生产部门，他在《剩余价值论》中指出，除了采掘业、农业和加工业以外，还存在第四个物质生产领域——这就是运输业。运输活动是生产性服务活动，它同工农业生产一样，在生产过程都具有生产三要素，即劳动者——运输人员、劳动对象——货物和劳动工具——运输工具。运输生产提供的产品就是运输服务。

2. 运输生产的是一种无形的产品——运输服务

运输生产过程是对货物（产品）进行的一种特殊的物理加工，这种加工仅仅改变了货物（产品）的空间位置，并不改变货物（产品）的实物形态，而且运输生产也不会使货物（产品）的数量增加。但它参与了社会总产品的生产，创造了价值。这种价值是附加在货物（产品）上的，对具体产品而言，就是附加在产品的成本上。

3. 运输生产是在流通过程中完成的

运输表现为产品的生产过程在流通领域中继续，工农业生产当其产品投入流通领域之时就企业来讲已经完成了生产过程，而运输则在流通领域继续生产，它是一切生产过程的延续。通过运输不断地给企业提供原材料、产品或半成品以保证生产企业的持续生产。

4. 运输生产劳动对象的复杂性

就运输生产而言，其"生产加工"的品种种类、性质都十分繁杂，由于大多数运输生产的劳动对其对象——货物（产品）无权支配和选择，这种二重性就大大增加了运输计划和组织的复杂性。这就要求运输企业必须有相当大的运输能力储备（如铁路运输单线储备能力为20%，复线储备能力为15%）。

5. 货物运输具有不均衡性

不均衡性的主要表现为以下两点。

（1）方向的不均衡性，是指货物流向上的差异，其原因是供需布局的不均衡性所致，其结果造成运输空载率上升，运力浪费。

(2) 时间的不均衡性，是指货物时间上的差异，其结果造成运输量波动上升，形成运输组织困难。

3.2.2 运输组织管理

1. 货物运输组织原则

(1) 及时。及时地把产品从产地运输到销售地，最大限度地缩短运输时间。
(2) 准确。在运输生产过程中，最大限度准确无误地完成运输任务。
(3) 经济。采用最经济合理的运输方案，本着节约人力、物力、运力的要求，降低运输费用。
(4) 安全。在运输生产过程中，不发生残损、丢失、燃烧、爆炸等事故，保障货物安全。

2. 运输管理的基本原理

(1) 规模经济原理。规模经济原理是指随着运输量的扩大，其运输的货物的单位重量的运输成本随之下降的经济规律。
(2) 距离经济原理。距离经济原理是指单位距离的运输成本随着运输距离的增加而减少的经济规律。
距离经济的合理性类似于规模经济，尤其体现在装卸搬运费的分摊上，距离越远，费用的分摊就越少，而单位运距的总成本就越低。

3. 货物运输管理的内容

1) 计划管理
(1) 按运输方式不同分为：①铁路运输计划；②公路运输计划；③水路运输计划；④航空运输计划；⑤管道运输计划；⑥联合运输计划。
(2) 按时间不同分为：①年度运输计划；②月度运输计划；③旬度运输计划。

2) 发运管理
发运是运输生产的开始，它是运输企业按计划把货物从产地或起运地向销售地运输的第一道环节，发运业务对运输生产的影响很大，因此加强发运业务管理至关重要。发运前的准备工作如货源落实、组织配装、包装检查、短途搬倒、办理托运手续等。

3) 接运管理
货物运到后，接到到货通知后，认真做好货物的接运到达的接收业务，它关系到运输时间、货物质量和能否及时入库和出库、及时销售等。

4) 中转管理
凡是从起运地到收货地之间不能一次直达的必须经过二次运输转换的货物就要进行中转，它是一种承前启后的环节，它一方面要把到货接运进来，另一方面又要把接运的货物及时发送出去，所以加强中转工作对提高运输效率的作用是很重要的。

5) 运输安全管理
运输安全管理是运输生产管理的重要内容，货物通过运输生产，经过发运、接运、中转等多次装卸、搬运环节，很容易造成货物安全事故。因此加强运输安全管理，减少和防止货物的损失事故十分重要。

3.2.3 货物运输技术管理

1. 运输方式的分类

目前的运输方式可分为以下两大类。

（1）基本运输方式。基本运输方式包括公路运输、铁路运输、水路运输、航空运输、管道运输 5 种方式。

（2）新兴运输方式。新兴运输方式包括托盘化运输、集装箱运输、多式联运运输 3 种方式。

2. 基本运输方式的技术管理

1）铁路运输（见图 3-1）

图 3-1 铁路运输

（1）铁路运输的技术经济特点。

① 适应性强。铁路运输具有较高的持续性和可靠性，受地理、气候条件影响较小，而且适合长、短途运输和不同重量和体积的货物的双向运输。

② 运输能力大。铁路是大宗、通用货物的主要运输方式，尤其能承担大批量的货物运输。

③ 安全程度高。随着先进的运输技术在铁路运输中的应用，其安全性越来越高，尤其是近些年国家铁路广泛采用计算机自动控制和信息等现代技术，有效地防止了铁路列车运行事故发生。和其他运输方式相比，铁路运输的事故率还是最低的。

④ 运送速度较快。

⑤ 能量耗费低。铁路机车牵引力单位功率比汽车高 10 倍以上，而铁路单位运量能耗比汽车少得多。

⑥ 环境污染程度低。对空气和地表污染最严重的是汽车和飞机，相对于它们，铁路运输对环境和生态平衡的影响很少，尤其是铁路电力机车运输对环境的影响更小。

⑦ 运输成本较低。一般讲，铁路运输单位运输成本比航空运输和公路运输成本低得多，有的甚至比内河水路运输成本还要低。

（2）铁路运输的组织方法。

① 整车运输。是按货物的数量、形状选择合适的车辆以整车为单位的运输方式。铁路货车的车种有篷车、敞车、平车、矿石车、散装水泥车等。

② 零担运输。因为这种运输是待运量不够一个整车载重量而采用的运输方式，一般

多为小件货物的运输,这种运输的费用较高。

③ 混装运输。是对小件货物拼合装在一个整车上的运输方式。

④ 集装箱运输。是指采用集装箱专用列车运输货物的方式,它能充分发挥铁路运量大、快捷的运输特点,并能与其他运输方式相结合的理想运输方式。这种运输方式被广泛运用于小件杂货运输,特别在经济发达国家约有70%的货物是采用集装箱运输的。这就大大地提高了运输效率,显著地降低了运输成本。

2) 公路运输(见图3-2)

(1) 公路运输的技术经济特点。

① 机动灵活,可实现门对门运输服务。汽车不仅可以与其他运输衔接,还可以直达运输,减少中间环节和装卸次数,在经济距离内可以到达所有通公路的地方。尤其是在没有铁路和水路运输的地方。现在我国已有97%以上乡镇,80%以上的行政村都已通公路。这为公路汽车运输提供了极广阔的市场空间。汽车门对门运输的机动灵活性对我国物流发展和国民经济的发展都将起着十分重要的作用。

图 3-2 公路运输

② 原始投资少,资金周转快,技术改造容易。汽车购买时费用较低,其投资回报期短。美国有资料显示,公路货运企业每收入1美元,仅需投入0.72美元,而铁路则需投入2美元。公路运输的资本周转每年可达3次,而铁路则需3.5年才可周转一次。

③ 货损、货差小,安全性高。由于国家公路网的发展和公路路面等级的提高及汽车技术性能的不断改善,汽车货损货差率不断降低,安全水平不断提高,同时由于汽车运输方便快捷,利于保证货物质量,提高货物的时间价值。

④ 适合于中短途运输。分析显示,汽车运输在200公里以内其运输效率最高,运输成本最合算,所以公路汽车运输在中短途运输无论是对运输用户,还是对汽车运输企业来讲,其经济效益都是十分显著的。所以在铁路和公路运输分工上,一般以200公里为界,200公里以内宜公路运输,200公里以上宜铁路运输。

(2) 汽车运输的技术经济特点。

① 评价汽车使用性能的主要指标:容载量、运行速度、安全性能、经济性、容量利用率等。

② 具有特殊功能的载重汽车。

一般汽车的车厢、车台平板载运货物适用于大多数货物，但许多有特殊要求的货物需要具有特殊功能的汽车，它们的主要区别在于载运容器的不同。例如：油罐车、混凝土搅拌汽车、冷藏冷冻汽车、集装箱运输车、自卸汽车等。

（3）载重汽车的效益。汽车的载重吨位构成是影响汽车运输效率的重要因素，尤其是大吨位的汽车在国外发展很快，其原因就是其经济效益明显。在大批量、距离远的情况下采用车辆载重量越大，运输生产效率越高、运输成本越低。研究资料显示，在距离大于2公里时，载重16吨位以上的汽车比载重4吨位的汽车运输生产效率提高了3～4倍，运输成本下降83%左右。随着距离的增加其效果更加明显。

载重汽车的重量利用率（指汽车实际载重量与表明载重量之比）是降低消耗，提高运输效率的重要因素，现在载重汽车越来越多地采用柴油机作动力，柴油机经济性能好，与汽油机相比可节约油耗30%左右。此外，柴油机汽车工作可靠，其使用寿命比汽油车高65%左右。

（4）公路运输的组织方法。

① 多班运输。指在一昼夜内车辆工作超过一个工作班以上的货运组织形式，采用多班运输是增加车辆工作时间，提高生产率的有效措施。例如实行双班运输，车辆的生产率可比单班提高65%左右。

② 定时运输。指车辆按运输计划从车辆开始每个运次的到达和开出装卸站时间及装卸工作时间等按规定时间运行。

③ 定点运输。指接、发货点专门完成固定运输任务的车辆的运输组织形式，它适合于装卸地点较为集中固定和装卸地集中而卸货地点分散的固定性货运。

④ 直达联运。指以车站、港口和物资供需单位为中心，按照运输的全过程把产、销部门各种运输工具组成一条龙运输，把货物从产地运到销地。

⑤ 零担集中运输。指以定线、定站的区域间货运班车，将沿线零担货物集中起来进行的运输组织形式。其特点是收发货单位地点分散而不固定，货物种类杂、批次多、批量小、货流也不稳定。

⑥ 拖挂运输。指由牵引车和挂车组成的汽车列车进行运输的组织形式。

3）水路运输（见图3-3）

水路运输由船舶、航道和港口组成。

（1）水路运输的技术经济特点。

① 运输能力大。在内河运输中，大型船队运输能力可达3万吨以上，远洋运输可达40万吨以上，集装箱船运输可达7万吨。

② 运输成本低。水运因其能力大、运程远、运行费用低，所以运输成本低。据美国有关资料测算，其沿海运输成本只有铁路运输的12%，其内河干流船运输成本只有铁路运输的40%。

③ 投资省。水运利用天然航道，投资省，特别是航运航道开发几乎不需要费用。内河则是要有一定的费用，如疏通航道。据测算，开发内河航道，投资仅有铁路的17%左右。

④ 航速低。一般船舶航速只有40公里/时，在常用的四种运输方式中其运输速度是最低的。

（2）船舶的技术经济特点。

① 船舶航行性能包括稳定性、漂浮性、抗沉性、适航性、操作性等。

② 船舶的排水量和载运量。船舶排水量，指船舶浮出水面时所排开水的重量，载重量指船舶全部的装载重量。

③ 船舶仓容量和登记吨位。船舶仓容量指船舶货仓实际容纳货物的空间尺寸，登记吨位是船舶经营使用所登记的一种按船舶容积而折算的专门吨位。

④ 船舶装载能力。指船舶结构、容积和装卸设备所反映的装卸效率指标，其在很大程度上决定船舶在港停泊时间和装卸设备能力。

（3）船舶的种类大致可分为以下几类。

① 杂货船：指定期航行的以装运杂货为主的货船。

② 油船：指专门装运石油类液体货物的船舶。

③ 散装船：指装运无包装的大宗货物如粮、矿、煤、沙石等货物的货船。

④ 液化气船：指专门装运石油天然气、液化气体的船舶。

⑤ 滚装船：指专门用以装运运输车辆的船舶。

⑥ 集装箱船：指专门用以装运集装箱的船舶。

⑦ 冷藏船：指专门用以装运易腐货物的有冷藏设备的船舶。

⑧ 驳运船：指专门用于载货驳运的船舶。

⑨ 内河船：指一般航行内河的船舶。

⑩ 客货船：指专门用以运送旅客为主并运货物的船舶。

（4）水路运输的组织方式。

① 营运航线是固定的港口之间的按一定程序组织的船舶运输业务。

② 航线营运无固定的港口为完成某一特定的运输业务进行的运输业务。

③ 客货船运形式是一种客运和货运同船的定期进行的运输业务。

（5）国际航运主要是以远洋班轮运输和租船运输两大类。

① 班轮运输。主要是指船舶在固定的远洋航线和港口之间按计划的船期按照固定航线、固定航期、固定港口和相对固定费率运行的远洋运输。

② 租船运输。主要是指无定期航线和港口，是船主将船舶租给租船人使用以完成某一特定的货物运输。租船运输中多以价值较低的整船大宗货物为主。据统计，国际海运中租船运输量约占80%以上。目前，国际上租船运输使用租船的方式有定程租船和定期租船

图3-3 水路运输

及光租船(船主只租船不提供船员)三种。

4) 航空运输(见图 3-4)

(1) 航空运输的技术经济特点。

① 航空运输的高技术特征。航空运输的工具是飞机,其导航、航管、气象、机场都无不涉及先进技术,飞机本身更是世界高科技技术的结晶。如波音、麦道等大型飞机。

② 航空运输的速度快。这种特点是其他任何运输形式不可相比的。现在飞机的速度一般在900公里/时,是火车的5～10倍,是汽车的10～15倍,是海运的20～25倍。

③ 航空运输的灵活性。这种特点是飞机很少受地理条件限制,只要有机场就有航空运输。当然直升飞机的灵活性更是显著,但因载重量极其有限,用来做大批量货运显然不行。

④ 航空运输的安全性。航空运输平稳安全,货物在运输中受震动冲击的机会更少,更是优于其他几种运输方式。

⑤ 航空运输的国际性。这种特征主要体现在国与国之间的运输交往,满足国家之间的远距离贸易需要和友好往来的需要。国际航空运输的飞行标准、适航标准、运输组织管理、机场标准都有国际航空组织统一规范进行。

⑥ 航空运输在物流中所占比重最小。这一方面是货运量限制,另一方面是其运费极高,一般货运采用航空运输极不合理。只有一些价值高或易腐品等少量货物适用。

(2) 航空线,是指在一定方向上沿着规定的路线进行飞行运输的航空交通线,航班一般分班机、包机、专机三种运输。航线按性质和作用不同分为以下几类。

① 国际航线。是指两国之间或两国以上共同开辟的航线,主要承担国际旅客、邮件、货物运输。

② 国内航空干线。是指航空干线的布局是以国家经济建设服务,并承担长途和边远地区的客货运输。

③ 国内地方航线。这种航线一般分为省内地区交通不发达地区的小规模客货运输。

图 3-4 航空运输

5) 管道运输(见图 3-5)

管道运输是使用管道输送流体货物(液体、气体货物)的一种方式。

(1) 管道运输的技术经济特点。

① 运量大、成本低。由于管道运输能够不间断输送，其连续生产性强、运量大，而且成本低廉。

② 管道运输具有高度机械化特点。管道运输主要靠每隔60公里的加压泵提供压力运送货物，设备简单易于自动化和集中管理，由于采用自动化运行其费用很低。

③ 有利于保护环境。管道运输不产生废气、噪音，货物露损少、污染少，有利于环境保护。

④ 管道运输不受地理条件、气候条件影响，可以长期连续输送运行。

⑤ 管道运输建设工程简单。由于管道埋在地下，除首站、泵站需一些土地外，管道占用土地很少，其建设周期短、收效快。同时管道可以通过穿越江河、湖海、铁路、公路，走捷径建设，大大缩短管道运输距离。

⑥ 管道运输适用的局限性。由于本身结构特点决定其适用范围的极大局限性，只适用于液体、气体物资和长期、定向、定点的运输。因此说管道运输是一种非一般性运输方式。

(2) 管道运输的方式。

管道运输方式是以其输送的物资来定义的，所以管道运输主要有以下几种方式。①油、成品油管道运输；②天然气管道运输；③煤浆管道运输。

图 3-5 管道运输

3. 各种货物运输方式的计量与技术经济特征比较

1) 各种货物运输方式的计量

一般各种货物运输的计量是以货运量和货物周转量来统计的。

货运量是各种运输方式所担负和完成的货运量，据分析，货运量一般是以平滑方式增长的，而运输能力(货物供应量)是跳跃式增长的。我国近年来各种运输方式的货运量比较表见表 3-1。

分析表 3-1 的数据，铁路运输所占比重已呈现下降趋势，公路运输和水路运输的比重都呈上升趋势。这说明近些年我国对公路(尤其是对货运有重大关系的高速公路)和水路建设的发展增加投入(特别是增加大吨位载重车)及远洋运输的发展都有重要关系。

表 3-1 我国货运量中各种运输方式占总运量的百分比　　　　　单位：%

年　份	铁　路	公　路	水　路	航　空	管　道
1992	15.07	74.67	8.84	0.005	1.41
1995	13.43	76.10	9.16	0.008	1.24
1998	12.95	77.02	8.65	0.011	1.34
2001	13.74	75.39	9.47	0.012	1.39
2005	13.67	75.42	9.48	0.015	1.41
2011	10.57	75.07	11.65	0.015	2.55
2013	8.81	78.78	10.94	0.012	1.46

2) 各种货物运输方式的技术经济特征比较

在现代运输中，铁路、公路、水路、航空和管道运输无论是从成本、速度、频率、可靠性、适用性方面，还是运距、规模、运输能力方面都存在很大的差异，可以在表 3-2 中反映出来。

表 3-2　各种运输方式技术经济比较

项　目	铁　路	公　路	水　路	航　空	管　道
成本	中	中	低	高	最低
速度	快	快	慢	最快	最慢
可靠性	很好	好	有限	好	最好
适用性	高	有限	最有限	有限	专业化
运距	长	中、短	很长	最长	长
规模	大	小	大	小	大
运输能力	强	强	最强	弱	最弱
频率	高	最高	有限	高	连续

通过表 3-2 各种运输方式的技术经济比较，可以根据待运货物的特点、性质、数量、规模、时效、费用、安全等因素来综合考虑采用哪种运输方式。

4．新兴运输的技术管理

1) 托盘运输

托盘化运输指货物按一定要求成组，装在一个标准托盘上组合成为一个运箱单位，使用铲车或托盘升降机进行装卸搬运和堆放的一种运输方式。

物流托盘化包括托盘尺寸规格标准化，托盘制造材料标准化，各种材质托盘的标准化，托盘检验方法及鉴定技术标准化，托盘作业标准化，托盘集装单元化和托盘作业一贯化，托盘国内、国际共用化和托盘与物流设施、设备、运输车辆、集装箱等尺寸协调合理化等内容。

托盘标准化是物流托盘化的核心，是物流托盘化的前提和基础。没有托盘标准化，就不可能实现物流托盘化，也就没有快速、高效、低成本的现代物流。

国际标准化组织——托盘标准化技术委员会(IO/TC51)是国际托盘标准制订、修订的专门机构,在2003年颁布的ISO 6780标准中推出六种国际托盘标准规格。我国目前在社会上流通使用的托盘规格有几十种之多,其中包括1 100mm×1 000mm和1 200mm×1 000mm两种规格,而1 100mm×1 000mm的规格则比较适用于集装箱,在海运业务中使用较多。

2)集装箱运输

(1)集装箱的概念。集装箱是一种用以运输货物的大型的综合性运输容、器具。按照国家标准GB 1992—2006《集装箱术语》的定义,凡具备以下条件的货物运输器具都可称为集装箱:①具有足够强度和刚度,可长期反复使用;②适于一种或多种运输方式载运,在途中转运时,箱内货物不需换装;③具有便于快速装卸和搬运的装置,特别是从一种运输方式转移到另一种运输方式;④便于货物的装满和卸空;⑤具有$1m^3$及其以上的容积;⑥是一种按照确保安全的要求进行设计,并具有防御无关人员轻易进入的货运工具。

(2)集装箱的分类。

① 按用途不同可分为通用箱和专用箱。

② 按结构不同可分为封闭式集装箱和折叠式集装箱。

③ 按制作材料不同可分为钢制箱、铝合金箱和玻璃钢箱

④ 按容积大小不同可分为大型箱(20吨以上)、中型箱(5~20吨)和小型箱(5吨以下)。

⑤ 按集装箱的标准不同可分为国内箱(1吨、5吨、10吨三种)和国际标准箱(20吨也称20英尺标箱、30吨也称40英尺标箱两种)。

(3)集装箱运输的特点。集装箱运输是将集装箱这种特殊的运输器具,作为独立的运输单元进行货物运输的一种现代货物运输方式,这种方式与传统的运输方式比较具有以下特点。

① 货物在全程运输中无须对货物掏箱、装箱作业,可直接在不同的运输方式之间方便的换装,以减少装卸搬运环节,大大地降低了货损、货差等运输事故,提高了运输质量、降低了运输成本。

② 通过集装箱运输的货物可以实现便捷的"门到门"运输服务,极大地方便了用户,提高了运输服务质量。

③ 与其他运输方式比较,集装箱运输不仅装卸快捷,而且在货运质量的保证程度也得到极大提高。同时还简化了货运办理手续,加快了货物运输速度,提高了运输效率,降低了运输成本。

④ 节省包装,降低包装费用。由于集装箱本身就是一个理想的大型包装箱,对货物具有自然保护功能,又可实现"门到门"运输,因此,利用集装箱运输的货物可以简化甚至不用包装,从而节省包装材料,降低包装成本。

⑤ 集装箱具有良好的防水性能,可以露天储存,减少仓库占用,节省建设仓库的投资,降低货物的仓储成本。

⑥ 集装箱的规格标准化,便于储存、运输和装卸搬运的机械化作业及货物的计量、查点、统计,收发手续简便,适合计算机管理,提高物流管理水平。

(4) 集装箱运输的各关系人。随着集装箱运输的发展，逐步形成一套与之相适应的集装箱运输体系。

① 集装箱运输的承运人，包括各类集装箱经营公司。

② 集装箱租赁公司，包括办理集装箱出租业务的公司。

③ 集装箱码头、堆场的经营人，包括办理集装箱的装卸搬运、交接、保管等服务业务的公司。

④ 集装箱货运站，是一个提供集装箱交接、中转或其他运输服务的专门场所。

⑤ 无船经营人，是一个不具有运输工具的、仅经营集装箱运输的揽货、装拆箱及中转业务的承运人。其在集装箱运输中与承运人和托运人之间起居间作用。

⑥ 联运保赔协会，是一个由船公司互保的保险组织，对集装箱运输中可能出现的一切损害进行全面统一的保险。

(5) 集装箱货物的集散与交接。集装箱货物运输是按照各国运输法规和运输特点，而确定其不同的集散和流转形式。集装箱运输是建立在规模化作业基础上的，所以它必须先将分散的小批量货源加以集中，组成大批量的货源后再进行运输，从而达到节约化经营，降低运营成本。其集散方式一般有两种：一种是只涉及一个发货人、一个收货人的整箱货（FCL），另一种是涉及多个发货人，多个收货人的拼箱货（LCL）。

(6) 集装箱运输方式。

① 公路集装箱运输。公路集装箱运输一方面承担着内陆中、短途集装箱运输，同时承担着铁路、海运和空运的集装箱联合运输的衔接。

② 铁路集装箱运输。铁路集装箱运输是铁路运输发展的方向，一般分为国内铁路集装箱运输和国际铁路集装箱运输。

③ 远洋集装箱运输。从事远洋集装箱运输必须有相应的运输船舶、车辆、设备等相关设施设备。主要有实际承运人、无船承运人、集装箱码头经营人、集装箱货运站及集装箱租赁公司等。当前远洋集装箱运输是国际贸易货运的主要方式（约占全部国际贸易的70%），国际远洋运输的环节多、单证复杂。

④ 国际多式集装箱联运。由于国际贸易在相当多的情况下采用的是集装箱联合运输，它是以集装箱为媒介把铁路、公路和水路等单一运输方式有机地结合起来组成的一种连贯式运输系统的复合运输。

3）多式联运

多式联运（多式联合运输）是现代综合运输方式，是由四种基本运输方式（铁路、公路、水路、航空）在社会化运输范围内和同一运输过程中按其经济特点组成分工合作、有机结合、连续贯通、布局合理的综合运输体系。

(1) 发展多式联合运输体系的意义。

① 发展多式综合运输体系是当代运输发展的新方向。当代运输发展出现了两个趋势：一是随着新技术革命的发展，交通运输广泛采用新技术，实现运输工具和运输设备的现代化；二是随着运输方式的多样化，运输过程的统一化，各种运输方式朝着分工合作、协调配合的方向发展，已成为现代运输业发展的新方向。

② 发展多式综合运输体系是我国运输发展的新模式。从我国经济建设的发展趋势来

看，将运输的建设从单一的、孤立的发展模式向综合的、协调的模式转变是我国发展现代化经济所必需的。

③ 发展多式综合运输体系可以增强运输生产能力，缓解交通运输紧张的痼疾。

（2）多式综合运输体系及及其发展方向

① 随着社会经济发展和科学技术的进步，运输过程由单一的方式向多样化发展、运输工具不断向现代化发展。因此运输生产本身要求把多种运输方式整合起来，形成一个统一的运输体系，这是社会生产力发展的必要产物。

② 综合运输体系是各种运输方式通过运输过程本身的要求联系起来的。从运输业的现状和发展来看，各种运输方式在运输过程中存在着协作配合，优势互补的需求。同时从运输市场和技术发展上又存在着相互竞争的情况，正是这种内存的要求，协调、整合建立完善的综合运输体系才有可能。

③ 多式综合运输体系由以下几个系统组成。

a. 技术装备齐全的综合运输网，这是综合运输体系的物质基础。

b. 是各种运输方式的联运系统，该系统要实现高效率、经济效益好、服务质量高，才能充分体现综合运输体系的优越性。

c. 是综合运输组织管理和协调系统，该系统要有利于宏观管理、统筹规划和组织协调。

多年来，我国交通运输出现的不平衡情况，有的线路运输压力过大，有些线路运力发挥不够，有的运输方式严重超负荷，而实行综合运输体系将改变这一不平衡的状况，缓解交通运输紧张痼疾。

（3）我国综合运输体系的发展方向。

① 要搞好各种运输方式的综合发展和协作，发挥中心城市在综合运输中的枢纽作用，发展联合运输。

② 加强铁路技术改造和新线建设，特别是以运煤为主的干线建设，要充分发挥铁路运输在中长距离的大宗货物运输优势。

③ 充分发挥公路运输的灵活机动性，发挥其短途运输的优势，改善公路状况，加速汽车技术进步，逐步形成"门对门"运输的主要方式。

④ 沿海和内河运输是大宗和散装货物运输的主要方式之一，要加强内河航道建设和港口建设，大力发展沿海和长江、珠江等主要内河运输，实现水运干线、支线、直达运输和河海联合运输。

⑤ 在发展管道原油运输和天然气运输外，在成品油集中的供应流向上要建有成品油的管道运输，并逐步加大对煤、矿浆的管道运输。

（4）国际多式联运。国际多式联运是指按多式联运合同采取两种或两种以上运输方式，由多式联运进行的国家间的货物运输。多式联运适用于水运、公路、铁路和航空四种运输方式。

由于国际贸易在相当多的情况下采用的是集装箱联合运输，它是以集装箱为媒介把铁路、公路和水路等单一运输方式有机地结合起来组成的一种连贯式运输系统的复合运输。其特点是：①多式联运经营人完成全程联运业务，签订一个多式联运合同对全程运输负责；②采用一次托运、一次付费、一单到底、统一理赔的运输业务运作。

3.3 货物运输合理化

组织合理化运输就是按照商品流通规律、运输条件、合理流向、市场供需情况，经过最少的环节，运行最短的距离，用最少的运力，花最少的费用，以最快的时间，把货物从生产地运送到消费地。即用最少的劳动消耗运送更多的货物，取得最佳的经济效益。

3.3.1 组织合理化运输的意义

运输是物流中最重要的功能要素之一，物流的合理化在很大程度上取决于运输的合理化。具体地说，物流过程的合理化运输就是从物流系统的总体目标出发，充分利用各种运输方式，选择合理的运输路线和合理的运输工具，以最短的路径、最少的环节、最快的速度和最少的劳动消耗，组织物资产品的运输活动。

合理化运输最直接的效果就是节省运力、减少运费，除此以外，合理运输还可以促进生产部门与中转结构布局进一步合理化，充分利用各种交通工具，大大节约运输时间。所以组织合理化运输，对于加速物资流通，降低商品的生产和流通费用，提高运输效率和运力运用效率，降低运输成本，减少能源消耗，提高企业经济效益和社会效益都具有十分重要的作用。

（1）合理组织运输，有利于加速社会再生产的进程，促进国民经济持续、稳定、协调地发展。组织合理化运输，将物资迅速地、合理地从产地运往销地，可以缩短物资的在途时间，而使之得以及时销售，生产企业也能及时得到所需要的各种原材料和物资。

组织合理化运输，使产、供、销之间密切的联系起来，从而可以加速整个社会再生产进程，促进整个国民经济的发展。

（2）组织合理运输，能节约运输费用，降低物流成本。运输费用是构成物流成本的主要组成部分。降低运输费用是提高物流效益，实现物流系统目标的主要途径。物流过程的合理运输，就是通过对运输方式、运输工具和运输路线的选择，进行运输方案的优化，实现物资的合理化运输。物资的合理化运输必然会缩短运输里程，提高运输工具的利用效率，从而达到节约运输费用、降低物流成本的目的。

（3）组织合理运输，能缩短运输时间，加快物流速度。运输时间的长短决定着物流速度的快慢，所以，物资运输时间是决定物流速度的重要因素。合理组织运输可以使所运物资的在途时间尽可能缩短，达到及时供货的目的，从而降低企业库存，实现加快物流速度的目标。因此，从宏观的角度讲，物流速度的加快减少了物资库存，节约了资金占用，相应地提高了社会物资产品的使用效率。

（4）组织合理运输，能够大大节约运力，缓解运力紧张的局面，还能够节约大量能源。组织合理化运输能够消除许多不合理运输状况，从而节约运力，提高物资的通过能力，起到合理利用运输能力的作用，提高能源的利用率，对于缓解我国目前运力和能源紧张的局面都将具有重大的现实意义。

3.3.2 制约合理化运输的主要因素

1. 几种不合理运输现状

1）空驶

空车无货载行驶，可以说是不合理运输的最严重形式。造成空驶的不合理运输主要有以下几种原因：①能利用社会化的运输体系而不利用，却依靠自备车送货提货，这往往出现单程车，单程空驶的不合理运输。②由于工作失误或计划不周，造成货源不实，车辆空去空回，形成双程空驶。③由于车辆过分专用，无法搭运回程货，只能单程实车，单程回空周转。

2）对流运输

对流运输也称"相向运输"，指同一种货物在同一线路上或平行线路上做相对方向的运送，而与对方运程的全部或一部分发生重叠交错的运输称对流运输。

3）迂回运输

它是舍近求远的一种运输。可以选取短距离进行运输而不选取，却选择路程较长路线进行运输的一种不合理形式。

4）重复运输

本来可以直接将货物运到目的地，但是未达目的地就将货卸下，再重复装运送达目的地，这是重复运输的一种形式；另一种形式是，同品种货物在同一地点一面运进，同时又运出。重复运输的最大毛病是增加非必要的中间环节，这就延缓了流通速度，增加费用，增大货损。

5）倒流运输

它是指货物从销地或中转地向产地或起运地回流的一种运输现象。其不合理程度要甚于对流运输，形成了双程的浪费。

6）运力选择不当

未发挥各种运输工具优势，而不正确地利用运输工具造成的不合理现象，称为运力选择不当。

7）托运方式选择不当

对于货主而言，可以选择最好托运方式而未选择，造成运力浪费及费用支出加大的一种不合理运输。应选择整车而未选择，反而采取零担托运。应当直达而选择了中转运输等都属于这一类型的不合理运输。

8）超限运输

超过规定的长度、宽度、高度和重量，容易引起货损、车辆损坏和公路路面及公路设施的损坏，还会造成严重的事故。这是当前表现突出的不合理运输。

2. 影响合理化运输的因素

要实现合理化运输，起决定作用的有 5 个因素，也称合理化运输 5 要素。

1）运输距离

它是决定合理运输的主要因素，因此组织合理运输首先要考虑运输距离，要尽可能地实行近产近销，就近运输，避免过远，迂回运输。

2）运输环节

在运输过程中应尽量减少装卸、搬运等作业，因此组织合理运输要尽量组织直达运输、直拨运输，减少中转运输环节。

3）运输工具

组织运输时要注意选择运输工具和运输路线，合理使用运力，根据货物的特点采用不同的运输工具，选择最优的运输路线，改进装载技术、装载方法，最大限度提高装载量。

4）运输时间

运输组织要强调运输时间观念，在保障货物安全的前提下，想方设法抢时间、争速度，加快运输，压缩待运时间。

5）运输费用

运输费用在物流费用占有很大的比重，它是衡量运输经济效益的重要指标，也是组织合理化运输的目的所在。它不仅关系到运输企业和物流企业的核算，而且还影响到销售成本的高低，因此在组织合理化运输工作时要努力节约运输费用，降低运输成本。

以上5种因素，它们既互相联系又互相影响，组织合理运输就要对它们进行综合比较分析，从中选择出最佳的运输方案。

3.3.3　合理化运输的主要形式

1. 合理布局生产力

这是合理化运输的基本条件，是重大国民经济布局问题。按照距离经济原理，生产力布局的核心应该使生产和消费地域之间距离最短，减少运输能力的浪费。

2. 分区产销平衡

就是在组织物流活动时，对某些产品使其在一定的生产区域固定于一定的消费区，实行该办法对于加强产、供、运、销的计划性，消除过远运输、迂回运输、对流运输等不合理运输，充分用地方资源，促进生产合理布局，节约运力，降低物流成本。

3. 直达运输

企业为了降低流通费用，采用直达运输的比重在迅速提高，它为减少物流中间环节，提高物流效益和生产经营效益都有重要作用。

4."四就"直拨运输

具体做法就是：①就厂直拨；②就站（码头）直拨；③就车（船）过载直拨；④就车直拨。"四就"直拨和直达运输是两种不同的合理运输形式，它们之间既有联系又有区别，在条件具备的时候既能直达运输同时又能组织"就厂"、"就站（码头）直拨"，会达到双重经济效益的结果。

5. 合装整车（船）

由于整车（船）和零担两种运输的运费相差很大，采用合装整车（船）的方式可以减少大量的运费支出，节约劳动力，显著地提高物流效率，提高企业经济效益。

合装整车（船）主要有以下几种方式：①零担货物拼装直达运输；②零担货物拼装整车（船）接力直达中转分运；③整车（船）的沿途分卸；④整装零担。

6. 提高技术"装载量"

该种办法可以最大限度地利用运载工具的装载吨位和装载容积，提高运输能力和车辆

(船)的运量。其主要有：①实行分单体运输；②组织轻重配装；③提高堆码作业技术。

7. 大力推广现代物流技术

现代物流技术包括运输技术、装卸搬运技术、信息技术等已经和正在改变运输业的生产、管理服务，极大地推动运输组织的合理化。

8. 精心规划、统筹兼顾，推进综合运输方式

发展综合运输体系，推进联合运输方式，按照各种运输方式的技术经济特征建立合理的运输结构，推行综合运输，充分发挥各种运输方式的优势，可以在极大程度上提高合理化运输水平，提高运输效率和经济效益。

3.3.4 合理化运输的优化设计

1. 最短运输里程设计——图表分析法

表上作业法是解决运输方案优化选择的一种常用的有效方法，它是针对供需平衡的理想状态，采用最小元素法进行表上作业的方法而得到的。

具体操作方法是：将各运输点的运输能力及各用户的运量分布情况和运距，分别按图表表示出来，并选出各运输点的最佳运输范围及最近货源点，规划出最优的运输路线。该种方法易于掌握运输线路全貌，并能及时克服迂回运输、过远运输、对流运输等不合理运输现象。

例如，某种货物分别由 A1、A2、A3 供货点，分别向 B1、B2、B3、B4 四个收货点送货，A1 点供货量为 8 000 吨，A2 点为 9 000 吨，A3 点为 10 000 吨。各收货点需要量：B1 点为 4 000 吨，B2 点为 8 000 吨，B3 点为 8 000 吨，B4 点为 7 000 吨。各供货点和收货点位置及运输路线如图 3-6 所示。

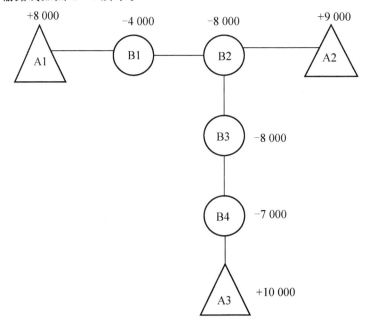

图 3-6 运输站及收货单位位置图

首先,按就近供货的原则,B1 点所需的 4 000 吨货由 A1 点供货,B2 点所需的 8 000 吨货由 A2 点供货,B4 点所需的 7 000 吨货全部由 A3 点供货,这样 A1 点尚余 4 000 吨货,B2 点尚余 1 000 吨货,A3 点尚余 3 000 吨货,合计 8 000 吨货正好全部供给 B3 点,满足供需平衡最优方案。将平衡结果绘制出满足供需平衡条件的运输路线流向图(见图 3-7),然后将反映供需条件的运量填入供需平衡(表 3-3)内。

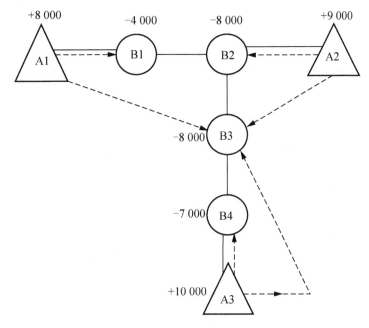

图 3-7 线路流量流向图(单位:万吨)

表 3-3 供需平衡表　　　　　　　　　　　　单位:万吨

收货单位运输站	B1	B2	B3	B4	供货量
A1	4 000		4 000		8 000
A2		8 000	1 000		9 000
A3			3 000	7 000	10 000
需要量	4 000	8 000	8 000	7 000	27 000

2. 利用网络分析法组织运输

网络分析是系统工程的一个组成部分,或称统筹法、关键线路法。

网络分析法的基本原理是将系统的各项任务的各个阶段,即先后顺序用网络形式进行统筹规划。例如,有一车货物在车站待发运,货物发运系统的作业程序共有 7 道工序(包括制运单、批单、送货、组配、站台交接、装车、送车、结算等)组成的从任务的进度开始,分别轻重缓急统一安排。以每道工序所需工时时间因素为基点做出其工序间的相互联系的网络图,经过计算,找出对全局有重大影响的关键工序和关键路线,并对任务的其他各个工序做出合理的安排,继而对整个系统进行调整,使系统能以最小的时间人力物力及资源消耗,完成任务并取得最大的经济效益。

3. 最佳分界里程点的设计

这里只研究铁路和公路的联运问题，当两者运输总成本相等时，就有以下数学模型：

$$L=(W_t-W_g)/(Y_g-Y_t) \tag{3-1}$$

式中，L 表示最佳分界点。W 表示这些成本与运量增减影响甚为微，如车站管理、人员工资等支出；W_t 表示铁路运输每一吨货物与运量无关的费用支出；W_g 表示公路运输每一吨货物与运量无关的费用支出，当然，不同的运输方式，其运量对成本的影响也不一样。在与运量无关部分支出的比重中，铁路运输大于公路运输，所以，当运量增加越多，铁路运输的这部分成本所占的比重就越小。Y 表示运输成本随运距增加而提高，如车辆磨损支出。Y_t 表示铁路运输每吨公里成本中与运距有关的费用支出，Y_g 表示公路运输每吨公里成本中与运距有关的费用支出。而在与运距有关的运输成本中的比重中，公路运输则大于铁路，因此，公路运输适宜于短途运输。

通过对运输成本与运量和运距关系的研究，得出这个计算模型，就可以计算出在多大的运输里程中，铁路、公路联运时两者的最佳分界里程，以便作出运输优化方案选择。

例如，有一批货物从甲地运往乙地，运距全长 300 公里，经分析，欲采用铁路和公路联运，求铁路运输和公路运输的最佳分界点。

已知，铁路运输每一吨货物与运量无关的费用支出为 10 元（W_t），

公路运输每一吨货物与运量无关的费用支出为 2 元（W_g）；

铁路每吨公里成本中与运距有关的费用支出为 0.05 元（Y_t），

公路每吨公里成本中与运距有关的费用支出为 0.25 元（Y_g）。

根据模型代入得 $L=(W_t-W_g)/(Y_g-Y_t)=(10-2)/(0.25-0.05)=8/0.2=40$（公里）。

 典型案例

家乐福中国及其运输决策

成立于 1959 年的法国家乐福集团是大型超级市场概念的创始者，目前是欧洲第一，全球第二的跨国零售企业，也是全球国际化程度最高零售企业。家乐福于 1995 年进入中国市场，最早在北京和上海开设了当时规模最大的大卖场。目前，家乐福在中国 31 个城市相继开设了 86 家商店，拥有员工 4 万多人。家乐福中国公司经营的商品 95% 来自本地，因此家乐福的供货很及时，这也是家乐福在中国经营很成功的原因之一。家乐福实行是"店长责任制"，给予各店长极大的权力，所以各个店之间并不受太多的制约，店长能灵活决定所管理的店内的货物来源和销售模式等。由于家乐福采用的是各生产商缴纳入场费，商品也主要由各零售商自己配送，家乐福中国总公司本身调配干涉力度不大，所以各分店能根据具体情况灵活决定货物配送情况，事实证明这样做的效果目前很成功。

家乐福中国在网络设计方面主要体现为运输网络分散度高，一般流通企业都是自己建立仓库及其配送中心，而家乐福的供应商直送模式决定了它的大量仓库及配送中心事实上都是由供应商自己解决的，受家乐福集中配送的货物占极少数。这样的经营模式不但可以节省大量的建设仓库和管理费用，商品运送也较集中配送来说更方便，而且能及时供应商品或下架滞销商品，不仅对家乐福的销售，对供货商了解商品销售情况也是极有利的。在

运输方式上，除了较少数需要进口或长途运送的货物使用集装箱挂车及大型货运卡车外，由于大量商品来自本地生产商，故较多采用送货车。这些送货车中有一部分是家乐福租的车，而绝大部分则是供应商自己长期为家乐福各店送货的车，家乐福自身需要车的数量不多，所以它并没有自己的运输车队，也省去了大量的运输费用，从另一方面提高了效益。在配送方面，供应商直送的模式下，商品来自多条线路，而无论各供应商还是家乐福自己的车辆都采用了"轻重配载"的策略，有效利用了车辆的各级空间，使单位货物的运输成本得以降低，进而在价格上取得主动地位。而先进的信息管理系统也能让供应商在最短时间内掌握货架上其供销售的各种商品的货物数量及每天的销售情况，补货和退货因此而变得方便，也能让供应商与家乐福之间相互信任的，建立了长期的合作关系。

（资料来源：http://wenku.baidu.com/link?url=qPj04IfD8N5e6Or77AlvAJybx9_ZzX9hPYMRVhu36qN1xwZbfrMU2YHLlffVH_sFHjGuJYx24iPrSRST8KR_K7ND-ltza-ccs2g0s6K8qyMe.）

本 章 小 结

货物运输的五种主要方式：铁路运输、公路运输、水路运输、航空运输、管道运输。

货物运输在国民经济中的地位作用及在物流中的重要作用。

货物运输管理的基本内容，货物运输生产的基本特征：运输生产是在流通中完成的、运输生产出新的实物形态、运输生产对象的复杂性。

货物运输的组织管理及合理组织运输的方式：分区产销平衡、直达运输、"四就"运输、合装运输、提高装载率、最短运输里程优选等。

货物运输的技术管理主要研究了铁路、公路、水路、航空、管道运输的技术经济特征和对其的合理组织及综合运输体系的发展和国际多式联运在国际物流中的重要作用。

练 习 题

一、不定项选择题

1. 在物流管理过程中，运输主要提供的两大功能是（　　）。
    A. 货物转移和货物储存　　　　　　　　B. 货物转移和货物生产
    C. 货物转移和货物流通　　　　　　　　D. 货物转移和货物配送
2. 影响运输方式选择的因素有（　　）。
    A. 价格、运输时间、灭失与损坏　　　　B. 价格、运输时间、运输质量
    C. 价格、运输质量、灭失与损坏　　　　D. 运输质量、运输时间、灭失与损坏
3. 运输的功能主要有（　　）。
    A. 物品的价值转移　　　　　　　　　　B. 物品的位置转移
    C. 物品的储存
4. 可以提供"门到门"运输的运输方式是（　　）。
    A. 铁路运输　　　　B. 公路运输　　　　C. 航空运输　　　　D. 水路运输

5. 运输成本由低到高的运输方式是（　　）。
A. 铁路运输　　　　B. 公路运输　　　　C. 航空运输　　　　D. 水路运输
6. 主要承担长距离、大批量的货运的运输方式是（　　）。
A. 水运　　　　　　B. 公路运输　　　　C. 铁路运输　　　　D. 航空运输
7. 公路运输的最大优点是（　　）。
A. 公路建设期长　　　　　　　　　　B. 投资较高
C. 可采取"门到门"运输形式
8. 下面属于不合理运输的有（　　）。
A. 倒流运输　　　B. 对流运输　　　C. 重复运输　　　D. 干线运输
E. 过远运输　　　F. 运力选择不当　G. 迂回运输　　　H. 支线运输
9. 不属于交通运输方式划分之列的是（　　）。
A. 铁路　　　　　B. 公路　　　　　C. 集装箱　　　　D. 航空
10. 同一种货物或两种可以互相代用的物资，在一条运输路线或平行线上运输，与相对方向的路线全部或部分发生对流，称为（　　）。
A. 对流运输　　　B. 生产运输　　　C. 倒流运输　　　D. 迂回运输

二、简答题

1. 运输的方式有哪些？
2. 如何理解它们各自的技术经济特点？
3. 企业采取委托运输还是自行运输所要考虑的主要问题有哪些？

三、分析应用题

1. 组织合理化运输的意义有哪些？
2. 如何组织合理化运输？

四、综合案例分析题

制造企业、流通企业、第三方物流企业运输决策的比较

制造企业的运输决策主要体现在其原料来源和产品输出上，由于其产品的特定性，往往需要从某些固定区域运送，所以其网络设计上大多采用少数大的集散地，对到达的原料运送至企业和把成型的产品运送至各销售地。

而流通企业的货物仓库及配送中心一般较分散，而且数量较多，以便货物及时输送；

第三方物流企业除了有自己固定的仓储配送中心外，还根据其长期提供服务的企业特点灵活安置一些仓库等，其分散度有较大的自由性。在运输方式选择上，制造企业主要选择铁路或海运，因为这类企业的原料和商品都是大批量的长途运输为主，这样可以节省运输费用，而且对时效性和直达性的要求一般都不高；流通企业则少量采用集装箱运输、主要采用送货车，但是各个企业的送货车会因其经营方向的不同而有差异，但其目的是为顾客最大限度地提供便利。

第三方物流企业的运输比较多元化，根据其承接的工作不同可能采取公路、铁路、海运等多种运输方式，或者其中几种相结合的联合运输等，某些时候也需要"门到门"的运输。

一般情况下,制造企业相比流通企业和第三方物流对配送的要求较低,商品也比较单一,以满足原料输入和产品输出为原则;流通企业和第三方物流对配送有较高的要求,其配送中心的工作也比较复杂,流通企业的配送中心有时候还被当作销售中心,而第三方物流为了协调各种商品则需要使配送工作达到最优化,在配送时也考虑较多的其他因素以适应合约企业的要求。

总的来说,不管什么类型的企业,无论企业规模的大小,其运输决策的出发点都是为了为企业最大限度节支增收服务的,而运输决策也必将在企业运营中扮演着越来越重要的角色。

思考题:
(1) 制造企业的运输决策主要体现有哪些?
(2) 流通企业的运输决策主要体现有哪些?
(3) 第三方物流企业的运输决策主要体现有哪些?

实 训 操 作

实训一

【实训内容】
运输单证制作。

【实训目标】
通过运输单证模拟练习,掌握铁路、公路、水路、航空运输等运输单证的制作。

【实训成果】
1. 学生分组结合自己设定的运输案例,完成各种运输单证的制作,由任课教师在课堂组织学生交流,提高学生对加强运输管理的意识。
2. 利用运输课件,学生自己设定运输的方式、货物、数量、到发地点、模拟练习各种运输单证的制作。

实训二

【实训内容】
运输方式的选择。

【实训目标】
通过实训,加深对合理运输的认识和理解。

【实训成果】
学生5~7人自愿分组实训,每组提交选择方案一份,由任课教师在课堂上组织学生交流,提高学生对运输合理化的理解和认识。

第4章 储存管理

【学习目标】

通过对本章的学习,学生应重点掌握储存的基本概念和功能、仓库的作用,掌握储存作业的内容和流程库存合理化及库存控制等。

【关键概念】

仓储管理 仓库 储存合理化

导入案例

观澜内陆集装箱仓储中心

和记黄埔港口集团旗下的深圳和记内陆集装箱仓储有限公司在深圳观澜设立了大型物流仓储基地"观澜内陆集装箱仓储中心",以配合华南地区的进出口贸易发展。目前已建成两座面积为2万平方米的大型出口监管仓,4万平方米的货柜堆场,以及与之相配套的报关楼、验货中心及办公场所。观澜内陆集装箱仓储中心实现高科技智能化出口监管仓及堆场操作,包括采用仓储管理系统(Warehouse Management System,WMS)和TOMS(堆场管理系统)管理仓储运作及堆场操作;全球海关、租船公司、租箱公司及客户查询库存资料,了解货物进出仓的情况;IC卡闸口自动识别验放,CTV全方位监控;电子系统报关,为客户提供方便快捷的报关服务。同时,与南方明珠盐田国际集装箱码头有限公司联手,采用GPS卫星定位系统。在盐田与观澜之间进行途中监控,并在盐田港入闸处为货柜车开辟专门的"绿色通道",以达到信息共享、统一协调、分工合作,充分发挥港口与仓储运作的优势,将盐田码头服务功能延伸至更靠近各生产厂家的内地。观澜内陆集装箱仓储中心目前为国外销售商、集运公司、货运代理、生产厂家、船公司及租箱公司提供优质监管仓拼柜集运、国内配送、货柜堆存等服务,对推动华南地区的物流发展作出了贡献。

(资料来源:http://blog.sina.com.cn/s/blog_90050ee001013jbj.html。)

在生产和流通中,储存是一个不可或缺的环节,储存管理是物流的重要活动,同样对物流成本具有重要的影响作用,企业要提高物流效率,降低物流成本,必须注重储存管理,加强企业的储存管理工作。

4.1 储存及其地位和作用

4.1.1 储存的概念

按照《物流术语》(GB/T 18354—2006)对储存的定义为:"保护、管理、贮藏物品。"

储存功能是物流的基本功能之一,是一切社会形态都存在的经济现象。马克思指出:"产品储存是一切社会所共有的,即使它不具有商品储备形式这种属于流通过程的产品储备形式,情况也是如此。"在任何社会形态中,对于不论什么原因形成停滞的物资,也不论是什么种类的物资在没有进入生产加工、消费、运输等活动之前或在这些活动结束之后,总是要存放起来,这就是储存。

4.1.2 储存在国民经济中的地位和作用

1. 储存是扩大再生产的必要条件

储存是产品离开生产过程但尚未进入消费过程的时间间隔内的短暂停留,这不仅对流通本身是必要的,对生产也是十分必要的。它对于调节社会生产和消费之间的矛盾,促进商品生产和流通的发展都有十分重要的作用。储存是一切社会共有物流功能,既要认识到储存的必要性,也要认识到它的适度性和合理性。储存对促进商品生产和流通的发展都具有十分重要的作用,是扩大再生产的必要条件。

2. 储存对商品流通的平衡调节作用

从社会经济活动来看,无论是生产领域,还是流通领域都离不开储存,因为"生产过程和再生产过程的不断进行要求一定量的商品(生产资料)不断地处于市场上,也就是形成储备",这种储备才能保持再生产过程的连续性。

以生产企业讲,为了保持正常生产和扩大再生产,在一个周期内必须有一定量的原材料、燃料的储备才不致因其供应不上而造成生产中断。从流通企业讲,必须根据市场需求对经营的商品要有一定量的库存,以保证市场供给,满足消费者需求;否则会因缺乏库存造成脱销,丧失市场机会,影响用户的需要和流通经营效益。从国家角度来看,更需要有一定数量的关于国计民生的重要物资储备,才可能在遇到重大灾害或突发事件时国家才有必要的物资供应保障。所以储存对社会商品流通起到了"蓄水池"那样的平衡调节作用。

3. 储存能够更好地满足消费者的需求

储存可以调节商品的时间需求,能够更好地满足消费者的需求。随着时代的发展,消费者的消费行为越来越倾向个性化发展,为了满足这种个性化消费需求,可以通过商品的储存来对商品的再加工以最大限度地满足消费者。

4. 储存对国家战略型储备具有保障作用

国家为应对重大自然灾害、突发事件等不测之需和战略准备,必须要有一定数量的战略性物资的储备,这就需要物流储存环节来提供保证。

4.1.3 储存在物流管理中的作用

1. 储存是物流管理的重要环节

商品流通是由商品的采购、运输、储存、销售四个环节构成,这四个环节之间紧密衔接,互相依存。储存在流通中特别是在物流过程中,使一部分商品暂时处于一种停滞状态,在这里商品停滞是被看做是商品出售的必要条件,对商品流通而言,是完全必要的。

2. 通过储存可以调节商品的时间需求,平衡商品价格波动

一般来说,商品的生产和消费总是不同步的,为消除这种不同步所带来的影响,就需要商品储存以平抑这种时间性需求的波动。如每个人都离不开粮食,而且这种需求是持续不断的,但粮食生产是有极强季节性的,这就需要粮食供应者随时都得有粮食储备,才能保证粮食的不间断供应,从而平抑粮价波动造成的社会影响。

3. 通过商品储存能够降低物流成本,提高物流效率

商品运输的规模经济性与消费领域的小批量和个性化需求之间存在的矛盾,要通过储存将运往同一地点的小批量商品集中成大批量后进行运输,因为虽然会产生商品的储存成本,但这是十分必要且合理的,因为可以大幅度降低运输成本,从而提高运输效率。

4.2 储存管理的内容

4.2.1 储存系统的构成

储存系统主要构成要素有仓库(储存空间)、货品、人员和设备等。

1. 仓库

仓库(储存空间)是储存系统的最重要的组成因素,进行仓库利用规划时,必须考虑其空间、梁下高度、过道大小、使用设备时的转弯半径等相关因素。

2. 货品

货品是仓库储存的对象,清楚货品理化性质,作出对其的储存方法和储存位置是储存保管好货品的关键,使其在储存期间的数量和质量得以保证。

3. 人员

一般规模较大的仓库人员分工较细,包括仓管人员、搬运人员、理货人员。仓管人员负责管理及盘点作业,理货人员负责拣货补货作业,搬运人员负责入库和出库货品的搬运、翻堆作业。

4. 设备

仓库设备主要是仓库在储存、装卸搬运、倒堆作业需要的货架、托盘及装卸搬运和输送设备等设备。如仓库作业常用的叉车、笼车、托盘、输送机等。另外仓库作为重点消防防火单位,还必须配备相应的消防设备,以保证仓库及作业人员、货品等的安全。

4.2.2 仓库

1. 仓库的含义

随着人类社会生产有了剩余产品,就产生了储存这个概念,接着就出现了储存物品的建筑或场所。因此作为仓库的定义,狭义的理解就是用以存放或保管货物并对数量和价值进行管理的场所或建筑物;广义的理解就是用以储存和保管物品的设施场所。这里仅以广义的仓库作为研究对象。

2. 仓库的分类

1) 按运营形式不同分类

(1) 公用仓库。为社会物流服务的公用仓库,如铁路车站的仓库或货场、公路场站的货仓、水运港口的码头仓库货场等。

(2) 自用仓库。由各生产企业或流通企业为本企业、本单位物流业务需要而投资建设的仓库,如一般公司、工厂或部队等单位建的仓库。

(3) 营业仓库。为了经营物流业务而修建的仓库,是向社会提供物流服务也就是第三方物流企业的仓库,如商业、物资、外贸等企业建的仓库。

2) 按保管条件不同分类

(1) 一般性仓库。主要从事普通货物储存的仓库,如储存日用百货等商品的仓库。

(2) 特殊仓库。主要储存有特殊要求的商品的仓库,如危险品仓库、冷藏仓库、恒温恒湿仓库等。

(3) 战备物资储备仓库。主要用来对关乎国计民生的战略物资进行储备的仓库,这些物资是为防国家遭受重大灾害或突发事件发生时的物资供应保障。

3) 按建筑结构不同分类

(1) 平房仓库。一般指结构简单,建筑投资少,主要适用于人力作业的仓库。

(2) 高层仓库。一般指两层以上的仓库,主要适用于机械化和半机械化作业的仓库。

(3) 自动化仓库。一般是指以高层货架储存商品,是以使用计算机管理控制和巷道堆垛机作业的具有现代化物流技术的仓库,如图4-1所示。这是现代物流具备的基本物流设施,随着现代化物流的迅猛发展,自动化仓库已经进入以电子化、信息化、智能化技术时代,可以肯定它将会受到现代物流的重视和推崇。

图4-1 自动化立体仓库

4) 按仓库隶属关系不同分类

(1) 生产企业仓库。它是由生产企业自行设置的,为本企业物流服务的仓库。

(2) 流通企业仓库。它包括由物资流通部门、商业流通部门和外贸流通部门设置的仓库。

(3) 军队后勤仓库。它是由部队设置的,为军事后勤物流服务的仓库。

4.2.3 储存业务管理的内容

1. 储存计划管理

任何库存活动都预先有一个储存计划,储存计划管理有以下几种。

(1) 入库计划管理。

(2) 出库计划管理。

(3) 保管养护计划管理。

(4) 设备利用计划管理。

(5) 劳动力组织计划管理。

(6) 储存费用计划管理。

上述计划中,入库和出库计划是储存计划的基础,它是制订其他各项计划的主要依据,因此在储存业务管理中要很好地编制入库和出库计划。

2. 储存业务管理

1）入库业务管理

入库业务是储存业务的开始，是关键环节，加强入库管理工作，防止有质量问题的货物进入仓库，这是物流企业的重要工作。入库业务具体要做好三项工作：接货、验收和入库。

（1）接货。对入库的货物必须查收做到实物相符、手续清楚、责任明确。

（2）验收。验收是入库保管的主要工序，也是仓库质量管理的重要一环，既要核对货物单据、凭证、装箱单、合同书等，又要查验实物，做到货单相符。

（3）入库。入库是接收的最后一环，验收后的货物按规定办理入库手续，建立保管同账卡登记。

2）库存业务管理

对验收入库的货物进行妥善保管是储存工作的中心任务，也是衡量储存工作质量的重要标志，它对改善物流企业经营管理、提高经济效益有重要的作用。在库管业务有以下工作。

（1）分区分类、存放合理。根据库存货物的不同品类、规格、特点和要求合理划分区位、合理存放。

（2）固定货位、统一编号。根据库存货物按照储存地点、位置、统一编号，绘制仓库存货平面图，以利于仓库作业，方便用户查货和提货。

（3）提高仓容利用率，做好货物堆码与苫垫。按不同货物性能、包装形状采用不同的堆码与苫垫技术，做到既要保证货物质量，又要整齐美观，方便存取。

（4）盘点。货品盘点是仓库保管的一项重要工作，是对货品定期的实物、台账、货卡的清理核对，做到在保管期间的"物、账、卡"三相符。盘点的流程，一般为盘点准备—货品清查—实施盘点—结果处理。

3）出库业务管理

出库业务是储存的一个重要环节，也是储存活动的结束。出库准确及时，方便用户是衡量物流企业储存工作的重要标志之一。目前出库业务两种方式：一种是用户自提；另一种是仓库根据出库凭证通过配送或者代运将货物送到用户。出库作业要做好"二核一备"，"二核"就是核对出库凭证是否与出库货物品种规格、数量相符，核对实物是否与出库单所列项目相符；"一备"就是核对无误后备货出库。

4.3 储存合理化

储存合理化就是在保证储存功能实现的前提下，用各种办法实现商品储存的经济性。

4.3.1 储存合理化标志

1. 质量标志

商品储存最重要的就是要保证在商品储存期间，商品的质量不会降低，不影响用户消费使用，所以商品储存的合理化标志中，首当其冲的就是质量标志。

2. 时间标志

在保证商品质量的前提下，商品储存有一个合理的储存时间，不能过长，否则就意味着商品积压，造成商品成本增大。

3. 结构标志

不同的被储商品之间有一定的联系，特别是一些相关性很强的商品，它们之间必须保持一定比例，如果比例不合理，或者一种商品缺货，与其相关的商品也可能销不出去，例如照相机与胶卷的关系。

4. 分布标志

企业不同的市场区域对于商品的需求也不同，因此不同的地区所储存的商品数量也应该不同，各个区域的仓库只有根据商品的需求储存适量的商品，才能真正实现商品储存的合理性、经济性。

5. 费用标志

根据仓储费、维护费、保管费、损失费，以及资金占用、信息支出等财务性指标都能从实际费用中判断储存是否合理，因此储存要做到保管好、费用省。

4.3.2 实现储存合理化的措施

1. 利用第三方物流仓库

利用合同把企业的储存业务转包给第三方物流企业，由其提供一体化、全方位的仓储服务。这种合同式储存有专业水平、高质量、低费用等优势，可以给企业提供优质服务，从而可以有效地利用仓储资源，扩大了市场，降低了储存成本。

2. 储存的货物进行 ABC 分析

利用 ABC 分析法得以对重点商品实现重点管理的原则，实践证明 ABC 分类管理是实现储存合理化的基本方法，在此基础上可以解决各类货物的结构关系、储量、重点管理和技术措施等合理化问题。而且可以通过在 ABC 分析的基础上决定各种货物的合理储量。

3. 先进先出原则

这样可以防止库存商品因保管期过长而发生变质、损耗、老化等问题，特别是粮食、食品、感光材料等商品的保管期尤其值得注意。

4. 有效的储存定位系统

可以大大压缩取货时间和劳力支出、防止差错、便于清点及实施订货点订货等管理方式的实施。

5. 提高储存密度、有效利用仓容率

在库内面积一定的情况下，一般应采用减少库内通道数和通道面积来提高仓库单位面积利用率，提高存货高度来提高仓容率。

6. 采用集装箱、集装袋、托盘等储存装备一体化方式

采用集装单元化在储存、保管过程中可以节省入库、验收、清点、出库等产生的装卸搬运作业的人力、物力，降低储存费用，这是对传统的储存作业的一种突破，是合理储存的有效方式。

4.3.3 存储论在储存管理中的应用——库存控制管理

1. 库存管理

1) 运用 ABC 分析法进行库存管理

为了使有限的资金、时间、人力、物力等企业资源能得到更有效的利用,对库存物资进行分类,将管理的重点放在重要的库存物资上,进行分类管理和控制,即依据库存物资重要程度的不同,分别进行不同的管理,就是 ABC 分析法的基本思想。

ABC 分类管理法是将库存物资按重要程度分为：特别重要的库存(A 类库存)、一般重要的库存(B 类库存)和不重要的库存(C 类库存)三个等级,根据"关键的少数和一般的多数"原理,即 A 类库存品种数量 5%～20%,而资金金额却占库存资金总额的 60%～70%。C 类库存品种数目大,但资金占用小,即 C 类库存品种约占库存品种总数的 60%～70%,却仅占库存总资金额的 15%以下。B 类库存介于两者之间,B 类库存品种约占库存品种的 20%～30%,其占库存总资金的 20%,在 ABC 分析法的基础上,再进行重要性分析,对库存物资品种进行重要度打分,从而评出分值,按高低排序,划分出高级、中级和低级,从而进行重点的 A 类和中级的 B 类及低级的 C 类物资,分别对库存物资进行控制管理。图 4-2 所示就是 ABC 分类的分布曲线图,表 4-1 为 ABC 分类管理内容对比表。

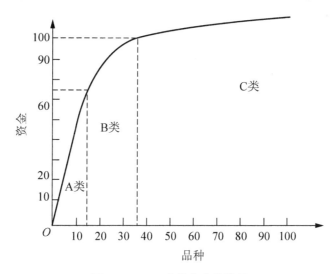

图 4-2 ABC 分类分布曲线图

表 4-1 ABC 分类管理内容对比

项目/级别	A 类库存	B 类库存	C 类库存
控制程度	严格控制	一般控制	简单控制
库存量计算	低库存计算	一般计算	简单计算
进出记录	详细记录	一般记录	简单记录
存货检查数	密集	一般	低
安全库存量	低	较大	大量

通过 ABC 分类的分布曲线和分析图的管理内容表,可以很容易理解和掌握 ABC 分类法在库存管理中的应用。ABC 分类法操作简单实用,在管理领域应用十分普遍。

2) 关键因素法

在 ABC 分类管理法中,采用的是按物资价值标准分类,这在一定程度上忽视了对 C 类物资的关注。然而,在一些情况下,某些物资虽然其价值不高,但其功能的重要性却是无可替代的,在生产中起着关键性作用。所以在库存管理的 ABC 法应用的基础上,又引进了(Critical Value Analysis,CVA)管理法,以期对库存进行更有效的管理,达到控制库存、加速周转、降低成本的目的。CVA 的基本思想是把库存货物按照其在经营中的重要程度(关键性)进行分类。一般分为以下 4 类。

(1) 最高优先级。是指经营中重要的、关键性基础性物资,不允许有缺货情况产生。

(2) 较高优先级。是指经营中的基础性物资,只允许偶尔有缺货情况产生。

(3) 中等优先级。是指是属于比较重要的物资,允许合理范围的缺货情况产生。

(4) 一般优先级。是指是一般性物资,其可替代性较高,允许有缺货情况产生。

这两种方法比较而言,ABC 分类法的关注点是库存商品的价值;CVA 分类法的关注点是库存商品的重要性。CVA 法比起 ABC 法具有更强的目的性,因此在对库存进行管理时往往把 CVA 法和 ABC 结合起来加以运用,可达到分清主次,抓住关键环节的目的。当然,在对库存品种特别多,进行优先级分类的时候,采用 ABC 分类法就显得更方便些。

3) 订货数量和方式管理

(1) 订货数量的确定。企业每次订货的数量直接关系到库存的水平和库存总成本的大小,因此企业总希望找到一个合适的订货数量使其库存总成本最小的经济批量模型。

(2) 订货方式的选择。

① 定量订货方式是指当库存量下降到预定的最低库存数量(订货点)时,按规定数量进行订货补充的库存管理方法。定量订货方式适用于品种数量少、但占有资金大的 A 类库存。

② 定期订货方式是指按预定的订货间隔期进行订货补充的一种库存管理方法。定期订货方式适用于品种数量大,占用资金较少的 C 类和 B 类库存。

4) 物料需求计划和分销资源计划

(1) 物料需求计划(MRP)是根据成品的需求自动计算出相关物料的需求量和成品的交货期,自动计算出物料的采购期,可以提示当前及未来某时段的库存水平,实现与采购的衔接。MRP 产生物料需求计划以满足生产的要求,系统要求准确计算出物料需求的时间和数量,尤其是相关需求物料的时间及数量。

(2) 分销资源计划(DRP)是从用户的需求量向企业倒推建立一个分阶段的计划编制系统,通过对存货的分配达到为用户提供准时的、合适的产品服务的目的。DRP 要求协调存货水平、计划存货运输,如有必要重新计划各层次之间的存货。

2. 库存控制管理

库存控制管理是现代物流管理研究的一个重要课题,把库存量控制到最佳数量,尽量减少人力、物力、财力的投入,获得最大的供给保障是物流企业追求的目标。

1) 库存控制管理的概念

库存控制管理是以控制库存为目的的相关管理手段、技术和操作过程的集合,它贯穿于从物资的选择、规划、订货、进货入库、储存及发货出库的全过程。最后实现控制库存的目标。

2）库存控制管理的要素

一般对库存控制管理起作用或较大作用的有以下要素。

（1）企业的选址和选产。在规划一个企业时，企业的选址对未来库存水平关系极大，该企业远离原材料产地，而运输条件又差，则库存水平很难控制到低水平，库存的稳定性也很难保证。同样企业的产品决策本身也是影响库存的一个因素，可能会因为产品决策脱离了该地库存控制的可能而导致产品失败。因此企业的选址和选产在很大程度上影响着库存控制管理。

（2）订货。订货批次和订货数量是决定库存水平的重要的因素，就企业而言，库存控制是建立在一定要求的输出条件下。因此不少企业把库存控制转变为订货控制，以此来解决库存问题。

（3）运输。订货是解决商流问题，是否能按照订货意图的批量和批次来实现控制，取决于运输的保障。因此说，运输是库存控制的一个重要的外部影响要素。

（4）信息。在库存控制中信息要素的作用与其在其他系统中的作用是同样重要的。在库存控制管理中监控信息的采集、传递、反馈是控制的一个关键。

（5）管理。管理和信息一样，要求库存控制系统靠一条流水线，一种高新技术工艺等硬件系统支持，但也离不开管理来协调和控制。

3）库存控制管理的制约条件

库存控制受到许多环境条件制约，库存控制系统内部也存在"交替损益"现象，这些制约因素可能影响控制水平，乃至决定控制的成败。其主要包括以下制约因素。

（1）需求量的不确定性制约。如突发的热销造成的需求量突增，突发的滞销等因素使库存控制受到制约。

（2）订货周期制约。由于通信、差旅或其他自然的因素影响，订货周期不稳定，会制约库存控制。

（3）运输制约。运输的不稳定和不确定性必然制约库存控制。

（4）管理水平制约。管理水平不能达到控制库存的要求，就很难实现库存控制。

（5）资金制约。资金的暂缺、资本运转不灵，使预计的控制方法失灵。

（6）价格和成本的制约。因价格或成本因素造成控制措施落空。

3. 运用存储论解决库存控制管理问题

存储论是运筹学的重要分支，对它的研究就是为了解决商品库存存在的问题。在生产领域储存过多形成资金占用，影响生产成本；库存不足，影响生产进度。而在流通领域，储存过多，销售不了造成商品积压，占用资金，增加物流费用；储存不足，发生脱销，失去销售机会，影响企业收益。以上分析，可见库存管理对生产和流通的重要作用，研究存储论就是解决这个问题的有力手段。

一般来讲，储存量遵循因需求而减少，因补充而增加的规律。存储论中包括两种库存模型：第一种是随机性库存模型也称独立需求库存，因其库存时间和数量都不确定，因此，只能做概率统计条件下的动态"补充库存"管理。第二种就是我们所要研究的确定性库存也称相关需求库存，其相关的订货量、订货周期、需求率都是确定的，而且不发生缺货情况。于是就是按照这个规律来对库存进行合理的控制,使库存正好处于既不多也不少的合理临界状态,所以就引入了一个新的库存管理概念——经济批量模型(EOQ)。

经济批量模型就是通过平衡采购进货成本和保管仓储成本,确定一个最佳的订货数量来实现最低总库存成本的方法。但经济批量模型是在以下条件下运用的:①连续、稳定、已知的需求;②稳定、已知的补货或订货前置期;③每次订货的订货费用相同,与订货批量的大小无关;④与订货数量和时间无关的稳定的运输价格;⑤所有需求都能满足,即不允许缺货;⑥无中转库存;⑦只有一种产品或产品之间无相关性;⑧资金不受限。

1) 经济批量订货

(1) 经济批量(EOQ)模型。

$$Q = \sqrt{2DI/J} \tag{4-1}$$

式中,Q 为经济批量;D 为年需求量;I 为每次订货成本;J 为单位储存费用;P 为单位采购价格。在按经济批量订货的情况下有

最小库存总成本(TC):

$$TC = D \times P + \sqrt{2D \times I \times J} \tag{4-2}$$

年订货次数(N):

$$N = D/Q^* \tag{4-3}$$

订货间隔时间(T):

$$T = 365/N \tag{4-4}$$

以下几种就是根据经济批量及相关制约条件而推导出来的经济批量模式。

【例 4-1】 某企业购钢材,购价为 500 元/吨,其存储费 1 吨/年为成本的 20%,钢材每次订货费为 10 元,用户需求量为 1 800 吨/年。试计算该用户的经济批量模式和最小库存总成本、年订货次数、订货间隔时间。

解:根据公式 $Q = \sqrt{2DI/J}$ 将数据代入得

$$Q = \sqrt{(2 \times 10 \times 1\ 800)/(500 \times 20\%)} = 60(吨)$$

最小库存总成本

$$TC = D \times P + \sqrt{2D \times I \times J} = 1\ 800 \times 500 + \sqrt{2 \times 10 \times 1\ 800 \times 500 \times 20\%}$$
$$= 900\ 000 + 1\ 900 = 901\ 900\ 元。$$

年订货次数 $N = D/Q^*$,代入公式得 $1\ 800 \div 60 = 30$(次)。

订货间隔时间 $T = 365 \div 30 \approx 12$(天)

(2) 经济订货时间间隔。

经济订货时间间隔就是库存总成本最低时的订货时间间隔。既定或是按一个固定的时间进行的,它决定企业应当何时组织订货。其模型为经济订货时间间隔 $T_0 = \sqrt{2I/DJ}$

在按经济批量订货的情况下有

$$E = D(T_0 + L)/N \tag{4-5}$$

$$TC_O = DP + DJT_0 \quad (4-6)$$

式中，T_0 为经济订货时间间隔；E 为最大库存量；L 为订货提前期；N 为年工作日；TC_O 为年最低总成本；其他字母含义同上。

【例 4-2】 某厂每年以 20 元价格购入 8 000 吨水泥，每次订货成本为 30 元，水泥的年存储成本 3 元/吨。假设水泥的订货提前期为 10 天，年工作日为 300 天，试求该厂水泥的经济订货时间间隔、最大库存量和年最低总成本。

解：根据公式 $T_0 = \sqrt{2I/DJ}$ 代入得 $\sqrt{2 \times 30 / 3 \times 8\,000} = 0.05$（年）$= 18$（天）

最大库存量 $E = D(T_0 + L)/N$ 代入得 $8\,000 \times (15 + 10)/300 = 666.7$（吨）

年最低总成本 $TC_O = DP + DJT_0$ 代入得 $8\,000 \times 20 + 8\,000 \times 3 \times 0.05 = 161\,200$（元）

(3) 延期购买条件下的经济批量模型为

$$Q = \sqrt{2DI/J} \times \sqrt{(J+B)/B} \quad (4-7)$$

$$V = \sqrt{2DI/J} \times \sqrt{B/(J+B)} \quad (4-8)$$

式中，Q 为最佳经济定货量；V 为最大库存量；D 为年需求量；I 为每次订货成本；J 为单位储存费用；B 为单位产品延期购买成本。

(4) 价格上涨条件下的经济批量模型为

$$Q = D(P_2 - P_1)/P_1 F + P_2 Q^*/P_1 - q \quad (4-9)$$

式中，Q 为经济批量；P_1、P_2 为价格上涨前后的价格；F 为单位产品的仓储成本与单位产品价格之比；Q^* 为价格上涨后的经济批量；q 为价格上涨前最后一次订货到货时点的原有库存量。

2）安全库存

(1) 安全库存又称缓冲库存或称保险库存，是指为防止和减少由于不确定因素（如订货需求增加或到货期延误等）引起的缺货而设置的储备库存。

生产企业保有安全库存可以在零售和中转仓库的需求超过时，有能力补充库存，半成品库存可以在生产不平衡时使各制造部门生产正常化。设置安全库存是为满足用户及企业内部对库存进行管理的需要，以保证企业始终处于正常生产经营状态，取得长期的经济效益。

零售企业保有安全库存可以在用户需求缺乏规律或难以预测的情况下，有能力满足它们的供应需求。

安全库存是一项以备不时之需的储备，在一般情况下不予动用，一经动用则必须在下批订货到达时补充。安全库存的数量除了受需求和供应的不确定性影响外，还与企业希望达到的用户服务水平（如订货满足率）有关，这些都是在制定安全库存决策时主要考虑的因素。

(2) 确定安全库存的合理数量。一般企业都要考虑保有一定数量的安全库存，但难题是确定需要多少数量的安全库存，安全库存量不足就意味着缺货和失销，而安全库存量过多就意味着压库占用资金。这是一个比较棘手的两难命题，于是实践就向我们提出了对安全库存量的计算问题。

(3) 安全库存量的计算。对于安全库存量的计算，需要借助数理统计对用户需求量变化情况和提前期变化作一些假设,从而在用户的需求量变化、提前期固定;用户的需求量固定、而提前期变化及两者之间同时变化等情况下分别求出其安全量。

① 需求量变化、提前期固定时的安全库存量。假设需求变化呈正态分布,由于提前期是固定值,可以按正态分布图直接求出在提前期内的需求分布均值和标准差,或通过直接的期望预测,以过去的提前期内的需求情况为依据,确定需求的期望均值和标准差,在此情况下,安全库存量的计算公式为

$$S = z\sigma_d \sqrt{L} \tag{4-10}$$

式中,S 为安全库存;σ_d 为提前期内的需求量的标准差;L 为提前期的长短;z 为一定顾客服务水平下需求量变化的安全系数,它可根据预定的服务水平,由正态分布表查出。安全系数对应表如表 4-2 所示。

表 4-2 服务水平与安全系数对应表

服务水平	99%	98%	95%	90%	80%
安全系数	2.33	2.05	1.65	1.20	0.84

【例 4-3】 某企业的某原料平均日需求量为 100 吨,且此原料的需求的标准差为 10 吨/天的呈正态分布,假设其提前期固定为 16 天,而且其服务水平为 98%,求企业的安全库存量(S)。

根据公式 $S = z\sigma_d \sqrt{L}$,代入得 $S = 2.05 \times 10 \times 4 = 82$(吨)。

② 需求量固定、提前期变化时的安全库存量。当提前期内需求固定,提前期随机变化时。此时的安全库存量的计算公式为

$$S = zd\sigma_L \tag{4-11}$$

式中,z 为一定顾客服务水平下的安全系数;σ_L 为提前期的标准差;d 为提前期内的日需求量。

【例 4-4】 在例 4-3 中假设原料的日需求量固定为 100 吨,提前期是随机变化且服从平均值为 5 天,标准差为 2 天的正态分布,求其在 95% 的服务水平的情况下的安全量(S)。

根据公式 $S = zd\sigma_L$,代入得

$$S = 1.65 \times 100 \times 2 = 330(吨)$$

③ 需求量和提前期都随机变化时的安全库存量。这是在现实中常遇到的需求量和提前期都发生变化的情况,问题较为复杂,需要通过建立联合概率分布求出需求量水准和提前期延时的不同组合的联合概率,然后把联合概率分布与上述①和②所导出的两个公式结合起来运用。因此,在这种情况下假设需求和提前期都是相互独立的,那么安全库存量的计算公式为

$$S = z\sqrt{\sigma_d^2 l + w^2 \sigma_L^2} \tag{4-12}$$

式中,z 为一定顾客服务水平下的安全系数;w 为提前期内日平均需求量;l 为平均提前期长度。

3) 零库存

零库存是一个特殊的库存概念，它是以仓储形成的某种或某些种类物品的储存数量为零的不保有存货的形式。这种不以库存形式存在，就可以省去利用仓库存货的一系列问题，如仓库建设、装卸搬运、存货保管维护、存货的资金占用及库存货物的老化、损失、变质等诸多问题。

零库存只对某个具体企业、商店、车间而言，而且是在充分供货保障前提下的一种特殊库存形式。

实现零库存有以下方式。

（1）委托保管方式。委托保管方式是接受用户的委托代为保管，所有权属于用户而使用户不保有库存，甚至不再保有保险储备库存而形成零库存。

（2）协作分包方式。协作分包即美国的 Sub-Eow 方式，使制造企业的一种产业结构形式，它以若干个企业的柔性生产准时供应，使主企业的库存为零；日本的"下注"方式将主企业的集中销售库存，形成若干分包业务及销售企业销售库存为零。

（3）轮动式。也称同步式，是对系统进行周密设计的情况下，使整个采购供应环节和生产环节速率完全协调，从根本上取消甚至是工位之间暂时停滞的一种零库存。

（4）准时供应系统。准时供应（JIT）系统是 JIT 管理制的延伸，它是依赖企业各工序、工位之间，供应与生产之间的有效地，无缝地衔接、协调，从而实现准时化和储备最小化，即所谓零库存。

（5）寄售方式。寄售是指供应商将商品存入需方仓库，并拥有商品的所有权，需方在使用后才与供应商结算货款的一种销售方式。寄售是企业实现零库存资金占用的最有效的方式，这种方式使供方可节约建库的大量投资和库存费用，从而降低商品的仓储成本。而对需方则因无须购货成本而节约库存资金的占用，还能保证供应的及时性。

4. 供应商库存管理

供应商管理库存（VMI）是指在供应链环境下，为实现下游用户的零库存由用户计划，供应商进行库存管理的方式。

5. 联合库存管理

在供应链环境下，供应链成员企业共同制订库存计划，并实施库存控制的供应链库存管理方式。联合库存管理（JMI）是一种在 VMI 的基础上发展起来的上游企业和下游企业权利责任平衡和风险共担的库存管理模式。联合库存管理是解决供应链系统中由于各节点企业的相互独立库存运作模式导致的需求放大现象，提高供应链的同步化程度的一种有效方法。JMI 体现了战略供应商联盟的新型企业合作关系，强调了供应链企业之间双方的互利合作关系。

6. 几种现代储存管理技术

1）条形码技术（BOD）

仓库通过获得商品标识（ID）代码，并与供应商的产品数据库相联系，可以实现对库存商品的正确识别。条形码是 ID 代码的一种符号，是对 ID 代码进行自动识别且将数据自动输入计算机的方法。它的运用解决了数据录入与采集的困难，为仓库库存管理提供了有力的手段。复合码技术是为了适合各行业的物流条码技术，目前复合码技术的应用主要集中在标识的随机称重商品（如蔬菜、水果、医药保健品等小件商品）的运输与仓储管理中。

2）自动存储与检索系统

自动存储与检索系统多在自动化立体仓库内配置，如自动分拣系统、自动存取货物、商品条码分类系统、自动检索系统、电子标签拣货系统，而且多用于零售和分销业务中。

3）采用仓储管理系统（WMS）

它除了管理商品的数量和位置外，还能优化仓储中的人力、物力（物流设备）资源管理等一体化仓储管理。据资料显示，通过该系统，可以使分拣货物时间缩短50%，降低劳动成本40%，仓储利用率提高20%，库存量下降15%，使物流管理水平大大提升，物流效益极大提高。

4）网络仓库

顾名思义，网络仓库是借助于网络技术进行物资调动的若干仓库的总和。网络仓库具有很大的覆盖面，网络仓库的信息中心能够根据用户的需求，选择一个离用户最近的仓库发货满足用户需求。网络仓库的出现，改变了仓库的传统运作模式，提高了储存运作效率，使商品从出厂到消费，可能只需一到两次的装卸运输，从而大大地降低了装卸运输的费用。

5）零库存技术

零库存技术（ZIT）是指在生产与流通领域按照准时制组织物品供应，使整个过程库存最小化的技术总称。要真正实现"零库存"，需要以下三必要条件：一是整条供应链的上下游协同配合，仅靠某个企业是绝对不可能完成的；二是供应链上下游企业的信息化水平相当，并且足够高，因为零库存是与JIT精益生产相伴而生的，这样才能顺其自然地实现供应链伙伴间的"零库存"；三是要有强大的物流系统作支撑。

6）自动化立体仓库

自动化立体仓库是利用货架托盘系统储存单元化的货物，储存作业采用电子计算机控制的巷道式起重机取送货物的新型仓库。一般采用多层乃至几十层货架储存单元货物。立体仓库具有很高的空间利用率、很强的入库出库能力、采用计算机控制管理，利于实施仓库的现代化管理，已经成为现代储存的重要技术。

典型案例

ABC分类法在安科公司库存管理中的能应用

安科公司按销售额的大小，将其经营的26种产品排序，划分为ABC类。排序在前3位的产品占到总销售额的97%，因此，把它们归为A类产品；第4、5、6、7种产品每种产品的销售额为0.1%~0.5%，把它们归为B类；其余的21种产品（共占销售额的1%），将其归为C类。A类产品只占总库存的11.5%，而其A类产品的销售价值占总销售价值的97%，B类产品占总库存的15.4%，其销售价值占总销售价值的2%左右，C类产品占总库存的73.1%，销售价值占总销售价值的1%左右。

（资料来源：http：//wenku.baidu.com/view/1476503987c24028915fc3f2.html.）

本章小结

本章介绍了储存在国民经济中的地位和在物流管理中的重要作用。

仓库及仓库的分类：按运营形式不同可分为公用型仓库、自营型仓库；按保管物资类型不同分为一般型仓库、特殊性仓库；按建筑结构不同分为平房仓库、高层仓库、自动立体化仓库；按隶属关系不同可分为企业（单位）仓库、物资仓库、商业仓库、军队后勤仓库等。

仓储业务管理的基本内容：储存计划管理，入、出库业务管理，库存保管管理。

储存合理化五个标志：质量标志、时间标志、结构标志、布局标志、费用标志。

储存合理化的措施：库存 ABC 分析法、快进快出加速库存周转、提高库容单位产出、采用现代储存技术保管库存物资、采用集装储存单元化技术。

库存管理和库存控制管理系统制约条件：需求的不确定性、订货周期的制约、运输的制约、管理水平的制约、资本的制约、价格和成本的制约等，以及运用运筹学的存储论解决库存控制管理的订货经济批量模式型的应用问题。

练 习 题

一、不定项选择题

1. 不属于仓库的基本功能的选项是（　　）。
   A. 储存和保管　　　　　　　　　　B. 调节供需平衡及货物运输能力
   C. 调节人力物力财力　　　　　　　D. 配送和流通加工

2. 下列关于"保税仓库"说法错误的是（　　）。
   A. 保税仓库是经过海关批准可以随意存放未办理关税手续而入境或过境货物的场所
   B. 保税仓库是在本国国土上的
   C. 保税仓库是在海关的监督下
   D. 保税仓库是可以长期储存外国货物的仓库

3. 仓库管理的内容是（　　）。
   A. 仓库计划管理　　　　　　　　　B. 仓库生产管理
   C. 仓库质量管理和安全管理　　　　D. 仓库技术管理和劳动管理

4. 合理化库存的指标是（　　）。
   A. 质量指标　　　B. 时间指标　　　C. 结构指标
   D. 分布指标　　　E. 费用指标

5. 在供应链中由上游企业拥有和管理库存，下游企业制订需求计划，而下游企业可实现零库存，这种库存管理模式是（　　）。
   A. 定量库存管理　　　　　　　　　B. 定期库存管理
   C. 供应商库存管理　　　　　　　　D. 联合库存管理

二、简答题

1. 如何理解储存在国民经济中和物流管理中的地位和作用？

2. 如何理解储存管理的基本内容?

三、分析应用题

1. 影响库存水平的因素有哪些?
2. ABC 分析法在库存管理中如何应用?

四、综合案例分析题

台湾世平国际公司(WPI)苏州分公司的统仓共配(VMI)服务

随着大量台资、外资企业进驻苏州工业园区,苏州已经形成了电子元器件、芯片、电脑及电脑配件等硬件产品的庞大的企业生态群落。各企业之间存在着多对多的复杂的供销关系。在这一领域,存在着一个基本规律,那就是随着龙头企业的迁入,必将带动越来越多的上下游企业来苏州落户。这些企业对物流服务有着特殊的要求,原因在于随着分工的细化,这些电子产品、元器件、原材料和成品种类日益繁多、更新换代周期短、货品单值较高、周转迅速。制造企业为了尽可能地降低成本,减少库存对资金的占用,这些企业都强调准时生产和零库存原则,要求供应商小批量、多批次、配合生产流程的频繁供货。为了满足上述要求,统仓共配(又称供应商库存管理)应运而生。其特征在于多个供应商共同租用一个公共仓库,面向一家或多家制造企业供货。当制造企业一次向多家供应商采购时,订单可以统一处理,从而在完成多对一的集中拣货和并单运输的同时,实现制造企业和供应商之间一对一的月度结算,由此大大降低了总体运输成本和交易成本,满足了制造企业的准时生产的需求。世平国际运营的公共仓储是以托盘为存储单元的半自动立体仓。在单据、库位和货品上全面采用了条形码扫描读取技术,并拥有自动化辅助分拣系统和严谨细致的业务流程和仓库管理规范,并严格按照 ISO 9000 质量管理体系中的规范进行全面质量管理,标准化程度高,并有很强的持续改进能力。目前该公司面临的问题是如何低成本扩张,以进一步扩充仓储能力、提高信息系统的处理能力,以应付不断增长的客户需求。

思考题:

(1) 苏州工业园区入驻的 IT 企业生产特点有哪些?
(2) 台湾世平国际公司(WPI)苏州分公司是如何满足这些企业的物流服务需求?
(3) 台湾世平国际公司(WPI)苏州分公司的统仓共配服务是如何实施的?

实训操作

实训一

【实训内容】

运用 ABC 分析法控制库存。

【实训目标】

通过 ABC 分类法的实训,使学生掌握在库存管理中运用。

【实训成果】

1. 学生 5~7 人自愿分组多企事业仓库实训,运用库存商品的数量、品种和价值,利用 ABC 分类法进行分类,作出分析表并画出分析图。

2. 每组提交 ABC 分析表并画出 ABC 分析图实训报告一份，由任课教师在课堂上组织学生交流，提高学生对库存控制管理的意识。

实训二

【实训内容】

安全库存的计算。

【实训目标】

通过安全库存的计算实训，使学生掌握企业对安全库存的实际运用。

【实训成果】

学生分组实训后，每组提交安全库存的计算实训报告一份。由任课教师在课堂上组织学生交流，提高学生对库存管理重要性的意识。

实训三

【实训内容】

仓储作业单据制作。

【实训目标】

通过仓储作业单据模拟制作实训，使学生掌握仓储作业单据制作。

【实训成果】

学生分组实训后，每组提交仓储作业单据实训报告一份。由任课教师在课堂上组织学生交流，提高学生对仓库储存管理的意识。

第5章 装卸搬运管理

【学习目标】

通过对本章的学习,学生应重点掌握装卸搬运的基本概念和功能,装卸搬运的分类,装卸搬运合理化原则和措施等。

【关键概念】

装卸搬运　装卸搬运合理化

导入案例

云南烟叶生产的合理化装卸

云烟公司在生产物流系统设计中研究了各项装卸搬运作业的必要性，千方百计地取消合并装卸搬运环节和次数。装卸搬运不仅不增加烟叶的价值和使用价值，相反，随着流通环节的增加和流程的繁杂，烟叶的"综合损耗"和生产成本随之增加。为了真正实现物流系统管理思路，公司改进现了有的生产物流系统。

实现生产物流作业的集中和集散分工。集中作业才能使生产作业量达到一定的水平，为保证实行机械化、自动化装卸搬运作业，公司在安排存储保管物流系统的卸载点和装载点时就要尽量集中；在货场内部，同一等级、产地的烟叶应尽可能集中在同一区域进行装卸作业，如建立专业装卸货区、专业卸载平台等。

进行托架单元化组合，充分利用机械进行装卸作业。公司在实施装卸作业过程中要充分利用和发挥机械作业，如叉车、平板货车等，增大装卸作业单位，提高作业效率和生产物流"活性"，实现装卸作业的标准化。

合理分解装卸搬运程序，改进装卸搬运各项作业，提高装卸搬运效率，力争在最短时间内完成烟叶加工的所有工艺流程。

通过合理化装卸管理的建立，公司逐渐加强了现场管理，减少简化生产工艺流程的方法，从而达到降低综合损耗的目的。

（资料来源：http://info.jctrans.com/zhuanti/zta/8/2006111334150.shtml.）

云烟公司在生产中进行了合理化装卸和简化生产工艺流程的方法，从而达到降低综合损耗的目的。案例说明装卸搬运是物流活动必不可少的环节，而且也是物流活动中发生频率最高的活动，可见它对提高物流效率、降低物流成本的重大影响作用。因此，企业在进行物流运作中必须加强对装卸搬运的管理，实施合理化装卸搬运，从而实现降低成本、提高效益的目的。

5.1 装卸搬运及其在物流管理中的作用

5.1.1 装卸搬运概述

1．装卸搬运的定义

按照《物流术语》(GB/T 18354—2006)中对装卸搬运具有以下定义。

(1) 装卸是指物品在指定地点以人力或机械装入运输设备或卸下的作业。

装卸一般是指以垂直位移为主的实物运动形式，其作用结果是使物资从一种支撑状态转变为另一种状态，前后两种状态无论是否存在垂直距离差别，但总是以一定的空间垂直位移的变化而得以实现的。它是从原材料输送给工厂开始，再到生产领域或消费者手中的全部流通过程中，伴随着包装、保管、输送活动而需要进行的作业。

(2) 搬运是指在同一场所内，对物品进行水平移动为主的物流作业。

搬运是在区域范围内（一般只在某个物流节点，如仓库、车站、码头等）物品所发生的短距离的以水平方向为主的位移。

在实际操作中,装卸与搬运总是伴随在一起的,因此在物流科学研究中并不过分强调两者的差别而总是把它们作为一种活动来看待,统称做装卸搬运。

装卸搬运活动的基本作业主要包括装车(船)、卸车(船)、堆垛、入库、出库,以及连接上述各项作业的短程运输,是伴随运输和储存活动而产生的必要活动。在物流过程中,装卸搬运活动是不断反复进行的,其出现的频率远远高于其他物流活动,装卸搬运作业所消耗的人力也很多,所以装卸搬运费用在物流成本中所占的比例较高。以我国为例,铁路运输中装卸搬运费约占20%,在船舶运输中约占40%,因此装卸搬运活动是降低物流成本的一个重要环节。此外装卸搬运作业要接触货物,这也是物流过程中容易发生破损、散失、耗损的主要环节。由此可见,装卸搬运活动对物流效率和物流技术经济效果都有重大影响作用。

从以下几组数据就更能说明它对物流效率的重大影响作用。

(1) 据资料显示,火车货运以500公里为分界点,超过500公里,运输在途时间多于起止的装卸时间;低于500公里,则是装卸时间多于实际运输时间。

(2) 美国与日本之间的远洋船运,一个往返需要25天。据统计,其中运输时间12天,而装卸时间则需要13天。

(3) 我国对生产物流的统计,制造厂每生产1吨成品,要产生252吨次的装卸搬运作业量。据统计,装卸搬运的成本占产品制造成本的16%。

2. 装卸搬运作业的特点

1) 不均衡性

商品进入流通领域受产需衔接、市场机制等因素制约,同时各种运输方式在产量和速度上的差别等因素造成装卸搬运作业的不均衡性和波动性。

2) 具有伴生性和"起讫性"

装卸搬运与物流的其他环节密不可分,因此与其他环节相比,它具有"伴生"性和附属性特点;同时也具有"起讫性"特点,如运输、储存、包装等环节都是以它为起止点。

3) 作业需要有较高的安全性

装卸搬运作业的安全性,一方面直接涉及作业人身安全,另一方面涉及商品本身的安全,因此也就要求更加重视装卸搬运作业的安全问题。

4) 装卸搬运是作业量大、对象复杂的活动

物流活动中所有环节都需要有装卸搬运的衔接,其作业量大,作业的货物类别复杂。

3. 装卸搬运作业的方式

1) 单件作业

单件作业是指成件货物逐件装卸搬运的作业方式。这种作业对机械设备、装卸搬运的条件要求不高,不受地域和固定设备的限制。其作业对象多为包装杂货、单件大型或笨重货物。

2) 集装作业

集装作业是指对集装货物装卸搬运的作业方式。这种作业对机械设备要求较高,其作业对象范围较广,一般除超限货物和散装粉、粒、气状货物外均可进行集装作业。集装作业有托盘、集装箱、集装袋、货捆和挂车等装卸作业类型。

3) 散装作业

散装作业是指对大批量的粉、粒状无包装的散装货物的装卸搬运作业方式。散装货物

的装卸搬运一般都是采用机械设备进行作业,作业方式主要有气力输送装卸、重力装卸和机械装卸等。

4. 装卸搬运作业的设备

1) 起重设备

起重技术用来垂直升降货物或兼作货物的水平移动设备,以满足货物的装卸、转载等作业要求。

(1) 轻小型起重机。轻小型起重机一般只做升降运动或一个直线方向移动,只需要具备一个运动机构即可完成作业。

(2) 桥式类起重机。桥式类起重机用一个横跨空间的横梁或桥架支撑起升机构、小车运行机构和大车运行机构,完成起重作业。

(3) 臂架式起重机。臂架式起重机的特点与桥式类起重机基本相同。

(4) 堆垛起重机。堆垛起重机是可以在自动化仓库高层货架之间或高层码垛货场完成取送、堆垛、分拣等作业的专用起重机。

2) 输送设备

连续输送机械是一种可以将物资在一定的输送线路上,从装载起点到卸载终点以恒定的或变化的速度进行输送,形成连续或脉动物流的机械。连续输送机具有在一个区间内能连续搬运大量货物,搬运成本非常低廉,搬运时间比较准确,货流稳定等特点。

(1) 带式输送机。带式输送机是一种摩擦驱动以连续方式运输物料的机械。

(2) 斗式输送机。它是输送散装货(如煤等)货斗的传送带,传送带连续不断地将货斗送到敞开的舱口上面的某一点后,再将货斗向货舱中倒空。

(3) 悬挂输送机。它是一种常用的连续输送设备,广泛应用于在厂内连续地输送各种成件物品和装在容器或包装内的散装物料,也可以在各个工业部门的流水线中用来在各工序间输送工件,完成各种工艺过程,实现输送和工艺作业的综合机械化。

(4) 辊子输送机。辊子输送机是一系列以一定间距排列的辊子组成的,可以沿水平或较小的倾斜角输送具有平直底部的成件物品,如板、棒、管、型材、托盘、箱类容器,以及各种工件等。

(5) 螺旋输送机。

3) 装卸搬运设备

(1) 叉车。叉车具有一副水平伸出的叉臂,叉臂可做上下移动。因此,叉车具有装载货物的功能,并能携带货物做水平和垂直方向的移动。

(2) 搬运车。搬运车是一种主要用于短距离搬运货物的简单机械,由于其载货平台很低,且起升高度有限或根本没有起升能力,所以,一般不具备装卸功能。

(3) 牵引车和挂车。牵引车这种设备只有动力,没有装载能力,主要用于拖带货车或挂车,可较长距离地运输,一台牵引车可拖很长一列挂车。挂车这种设备自身没有动力,仅有一个载物平台,用于装载货物。

4) 散装装卸设备

(1) 装载机、卸载机。

(2) 翻车机。

(3) 堆取料机。

5.1.2 装卸搬运在物流管理中的作用

装卸搬运在物流管理中主要有以下作用。

(1) 装卸搬运是改变商品存放状态和空间位置的载体。在流通领域常把装卸搬运活动称为装卸,而在生产领域则把这种活动称为搬运。前者是强调存放状态的改变时使用装卸;后者则强调空间位置的改变时使用搬运。实际上物流各个环节是必须依靠装卸搬运作业来进行有效衔接的。

(2) 装卸搬运作业是提高物流设施使用效率的手段。物流设施在物流活动中被使用,其使用时间的多少、周转期的长短都与装卸搬运作业息息相关。

(3) 装卸搬运作业是减少商品资金占用和减少商品破损的重要环节。装卸搬运作业的速度直接影响到商品的入库储存和出库发送的速度,自然也就影响到商品在库时间,进而影响商品资金的占用时间;同时装卸搬运作业对减少商品损耗和差损事故也具有重要影响作用。

(4) 装卸搬运作业的质量影响着物流成本的高低。装卸搬运作业的质量好坏不仅影响物流成本的高低,而且对商品本身质量也有重大影响作用。

5.2 装卸搬运管理的基本内容

5.2.1 装卸搬运作业管理的内容

1. 装卸搬运作业的分类

1) 按作业场所不同分类

按作业场所不同分类,装卸搬运作业可分为车站、港口、机场、仓库装卸搬运作业四大类。

2) 按作业特点不同分类

按作业特点不同分类,装卸搬运作业可分为堆码拆取、分拣配货和挪移作业三大类,具体细分见表 5-1。

表 5-1 装卸搬运作业细分表

名 称	含 义
堆码	将物品整齐、规则地摆放成货垛的作业
拆垛	堆码作业的逆作业
分拣	将物品按品种、出入库先后顺序进行分门别类堆码的作业
集货	将分散的或小批量的物品集中起来以便进行运输和配送作业
搬送	为了进行上述作业而发生的移动作业,包括水平、垂直、斜向搬送
移送	搬送作业中设备、距离、成本等方面移动作业比重较高的作业

3) 按装卸作业的基本形式不同分类

(1) 装卸作业按作业对象(货物状态)不同可分为:单件作业、集装作业和散装作业。

(2) 装卸作业按作业手段和组织水平不同可分为：人力作业、机械作业和综合机械化作业。

(3) 装卸作业按装卸设备作业原理不同可分为：间歇作业和连续作业。

(4) 装卸作业按作业方式不同可分为：垂直装卸作业和滚装滚卸作业。

2. 装卸搬运机械的配套

1) 装卸机械作业区的衔接

由于装卸机械运行轨道的限制，其作业范围往往被限制在一定区间内，因此需要各种机械相互补充、衔接才能完成装卸搬运作业。

2) 装卸机械在作业吨位上的配套

装卸机械作业的衔接需要使所有机械能力得到充分发挥，要求这些机械设备作业能力（吨位数）完全匹配，使其在单位时间内的作业量达到最大。

3) 装卸机械在作业时间上的配套

要合理调整机械的运行距离，使所有参与衔接作业的机械在时间上相匹配，协调一致，保证不间断的衔接作业。

5.2.2 装卸搬运作业组织原则

1. 减少环节、作业标准化

装卸搬运作业不仅不增加商品的价值，相反会增加物流成本和商品残损的可能性，因此对装卸搬运加强管理，对必要的作业环节和次数都要准确测算，最大限度地减少作业次数，简化流程。必须拼装的作业在可能的情况下，尽量直接拼装，而不再进行多次的搬运装卸。

2. 协调兼顾、装卸程序化

装卸搬运作业与物流其他环节之间、装卸搬运作业各工序之间、装卸点与装卸点之间的物流信息在管理、工艺、设备、效率等方面都要协调统一，提高装卸搬运作业效率。同时装卸搬运作业本身的工艺、设备和商品包装的单元化和运载集装工具等都要求标准化、通用化，这些都是装卸搬运作业现代化的前提条件。

3. 散装、集装作业集中化

集中作业才能使作业量达到一定水平，为实现机械化、自动化作业创造条件。所以在物流领域内只要条件允许，装载和卸载都要尽量集中，同一类商品的作业集中在一起作业（如专业作业区、专业码头、专用装卸栈），成件货物集装化和粉粒状袋装货物散装化就是为了集中作业，提高装卸作业效率，这两化也都是物流现代化的具体要求。

4. 节能省力、步步"活化"

货物的存放状态对装卸搬运作业的方便、难易程度被称为货物的"活性"，其大小用活性指数来衡量。在装卸搬运作业中下一步工序比前一步工序活性指数称为"活化"程度，因此装卸搬运工序中应尽量使货物"活性"指数逐步提高，做到步步"活化"，起到节能省力的作用，达到提高装卸搬运作业效率的目的。

5. 巧装满载、安全、效率化

装载是运输或运输的前序环节，运输工具的满载和仓容的充分利用是提高运输和存储效率、效益的条件，特别是在运量大于运能、储量大于库容的地方尤其重要；同时为便于运输和储存，在装载作业时要按运载工具的不同对货物采取紧固、定位以保证货物在运输中的安全和效率。

5.2.3 集装化装卸搬运技术

集装化是将货物装入具有一定规格尺寸的集装箱、集装袋等容器，或按一定排列方法堆放在托盘内，形成货物的储存单元，并以单元方式成组进行运输和装卸搬运等物流作业，常见的集装化装卸搬运系统是集装箱装卸搬运系统。

1. 集装化物流的特征

集装化的优势在于装卸效率高，货物包装简单，能够节省包装费用，集装化物流是现代物流和供应链中应用最广、适应性最强的一种先进运输和装卸搬运方式，货物集装化后便于计算机管理，体现了物流信息化的特点。集装化便于大量运输，能大幅度提高运输和装卸搬运效率、减少货损货差，降低物流成本。

2. 集装化物流的分类

集装化物流可分为集装箱物流、集装袋物流和托盘成组式物流三种类型。其中集装箱物流应用范围最广，最具代表性。集装袋物流多用于邮政物流。托盘成组式物流主要应用于配送中心和制动化立体仓库等场所。

3. 集装箱装卸搬运方式

集装箱装卸搬运方式按其装卸工艺不同可分为吊装和滚装两种方式。

（1）吊装式，即采用起重机吊上吊下的方式装卸集装箱。

（2）滚装式，是将集装箱放置在挂车上，由牵引车托带挂车进行装车或装船。

5.2.4 装卸搬运作业优化分析

1. 在整个物流过程中装卸搬运发生的频率最高

在整个物流过程中装卸搬运发生的频率最高，占用物流时间多（5.1节已经详细阐述过），因此为了在最短的时间向客户提供满意的服务，这就要求物流企业尽量提高装卸作业效率，缩短装卸搬运时间，实现装卸搬运的合理化。

1) 装卸搬运作业合理化原则

在物流过程中所有的装卸搬运作业都要严格遵循以下装卸搬运作业原则。

（1）简化流程，减少环节。装卸搬运作业，应尽量做到不间断，工序间紧密衔接。作业路径采用最短直线，按照流水方式进行装卸搬运作业。

（2）作业标准化，协调兼顾。装卸搬运标准化是对装卸搬运作业的工艺、装备、设施、货物单元等的统一规定，并且与其系列化、通用化兼顾配合，以实现装卸搬运的合理化。

（3）步步活化，省力节能。提高装卸搬运的灵活性是对装卸搬运作业的基本要求，能够使作业更加活化省力，减轻作业劳动强度。

（4）分散分工，集中作业。按照经济合理原则，组织集装化、散装化和集中货源的方式才能方便机械化、自动化作业，提高装卸搬运作业效率。

（5）合理装载，安全牢固。在货物装载时，充分利用运输车辆的装载容积和对货物的安全固定，保证运输货物的牢固、安全。

（6）文明作业，科学装卸。在装卸搬运作业时要保障作业人员的人身安全、货物的安全，以及设施设备的安全，做到科学装卸搬运，文明作业。

2）必须实现装卸搬运作业的机械化和自动化

经过装卸搬运作业实践，人们发明了装卸机械，如吊车、铲车、传送带和自动升降机等。在物流过程中，运输、储存前后货物的装卸作业，生产前后的物料搬运作业，要实现机械化和自动化作业，从而提高装卸作业效率，解放劳动力，使有限的人力资源发挥更大的作用。

3）在装卸搬运作业过程中加强计划、调度、指挥

最大限度地实现装卸搬运机械的作业区、作业量、作业时间等方面的综合协调工作，充分发挥其作业效率，达到装卸作业合理化、效率化。

2．装卸搬运的合理化

首先，装卸搬运要坚持作业原则，其次是按照装卸搬运作业合理化的要求进行作业。装卸搬运作业合理化主要包括以下内容。

1）提高物品装卸搬运的灵活性和可运性

提高货物的灵活性和可运性是装卸搬运作业的一项重要内容，要求每一个装卸作业环节都必须为下一个环节物流活动提供方便，即所谓的"活化"程度。因此，不断提高待装卸搬运物料的"活化"程度是装卸搬运灵活性的重要标志。而装卸搬运的可运性是指装卸搬运作业的难易程度，其主要影响因素有物品的外形尺寸、物品的形状、物品所处的状态、物品的笨重程度、物品的价值和使用价值等。装卸搬运物品的可运性一般用物品的马格数值来表示。

2）巧用重力作用降低能量消耗

在装卸搬运作业时应尽量消除货物重力的不利影响，同时尽可能利用重力进行装卸搬运作业，以减轻劳动力或其他能量的消耗，如坚持"持物不步行"原则，即货物的重量由机械来承担，而人力只用于使车辆水平移动。利用斜坡原理进行装卸搬运作业就是利用重力影响的典型例子。

3）合理选择装卸搬运方式

在装卸搬运过程中，必须根据货物的种类、性质、形状、重量来确定作业方式。在装卸时对货物的处理一般有三种形式：第一种是"分块处理"，即按普通包装对货物逐个装卸；第二种是"散装处理"，即对粉粒状货物原样装卸；第三种是"单元组合处理"，即货物以托盘集装或以集装袋为单位组合后进行装卸。这种作业处理的优势在于：可以充分利用机械进行作业，物流效率高，作业"活性"好，易于实行标准化，作业时不接触货物本体，对货物有很好的保护作用。

4）合理选择装卸搬运机械

随着科学技术的迅猛发展，许多现代技术已经应用到装卸搬运作业环节上，出现了一

系列新型装卸搬运专用设备,如应用激光技术的激光导引运输车,运用自动化控制技术的巷道堆垛机、堆码机器人,将自动分拣、自动送货与自动化仓库等作业结合起来形成的联合自动化系统等。这些代表现代化装卸搬运的前沿技术,将大大地改善装卸搬运作业现状,极大地提高装卸搬运作业速度,提高物流效率,从而大幅度降低物流成本。

5) 改进装卸搬运作业方式

装卸搬运是物流过程中的重要环节,因此合理分解装卸搬运活动,改进装卸作业,对提高作业效率有着十分重要的作用。如采用直线搬运、减少搬运次数、使货物搬运距离最短,避免装卸搬运过程中对流、迂回、过远搬运等现象发生。在改进作业方式上采用现代管理方法和手段,如排队论的应用、网络技术的应用、人机系统的应用,实现装卸搬运作业的连贯、均衡、顺畅,达到加快装卸搬运作业速度、提高物流效率的目的。

6) 卸搬运顺畅化

(1) 作业现场装卸搬运机械合理衔接。

(2) 不同的装卸搬运作业在相互联结使用时力求使其装卸搬运速率相等或接近。

(3) 充分发挥装卸搬运调度人员的作用,一旦发生装卸搬运作业障碍或停滞状态,立即采取有力的措施补救。

7) "复合终端"的应用

近年来,发达国家对运输线路终端进行了有效的装卸合理化改造,建立所谓的"复合终端"形式,即对不同的终端场所,集中配置不同的装卸设施。例如,在"复合终端"内集中建设铁路和汽车场站及水运港口,这样就可以十分合理地配置装卸搬运机械,使各种运输方式有机地协调、结合起来。"复合终端"的优点在于:第一,避免了各种运输工具之间的中转搬运,有利于加快物流速度,减少因装卸搬运作业所造成的货物损失;第二,由于各种场所集中到"复合终端",这样可以充分利用各种不同类型的装卸搬运设备,提高设备利用率;第三,在"复合终端"内,可以利用大生产的优势进行技术改造,从而大大提高运转效率;第四,可以减少装卸搬运次数,保证物流功能的提高。

3. 装卸搬运系统的优化

装卸搬运从某种意义上讲是运输储存的辅助活动,因此要特别重视从物流全过程来考虑装卸搬运的优化组合。

1) 搬运作业的活性指数

所谓活性指数就是指物品的存放状态对装卸搬运作业的难易程度。一般来讲物品的活性指数越高,越便于装卸搬运作业,但也要考虑作业操作的可能性,例如物品在存放阶段中,活性指数为 4 的输送带和活性指数为 3 的车辆,在实际作业中就很少使用。这是因为大批量的物品不可能长时间存放在传送带或车辆上的缘故。

2) 搬运系统分析

搬运系统分析是理查德·缪舍先生提出的一种分析方法,适用于所有物品搬运作业,物品的搬运是以物品、物品的移动和移动的方法为基础进行的。因此搬运系统分析的是,对所需要搬运的物品,分析需要进行经济实用的移动的搬运方法。

(1) 物品分类。在对物品分类时主要考虑两个方面,首先是物品的可运性,影响物品可运性的主要因素是物品本身的理化性质和外界因素(如搬运器具等);其次是物流条件,包括生产工艺、质量保证体系、生产管理等方面要求。

(2) 物品移动分析。物品移动分析包括以下步骤。

① 搜集移动分析资料，选择方案应建立在物品搬运作业与具体布置相结合的基础之上，因此需要掌握物品、线路、搬运作业等资料。

② 编制搬运作业一览表。把搜集的资料汇总制表起到全面了解情况及运用的作用。

③ 绘制移动图表，把分析结果绘制到物流图表上。这是搬运系统分析中一个重要步骤。

(3) 搬运方法分析。所谓搬运方法就是一定类型搬运设备与一定类型的运输单元组合，进行一定形式的搬运作业而形成一定的搬运路线。

① 确定搬运设备、运输单元组合和搬运路线。

② 设计初步搬运方案，解决物品搬运问题除了路线设备和运输单元外，还有有效的操作设备等问题。因此要根据实际情况进行修订、计算和说明。

③ 方案评价，从多个方案中进行成本比较和物流因素比较等评价后，最后选出一个最佳方案。

 典型案例

联华便利物流中心装卸搬运系统

联华公司创建于1991年5月，是上海首家发展连锁经营的商业公司。经过11年的发展，已成为中国最大的连锁商业企业。2001年销售额突破140亿元，连续3年位居全国零售业第一。联华公司的快速发展，离不开高效便捷的物流配送中心的大力支持。目前，联华共有4个配送中心，分别是两个常温配送中心、1个便利物流中心、1个生鲜加工配送中心，总面积7万余平方米。

联华便利物流中心总面积8 000平方米，由4层楼的复式结构组成。为了实现货物的装卸搬运，配置的主要装卸搬运机械设备主要为：电动叉车8辆、手动托盘搬运车20辆、垂直升降机2台、笼车1 000辆、辊道输送机5条、数字拣选设备2 400套。在装卸搬运时，操作过程如下：对来货卸下后，把其装在托盘上，由手动叉车将货物搬运至入库运载处，入库运载装置上升，将货物送上入库输送带。当接到向第一层搬送指示的托盘在经过升降机平台时，不再需要上下搬运，将直接从当前位置经过一层的入库输送带自动分配到一层入库区等待入库；接到向二至四层搬送指示的托盘，将由托盘垂直升降机自动传输到所需楼层。当升降机到达指定楼层时，由各层的入库输送带自动搬送货物至入库区。货物下平台时，由叉车从输送带上取下托盘入库。

出库时，根据订单进行拣选配货，拣选后的出库货物用笼车装载，由各层平台通过笼车垂直输送机送至一层的出货区，装入相应的运输车上。

先进实用的装卸搬运系统，为联华便利店的发展提供了强大的支持，大大提高了联华便利物流运作能力和效率。

(资料来源：http://zhidao.baidu.com/link?url=EkKXpFO_JniQ9wNH36DlzEgl-BSSGc3DdUB_M-G5rrLWJ23bUX0LDJRiY9rPSblAPqZ-h6lDx97oY7hC03ywwA_.)

本 章 小 结

本章介绍了装卸搬运的定义、特征（波动性、均衡性、伴生性与起止性），以及装卸搬运在物流管理中的作用。

装卸搬运作业的组织原则是：减少环节、作业标准化、协调兼顾、装卸程序化，散装、集装作业集中化、节能省力、步步"活化"、巧装满载、安全、效率化。

装卸搬运作业的分类：按作业场所分类、按作业特点分类、按作业方式分类、按装卸作业的基本形式分类、按作业对象（货物状态）分类、按作业手段和组织水平分类。

装卸搬运作业合理化原则是：简化流程、减少环节，作业标准化协调兼顾，步步"活化"、省力节能、分散分工、集中作业、合理装载、安全牢固、文明作业科学装卸。

装卸搬运作业系统优化分析：现代物流要求装卸搬运合理化、必须实现装卸搬运作业的机械化和自动化、巧用重力作用降低能量消耗、合理选择装卸搬运方式、合理选择装卸搬运机械、改进装卸搬运作业方式、"复合终端"的应用。

装卸搬运设备的分类：起重设备、输送设备和装卸搬运设备和散装装卸设备。

练 习 题

一、不定项选择题

1. 专门用于堆码或提升货物的机械是（   ）。
   A. 叉车　　　　　　B. 堆垛机　　　　　C. 输送机　　　　　D. 起重机
2. 下列选项中不属于装卸搬运合理化原则的是（   ）。
   A. 消除无效搬运　　　　　　　　B. 提高搬运活性
   C. 尽量采用人工作业　　　　　　D. 采用集装单元化作业
3. 下面不属于无效装卸的是（   ）。
   A. 过多的装卸次数　　　　　　　B. 无效物品的装卸
   C. 过大包装　　　　　　　　　　D. 规模装卸
4. 对有关搬运的"运"与运输的"运"的说法正确的选项是（   ）。
   A. 搬运是在同一地域的小范围内发生的
   B. 运输是在较大范围内发生的
   C. 两者是量变到质变的关系
   D. 两者中间并没有严格的界限
5. 单件装卸搬运的主要对象是（   ）。
   A. 包装杂物　　　　　　　　　　B. 危险货物
   C. 大而笨重的货物　　　　　　　D. 多品种大批量的货物
6. 集装作业法包括（   ）。
   A. 集装箱作业法　　　　　　　　B. 托盘作业法
   C. 网袋作业法　　　　　　　　　D. 货捆作业法

7. 装卸搬运设备的选择依据是（　　）。
   A. 设备特点　　　B. 货物特点　　　C. 时间因素　　　D. 设备成本
8. 下面属于装卸搬运合理化原则的是（　　）。
   A. 省力化　　　　B. 系统化　　　　C. 集成化　　　　D. 机械化
9. 叉车具有的功能是（　　）。
   A. 提取　　　　　B. 搬运　　　　　C. 堆码　　　　　D. 运输
10. 复杂的运输设备适合（　　）。
    A. 距离短、物流量小的搬运需求　　B. 距离短、物流量大的搬运需求
    C. 距离长、物流量小的搬运需求　　D. 距离长、物流量大的搬运需求

二、简答题

1. 简述装卸搬运的基本内容。
2. 简述装卸搬运合理化原则。

三、分析应用题

1. 试分析装卸搬运与仓库布局的关系。
2. 如何理解装卸搬运和装卸搬运在物流中的重要作用？

四、综合案例分析题

云南双鹤医药的装卸搬运成本案例

云南双鹤医药的装卸搬运成本案例，表明装卸搬运活动是衔接物流各环节活动正常进行的关键，从本案例不难看出，装卸搬运应减少操作次数，提高装卸搬运活性指数，实现装卸作业的省力化等。云南双鹤医药有限公司是北京双鹤这艘医药航母部署在西南战区的一艘战舰，是一个以市场为核心、现代医药科技为先导、金融支持为框架的新型公司，是西南地区经营药品品种较多、较全的医药专业公司。虽然云南双鹤已形成规模化的产品生产和网络化的市场销售，但其流通过程中物流管理严重滞后，造成物流成本居高不下，不能形成价格优势。这严重阻碍了物流服务的开拓与发展，成为公司业务发展的"瓶颈"。而云南双鹤恰好忽视了这一点，由于搬运设备的现代化程度低，只有几个小型货架和手推车，大多数作业仍处于人工作业为主的原始状态，工作效率低，且易损坏物品。另外仓库设计的不合理，造成长距离的搬运。并且库内作业流程混乱，形成重复搬运，大约有70％的无效搬运，这种过多的搬运次数，损坏了商品，也浪费了时间。要想构筑先进的物流系统，提高物流管理水平，单靠物流设备是不够的。

（1）减少装卸搬运环节。改善装卸作业，即要设法提高装卸作业的机械化程度，还必须尽可能地实现作业的连续化，从而提高装卸效率，缩短装卸时间，降低物流成本。

（2）防止和消除无效作业。尽量减少装卸次数，努力提高被装卸物品的纯度，选择最短的作业路线等都可以防止和消除无效作业。

（3）提高物品的装卸搬运活性指数 企业在堆码物品时事先应考虑装卸搬运作业的方便性，把分类好的物品集中放在托盘上，以托盘为单元进行存放，既方便装卸搬运，又能妥善保管好物品

（4）积极而慎重地利用重力原则，实现装卸作业的省力化 装卸搬运使物品发生垂直和水平位移，必须通过做功才能完成。由于我国目前装卸机械化水平还不高，许多尚需人

工作业，劳动强度大，因此必须在有条件的情况下利用重力进行装卸，将设有动力的小型运输带（板）斜放在货车、卡车上进行装卸，使物品在倾斜的输送带（板）上移动，这样就能减轻劳动强度和能量的消耗。

（资料来源：http：//www.chinabuy.org/read.asp? id＝23022.）

思考题：
（1）如何理解装卸搬运活动是衔接物流各环节活动正常进行的关键？
（2）云南双鹤医药的装卸搬运环节中出现了哪些问题？
（3）你认为应当如何改进云南双鹤医药的装卸搬运作业？

实 训 操 作

【实训内容】
装卸与搬运。

【实训目标】
到一个物流企业参观学习，了解物流企业的装卸与搬运环节运作，加深对装卸与搬运流程的理解，通过对装卸与搬运的学习，加深对装卸与搬运的感性认识和理解。

【实训成果】
学生5～7人自愿分组实训，每组提交实训报告一份，由任课教师在课堂组织学生交流，提高学生对装卸搬运管理的意识。

第6章 包装管理

【学习目标】

通过对本章的学习，学生应重点掌握包装的基本概念和功能，包装的分类，包装的技术与方法以及包装的合理化与标准化等。

【关键概念】

包装　包装合理化　包装标准化　包装标识

导入案例

日本印刷株式会社的新型包装

2008年年底，上海市包装协会接待了日本包装协会"包装与环保"代表团，中日包装专家就包装、包装废弃物、环境等问题开展了交流，特别就当今困扰社会经济生活发展的问题开展深层次的切磋研讨。会上日本专家向上海同行介绍了他们在产品包装减量化的先进经验，有不少案例值得我们借鉴并学习。

该企业产品包装贯彻环境意识的四原则，即包装材料减量化、使用后包装体积减少、再循环使用、减轻环境污染的原则。

（1）包装材料减量化原则：采用减少容器厚度、薄膜化、削减层数、变更包装材料等方法减少包装材料使用量。

（2）使用后包装体积减少原则：采用箱体凹槽、纸板箱表面压痕、变更包装材料等方法，如该企业生产的某种饮料瓶使用完毕后，体积变得很小，方便回收。

（3）再循环使用原则：例如采用易分离的纸容器，纸盒里面放塑料薄膜，使用完毕后，纸、塑分离，减少废弃物，方面处理；还有一种可易分离的热塑成型的容器。

（4）减轻环境污染原则：该企业在包装产品的材料、工艺等方面进行改进，减少生产过程中二氧化碳（CO_2）的排放量，保护环境。

日本同行在包装减量化方面做了大量富有成效的研究与开发。

（资料来源：http://infos.edulife.com.cn/200806/04132260301.html.）

包装在生产和流通过程对商品的质量具有重要的保护功能和销售功能，日本印刷株式会社的新型包装案例说明包装在物流各环节中也具有不可或缺的作用，企业在生产和流通销售过程中都必须十分注重包装管理，这对企业降低成本、提高效益都是十分重要的。

6.1 包装及其在物流管理中的作用

6.1.1 包装的概念

在国际标准和《物流术语》（GB/T 18354—2006）关于包装术语中对包装的定义为："包装是为在流通过程中保护产品、方便储运、促进销售，按一定技术方法在采用的容器、材料及辅助物等的总体名称；也指为了达到上述目的在采用容器、材料和辅助物的过程中施加一定技术方法等的操作活动。"

包装是产品生产过程中的一个重要组成部分，绝大多数产品是要经过包装才能进入流通领域，经过包装的产品在搬运装卸、运输、储存、销售等环节中，能够起到宣传产品、保护产品、方便流通、促进销售，因此包装是实现产品价值的一种必要手段。

6.1.2 包装在物流管理中的作用

1. 包装具有维护商品质量的作用

包装具有保护商品安全的作用，是商品正常流通的必要条件，产品在流通过程中受各种条件影响，会造成损失、耗损、变质。据资料显示，我国因包装破损造成的商品损失很大，如水泥每年因纸袋、塑料袋包装破损而造成损失达 5 亿元，陶瓷玻璃破损损失约 6 亿元，化肥损失约 4 亿元，这些损失之大、浪费之巨，足以引起生产企业和物流企业的高度重视。因此改进包装技术，提高包装作业水平和装卸搬运作业水平及储运管理水平刻不容缓。

2. 包装具有方便储存和运输的作用

包装是加速商品流转，降低物流费用的重要因素，产品的形态是各异的，但经过包装后可使包装的外形符合一定规格，因此可以提高仓容利用率和运输工具的装载能力；同时商品的包装标志和标识能够指导对产品的装卸搬运作业，减少商品的货损货差事故，加速商品的流转，缩短物流环节，提高物流效率，降低物流费用。

3. 包装具有美化、宣传商品的作用

包装具有促进商品销售和提高为用户消费服务水平的作用，包装的销售功能是商品经济高度发展、市场竞争日益激烈的必然结果。在商品质量相同的情况下，精致、美观、大方的包装可以引起消费者的注意，诱导消费者的购买欲望和购买动机，继而产生购买行为。商品通过包装的标志、标识、外形结构、装潢等达到美化、宣传商品的作用，同时也能帮助用户了解商品性质，诱导消费，促进商品销售，从而提高对用户消费服务的水平。

4. 包装具有信息传递的作用

最典型的信息传递作用就是识别所包装商品的品名、规格、型号、性质等；另一个作用就是对商品在物流活动中的跟踪，防止和减少在物流活动中的货损、货差的损失。

6.1.3 包装的主要功能

1. 保护功能

商品包装的保护功能是最基本的功能。该种功能主要指，保护内装商品在流通过程中不受损伤。其主要具有以下作用。

（1）进行商品包装可以防止商品破损，承受在装卸、运输、保管过程中的各种撞击、振动、压缩、摩擦等外力破坏的保护作用，减小和避免因此造成的损伤。

（2）进行商品包装可以防止商品因潮、霉、锈、虫害、鼠害等而发生的损坏。

（3）进行商品包装可以防止异物混入、污物的污染，以及商品的丢失和散失等。

2. 方便功能

商品生产为了销售，必须经过流通过程，从生产厂到销售地要进行装卸搬运、储存、运输等过程。这就要求商品的包装必须适应这些过程。因此，商品包装应具有方便流通和消费的功能。

（1）方便储存。进行商品包装可以为商品保管的出入库、装卸搬运作业提供方便。

（2）方便装卸。进行商品包装可以为各种装卸搬运机械的使用提供条件，尤其值得关注的是包装的标准化能极大地提高装载作业效率。

（3）包装的规格、形状、重量与运输关系密切。包装的外形尺寸与运输车辆、船舶、飞机等运输工具的货箱和仓容的高度相吻合，是提高运输效率的关键。

3. 销售功能

包装的销售功能是商品经济高度发展，市场经济竞争日益激烈的结果。在商品质量相同的情况下，精致、美观、大方的包装能够增强商品的美感，诱导消费者的购买欲望和购买动机，从而产生购买行为。这是因为消费者对商品第一感观是商品的外包装，而不是商品本身。销售功能是促进商品销售的一种包装功能。包装的外部形态、装潢设计对商品的促销宣传，对顾客的购买起着重要的影响作用，可达到促进销售的目的。因此，应当说包装是产品的"无声的推销员"。

6.2 包装的分类

6.2.1 按包装在物流中的作用不同分类

（1）商业包装（也称消费包装）。其主要作用是用以吸引消费者，促进销售。其特点是要求造型美观大方，拥有必要的外观装饰。包装上有关商品的详细说明、包装单位，适合于消费者购买以及在商家柜台上陈列，该类包装在B2C的电子商务中尤其重要。

（2）工业包装（也称运输包装）。其主要作用是用以商品在运输、储存和装卸搬运过程中保护商品的一种包装。其特点是强调包装的坚固性、实用性和低成本。一般来说在B2B电子商务模式中，工业包装是非常重要的。

6.2.2 按包装材料不同分类

（1）纸质包装。是指用纸袋、瓦楞纸箱、硬质纤维作为包装容器对商品进行包装。纸质包装的成本低廉、适用性好，印刷装饰性较好。该类包装约占所有包装材料使用量的40%。

（2）塑料制品包装。指使用塑料膜、塑料袋及其他塑料容器进行商品的包装，主要有聚乙烯、聚氢乙烯、聚丙烯、聚萘乙烯等塑料制成的箱、袋，这些材料的包装综合性能较好，一般普通货物都能用塑料制品进行包装。

（3）木制容器包装。指使用普通木箱、花栏木箱、木条复合箱、金属网木箱等进行商品包装，木制容器一般多用于重物及出口物资的包装。

（4）金属容器包装。指用黑铁皮、马口铁、铝箔和钢材等材料制成的包装容器对商品进行包装，主要有罐头盒、罐头瓶、铁桶及装气体的钢瓶等。

（5）玻璃、陶瓷容器包装。指利用耐酸陶瓷或玻璃等材料制成的容器对商品进行包装。这种包装耐腐蚀性能较好而且比较稳定。耐酸玻璃包装还可以透过玻璃看到包装内物资。

（6）纤维容器包装。指利用麻袋、尼龙袋对商品进行包装，可以是单层或多层的，这种包装多用于散装物资。

（7）复合材料包装。指利用两种或两种以上材料复合制成的包装，有纸与塑料、纸与铝箔和塑料等材料，其用途与塑料制品包装大致相同。

（8）合成树脂包装。指用合成树脂制成的各种塑料瓶、塑料袋、塑料箱等容器对商品进行包装。这是近20年发展起来的一种新型包装材料,有适当的强度,透明性好、防水性好、耐油、耐热、耐寒等多种优点,其适用范围十分广泛,能适用于大多数商品的包装。

6.2.3 按包装的保护技术不同分类

(1) 防潮包装。指在商品流通过程中,为防止因空气中的水汽、潮气等引发的变质、潮湿、凝结等而采用的一种透湿度较好的材料进行的包装。

(2) 防锈包装。指为防止金属产品由于空气污染和水蒸气附着在金属表面发生化学反应导致锈蚀,而对包装外表进行防锈处理后的包装。

(3) 防虫、鼠害包装。指对包装容器进行防虫、鼠害处理或放入驱虫剂等以防止虫、鼠对商品危害的包装。

(4) 防光包装。指包装容器采用遮光材料或涂以遮光剂的商品包装。

(5) 真空包装和气体置换包装。真空包装是指在容器封口之前抽取容器内空气,使容器内基本处于真空状态以防细菌侵害。气体置换包装是利用不活泼气体(如 N_2、CO_2)置换包装内的空气的包装。

(6) 危险品包装。指按危险品性质、特点,根据国家有关法令和规定涉及的危险品的包装容器。这些包装物都要有明显的危险品货物标志,并标明装卸搬运的具体要求。

危险品包装又可细分为以下几类。

① 对于易燃易爆品的包装:这种防燃爆包装采用塑料桶,然后外套铁桶或木桶的包装。

② 对于腐蚀性物品的包装:这种包装主要是避免物品与包装容器的材料发生化学反应,如在金属类包装内涂上防腐涂料。

③ 对放射性物品的包装:这种包装主要是为避免物品对外界产生辐射危害而采用的特种材料包装。

④ 对有毒物品的包装:这种包装要严密包裹,不透气,使有毒物品不至于对外泄漏的包装。

(7) 拉伸与压缩包装。这两种包装是用机械将弹性薄膜或压缩薄膜紧裹于物品上的包装,可以方便地仓储和运输。

6.2.4 按包装的集装化程度不同分类

按集装化程度不同对包装分类大致有单体化包装和集装化包装两种。

1. 单体化包装

单体化包装是指对商品的包装进行的单个包装,上述三种包装的分类就是在单体包装情况下对包装的划分。

2. 集装化包装

所谓集装化,按照国家标准《物流术语》的定义,是指"用集装器皿或采用捆扎方法,把物品组成标准规格的单元货件,加快装卸搬运、存储、运输等物流活动。"

所谓集装化包装就是运用集装技术进行的包装形式。

1) 集装化包装的意义

集装化包装是以生产发展和科学技术为基础的,要求运输、装卸作业的高度机械化、自动化和一整套科学的管理方法,其在现代物流活动中日益显示出它巨大的优越性。

(1) 有利于降低运输、装卸的劳动强度,减少作业次数,提高运输和装卸搬运效率。

(2) 缩短了装卸作业时间、加速了车船周转,有利于实现联合运输,形成"门到门"运输服务,便于实现作业的机械化和自动化,在很大程度上提高了物流效率。

(3) 提高了货物储存的安全性。由于集装化按一贯制进行运输、装卸搬运,整个过程不需打开包装,避免了因货物倒装造成的货损、货差、丢失事故,有效地提高了货物的安全性。

(4) 节省了包装费用、降低了物流成本。集装化包装所使用的器皿(集装箱、集装袋、托盘等)多是可以周转循环使用的,因此可以节约包装材料费用,降低物流成本。

(5) 促进了包装标准化、规格化、系列化的实现。集装化包装要求各单体包装具备一定规格尺寸,必须适合集装化包装的放置要求,促进了单体包装的标准化、规格化和系列化。

2) 集装化包装的实现条件

(1) 通用化。集装化包装要与物流整个过程的设备和工艺相适应,不同形式的集装方式之间、同一种集装化方式的不同规格的集装工具之间相协调,才能使集装化包装实现一贯制运输和存储,实现"门到门"物流服务。

(2) 标准化。集装化包装的尺寸、重量、材料性能、试验方法甚至标志、编号都必须标准化,以利于全社会流通周转甚至国际物流周转。

(3) 系统化。这里包括集装工具(集装化包装)在内的成套物流设施、设备和管理的总和,是一个联系生产与生产、生产与消费的动态系统。

3) 几种常见的集装化包装

(1) 集装箱。所谓集装箱是用于运输和存储若干单体货物、包装货或散货的矩形箱体,它能限制和防止发生货损、货差,可脱离运载工具作为单元货物进行运输、储存和装卸而无须倒装箱内货物。其主要不同有以下几种类型。

① 按适用范围不同可分为国内集装箱和国际集装箱。

② 按用途不同可分为普通集装箱和特殊集装箱(如冷藏、保温、汽车、动物等集装箱)。

③ 按箱体材料不同可分为钢质、铝合金、玻璃钢、不锈钢等材料制成的集装箱。

④ 按箱体结构不同可分为内外柱式、折叠式、固定式、骨架式、薄壳式等集装箱。

(2) 集装袋。所谓集装袋(也称柔性集装箱)是将货物集成包装在一起,利用叉车、吊车等实现集装单元化运输,主要用于粉粒状货物,如水泥、粮食、化肥、盐、糖、食料、矿产品等货物的储存、运输和装卸。集装袋的特点是结构简单、自重轻、可折叠、价廉、成本低,比较常见的有吨包装集装袋。与传统麻袋、纸袋相比集装袋能够提高效率3倍左右,节省包装材料20%左右,而且破损率仅5‰左右。集装袋一般都可以重复使用,主要有以下几种:一是橡胶集装袋,二是塑料集装袋,三是帆布集装袋。

(3) 托盘。关于托盘集装化问题已经在第5章详细阐述过,此处不再赘述。

6.3 包装的技术和方法

6.3.1 包装的一般技术和方法

（1）对内装物品合理放置与固定。为达到缩小体积、节省材料、减少损失的目的，包装内商品重力要分布均衡，产品之间要有隔离和固定。

（2）对粉、泡产品进行压缩。该类产品属于轻泡货物，要尽量减少对装载设备的容积占用，节约材料，以达到降低运输和储存成本目的的一种包装技术。

（3）合理选择外包装形状尺寸。选择外包装形状尺寸应按包装模数为准，避免过高、过大、过重、过扁，特别是与集装箱配套使用的包装，必须与集装箱标准尺寸匹配，方能充分利用集装箱的容积。

（4）合理选择内包装形状尺寸。内包装一般属销售包装，其选择要与外包装相吻合。因其是销售包装，要考虑是否利于销售，包括装潢、展示和携带等方面。

（5）包装外的捆扎。该种技术和方法是直接将单个物件或多个物件捆紧，防止散落，以便储存、运输和装卸，同时能压缩体积，降低储存和运输费用。

6.3.2 包装的特殊技术和方法

1. 缓冲（或防震）包装技术

它主要是使被包装物品免受因物流作业产生的冲击力、推动力等造成对物品损伤的一种包装技术，它还可以细分全面缓冲包装技术和部分缓冲包装技术。

2. 防潮包装技术

它是采用防潮材料以防止外界空气和相对湿度的变化对商品产生影响，使包装内的相对湿度与商品要求相符，从而达到保护商品的一种包装技术。

3. 防锈包装技术

它是为防止金属制品生锈降低使用价值而采用对包装进行防锈涂剂处理的一种包装技术。

4. 防霉包装技术

它是为防止霉菌侵害商品，影响商品质量而采用的如耐低温、防潮和高密封包装等防护措施的包装技术。

5. 危险品包装及其他包装技术

（1）对于易燃易爆物品的包装技术。

（2）对于腐蚀性物品的包装技术。

（3）对放射性物品的包装技术。

（4）对有毒物品的包装技术。

（5）拉伸与压缩包装技术。

尤其需要注意的是，对危险品货物除一般包装标识外，均须在包装物外表印有明显的危险品货物标志，并标明装卸搬运的具体要求。

6.3.3 现代包装技术及其方法

1. 现代包装技术

随着科学技术的飞速发展，商品包装已成为促进销售、增强竞争力的重要手段。许多新技术、新工艺、新思维已被应用于包装设计、包装工艺、包装设备、包装新材料、包装新产业等方面，通过包装材料和包装手段的实施，使产品和消费者之间建立起一种紧密联系。这进一步说明了包装与产品的关系，强调了包装是产品的一部分，甚至就是产品本身。随着经济的发展和科技的进步，商品的种类更加繁多，包装的作用已远远超过传统包装的界定。

消费者在关注产品本身的同时，也在体会包装本身的功能。

2. 现代包装技术的方法

现代包转技术的方法主要包括感觉包装、功能包装和智能包装。

1）感觉包装

感觉包装是指能使消费者对包装商品有一种直观感受（包括触觉、视觉、嗅觉等）的包装。其目的是保持商品的完整性。

2）功能包装

功能包装是指保护商品实用价值的包装方法，其功能主要体现在包装的防护材料和技术，如抗菌、防臭等包装。

3）智能包装

智能包装是指对环境具有自动识别和判断功能的包装，如识别和显示所在空间的温湿度、压力及密封程度、时间等参数。从严格意义上讲，智能包装应该是功能包装的一部分。

3. 包装标识

包装标识主要分为两大类：一类是销售包装标识；另一类是运输包装标识。

1）销售包装标识

销售包装是直接接触商品并随商品直接与消费者见面的包装。这种包装除具有商品的保护功能外还具有促销的功能。销售包装标识主要通过包装图案、文字、条形码等信息形式表达商品的信息，能够方便消费者识别，起到促销的作用。因此，对销售包装的造型、装潢画面和文字说明等都有较高的要求。

(1) 包装图案。销售包装的图案要美观大方，突出商品特点，在设计图案画面时要考虑到各类消费者的喜好，起到诱导和刺激消费的作用。

(2) 文字说明。销售包装应有文字说明，如商标、品名、规格、成分、用途、使用方法和产地等必要的文字表述。对于有时效性要求的商品还要注明储存期或保质期。

(3) 条形码。商品包装上的条形码是由一组带有数字的黑白及粗细间隔不等的平行条纹所组成的商品条码，它是利用光电扫描器为计算机输入数据的特殊代码语言。

2）运输包装标识

运输包装是以满足商品运输和仓储要求为目的的包装。运输包装标识是在包装的外部采用特殊的图像、符号、和文字表明对内装物品载运、储存过程中应注意的事项。一般运输包装标识包括以下3类。

（1）运输包装收发货标识。它可便于运输、装卸作业时识别货物，对收货、发货、装车、装船都很重要。

（2）包装储运图示标识。它是按照商品的特征（如商品怕潮湿、怕震动、怕热、怕冻等）确定的。其目的是为使货物在运输、装卸和存储过程中，引起作业人员的注意使其按照包装标识的要求作业。

3）危险品包装标识

危险品包装标识用以标明危险品货物。GB/T 190—2009《危险货物包装标志》中，对爆炸品、易燃气体、不燃压缩气体、有毒气体、易燃固体、自燃品、遇湿危险品、氧化剂、有机过氧化物、毒品、有害品、感染性物品、放射性物品、腐蚀品等16种危险货物，用文字图像表示危险品的理化性质及危险等级，以提示在物流作业时要特别注意。

4）包装标识的要求

（1）必须按国家有关规定办理，国家对商品包装的标识和标志所使用的文字、数字、符号、图形及使用方法都有统一规定。

（2）必须简明、清晰、易于辨认。包装标识和标志要文字少、图形清晰、易于制作、一目了然、方便识别。标识和标志的文字、字母、号码的大小要与标识和标志的尺寸相称。

（3）涂刷、拴挂、粘贴标识和标志时部位要适当，所有的标识和标志都应当位于搬运、装卸作业时容易看到的地方。

（4）要选用明显的颜色做标识、标志。

（5）用于拴挂的标识、标志尺寸为74cm×52.5cm，用于印刷的标识与标志为105cm×74cm和148cm×105cm两种（特大、特小包装除外）。

6.4 包装的合理化与标准化

包装的合理化与标准化管理对提高包装质量、降低包装成本、保护产品、减少其在流通过程中的损失、节约运输能力、方便销售、提高经济效益都起着重要作用，因此加强包装合理化与标准化管理是降低物流总成本，提高物流效益的一项重要措施。

6.4.1 包装的合理化

1. 不合理化的包装

（1）包装不足：①包装强度不足，导致包装防护性不足，造成商品的损失；②包装材料水平不足，由于包装材料选择不当，材料不能很好地承担运输防护及促进销售的作用；③包装容器的层次及容积不足，缺少必要层次以及所需体积不足造成损失。

（2）包装过度：①包装强度设计过高，如包装方式大大超过强度要求等，使包装防护性过高。②包装材料选择不当，选择过高，如可以选择纸质包装却采用金属包装等。③包装技术过高，如包装层次过多、包装体积过大。按照商务部的规定，一般包装的费用不得超过商品价值的15%，反对商品的过度包装，从而实现商品包装的合理化。

(3) 包装污染：①包装材料中大量使用的纸箱、木箱、塑料容器等，会消耗大量的自然资源；②商品包装的一次性、豪华性，甚至采用不可降解的包装材料，严重污染环境。

2. 合理化的包装

商品包装对整个物流合理化有重要的影响。因此在商品包装设计时就要研究它的合理化问题。通过影响包装的因素分析知道，商品包装的设计必须根据包装对象的具体特征来考虑，根据商品的属性来选择不同的包装材料、包装技术；同时在设计包装形状和尺寸时要考虑商品的强度和容积，包装的长、宽、高比例，要符合物流模数化要求，以便有效地利用运输、搬运、装卸设备和仓储空间，对外形不规则的商品，一般要先做方体化配置，以适应装箱要求。此外在进行造型设计时，要注意合理利用资源、注重节约包装材料和包装材料的环保性。合理化包装应该符合以下要求。

(1) 广泛采用先进包装技术。
(2) 采用绿色包装方式。
(3) 采用组合单元装载技术，即采用托盘、集装箱进行组合运输。
(4) 采用无包装的物流形态。

6.4.2 包装的标准化

随着物流现代化发展，电子商务的兴起，商家的市场无限扩大，原来在有限范围的市场变得没有边界，世界的每个角落都可以成为企业的市场。但也产生了一些问题，因为每个国家对产品包装都有自己的标准规范，当商品进行国际交易时就可能因此发生障碍。因此必须有一个国际通行的包装标准，要求全世界范围的生产厂商都按照执行，这样全球化商品流通才会货畅其销、物畅其流。

1. 包装标准化的定义

包装标准化是指对商品包装的类型、规格、容量，使用的包装材料，包装容器的结构造型、印刷标志及商品的盛放、衬垫、封装方式、名词术语、检验要求等加以统一规定，并贯彻实施的政策和技术措施。

2. 包装标准化的内容

其主要内容是使商品包装适用、牢固、美观，达到定型化、规格化和系列化。对同类或同种商品包装，需执行"七个统一"，即统一材料、统一规格、统一容量、统一标记、统一结构、统一封装方法和统一捆扎方法。包装标准一般可分为3大类。

(1) 包装的工作标准。这是包装工业基础性通用标准，如是包装尺寸模数系列（国际标准化组织制定的物流基础模数尺寸是 600mm×400mm，这是一个标准化的共同单位尺寸）、包装术语、运输包装件、包装机械、试验方法等。

(2) 包装技术标准。这是对产品包装的技术要求和规定，一种是质量标准，对包装的标志、运输要求和储存要求的规定，例如香烟的产品质量规定，每盒上标有品名、商标、烟型、焦油含量、生产厂名、条形码等；另一种是单独制定的包装标准，如《洗衣粉包装箱》《针织内衣包装与标志》《铝及铝合金加工产品的包装标志》《运输和储存的规定》等。

(3) 包装机械设备标准。包括机械标准、集装标准、托盘标准等。从而实现包装材料标准化、包装容器标准化、包装工艺标准化、装卸作业标准化、集合包装标准化。

典型案例

审美习惯决定包装成败

牙膏是我们生活中不可或缺的日用品,因此市场竞争十分激烈。国际牙膏巨头美国高露洁公司在进入我国牙膏市场以前,曾做过大量的市场调查。高露洁公司发现,我国牙膏市场竞争激烈,但同质化竞争严重。无论是牙膏的包装还是广告诉求都非常平淡。针对这些特点,高露洁采用了创新的复合管塑料内包装,结果大获成功,在短短的几年时间内,迅速占领了我国1/3的牙膏市场份额。

分析:中国消费者都非常喜欢的红色作为外包装的主题色彩。因此,高露洁放弃了使用多年的铝制包装,换上了更方便、更卫生、更耐用的复合管塑料红色包装。除了在包装材料上进行改革以外,还在外包装设计上进行了创新,换上总体感觉清新自然且更具有时代感和流行特色的新包装,并努力地制造出富有中国特色和审美习惯的包装。

(资料来源:http://baike.baidu.com/link?url=Th4ZFKsjSla46DyVJ8LY59kuQlBam2U6xpSHCYlotRxaOr71Cwk2D54y4h_SI3ko.)

本 章 小 结

本章介绍了包装的定义,包装的功能;方便储存和运输、装卸的功能和促进商品销售的销售功能,以及包装在物流管理中的作用。

包装的分类:按包装在物流中的作用不同划分、按包装材料的不同划分、按包装的保护技术不同划分、按包装的集装化程度不同划分。

包装的一般技术和方法以及包装的特殊技术和方法。

包装的合理化与标准化管理:包装的合理化、包装的工作标准和方法标准、包装技术标准、包装机械设备标准。

包装的标识和包装标志包括:销售包装标识、运输包装标识、危险品包装标识。还介绍了包装标识的要求。

练 习 题

一、不定项选择题

1. 包装的主要目的是( )。

A. 保护物品的美观   B. 保护物品不受损伤
C. 保护物品的搬运   D. 保护物品不受潮

2. 采用托盘化物流的前提条件:一是( )与托盘规格一致;二是集装箱、车辆、货架等规格与托盘相吻合。

A. 包装规格   B. 包装标志   C. 包装模数   D. 包装术语

3. 合理设置包装时要考虑的主要因素有( )。
A. 装卸　　　　　B. 保管　　　　　C. 运输　　　　　D. 生产

4. 包装的主要类型有( )。
A. 包装袋　　　　B. 包装盒　　　　C. 包装瓶　　　　D. 包装箱

5. 下面关于包装的说法中正确的有( )。
A. 物流包装是物流服务的重要内容之一
B. 包装应当纳入物流系统中,这是现代物流的一个新观念
C. 在供应链管理中应该把包装理解为物流的起点而不是生产的终点
D. 第三方物流包装是当今物流包装的发展趋势之一

6. 包装的作用有( )。
A. 保护产品　　　B. 信息传递　　　C. 促进销售　　　D. 方便流通

7. 下列包装属于特种包装技术的有( )。
A. 充气包装　　　B. 真空包装　　　C. 收缩包装
D. 拉伸包装　　　E. 脱氧包装

二、简答题

1. 包装具体有哪些分类?
2. 包装标识有哪些?

三、分析应用题

1. 包装的功能有哪些?
2. 如何理解包装在物流中的重要作用?

四、综合案例分析题

月饼的包装

包装传达的是文化内涵,中秋节吃月饼、赏月是中国人的习俗。因此,每年中秋节前夕,一场关于月饼的销售战就会在各大商家上演。月饼作为一种寄托团圆、思念情怀的特殊食品和商品,使得其包装上赋予了更多的文化内涵。但是,很多商家却对月饼进行豪华包装、过度包装。

分析:月饼包装主要的诉求点应该是中国独有的中秋文化,无论包装的材料、图案、创意发生怎样的变化,都不应该脱离团圆这个诉求主题。很多商家对月饼进行豪华包装、过度包装,包装甚至已经超过了月饼本身价值的上百倍。这不但脱离了包装的原有目的和功能,而且还造成了极大的资源浪费。月饼的包装强调的是创意、是文化,而不应该是豪华、奢侈。

思考题:
(1) 你认为很多商家却对月饼进行豪华包装、过度包装的做法对吗?
(2) 你认为包装合理化应如何体现?

实 训 操 作

【实训内容】

物流包装实例调查。

【实训目标】

通过对包装实例调查了解,加深对包装作用和功能的理解。

【实训成果】

1. 到一个生产企业参观学习,了解企业的包装环节运作,了解各种包装的功能和差别。

2. 学生5~7人自愿分组实训,每组提交实训调查报告一份,由任课教师在课堂组织学生交流,提高学生对加强包装管理的意识。

第7章 流通加工管理

【学习目标】

通过对本章的学习,学生应重点掌握流通加工的基本概念、特点、功能及作用,熟悉流通加工的类型和加工方式。

【关键概念】

流通加工　流通加工的特点

导入案例

食品的流通加工

食品的流通加工的类型种类很多。只要留意超市里的货柜就可以看出，那里摆放的各类洗净的蔬菜、水果、肉末、鸡翅、香肠、咸菜等都是流通加工的结果。这些商品的分类、清洗、贴商标和条形码、包装、装袋等是在摆进货柜之前就已进行了加工作业，这些流通加工都不是在产地，已经脱离了生产领域，进入了流通领域。食品流通加具体包括以下类项目。

1. 冷冻加工

为了保鲜而进行的流通加工，为了解决鲜肉、鲜鱼在流通中保鲜及装卸搬运的问题，采取低温冻结方式的加工。该种方式也被用于某些液体商品和药品等。

2. 分选加工

为了提高物流效率而进行的对蔬菜和水果的加工，如去除多余的根叶等。农副产品规格、质量离散情况较大，为获得一定规格的产品，采取人工或机械分选的方式加工称为分选加工。该种方式被广泛用于果果类、瓜类、谷物、棉毛原料等。

3. 精制加工

农、牧、副、渔等产品的精制加工是在产地或销售地设置加工点，去除无用部分，甚至可以进行切分、洗净、分装等加工，可以分类销售。该种加工不但大大方便了购买者，而且还可以对加工过程中的淘汰物进行综合利用。如，鱼类的精制加工所剔除的内脏可以制成某些药物或用作饲料，鱼鳞可以制高级黏合剂，头尾可以制鱼粉等；蔬菜的加工剩余物可以制饲料和肥料等。

4. 分装加工

许多生鲜食品零售起点较小，而为了保证高效输送出厂，包装一般比较大，也有一些是采用集装运输方式运达销售地区。为了便于销售，在销售地区按所要求的零售起点进行新的包装，即大包装改小包装，散装改小包装，运输包装改销售包装，以满足消费者对不同包装规格的需求，从而达到促销的目的。

此外，半成品加工、快餐食品加工也成为流通加工的组成部分。这种加工形式，节约了运输等物流成本，保证了商品质量，增加了商品的附加价值。如葡萄酒是液体，从产地批量地将原液运至消费地配制、装瓶、贴商标、包装后出售，既可以节约运费，又安全保险，以较低的成本，卖出较高的价格，附加值大幅度增加。

（资料来源：http://blog.renren.com/share/249655717/4645525659.）

流通加工是现代服务经济时代物流功能的一种完善，它是以满足用户最大需求为目的物流服务，食品在销售过程进行了成功的流通加工，这说明在当今需方市场的经济环境下，企业必须注重满足用户的需求，只有这样企业才能获得更大的市场空间。

7.1 流通加工及其在物流管理中的作用

7.1.1 流通加工的概念和特点

1. 流通加工的概念

《物流术语》（GB/T 18354—2006)对流通加工定义为："根据顾客的需要，在流通过程中对产品实施的简单加工作业活动(如包装、分割、计量、分拣、刷标志、拴标志、组装等)的总称。"

它是产品在流通过程中的辅助性加工。某些原料或产品从供应领域向生产领域或从生产领域向流通领域流动的过程,为了有效地利用资源,方便用户,提高物流效率和促进销售,在流通领域对其进行的初级或简单再加工。

流通加工是在物品进入流通领域后,按客户的要求进行的加工活动,即在物品从生产者向消费者流动的过程中,为了促进销售、维护商品质量和提高物流效率,对物品进行一定程度的加工。它在物流中的位置如图 7-1 所示。流通加工通过改变或完善流通对象的形态来实现"桥梁和纽带"的作用,因此流通加工是流通中的一种特殊形式。随着经济增长,国民收入增多,消费者的需求出现多样化,促使在流通领域开展流通加工。目前,在世界许多国家和地区的物流中心或仓库经营中都大量存在流通加工业务,在日本、美国等物流发达国家则更为普遍。

图 7-1 流通加工的位置

2. 流通加工的特点

相对于生产加工而言,流通加工具有以下特点。

(1) 流通加工的目的是为更好地满足用户的多样化、个性化需求,提高物流服务质量和效率,降低物流成本。

(2) 流通加工的对象一般是已进入流通领域的商品,包括各种原材料和成品,而不是生产过程中的半成品。

(3) 流通加工一般是简单的加工,是为了更好地为用户服务,是对生产加工的一种补充性加工,其主要功能在于完善商品的使用价值。多数情况是对商品仅做物理性能方面的改变,以提高商品的价值和使用价值。

(4) 流通加工活动的组织者是从事物流活动的物流经营者(即第三方物流企业)。

3. 流通加工与生产加工的区别

流通加工与生产加工的区别见表 7-1。

表 7-1 流通加工与生产加工的区别

项 目	生产加工	流通加工
加工对象	原材料、半成品、零配件	进入流通领域的商品
所在环节	生产领域	流通领域
加工目的	销售、消费	维护商品质量、促进销售
加工人	生产企业	流通企业
加工难度	复杂	简单
价值	创造价值和使用价值	完善或提高价值

7.1.2 流通加工在物流管理中的作用

目前世界上许多国家尤其是物流发达国家的物流中心或物流仓库都开展了流通加工业务,如日本在东京、大阪等物流发达的城市的物流公司多数都有流通加工业务,在东京湾的浦安钢铁基地就集中了170多家钢铁流通企业,一年的钢材加工量就达300万吨以上。

在美国这样一个物流特别发达的国家,单纯的存储物流企业已被淘汰,转而通过流通加工来面对企业,尤其是面对中小企业和零散用户的流通加工服务已成为主流。

1. 流通加工弥补了生产加工的不足

生产环节的各种加工有时不能满足消费者的个性化需求,而流通部门往往对生产环节的供应情况和消费环节的商品需求情况最了解,这为其从事流通加工创造了条件,弥补了生产加工环节的加工不足的情况。

(1) 生产的集中化形成了产需之间的隔离,需要流通加工来衔接产需环节,生产环节的少品种、大批量、专业化与消费的多品种、少批量、个性化形成了产需的相互脱节,需要通过流通加工活动来消除这种背离,更好地为各种各样的消费者服务。

(2) 生产加工追求标准化与消费者追求的多样化之间的矛盾,可以通过流通加工的诸多形式来加以缓解、协调。

2. 流通加工的初级加工,可以方便用户

流通加工根据用户需求将原料(成品)加工或直接投入消费,这不仅缩短了用户与供应者的距离,而且与流通部门统一进行,流通加工费用省,合乎消费者心理,方便了用户。

3. 流通加工完善了物流功能,提高了经济效益

对流通部门来说,流通加工不仅从生产领域分得一部分价值,而且创造了新的价值,获得了更多的效益,这也是流通加工得以产生和发展的原因。从更深远的意义上讲,流通加工提高了物流企业经济效益,完善了物流功能,促进了物流发展。

4. 流通加工为配送创造了条件

配送是流通加工、整理、分拣、配货、运送等一系列活动的集合,流通加工往往是配送的前置流程,配送活动的开展要依赖流通加工。从开展配送业务的配送中心看,它们把加工设备的种类和加工能力看作对商品配送的最大的影响因素。随着现代物流的发展,配送业务空前活跃,流通加工也必然会得到更广泛的推进。

5. 流通加工的生产性体现了物流现代化理念

在物流领域中,流通加工可以成为提供高附加值的业务活动。这种高投入、高产出的附加价值所形成的超值服务,完善了物流服务功能,也是一种现代化物流理念的体现。

7.2 流通加工的类型和方式

7.2.1 流通加工的类型

1. 以保存商品为目的的流通加工

这种加工活动主要是使商品的使用价值得以妥善保存,延长其在生产和使用中的时间效用。根据加工对象的不同，这种流通加工形式可分为生产资料的流通加工和生活资料（消费品）的流通加工。

（1）生产资料的流通加工。一般来说，以保存商品使用价值为目的的流通加工并不改变商品的外形和理化性质。如金属防锈处理加工，木材的防腐、防干裂处理加工等。

（2）生活资料的流通加工是为了使用户对消费品在质量上保持满意程度，如水产品、蛋禽品、肉食品的保鲜、保质的保鲜加工、冷冻加工、防腐加工，纺织品如丝、麻、棉制品的防虫、防霉加工等。

2. 为提高商品利用率的流通加工

利用在流通领域的集中加工代替分散在各用户的单个加工，可以大大提高商品的利用率，集中加工的形成可以减少原材料消耗，提高加工量，同时对加工后的余料还可以充分利用。例如，钢材的集中下料能充分合理下料、搭配套裁、减少边角余料的浪费，从而达到加工效率高、费用省的目的。据测算，钢材集中套裁、加工搭配下料，比分散下料能节约钢材20％左右。

3. 为方便消费，满足用户多样化需求的流通加工

生产企业的专业化、批量化生产很难完全满足用户需求，流通加工以自己的加工生产来满足用户这种多样化、个性化需求，将专业化大生产的单调产品进行多样化加工是流通加工中占有主要地位的一种加工形式。对生产企业而言，这种加工形式可以缩短企业的生产流程，使生产技术密集程度提高，生产周期缩短。对消费者而言，消费更加方便、省力、省时。

4. 为提高物流效率，降低物流损失的流通加工

有些商品由于本身的特性、形状，在运输、装卸作业中的效率较低，很容易发生货损，这就需要对其进行适当的加工以弥补这些产品的物流缺陷。例如，自行车在消费地进行装配后就地销售，可防止因整车运输超载而产生的运输效率低下和因装卸搬运作业发生的车辆部件的损坏。

5. 为衔接不同的输送方式，使物流更合理的流通加工

由于现代生产的相对集中和消费的相对分散，生产的大批量、高效率输送和消费的多品种、少批量、多户头的运输之间存在着不均衡性，流通加工可以有效地协调使其达到相对均衡。例如，大批量的散装水泥经过中转仓库对散装水泥的装袋作业的流通加工形式，就起到了这种衔接协调作用。

6. 为实现合理配送进行的流通加工

配送中心为实现配送活动，满足用户对商品数量、品种、规格、型号的要求，对商品进行各种加工，如拆整为零、订货备货、定量供应等。随着物流技术水平不断提高，流通加工活动有的能在配送过程中实现。如专业的混凝土供应商使用的水泥搅拌车，就是在配送运输中，搅拌机边行驶边搅拌加工，到达施工现场时就可以直接投料到施工使用中去。据资料显示，这种集中搅拌供应混凝土的流通加工形式，比那种分散在各施工现场搅拌的混凝土加工形式，每立方米可节约水泥30千克左右。

7.2.2 流通加工的方式

1. 集中搅拌商品混凝土加工

它是将散装的水泥进行集中、边搅拌边运输的商品混凝土加工方式。这种加工方式是我国物流企业发展最快的一种。这种方式所创造的经济效益十分巨大。

2. 剪板下料加工

剪板下料是流通企业专门配备的剪板设备对成卷长度大的钢板进行剪切加工。一般来说，集中剪切比分散剪切可省钢板20%左右。

3. 动力配煤加工

在煤炭集中地区使用加工设施，将各种不同的煤炭，按不同的配比进行掺配加工，生产出不同发热量的燃料，这种加工称为动力配煤加工。这种就地加工、就地消费的形式，节省运力非常可观。

4. 木材的流通加工

它是将原木改制成枕木、方材、板材、条材等的流通加工方式，使之便于装卸和运输，因为木材的消耗量很大，因此可以大大地节约运力。

5. 平板玻璃的流通加工

玻璃批发零售企业，对平板玻璃销售，按用户需要的品质、规格、尺寸进行开片加工、套裁加工，让用户可以直接使用，极大地方便了用户。

6. 除杂质的流通加工

主要指大型矿类产品的一种专门拣除混入矿石中的非矿类杂质，可以降低煤消耗，减少运力浪费，提高煤炭的使用质量。

7. 食品流通加工

部分食品如肉类、禽类食品的冷冻、分选、分装、精制等加工，主要是为了方便用户的消费。

8. 组装产品的流通加工

将部分对组装技术要求不高的产品送到消费地进行组装可以起到装卸效率高、运输成本低的效果，如自行车将其零配件运到消费地由流通企业进行现场组装后进行销售。

9. 生产延续性的流通加工

一些产品因特性要求，需要有较大的场地设施，而企业自建又不经济，于是将部分生产环节中的作业延伸到流通环节中来完成。如时装检验、分类等作业选择在储运仓库中的专门悬挂轨机械中完成（仓库里有足够的场地，只需要投资悬挂轨机械即可）。

 典型案例

流通加工的时装 RSD 服务

RSD 服务是指时装的接收分类及配送服务，是澳大利亚的 TNT 公司下属的一家分公司开展的物流服务业务。它可以为客户提供从任何地方来，到任何地方去的时装流通加工运输分类的需求。时装 RSD 运输配送是建立在时装专用仓库的基础上的，时装仓库最大的特点是具有悬挂时装的多层仓库道轨系统。一般有 2～3 层导轨悬挂的时装，可以直接传输到时装的集装箱内，形成时装的取货、分类、储存、分送的仓储、流通加工、配送等物流服务的集成系统。在此基础上，无论是平装还是悬挂的时装，都可以以最好的时装运输条件，实行门到门的运输服务。在先进的时装运输服务的基础之上，公司开展 RSD 服务项目，其实质就是一种流通加工业务。RSD 服务可以满足时装生产厂家、进口商、代理商或零售商的特殊需要，按照客户及市场的营销情况对时装的取货、分类、分送的全过程负责，时装 RSD 服务能够完成这一过程的质量检验工作，并在时装仓库中完成进入市场之前的一切准备工作。时装 RSD 服务主要内容有：①直接到时装厂上门取货；②按照时装的颜色、款式进行分类；③对时装的颜色与脱线等工艺缺陷进行检查；④时装检查完毕后，进行贴标签、装袋、装箱；⑤按照销售计划配送给经销商或用户；⑥提供相应的时装信息服务。实际上许多属于生产过程的工作程序和作业可以在储存过程中进行，只不过是运输的前向和后向的延伸而已，是一种社会分工和协作的具体体现。这样服装生产厂家就可以节省一大笔投建自己专用仓库的资金，以最短的时间、以最低的物流成本专注时装业务的开发和生产经营，实现自己的整体效益。

（资料来源：http：//wenku.baidu.com/view/537b1751f01dc281e53af0a6.html.）

本 章 小 结

本章介绍了流通加工的含义和特点：流通加工的目的是为更好地满足用户的多样化、个性化需求，提高物流质量和效率，降低物流成本。流通加工的对象，一般是已进入流通领域的商品，包括各种原材料和成品，而不是生产过程中的半成品。流通加工一般是简单的加工，是为了更好地为用户服务，是对生产加工的一种补充性加工，它更趋向于完善商品的使用价值。

流通加工的类型：以保存商品为目的的流通加工；为提高商品利用率的流通加工；为消费方便，满足用户多样化需求的流通加工；为提高物流效率，降低物流损失的流通加工；为衔接不同的输送方式，使物流更合理的流通加工；为实现配送进行的流通加工。

流通加工的方式：集中搅拌商品混凝土、剪板下料加工、动力配煤加工、木材的流通加工、平板玻璃的流通加工、除杂质的流通加工、食品流通加工、组装产品的流通加工、生产延续性的流通加工。

练 习 题

一、不定项选择题

1. 在生产地增加了一个流通加工环节，同时增加了近距离运输、装卸、储存等一系列物流活动，这种流通加工的不合理之处在于（　　）。

A. 流通加工设置地点不合理　　　　　B. 发生选择不合理
C. 流通加工作用不大，形成多余环节　　D. 流通加工成本过高，效益不好

2. 流通加工的作用为（　　）。
   A. 方便用户
   B. 改变功能，提高效益
   C. 提高加工材料的利用率
   D. 提高货物价值
   E. 充分发挥各种运输方式的优势

3. 现代生产的规模化和专业化，导致了（　　）。
   A. 产需之间的分离
   B. 生产及消费在时间上的不同步
   C. 生产及需求在产品功能上的分离
   D. 生产与消费不处于一个封闭圈内

4. 在物品从生产领域向消费领域流动过程中，为了满足消费者多样化需求和促进销售，维护产品质量，提高物流效率，对物品进行加工作业的总称，称为（　　）。
   A. 库存　　　　B. 包装　　　　C. 流通加工　　　　D. 装卸搬运

5. 对加工产品的质量控制，称为流通加工的（　　）。
   A. 生产管理　　B. 质量管理　　C. 合理化组织　　D. 生产控制

6. 实现流通加工合理化的途径有（　　）。
   A. 加工和合理运输结合
   B. 加工和配送结合
   C. 加工和配套结合
   D. 加工和商流相结合
   E. 加工和节约相结合

7. 用量小或临时需要的使用单位，缺乏进行高效率初级加工的能力，依靠流通加工可使使用单位省去进行初级加工的设备及人力，从而方便了用户，这种流通加工的作用称为（　　）。
   A. 提高加工材料利用率
   B. 方便用户
   C. 提高加工效率及设备利用率
   D. 改变功能，提高收益

二、简答题

1. 什么是流通加工？
2. 流通加工的方式有哪些？

三、分析应用题

1. 流通加工的特点有哪些？
2. 如何理解流通加工在物流中的作用？

四、综合案例分析题

阿迪达斯的成功之道

阿迪达斯公司在美国有一家超级市场，设立了组合式鞋店，摆放着不是做好了的鞋，而是做鞋用的半成品，款式花色多样，有6种鞋跟、8种鞋底，均为塑料制造的，鞋面的颜色以黑、白为主，搭带的颜色有80种，款式有百余种，顾客进来可任意挑选自己所喜欢的各个部位，交给职员当场进行组合。只要10分钟，一双崭新的鞋便唾手可得。这家鞋店昼夜营业，职员技术熟练。鞋子的售价与成批制造的价格差不多，有的还稍便宜些。所以顾客络绎不绝，销售金额比邻近的鞋店多。

思考题：

(1) 阿迪达斯是鞋也是生产企业，为何在超市摆放着不是做好了的鞋，而是做鞋用的半成品？

(2) 阿迪达斯这种做法算是一种流通加工服务吗？

(3) 阿迪达斯这种做法为企业带来了什么效果？

实 训 操 作

【实训内容】

对流通加工企业运作案例调查与访问。

【实训目标】

结合加工企业的实际经营，加深对流通加工企业运作模式的认识和理解。

【实训成果】

1. 由学生自愿组成，每组 3~5 人选择一两家流通加工企业进行调查访问。

2. 在调查访问前，应根据课程所学的基本理论、知识理论制定调查访问提纲，包括调查问题与安排。

3. 调查访问后，每人写出一份简要调查报告。任课教师组织一次课堂讨论。

4. 经过讨论评选出几篇有价值的调查报告供全班学生交流，提高学生对流通加工企业运营的理解和认识。

第8章 配送管理

【学习目标】

通过对本章的学习，学生应重点掌握配送和配送中心的基本概念、流程、功能，以及配送的分类，合理化配送原则和措施等。

【关键概念】

装卸搬运　装卸搬运合理化

导入案例

沃尔玛物流配送体系

沃尔玛的业务之所以能够迅速增长,并且成为现在非常著名的公司,是因为沃尔玛在节省成本以及在物流运送、配送系统方面取得了一些成就,最起码在美国市场上是这样的。与其他竞争者相比沃尔玛能够给顾客提供更好的价值,这是由于沃尔玛把注意力放在物流运输和配送系统方面,这也正是沃尔玛公司的焦点业务。沃尔玛公司的新任 CEO,就来自于物流部门,由此可见物流和配送在公司中的重要性。

沃尔玛去年在物流方面的投资是 1 600 亿美元,现在的业务还要继续增长,要增长到 1 900 亿美元,因此沃尔玛将从现有的销售额中提取 250 亿美元,非常集中地用于物流配送中心建设。在美国,目前有 1 800 多家沃尔玛商场。沃尔玛商场是一个比较常规的、提供商品的商场,它以比较低的价格提供日常用品。除此之外,沃尔玛还有一类沃尔玛超级中心,这是在过去八年中才开发出来的。沃尔玛公司有 721 个这样的超级中心,这些超级中心是由规模较大的商场及附近一些小的副食店加在一起而形成的一个超级中心。它有一些比较常规的日常用品,同时也卖一些食品。这些结合在一起,沃尔玛就可以为顾客提供一站式的消费服务。这样,顾客来到这里在一个商场当中所有东西都可以买到,这是沃尔玛业务增长的一个模式。在中国是这样,在国际上的其他地方也是这样,而且沃尔玛认为美国未来的商场也应当是这样的。沃尔玛在美国新开的商场都是这种超级购物中心。

在美国沃尔玛还有 463 个山姆会员店,在中国的深圳也有这样一个会员店。这种会员店是这样一种商场:商场中货物量更大一些,每一个包装都比较大。比如说,在那里卖的沙琪玛,不是一个一个卖,而是三个在一起,但深圳的超级市场中,你却可以买一个沙琪玛。在这种会员店中,买的时候,商品量特别大,而且商品与超级中心也有所区别,你会在那里发现完全不同的一些商品,有一些差异性,在深圳就是这样。

(资料来源:http://news.cnal.com/management/02/2010/01-28/1264661359161546.shtml。)

沃尔玛是全球零售行业的巨无霸,它的零售业绩堪称卓著,同时它在物流功能的运作中也相当经典,尤其在物流配送和物流信息技术方面的运用尤其成功。正如一些经济学家所说的那样:与其说沃尔玛是在经营零售业,不如说它更是在经营物流业。

8.1 配送及其在物流管理中的作用

8.1.1 配送概述

1. 配送的定义

《物流术语》(GB/T 18354—2006)中关于配送的定义为"在经济合理区域范围内,根据客户要求,对物品进行拣选、加工、包装、分割、组配等作业,并按时送达指定地点的物流活动。"

上述配送的概念,从配送的实施形态和经济学资源配置的角度来看,主要具有以下几个特征。

(1)配送是按用户对商品需要的数量、品名、规格、型号、供货时间等要求送达并经用户验收完成的。

(2) 配送是由物流据点(包括物流配送中心、仓库、商店等)实施完成的。

(3) 配送是流通加工、拣选、分类、配货、组装、运送等物流活动的集成，是"配货"和"送货"两种物流活动的有机结合。

(4) 配送是一种具有现代物流理念的、高水平的送货形式。

(5) 配送是以用户为主导地位，服务于用户需求的物流活动。

(6) 配送是一种最接近客户的资源"最终配置"形式。

2. 配送的基本功能

配送是物流中一种特殊的综合运作形式，是兼商流和物流于一身，包含商流和物流中若干运作功能的物流活动形式。

从物流角度看，配送包括了物流的运作功能。一般的配送集装卸搬运、包装、存储、运输诸功能，将货物送达最终用户；特殊的配送可能还需要进行简单的再加工后送达用户。

从商流角度看，物流是商流分离的结果，而配送则是商流与物流结合的产物，配送本身也是一种商业营销形式。虽然配送在具体运作时也可以商流、物流分离的形式出现，但从现代经济中商流与物流越来越趋于一体化的发展趋势来看，配送形式集商、物两流的特征就显得更加突出，其主要具有以下功能。

1) 储存功能

配送是为众多生产企业和商业网点服务的，为了顺利地实现服务，发挥保障生产和消费需求的作用，一般配送中心都有现代的大型仓储设施、设备并储备一定数量的商品，充分体现了配送的存储功能。

2) 分拣功能

作为物流据点，为众多的企业服务，而企业的需求又是多样化、个性化的。不同的企业对商品种类、规格、数量都会有不同的要求，这就需要配送中心按照用户的多样化、个性化需求进行拣选、分类，并按配送计划进行分装和配装。

3) 集散功能

通过配送中心把各个用户需要的各种商品汇集在一起组成合理的货载批量，这种集货、配货、分送的功能就是配送中心的集散功能。

4) 衔接功能

通过配送把商品送到用户手中，客观上起到生产与消费的媒介作用，这就是配送的衔接功能，同时通过集货和存货，又起到一个平衡供求的作用。

5) 加工功能

为了扩大经营服务范围和提高配送水平，许多配送中心同时具有一定的流通加工能力，可以按照用户的要求和合理配送的原则，将组织进来的货物经过简单加工呈一定的规格、尺寸和形状，这就是配送中心的加工功能。这种功能有利于资源的充分利用，提高配送效率，扩大经营范围，这种配送活动客观上起着强化和完善整体功能的作用。

3. 配送的特点

配送是以商流和物流结合的形式在信息网络基础上实现的，具有以下几个特点。

(1) 配送是配货、分货和送货等运作的结合。从配送的含义及配送的功能中可以看出，配送不仅及时送货，包括了挑选、分拣、分割、配货、组货等具体作业，这些作业只有在发达的商品经济和现代经营水平条件下才能实现,在商品经济不发达的阶段,很难按用户的要求实现配送,要实现高效及时的配送就更加困难,因此说,传统的送货与配送是一个时代的差别。现代配送是一个以销售订货为前提,以现代信息技术为支撑的集诸多物流功能为一体的综合运作体系,这也是传统的送货形式无法比拟的。

(2) 配送体现了现代物流的特征。由于现代技术和装备的运用,使配送在规模、水平、效率、速度、质量等方面都大大超过传统的送货形式。在配送中由于采用各种现代传输设备系统和条码识别分拣系统,使整个配送作业就像生产制造行业中的流水线一样,实现了流通活动的生产工业化,因此说,配送体现了现代物流的特征。

(3) 配送是一种专业化分工形式。传统的送货形式只是作为推销的一种手段,其目的在于通过送货,多向用户推销一些产品。而配送则是一种现代化的大生产、专业化的分工形式。如果说传统的送货形式是一种推销服务形式的话,而配送则是一种新的流通形式。

(4) 配送与运输之间的区别。配送与运输之间的区别在于:运输是指对人和物的运载及输送,是一种长距离的干线运输;而配送是一种现代化送货形式,是一种末端输送、支线运输。

配送与运输的区别内容详见表8-1。

表8-1 配送与运输的主要区别

项 目	配 送	运 输
运输距离	短距离支线运输	长距离干线运输
运输批量	小批量多品种	大批量少品种
评价标准	主要看服务质量	主要看运输效率
附属功能	几乎包括了物流所有功能要素	单一

8.1.2 配送在物流管理中的作用

1. 配送完善了运输及整个物流系统

运输实践证明,在所有的干线运输之后,往往都需要辅之以支线运输或转运,这种转运成为物流过程中一个薄弱环节。这个环节有与干线运输不同的特点,如要求运输中的灵活性、服务性、适应性,会使一些利用不合理、成本高的运输难题得以解决。因此采用配送的形式,从范围上来说,将支线运输和小转运整合起来,使得运输过程更加优化、更加完善。

2. 配送为企业实现低库存创造了条件

实现了高效率的配送,尤其是准时制配送,企业可以不再安排自己的库存,或者只需要少量的保险库存,就可以实现企业所追求的最低库存乃至零库存。把企业从沉重的库存包袱中解脱出来,使企业能够更加专注自己的主营业务;同时还释放了企业由于库存而占用的大量资金,改善了企业的资金状况,增强了企业的经营调控能力。由于配送的货源是集中库存,强化了企业的规模经济优势,大大降低了单位库存成本,提高了企业经济效益。

3. 配送简化了手续，方便了用户，提高了物流服务水平

采用配送方式后，用户只要向一处订货或和一个供货单位联系就可以订到所需要的商品，比起向多方订货，用户只需要接收统一配送的货物替代了原来的高频率接货工作，大大减轻了用户工作量。配送节约了企业资金，改善了服务质量，同时也提高了物流水平。

4. 配送提高了供应的保障程度

传统的库存为了要保障企业生产供应，需要大量库存作基础，从某种意义上讲（受库存费用的制约），其供应保障程度仍然会受到制约。但采用配送方式后，配送中心可以有比企业的储备商品更多的优势，能够很好地满足生产企业的连续生产的供应保障，同时对每个生产企业来说，中断原材料、燃料等的供应而影响生产的风险就会大大降低。同时由于配送效率的提高，特别是准时制配送的推行，对企业的供应保障程度将大大提高。

5. 配送提高了末端物流的经济效益

采用配送方式通过大批量实现了经济性订货；又通过将各种商品用户集中在一起，进行一次性发货替代了分别向不同用户小批量发货，从而使末端物流的经济效益得以提高。

8.2 配送管理的基本内容

8.2.1 配送的分类

1. 按配送组织者不同划分

1) 集中配送

集中配送是指从事配送业务的配送中心对多家用户开展的配送，集中配送的品种多、数量大，一次可同时对同一线路的若干用户配送。这种配送一般规模大、专业性强，与用户都有固定的业务关系。

2) 分散配送

分散配送是指对小量、零星货物或临时急需的配送业务，一般由销售网点进行，商业销售网点多、分布广、服务面宽，比较适合对近距离、商品品种繁多而批量较小的用户的配送。

3) 共同配送

这种配送有两种情况，一种是中小生产企业之间的分工合作实行共同配送，即由一个配送企业根据这些生产企业的配送需求，来统筹协调对这些生产企业的配送时间、数量、次数、路线后进行综合配送。另一种是几个中小配送企业合作联盟，在一个核心配送企业的协调下分工合作，共同对一地区的用户或某些用户联盟实行共同配送。

2. 按配送时间及数量不同划分

1) 定时配送

定时配送是一种按规定的时间间隔进行的配送，这个时间间隔由配送中心与用户共同协商确定。这种配送时间固定，配送计划、设备使用计划都容易安排，同时与用户的接货作业衔接也方便。

2）定量配送

这是按既定的批量，在指定的时间内进行的配送，由于数量相对固定，备货工作相对容易。由于时间没有严格规定，因而可将不同的用户货物拼装，充分利用运力，还可以充分发挥集合包装的优势，运用托盘、集装箱及相关运输设备，提高配送效率。

3）定时定量配送

这种既有时间规定，又有货物品种、数量的规定的配送具有很强的计划性，这是一种对配送企业和用户双方都有制约的配送方式。应该说这种配送方式，更有利于生产企业实现低库存甚至零库存，从而大大地降低生产企业的资金占用和库存费用，提高物流效率。

4）定时定量定点配送

这种按双方协商的周期确定的货物品种、数量、确定的时间、确定的用户的配送，比定时定量配送更有严格的计划约束。这种配送是生产企业进行库存控制管理，降低企业库存资金占用和储运费用，进而实现零库存的最理想的配送方式。

5）即时配送

这种完全按用户的即时需求的时间、数量和品种进行的配送，这对配送企业来说要求很高，它需要配送企业要有高度的机动性、适应性以及充足的货物库存外，还需要有一个严谨的计划和协调管理水平。这种配送应该说对生产企业特别有利，它无疑会对企业实现零库存管理起到一个如虎添翼的作用。

3. 按配送的种类和数量不同划分

1）少品种、大批量配送

由于这种配送批量大、品种少，可用大吨位车辆整车运输。一般由配送中心直接送达用户。

2）多品种、少批量、多批次配送

这种配送是按用户要求将所需的各种货物配货齐全后，由配送据点配送。这种配送方式在现代化生产趋于消费多样化的形式中具有更加突出的优点。但这对配送中心要求也更高，它不仅要求配送中心设备、作业水平要有相当的规模和技术，还要求配送计划更严谨，各作业环节协调的管理水平更高。

3）成套配套配送

按企业生产需要，尤其是装配企业需要将成套零部件送到企业生产线进行装配。这种方式配送中心承担了相当部分的供应工作，有利于生产企业实现零库存，从而可更专注于本企业的生产经营。

4. 按所经营的商品不同划分

1）散装货物的配送

这种配送主要是向企业提供如石油产品和大批量煤炭等散装货物的配送，还有建筑工地的沙石材料的批量配送供应等。

2）原材料的配送

这种配送主要是对企业的原材料，如钢材、木材、建筑材料等货物的配送。在发达国家这种配送多以集装箱运输方式进行。

3) 生鲜、冷冻食品的配送

这种配送主要是以食品的分拣、冷冻、防腐、保鲜、保质处理后向零售店铺进行的配送。

4) 特殊商品的配送

这是高度集中经营管理的特殊商品的配送中心对特殊商品(有毒物品、易燃易爆物品、放射性物品、特殊药品等)的配送。这种配送更要强调配送的安全性和时效性。

5. 按经济功能不同划分

1) 供应型配送

供应型配送即专门向某些用户进行商品供应，充当供应商角色的配送。这种配送中心一般都有大型现代化仓库和一定数量的商品储备，以保证企业用户的正常生产供应。

2) 销售型配送

销售型配送即以销售商品为主要目的并以配送为手段的配送业务。这种配送是完全围绕商品经营而开展的配送。其物流活动是服务于商品销售的。由于隶属关系不同，这种配送的隶属关系也不同，因此又可细分为以下 3 种。

(1) 生产企业为了直接销售产品、扩大市场而采取的销售配送。

(2) 专门从事商品销售的流通企业，为了扩大销售而开展的销售配送。

(3) 流通企业与生产企业联合建立的销售配送。

3) 储存型配送

储存型配送是一种有很强储存功能的配送业务，它主要是发挥储存作用，在保障生产企业商品供应的基础上进行的配送。

4) 销售供应一体化配送

销售供应一体化配送是指对基本固定的用户和确定商品的配送，企业可以在自己销售的同时，承担有计划的供应功能，即既是销售者又是用户的供应代理者，起到用户供应代理人的作用。这种形式对于销售者来说，能够获得稳定的用户和销售渠道，有利于扩大企业销售量；对于用户来说，能通过这种代理形式，获得稳定的、有保障的供货。还可以因此节约组织供货所需要的人力、物力、财力的消耗。应该说，这是一种供需双方共赢的配送形式。销售供应一体化配送是配送经营的一种重要形式，它有利于保持流通渠道的流畅稳定，有利于形成供应链战略联盟的合作关系。

5) 代存代供配送

代存代供配送是指用户将属于自己的货物委托给配送企业利用其储存能力进行代存、代供，有时还委托代理订货，这种配送不存在商品所有权的转移问题，配送企业仅仅是作为用户的委托代理。配送企业只是通过代存代送业务运作从中获得代理费利益，但无法获得商品本身的经营利益，在这种配送形式下，商流和物流是相互分离的。

8.2.2 配送的流程

一般将配送流程作为一个整体来看，配送具有对货物的集散、储存、分类、配货、运送等一系列作业流程，其主要包括以下程序。

(1) 订单处理。配送中心接受用户订单信息、核对库存、制作单据、按照订货要求做好配送准备。

(2) 集散。为实现按用户要求配送货物，按品种、数量、规格上配送集散满足用户。

(3) 储存。为保证正常配送要求，特别是即时配送的需要，配送中心必须有一定数量的货物储备，由于配送储存与一般商业中转储存有区别，配送储存要求货物在配送中心停留时间很短。因此配送中心储存的货物一般品种多、批量大、单项数量相对少，但总储存量需要足够大。

(4) 拣选、分货与配货。拣选是将储存的货物按用户要求分拣出来，送到指定的发送场所，进行分货和配货，这是配送中心的主要作业流程，也是配送活动的实质性工作。

(5) 装车。经过分拣和配货后，按发送地点或到达线路进行装车。由于配送的货物品种繁杂、包装各异、数量不一，为使货物装载合理，防止混载，一般多采用集装形式，以提高车辆装载率。当然这里要强调的是集装容积和重量要与运输车辆配套适应。

(6) 输送。货物组合装载后，配送车辆按计划路线，按时将货物送达用户。为了提高配送效率，要做到运距短、时间少、成本低、费用省，因此在输送前就要选择好最佳运输路线。

配送作业一般作业流程如图 8-1 所示。

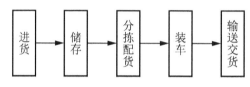

图 8-1 配送一般作业流程

8.2.3 配送业务管理

1. 配送模式

配送模式是企业对配送所采取的基本战略和方法。

1) 配送模式的选择

企业选择哪种配送模式，主要取决于以下几个方面。

(1) 配送对企业的重要性。

(2) 企业的配送能力。

(3) 市场规模与经营范围。

(4) 保证服务与配送成本。

2) 常见的几种配送模式

(1) 自营配送模式。这种模式所用的各种设施、设备都是企业自主所有，专门对企业所属连锁店进行商品配送，而不对外提供配送服务。但随着市场经济的发展和物流量的扩张，大多数自营型配送将会向公用型配送转型，这应当说是一种必然趋势。

(2) 公用配送模式。这种模式是第三方物流企业面向全社会用户提供物流服务的配送业务，只要支付配送服务费，所有用户都可以使用这种配送，这种配送模式专业化强，能提供多样化的配送方式。

(3) 共同配送模式。这种模式是由多个配送中心经过整合后实行统一使用配送设备、设施，共同对某一地区的用户进行的配送。这种模式特点是能充分发挥各配送企业的资源优势，使配送企业提高配送服务效率和水平。这种配送模式多用于区域性配送业务。

2．配送路线的选择

配送路线是否合理，对配送速度、成本、效益影响很大，运用科学的方法选择合理的配送路线是非常重要的工作。配送路线的主要有方案评价法、数学计算法和节约里程法等几种。在物流现代技术发展的今天，已有现成的物流软件帮助设定选择最佳配送路线，使配送决策脱离了烦琐计算的烦恼。

3．配送计划的制订

计算机是编制配送计划的主要手段，拟定配送计划主要考虑以下几方面因素。
（1）用户订货的品种、规格、数量、送货时间、送达地点、接货人、接货方式等。
（2）所需配送的各种商品性能、运输要求，以确定运输作业。
（3）配送车辆、装卸设备、相关专门工具等的调配。
（4）运输条件、与道路运输的相关要求、作业环境等。
（5）各配送节点的商品品种、规格、数量及分布情况等。

4．配送计划的下达

配送计划确立后向各配送点下达配送任务，按照计划调度运输车辆、装卸机械及相关作业人员，并及时将商品送达的品种、规格、数量、时间通知用户。

5．配货和集货的组织

管理人员按计划做好配送组织工作，要求各配送点按计划确定库存商品的情况，同时要求各配货点按计划进行配货、分拣、运装、配装等工作。

6．配送发售的管理

管理人员与监货人员按计划对各种所需配送的商品进行分类，标明到达地点、用户名称、配送时间、商品明细等，并按流向、流量、运距等将各类商品进行配装后，将发货明细表交发货司机或随车人员，发货车辆按指定路线运送给用户。

8.2.4 配送合理化

1．合理配送的特征

对配送合理化与否的判断是配送决策的重要内容，一般有以下几个判断标志。

1）库存标志

库存是判断配送合理与否的重要标志，其表现有以下两个方面。
（1）库存总量。库存总量是一个动态的数量，要考虑是否与生产的供应量相平衡，库存总量是否控制在一个合理的水平上。
（2）库存周转。库存周转速度是否合理，是否能以较低的库存保证供应。

2）资金标志

配送能够降低资金占用，提高资金利用率。其表现有以下几个方面。
（1）资金总量。随着资金总量的减少及供应方式的改变必然会有一个较大的变化。
（2）资金周转。配送可以加快资金运用速度，提高资金的利用效率。

(3) 资金投向的改变。配送可以帮助企业使资金的分散投入转变为集中投入，增强对资金的调控能力。

3) 成本和效益

企业的经营成本和企业的经营效益都是评价配送的重要标志，对于配送企业来说，利润反映配送合理化的程度；对于用户来说，在保证供应水平的前提下，供应成本的合理化程度是评价配送效益的指标。

4) 供应的保障程度

配送的重要目的就是为了更好地提高对用户的供应保障水平，满足用户需求。

5) 社会运力的节约

合理利用运输能力是通过运力的规划和调整配送系统流程与社会运输系统协调而实现的。

6) 物流合理化标志

物流合理化是配送要解决的重要课题，配送必须有利于物流的合理化。这可由以下几点来判断。

(1) 物流成本是否降低、物流效率是否提高。

(2) 是否发挥了其他物流功能的作用，是否衔接了干线和末端运输。

(3) 是否采用先进的物流技术。

7) 用户企业人力、物力、财力的节约

配送的重要理念就是以配送服务于用户，因此实行配送后各用户库存量、仓库及仓库管理人员、企业的采购供应人员降低到合理化程度，真正做到解除企业的后顾之忧，满足用户需求。

2. 合理化配送的形式

目前，国内外有许多相当成功的合理化配送的实践经验，可供借鉴的有以下主要形式。

(1) 推行专业化配送。通过采用专业设备、设施及操作程序，降低配送的复杂程度。

(2) 推行加工配送。把流通加工与配送相结合，充分利用已有的中转过程求得配送合理化，将二者有机结合，而不增加太多的投入，体现了流通加工和配送的两种优势，两种效益相得益彰，是合理化配送最具前途的配送形式。

(3) 推行共同配送。共同配送是充分发挥各配送企业资源优势，从而达到配送距离短、配送成本低的效果，追求配送合理化，获得最佳的配送效益。

(4) 实行送取结合配送。配送企业与用户建立稳定的合作关系，对于同一用户，将其所需的商品送到，同时将其生产的产品取回。这种送取结合的方式使运力得到充分利用，避免回程空驶，起到一种事半功倍的效果，也是配送合理化的一种典型方式。

(5) 推行准时配送。该形式能够使生产企业有效地实行库存控制管理，从而实现低库存甚至零库存，提高企业的生产效率和物流服务效率，完善物流服务体系。

(6) 推行即时配送。推行即时配送是物流企业快速反应能力的体现，它能够最大限度地解决用户原材料供应的后顾之忧，提高企业的供应保障能力。同时也是企业实现零库存的重要手段。

8.3 配送中心及其管理

8.3.1 配送中心的基本职能

1. 配送中心的概念

《物流术语》(GB/T 18354—2006)对配送中心的定义为:"从事配送业务且具有完善信息网络的场所或组织。配送中心应基本符合下列要求。①主要为特定客户或末端客户提供服务;②配送功能健全;③辐射范围小;④提供高频率、小批量、多批次配送服务。"

2. 配送中心的职能

1) 配送中心的具体职能

(1) 储存保管职能。一是为了解决季节性商品生产计划与销售季节性的时间差问题;二是为了解决生产与消费之间的平衡问题。为保证正常配送的需要,满足用户的随机需求,在配送中心不仅应保持一定量的商品储备,而且要储存商品保管保养工作,以保证储备商品的数量,确保质量完好。

(2) 集散职能。配送中心为实现按用户需要配送,必须从众多供应商手中购进大量的品种比较齐全的商品。一般来说,集货批量大于配送批量。

(3) 分拣功能。配送中心将集中的大量商品按用户的需要从货架上重新分拣并配齐后,送至用户。这是配送中心的主要功能之一,也是区别传统仓库的主要功能。

(4) 流通加工职能。配送过程中,为解决生产中大批量、少规格和消费中的小批量、多样化要求的矛盾,按照用户对货物的不同要求对商品进行分装、配装等加工活动,这也是配送中心功能之一。

(5) 装卸职能。集货、储存、分拣、配货等过程,都需要装卸搬运。装卸搬运作业效率的高低、质量的好坏直接影响配送的速度和质量。

(6) 送货职能。将配好的商品按到达点或到达路线进行送货。运输车辆可借用社会运输车辆,也可自配专业运输队。

(7) 信息职能。配送中心必须有灵敏、完整的信息情报系统,对物流信息情报收集、汇总、储存及传递,这是保证配送中心业务顺利进行的关键。

配送中心具体职能的运用主要体现在对配送中心的选址、经营规模、机械设备的配置、设施的建设等方面。

2) 配送中心的社会职能

配送中心是连接生产与消费的物流企业,是利用时间及场所、设施创造效益的物流据点,因流通的方式和配送商品的不同,其功能表现亦不同。

(1) 调整大量生产与大量消费的时间差异和消费波动所体现的保管职能。

(2) 经济运输批量进行发货和进货,降低物流成本而进行的储备职能。

(3) 提高装卸、保管等作业效率的集货职能。

(4) 维持、提高用户服务水平,保持合理库存的储存职能。

(5) 提高综合经济效益,使分离的商流与物流在市场经济条件下有效结合的社会职能。

8.3.2 现代物流配送中心

1. 现代物流配送的特点

在电子商务时代,信息化、智能化、社会化的现代物流配送有以下几个特点。

(1) 物流配送反应速度快。现代物流配送对上、下游用户企业的物流配送要求反应速度越来越快,商品的周转次数越来越多。

(2) 物流配送功能集成化。现代物流配送更注重于将物流与供应链的其他环节进行集成,包括物流与生产的集成、物流与商流的集成、物流系统功能的集成等。

(3) 物流配送服务系列化。现代物流配送强调其功能定位适当化、完善化和系列化。除了储存、运输、包装、流通加工等服务外,还在市场调查、预测、采购和订单处理及物流咨询、库存控制、配送方案的选择、货款回收、结算等方面拓展增值性服务。

(4) 物流配送目标系统化。现代物流配送要求从系统角度来统筹配送以实现整体最优化。

(5) 物流配送作业标准化。现代物流配送强调功能作业流程、操作程序都要严格按物流标准执行,实现配送作业的标准化。

(6) 物流配送组织网络化。为了保证产品的快速促销得到物流全方位支持,要求现代物流配送要有完善的配送网络体系,以满足现代化生产与流通的需要。

(7) 物流配送经营市场化。现代物流配送要适应市场经济机制,实现物流服务成本和服务目标的最佳结合。

(8) 物流配送流程自动化。现代物流配送流程自动化要求配送集装标准化,仓储、搬运装卸等按照自动化标准作业,商品按最佳配送路线运行。

(9) 物流配送手段现代化。随着经济发展和物流现代化发展要求,物流配送管理、物流配送设施、设备和物流配送技术都要实现电子化、数字化、智能化等现代化技术。

2. 现代物流配送中心应具备的条件

为适应现代物流配送的信息化、智能化、社会化的要求,现代物流配送需要具备以下条件。

1) 高水平的企业管理

现代物流配送中心作为高层次、全新的流通模式和运作机构,必须要求其管理水平要达到系统化、科学化、现代化。

2) 高水平的装备配置

现代物流配送中心将面对千万个现代化企业用户和消费者,以及竞争激烈的、变化多端的市场,因此,必须要有现代化技术装备和应用管理系统,尤其是计算机网络等现代信息技术的应用。这也是专业化生产和大流通对物流手段现代化提出的要求,如在现代物流配送中心配备各种货物自动分拣系统、旋转货架、自动化仓库、AGV 导向系统、商品条码分类系统以及悬挂式输送机等。

3) 高素质的人员配备

现代物流配送中心既要有现代化管理水平,又要有现代化装备,就相应地要有一批具有一定专业知识、结构合理的高素质的经营管理人才,这样才能保证新型的现代物流配送中心的高效运转,以适应现代物流发展的需要。

3. 配送中心规划与设计

配送中心的规划涉及配送中心的选址、布局规划、设备规划、信息系统规划等问题。

1) 配送中心的选址

配送中心的合理选址是物流系统中具有战略意义的投资决策问题,选址合理与否对整个系统的物流合理化和商品流通的社会效益都有着决定性影响。配送中心是连接生产和消费的流通部门,利用时间和场所创造效益。随着商品类别和流通方式的不同,配送中心的设置亦不同。因而,在设置配送中心时还应考虑以下基本原则。

(1) 系统工程原则。配送中心的业务包括接货、装卸搬运、储存、分拣、配货、送货、信息处理以及与供应商、连锁店等的业务联系,为使整个业务系统合理运行,必须运用系统工程原则加以统筹协调。

(2) 价值工程原则。物流服务对配送的准点率和缺货率的要求越来越高,在满足服务质量的同时,必须兼顾成本。建造配送中心投资大,且必须进行经济与技术等方面的可行性研究论证,以求得最大的企业效益和社会效益,而选址方案则是其中关键的环节。

(3) 柔性化原则。由于市场瞬息万变,商品的流通变化随之增大。因此在进行配送中心选址时应考虑到需要有较强的业务应变能力,以适应物流市场的变化。

2) 配送中心内部布局

在配送中心选址确定后,就要对适应配送中心的接货、装卸搬运、储存、分拣、配货、送货、信息处理等业务的布局进行规划设计,主要包括配送量的规划设计、单位面积的作业量和配送中心的区域布局等。

(1) 物流配送量的规划设计。物流配送量的规划设计是在对历年的原始数据资料分析,以及企业发展规模及目标的基础上进行设计的。在确定配送中心设计能力时,还要考虑商品的库存周转率和最大库存水平等。通常以备齐商品的品种为依据,根据商品数量的 ABD 分析,做到 A 类商品备齐率达到 100%,B 类商品备齐率达到 95%,C 类商品备齐率达到 90%,以此来设计配送中心的储存量、配送量等。

(2) 确定单位面积的作业量。在规划配送中心的储存能力时,要区别流通型和储存型配送中心的过道面积占用的比例,以保证货物周转需要,一般情况下储存型配送中心需要占总面积的 30% 左右,流通型配送中心要占 50% 左右。

(3) 确定配送中心的区域布局。一般配送中心的区域布局包括作业区、办公区及辅助设施等。作业区主要包括接货区、储存区、理货区、配装区、发货区、加工区等。

3) 配送中心的设备规划

一般配送中心的设备主要包括装卸搬运设备、储存设备、分拣设备、包装设备等。特别是搬运设备直接影响到配送的效率,要使其与其他设备合理匹配,以保证配送中心的高效运作。

4) 配送中心的信息系统规划

一个完善的信息系统是配送中心高效运行的前提和基础,在完成配送中心的其他规划后,要按照各项作业的功能及对配送中心的规划要求,对其信息系统进行规划并建立其功能机构。一般配送中心的信息系统功能应具备以下功能。

(1) 销售功能:以商业活动为主的相关业务。

(2) 保管功能：以储存活动为主的相关业务。
(3) 配送功能：以输送活动为主的相关业务。
(4) 信息功能：以信息管理为主的相关配送管理业务。

4. 常见的几种现代物流配送中心

1) 城市配送中心

这种配送中心是以城市范围为中心，往往与零售经营相结合，由于运距短、反应快，因而经营多品种、少批量、多用户的配送比较有优势。

2) 区域配送中心

这种配送中心规模大，用户分布也较广，配送批量也较大，有较强的辐射能力和库存储备能力，能够向省际、全国乃至国际范围的用户进行配送。

3) 柔性配送中心

柔性配送中心是为适应精益化生产服务的一种配送中心，这种配送中心对用户需求有很强的适应性，不固定供需关系，不断向发展配送用户和改变配送用户的方向发展。

4) 供应型配送中心

这种配送中心专门为某个或某些用户(如联合公司、联营商店)组织供应配送。

5) 销售型配送中心

这是一种商流、物流一体化的以销售经营为目的、以配送为手段的配送中心，销售配送中心可分为以下3种类型。

(1) 生产企业自身产品直销的配送中心。这种类型在国外十分普遍。

(2) 流通企业本身的一种经营的方式，建立配送中心以扩大销售，目前，我国拟建的配送中心多属此种类型，国外也很常见。

(3) 流通企业和生产企业联合协作性配送中心。从发展趋势上看，国内外都是向以销售配送中心为主流的方向发展的。

6) 储存型配送中心

在卖方市场下，企业生产和销售需要有较充分库存支持，而且有较强的储存功能。目前，我国的配送中心大都采用集中库存形式，库存量较大，多为储存型配送中心，如中国物资储运总公司分布在各地的物流中心就是一个典型的储存型配送中心。

7) 流通型配送中心

这种配送中心基本上没有长期储存功能，仅以短暂储存或随进随出方式进行配送。这种配送中心的典型做法就是大批量货物整进并按一定批量出货。配送中心都有大型分货机，进货时用传送带直接分送到各个用户货位或分送到配送带上，货物在配送中心仅作少许停留。

 典型案例

7-11便利店的集约化配送

一家成功的便利店背后一定有一个高效的物流配送系统，7-11便利店从一开始采用的就是在特定区域高密度集中开店的策略，在物流管理上也采用集中的物流配送方案，这一方案每年大概能为7-11便利店节约相当于商品原价10%的费用。起初，7-11便利店并没有自己的配送中心，它的货物配送是依靠批发商来完成的。早期日本7-11便利店的供应商都有自己特定的批发商，而且每个批发商一般都只代理一家生产商，这个批发商就是联系 7-11 便利店和其供应商间的纽带，也是 7-11 便利店和供应商间传递货物、信息和资金的通道。供应商把自己的产品交给批发商以后，对产品的销售就不再过问，所有的配送和销售都会由批发商来完成。批发商就相当于 7-11 便利店的配送中心，它所要做的就是把供应商生产的产品迅速有效地运送到 7-11 便利店手中。为了自身的发展，批发商需要最大限度地扩大自己的经营，尽力向更多的便利店送货，并且要对整个配送和定货系统作出规划，以满足 7-11 便利店的需要。渐渐地，这种分散化的由各个批发商分别送货的方式无法再满足规模日渐扩大的 7-11 便利店的需要，7-11 便利店开始和批发商及合作生产商构建统一的集约化的配送和进货系统。在这种系统之下，7-11 便利店改变了以往由多家批发商分别向各个便利点送货的方式，改由一家在一定区域内的特定批发商统一管理该区域内的同类供应商，然后向 7-11 便利店统一配货，这种方式称为集约化配送。集约化配送有效地降低了批发商的数量，减少了配送环节，为 7-11 便利店节省了物流费用。

（资料来源：http：//www.56885.net/news/2008226/55702.html.）

本 章 小 结

本章介绍了配送的概念，配送的基本功能：储存、分拣、集散、衔接、加工等功能及配送在物流中的重要作用。

配送的分类：按配送组织者划分为集中配送、分散配送、共同配送；按配送时间及数量划分为定时配送、定量配送、定时定量配送、定时定量定点配送、即时配送；按配送的种类和数量划分为：少品种、大批量配送，多品种、少批量、多批次配送，成套配套配送，按所经营的商品划分为：散装货物的配送，原材料的配送，生鲜、冷冻食品的配送、特殊商品的配送；按经济功能划分为：供应型配送、销售型配送、储存型配送、销售供应一体化配送、代存代供配送。

配送的一般流程：订单处理，集散，储存，拣选、分货与配货，装车，输送。

配送业务管理：配送路线的选择、配送计划的制订、配送计划的下达、配货和集货的组织、配送发售的管理。

配送模式管理：自营配送模式、公用配送模式、共同配送模式。

配送合理化：推行专业化配送、推行加工配送、推行共同配送、实行送取结合配送、推行准时配送和即时配送。

配送中心的具体职能：储存保管职能、集散职能、分拣职能、流通加工职能、装卸职能、送货职能、信息职能。

配送中心的社会职能：调整大量生产与大量消费的时间差异和消费波动所体现的保管职能；经济运输批量进行发货和进货，降低物流成本而进行的储备职能；提高装卸、保管等作业效率的集货职能；维持、提高用户服务水平，保持合理库存的储存职能；提高综合经济效益，使分离的商流与物流在市场经济条件下有效结合的社会职能。

现代物流配送中心的特点：物流配送反应速度快、物流配送功能集成化、物流配送服务系列化、物流配送目标系统化、物流配送作业标准化、物流配送组织网络化、物流配送经营市场化、物流配送流程自动化、物流配送手段现代化。

几种现代物流配送中心：城市配送中心、区域配送中心、柔性配送中心、供应型配送中心、销售型配送中心、储存型配送中心、流通型配送中心。

练 习 题

一、不定项选择题

1. 推行货物配送必须具备的条件有（　　）。
   A. 稳定的资源保障　　　　　　　　　　B. 足够的资金
   C. 齐备的配送设施和设备　　　　　　　D. 流通加工中心
   E. 高效的信息系统

2. 按规定的批量在一个指定的时间范围内进行配送，称为（　　）。
   A. 定时定量配送　　　　　　　　　　　B. 定时配送
   C. 即时配送　　　　　　　　　　　　　D. 定量配送

3. 配送中心不向固定、专业化方向发展，而是强调市场适应性，这种类别的配送中心称为（　　）。
   A. 供应配送中心　　　　　　　　　　　B. 柔性配送中心
   C. 专业配送中心　　　　　　　　　　　D. 销售配送中心

4. 决定整个配送系统水平的关键要素是（　　）。
   A. 备货　　　　B. 储存　　　　C. 分拣及配货　　　　D. 配送加工

5. 完全按用户要求的时间和数量进行配送的方式称为（　　）。
   A. 定时配送　　　B. 即时配送　　　C. 商店配送　　　D. 准时配送

6. 配送中心的数量及地理位置是决定能否取得高效益的（　　）。
   A. 前提条件　　　B. 主要因素　　　C. 重要因素　　　D. 物质基础

7. 按配送商品种类及数量不同分类，配送方式有（　　）。
   A. 配套成套配送　　　　　　　　　　　B. 定时配送
   C. 多品种、少批量配送　　　　　　　　D. 单品种、大批量批送
   E. 定量配送

8. 配送中心的基本功能有（　　）。
   A. 备货　　　　B. 分拣　　　　C. 配货
   D. 储存　　　　E. 流通加工

9. 配送中心的主要类别有（　　）。
   A. 加工配送中心　　　　　　　　　　　B. 供应配送中心
   C. 销售配送中心　　　　　　　　　　　D. 柔性配送中心
   E. 城市配送中心

二、简答题

1. 简述配送与运输的区别。
2. 简述配送的特点。
3. 简述配送中心的一般作业流程。

三、分析应用题

1. 现代物流配送中心的规划与设计有哪些内容？
2. 如何理解配送在现代物流中的地位和作用？

四、综合案例分析题

联华生鲜食品加工配送中心案例

联华生鲜食品加工配送中心是我国目前设备最先进、规模最大的生鲜食品加工配送中心，总投资6 000万元，建筑面积35 000平方米，年生产能力20 000吨，其中肉制品15 000吨，生鲜盆菜、调理半成品3 000吨，西式熟食制品2 000吨，产品结构分为15大类约1 200种生鲜食品；在生产加工的同时，配送中心还从事水果、冷冻品以及南北货的配送业务。

连锁经营的利润源重点在物流，物流系统好坏的评判标准主要有两点：物流服务水平和物流成本。生鲜商品按其称重包装属性可分为：定量商品、称重商品和散装商品；按物流类型分：储存型、中转型、加工型和直送型商品；按储存运输属性分为：常温品、低温品和冷冻品；按商品的用途可分为：原料、辅料、半成品、产成品和通常商品。生鲜商品大部分需要冷藏，所以其物流流转周期必须很短，以节约成本；生鲜商品保质期很短，用户对商品的质量要求高。

（资料来源：http：//www.globrand.com/2010/476566.shtml.）

思考题：

（1）联华生鲜食品加工配送属于冷链物流吗？
（2）如何理解案例中"连锁经营的利润重点在物流"这句话？
（3）联华配送中心是如何将生鲜商品进行分类的？

实 训 操 作

【实训内容】

配送流程实训。

【实训目标】

通过配送实训，加深对配送的认识和理解，掌握配送基本流程。

【实训成果】

1. 学生5～7人自愿分组实训，每组提交实训报告一份，由任课教师在课堂上组织学生交流，提高学生对配送管理的理解和认识。

2. 通过到配送企业的配送实训，加深对配送的理解，掌握配送基本流程。

第 9 章 物流信息管理

【学习目标】

通过对本章的学习,学生应重点掌握物流信息的基本概念、功能和物流统计的作用,以及物流信息化、物流信息网络、物流管理信息的应用和物联网技术的应用等。

【关键概念】

物流信息　物流信息化　物流信息网络　物流管理信息　物联网

导入案例

RFID 技术在物流中的应用

RFID（射频识别）是一种非接触式的自动识别技术，它通过射频信号自动识别目标对象并获取相关数据，识别工作无须人工干预，可工作于各种恶劣环境。RFID 技术可识别高速运动物体并可同时识别多个标签，操作快捷方便。在物流中的应用举例为：当运送货物的卡车来到了仓库前，从进入大门的那一刻起，卡车中所有商品的品种、数量就都进入物流商的信息系统，并且自动与采购订单和出货通知进行匹配。随后，货物被卸下，通过长长的履带传送，自动"分配"到立体仓库的某个指定位置。工人们将即将出库的产品搬下传送带，送上叉车。当叉车通过检验区时，一名工人手持一台小小的识别器对准货物，对整个拣料、装料和出货的数据进行核对，确认无误之后，货物会立刻被送上在仓库门口等候的货车，开始向其目的地进发。

（资料来源：http://www.docin.com/p-614019297.html.）

射频技术是信息技术在物流活动中应用范围很广的一种信息技术，它为仓储、运输、装卸搬运、包装、配送等环节的作业效率提高，提供了强有力的支持作用。物流信息技术对现代物流的发展的影响将是十分巨大的，从一定意义上讲，没有物流信息技术的现代化就不可能实现物流的现代化。

9.1 物流信息及其在物流管理中的作用

9.1.1 物流信息概述

1. 信息

所谓信息就是关于客观事实的可用于通信的知识。一般信息的构成有三个层次：首先，信息是客观事物的特征的反映；其次，信息是可用以通信的，是事物联系的基础；最后，信息形成知识。

2. 物流信息

《物流术语》（GB/T 18354—2006）对物流信息的定义为："反映物流各种活动内容的知识、资料、图像、数据、文件的总称。"物流信息是伴随着物流活动的发生而形成的，对物流活动进行有效的组织、控制、协调、管理的信息管理是现代物流的中枢环节。物流商流、物流和信息流是从商品流通结构的角度来描述商品流通过程的概念，称为商品流通过程中的"三流"。"三流"之间密不可分，缺一不可，但又相互独立，各有其特殊性和规律。信息流按信息载体和服务对象可分为商流信息和物流信息。商流信息包括市场交易、货源价格、合同、付款、结算等信息。而物流信息则包括商品、数量、品种、规格、区域、费用等信息。商流的交易、合同等信息是市场商务的结果，也是物流的前提，而物流中的库存信息，既是物流的结果，又是商流的前提。这就是商流和物流交叉融合的特征。物流信息是现代物流的主要特征和支撑条件，因此，物流信息技术就成了现代物流的基本功能之一，它担负着对其他物流功能的协调管理作用，是其他物流功能实现最大价值的必须依赖的基础性功能。利用物流信息合理组织物流活动就是使各系统（环节）相互协调，按照总目标的要求，适时地、适量地组织调配物流系统的各种资源，取得最好的物流效益。

3. 物流信息的特征

（1）信息量大、信息源多、分布广。由于物流系统本身涉及范围广，在整个供应链各环节及活动都要产生信息，为了使物流信息适应企业开放性、社会性的发展要求，必须对大量的物流、信息流进行有效地管理、充分地利用。

（2）信息流动性强。在物流活动中，信息不断产生。由于市场情况、用户需求千变万化，物流信息也会瞬息万变，而信息的价值衰减也很快，这就要求系统对信息及时有效地管理，才能适应物流企业高效运行的要求。

（3）信息种类多。不仅系统内部各环节有不同的信息，而且与其他外部系统，如生产系统、销售系统、供应系统、消费系统、政府管理系统等都有密切相关信息联系。

（4）信息的不对称性。由于信息在物流过程中形成、产生和加工的时间、地点不对称，采集周期和衡量标准不对称，应用方式不一致，因此为了有效地控制管理物流系统中的各类信息，要有一个统一完善的数据采集、加工、处理系统。

4. 物流信息的功能

（1）交易功能。完成交易过程的必要操作，包括订货内容、库存安排、用户查询，它体现了信息记录的个别物流活动的基本层次。

（2）控制功能。为了提高企业物流服务水平与资源利用的管理，需要有信息的控制功能。通过合理的指标体系和评价方案，来体现信息的控制力度。

（3）决策功能。大量的物流信息能使管理人员掌握物流状态，通过物流信息对物流具体运作的评估、比较、成本收益分析等，从而做出正确的物流运作决策。

（4）战略功能。有效地利用物流信息，使决策者能够及时地了解企业的过去、现在的状态及对未来趋势的分析，从而有效地制定物流企业的生产经营和发展战略。

9.1.2 物流信息在物流管理中的作用

1. 物流信息与现代物流

现代物流信息的出现改变了传统物流的管理过程，提高了物流活动的效率和精确性，使物流各功能间的信息实时沟通和共享。为物流企业实现供应链管理奠定了坚实的基础。

1）物流信息技术为物流提供了运作平台，节约物流总成本

物流活动涉及各部门间的衔接与协调，网络信息技术为企业提供了良好的运作平台，使供应链各成员间实现信息共享，使各节点企业都能提高生产力、降低物流成本，为产品提供最大的附加值。

2）物流信息技术对物流运作方式产生了极大影响

应该说，传统物流活动实际上是用一种推式的方法来运行的，就是产品生产出来后进入消费领域。而从现代物流的观点看，商品生产和销售活动不是围绕生产进行的，而是围绕消费进行的，这是一种拉式方法进行的。在这种情况下，物流活动从一个被动的载体转化为主动的载体，他必须按照市场的信息来调整库存，调配资源，来保证市场供应。由于物流信息技术的应用企业能够掌握更多的信息，从而合理地进行分工和对市场的定位，更

好地为经济服务。

3) 信息技术是现代物流理念和物流产业形成的前提

在信息技术出现以前，传统物流活动是被分解为若干个阶段和环节进行的，物流信息本身也被分散在不同阶段和环节中，物流与信息之间很难实现交流与共享。到了20世纪90年代，随着信息技术和互联网的出现，使传统物流活动发生了根本性变化，使企业内部、企业之间的信息能够广泛交流与共享。信息资源的共享使物流活动从原来的生产过程或销售过程分离出来成为一种独立的经济活动，这就是现代物流理念。随着经济的发展和现代物流技术的提高，现代物流已经形成支撑国民经济的重要产业。

2. 物流信息的作用

1) 物流信息是物流管理的基础条件物

流信息化是物流现代发展的基础。现代社会已经进入了电子信息技术时代，物流信息化是电子信息技术的必然要求，物流信息化主要表现为物流信息的商品化、物流信息收集的数据库化及代码化、物流信息处理的计算机化、物流信息传输的实时化和标准化，物流效率的提高更多地取决于信息管理技术。物流信息化在未来的物流发展中将会起着日益突出的作用。这是因为及时准确的物流信息有利于协调生产和销售、运输和储存等业务的开展，有利于优化供货程序，缩短交货周期，有利于降低库存，有利于选择合理的运输路线、有利于物流作业效率的提高等。这些都能极大地降低生产成本和物流成本，提高物流服务水平。可以说，现代物流信息技术在物流中的应用将会彻底改变物流业的面貌。

2) 物流信息管理是物流管理的中枢环节

物流信息是制定物流决策的依据，对整个物流活动起到一个指挥、协调的作用。随着物流信息技术的发展，把生产和销售环节结合在一起，形成整个综合信息系统，也就是实现了生产和销售的信息化，通过经营信息系统以资金流实现商品的价值，以物流实现商品的使用价值。如果没有信息系统，整个物流系统便无法正常运行。就像人的中枢神经一样，物流信息系统就像传递中枢神经信号的神经系统，高效的信息系统是物流系统正常运转的必要条件。

3) 物流信息对物流管理的支持作用

正是由于信息系统的使用，才给予了物流管理的强大支撑，只有掌握了物流信息，物流活动才能有效地开展，物流信息对物流活动的效益起决定作用。物流系统的优化、各环节的优化所采取的措施，如选用合理的物流设备、设计合理的物流运作方案、确立最佳库存等都要依靠物流信息的支持，物流信息也是提升物流活动效率的关键因素，所以物流信息对提高物流经济效益起着非常重要的作用。

9.1.3 物流信息的种类

1. 按信息领域不同划分

（1）物流活动形成的信息。该类信息是发布物流信息的主要信息源，不但可以指导下一个物流运作，也可以提供给社会成为经济领域的一个重要信息。

（2）供给物流使用的其他社会信息源产生的信息。该类信息是物流信息收集的对象，是社会其他领域对物流运作有导向作用的信息。

2. 按信息的作用不同划分

1) 计划信息

计划信息是尚未实现但已当作目标确认的信息。如物流控制、仓储计划、运输计划、配送计划、装卸搬运计划、流通加工计划、包装计划等,以及与物流相关的国民经济计划、工农产品产量计划、物流量等。许多具体物流活动作业安排,如协议、合同、投资等信息,只要当尚未进入实际运行的都可以纳入计划信息的范围。这种信息的特点是带有相对稳定性,信息更新速度较慢。计划信息对物流活动有着非常重要的战略性指导意义。掌握这类信息,物流活动就可以进行本身的战略策划,在计划的基础上规划物流的长远发展。

2) 控制信息

这是物流活动中产生的信息,具有较强的动态性,是掌握物流信息实的活动状态不可缺少的信息,如库存种类、库存量、运输量、价格费用、设备情况、港站到发情况等。这类信息的作用是用以控制和调整正在发生的物流活动直至下一物流活动,从而实现对物流过程的控制作用。

3) 统计信息

这是物流活动结束后,对整个物流活动的一种归纳结论性信息,是一种不可变信息,有很强的资料性。如上年度、上月度、上旬度所发生的物流量、物流种类、运输方式、运量、仓储量、装卸量等,以及与物流有关的工农产品产量、内外贸易货物量等都属于这类信息。

4) 支持信息

这是指对物流计划、业务有影响的有关科技、文化、法律、教育等方面的信息。例如物流技术的发明、物流人才的培养教育、相关政策法规的制定等。这些信息不仅对物流战略发展有价值,而且对物流控制、运作可起到指导作用。

3. 按信息加工程度不同划分

物流空间广泛、时间长,这就决定了信息发生源多,且信息量大。因此,对这些信息的加工程度亦有所不同。

1) 原始信息

原始信息即未通过加工的信息,也是最权威的凭证性信息,可以从原始信息中找到真正的依据,是加工信息的可靠保证。

2) 加工信息

对原始信息进行各种方式、各种层次处理后的信息。这种信息是原始信息的提炼、简化和综合,可大大缩减信息量,将信息整理成规律性的形式便于使用。加工信息需要各种加工手段,如分类、汇编、汇总、精选、制表、音像资料、文献资料、数据库等。

4. 按物流活动环节不同划分

物流信息按物流活动环节不同划分为:运输信息、仓储信息、装卸搬运作业信息、流通加工信息、包装作业信息、配送信息和物流信息处理等信息,这些都是物流管理必不可少的物流信息。

5. 按信息载体类型不同划分

在企业中,按物流信息载体不同一般分为以下两类。

(1) 物流单据（凭证）、报表（台账）等。是企业最基础的原始记录，如进货票据、销售票据、运输作业票据、仓储作业票据、装卸作业票据、流通加工单据等。

(2) 物流计划。是企业物流管理中很重要的信息，是企业物流管理决策的具体体现。企业的物流计划一般包括物料需求计划、采购计划、运输计划、储存计划等。

6. 按管理层次不同划分

从管理层次角度可将信息划分为战略管理信息、战术管理信息、知识管理信息和运作管理信息。

(1) 战略管理信息是企业决策管理层制定企业生产经营目标、企业战略决策必需的信息，如企业的经营综合报表、市场动态信息、国家的相关政策法规等。

(2) 战术管理信息是企业部门领导进行局部或中短期决策所需要的信息，如企业月度计划、季度计划、产品成本、库存情况、市场行情等。

(3) 知识管理信息是知识管理部门相关人员对其知识进行收集、分类、存储和查询的信息，如专家的决策知识、物流企业相关业务知识等知识信息。这种信息一般都贯穿企业的各部门、各个层次。

(4) 运作管理信息是企业最基层作业部门在实际生产经营物流运作时所形成的信息，是最基础最原始的信息，是企业需要的第一手资料，如每天的生产日报、销售日报、供货日报等信息，这类信息的信息量大、发生频率高。

9.2 物流信息管理概述

9.2.1 物流信息的收集

建立物流信息系统最基础的工作就是首先进行信息收集。只有广泛通过各种渠道收集信息，才能真实反映物流活动的全貌。

1. 物流信息收集的内容

1) 明确目的

由于信息量大，必须有明确目的地对信息进行采集、筛选、取舍。

2) 确定信息的深度和精度

根据系统对信息的精度和深度要求不同对信息进行收集、取舍、分类，以确定信息的精度和深度。

3) 信息源的选择

要有相对固定的信息源，根据信息源的特征可以把信息源提供的信息分为两大类。

(1) 文字记录形式的信息。

① 基础型信息，如财务账册、财务报表、统计报表、汇总等记录型原始信息。

② 印刷型信息，如年鉴、杂志、书刊等一般加工后的二次信息。

③ 微缩型信息，以胶片、卡片为载体将物流统计资料、科技资料微缩后的信息。

④ 计算机可读信息，将有关信息数据储存于计算机中，需要时由计算机输出。

(2) 视听型信息。视听型信息包括影片、录音（像）带、图像等形式携带的信息。在物流信息收集选择过程中，建立固定的信息源很重要，主要包括以下几种方式。

① 在物流各环节中固定信息汇总点，按一定要求记录连续的信息，如在仓库的出入库信息汇总点的连续登记记录。

② 建立有关书刊、杂志的连续订阅制度，以形成系统信息资料。

③ 依靠计算机网络建立计算机收集和提供信息，以确定程序和内容。

2. 物流信息的收集技术

现代电子技术为我们提供了先进的物流信息收集技术，网络传输方式不仅可以避免人工输入方式中存在的失误率高、效率低的明显缺陷，还能降低收集运行费用，而且有效地提高物流服务水平。

1) 电子数据交换技术

(1) EDI 传输技术。电子数据交换（EDI）技术是采用标准化格式，利用计算机网络进行数据的传输的技术，它是一种利用计算机进行商务处理的新技术。这里强调传输的必须是标准格式的商业文件，如采购合同、运输合同、发票、电子支付等。由于 EDI 的使用可以取代传统的纸张文件的交换，因此，也称其为"电子贸易"或"无纸贸易"。

EDI 标准是各企业共同交流的标准，是数据交换的翻译，它使得企业间能够有效地按照这一标准进行电子数据交流的作业流程。事实上 EDI 是一种文报通信工具，利用计算机的数据处理和通信功能，将交易双方往来的文档转换成标准格式，并通过互联网传输给对方，完成信息间的交流。

目前，常用的 EDI 系统主要有两种。增值网（VAN）又称在线系统（OLS）和单对多 EDI 系统。VAN 是目前应用最广的 EDI 系统，它是利用通信公司的通信线路连接分布在不同地点的计算机终端形成的信息传递交换网络。其优点是用户选择面广，与单对多 EDI 系统相比更适合互联网时代的发展。

(2) 物流 EDI 技术。物流 EDI 技术是指货主、物流企业及其他相关单位之间通过 EDI 系统进行物流数据交换，以此为基础实施物流运作的现代信息技术。物流 EDI 技术运作流程如图 9-1 所示。

通过 EDI 共享信息提高运营效率，但对大多数企业而言，应用 EDI 系统的费用比较昂贵，因此推广受到影响。近年来互联网的兴起为物流信息的应用提供了更加快捷、廉价的通信方式。利用互联网来共享信息并支持本企业的物流运作和主要的供应链业务，可以使企业节约成本、高效运作，保持竞争优势。据联合国的调查显示，进行一次进出口贸易，双方约需交换 200 份文件，其纸张、行文、打印及差错可能引起的成本约为货物价值的 7%。据统计，美国通用汽车公司采用 EDI 后，生产一辆车可节约成本 250 美元，按其年产量 500 万辆计算，至少可以节约 12.5 亿美元的成本。

2) 条形码技术

条形码（Bar Code）技术是一种以光电扫描阅读设备识读并实现数据输入计算机的特殊代码。它是关于生产厂、批发商、零售商和物流企业等进行订货、销售、保管、出入库等活动的信息源。这种系统能在物流活动发生时即时收集到信息，提高物流效率，且保密性好，误读率低。

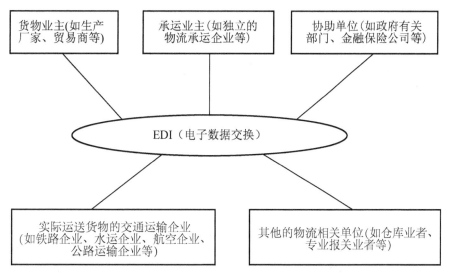

图 9-1 物流 EDI 技术动作流程

3）销售时点系统

销售时点技术（POS）通过销售时对商品条码的扫描，将商品的有关信息立即输入到后台的管理信息系统中对其进行处理，并把相应信息传输给合作者，使生产商能及时了解其产品的销售状况及用户的消费需求趋势，从而更准确地编制生产计划，降低库存量，缩短订货提前期，最终提高整个供应链的效率，它是 VAN 增值网的一种应用方式。

4）电子订货系统

电子订货系统（EOS）是指企业之间利用 VAN 或 INT 和终端联线方式进行订货作业和订货信息的交换系统，可以分为企业内的 EOS 系统，零售商与批发商之间的 EOS 系统，以及零售商、批发商与生产商之间的 EOS 系统等。

5）全球卫星定位系统

全球卫星定位系统（GPS）是对载体用户进行导航定位，集导航定位和通信等功能于一体的高效、安全的管理调度指挥系统。它被广泛地应用于物流活动，如道路运输安全监控、车辆调度指挥和物流货物安全运输、跟踪监控。

6）地理信息系统

地理信息系统（GIS）主要利用地理数据功能应用于物流分析，它能自动确定用户的地理位置，实现对物流据点的选择和对物流配送路线的合理调度安排，同时运用其可视化地图实现查询分析物流状态的监控功能。

7）射频识别技术

射频识别技术（RFID）适用于频率技术改变数据内容的情况，对于货物跟踪运载工具和货架和输送带上货物出库、入库的识别等非要求直接接触的数据采集和交换的场合。射频技术具有极强的保密性。

8）物流规划仿真技术

物流规划仿真技术（FLEXSIM）利用智能仿真技术对物流规划方案进行优化设计，实现物流运作的快捷响应、合理运行。

9.2.2 物流信息处理

1. 物流信息数据的输入

对收集的物流信息数据集中分类管理，并转化成物流信息能够接受的形式输入到系统中。数据的收集与利用都离不开 EDI 技术、条码技术和数据库技术。

2. 物流信息数据的存储

数据输入系统后，经过整理成为支持物流系统运行的物流信息，这些信息需要暂时存储或永久保存以备利用。管理数据的目的是为了获得决策信息，通过高效的数据储存获得更高层次数据分析，从而更好地为物流决策服务。

3. 物流信息的分析处理

物流信息系统最基本的任务就是将输入数据加工处理成物流信息，针对需要解决物流问题，引入数学和统计模型，对这些物流问题数据进行分析为决策提供服务支持。物流信息的分析能力是衡量物流信息支持系统的一个重要指标。应用较多的物流信息数据分析有：运输路线的选择、库存商品需求预测、配送方案的制定、安全库存量的确定等。

4. 物流信息的输出

物流信息支持系统的目的是为物流管理提供信息服务，在信息分析处理的基础上为管理人员提供决策服务。随着物流的现代化发展，今后物流信息支持系统将向信息采集在线化、储存大型化、输出网络化、信息处理智能化和输出图形化方向发展，为物流决策提供更多、更方便、更科学的服务。

5. 物流信息数据的查询

这个环节是系统中最常用的功能，为用户及时了解物流信息及运行状况提供支持，尤其在电子商务条件下，可以通过数据查询更好地为用户提供个性化服务。

9.2.3 物流信息的服务——物流决策

企业的决策过程就是决策者在机遇、信息、资源三者之间寻求最佳组合的过程。做出决策就意味着在机遇出现时，根据所掌握的信息，最大限度地整合现有资源。只有掌握的信息更准确、更全面，才能做到决策正确合理。这也就是物流信息支持系统的应用的根本目的。

（1）以批发为核心的物流信息决策系统。批发业主要是销售物流，因此系统中主要包括接订货系统、收发货系统、库存管理系统、配送和信息查询系统等。

（2）进、销、存决策支持系统。进货、销售、储存管理是企业经营管理中的核心环节，也是企业能否取得经济效益的关键，只有实现合理进货、合理库存、及时销售才能使企业获得最佳经济效益。该系统主要包括进货管理系统、库存管理系统和销售管理系统三个子系统。

（3）配送决策支持系统。为满足各方面的信息需求，配送中心也有几个支持系统，以做好及时准确的配送，提高物流配送服务水平。其主要有销售决策支持系统、采购决策支持系统、综合决策支持系统、有效客户响应系统、及时制管理系统等。

(4) 运输决策系统。运输是物流管理的中心环节，是影响物流总成本的重要因素。因此运输决策是物流系统决策的关键环节，是实现物流合理化的重要内容。

运输决策的主要内容一是对运输方式的决策；二是对运输路线的决策。

选择运输方式的判断标准主要有：货物的性质、运输时间、交货时间的适用性、运输成本、批量运输的适应性、运输的机动性和便利性、运输的安全性和准确性。简言之，运输方式的决策需要考虑的具体因素，第一是运输的物品的种类，第二是运输的数量，第三是运输的距离，第四是运输的时间。为了实现运输的合理性和经济性，往往需要采用综合运输的方式。综合运输是一种运输的优化匹配，它可以缩短运输时间、提高物流效率、节约能源、节约运力、降低运输成本，有利于加快社会再生产进程，促进国民经济发展。

9.2.4 物流统计信息

1. 物流统计概述

1）物流统计的含义

所谓物流统计是指在经济管理理论的指导下，将统计学理论和方法运用到物流产业领域中，以揭示物流领域中经济、管理活动数量关系的内在规律性的工作。物流统计是社会统计的一个分支，属于一门专业统计学科，是统计学在物流信息管理中的具体应用，是现代物流管理的重要手段之一。

2）物流统计与物流信息

从物流信息的含义表述来看，物流信息是反映物流活动的知识、资料、图像、数据和文件的总称，而物流统计则是把物流活动过程所需要的和所形成的信息进行搜集、整理、处理和运用工作的总称。两者是在同一物流过程中同时发生的，是一种相辅相成的关系。两者最大的区别是物流信息是物流统计的前提条件和基础。物流统计则是物流信息管理的运用手段，是为物流信息管理服务的。

3）物流统计的作用

物流统计是应用统计原理和方法来揭示分析和研究物流经济现象的数量特征和数量关系及其发展变化规律的物流管理工作。其主要具有以下作用。

(1) 提供物流经济活动统计指标，为企业提供经营决策依据。在我国，物流产业的发展本来就较晚，物流统计形成更晚。这种状况与高速发展的物流业极不相称。经济的发展使企业包括生产制造企业和物流企业急需对物流市场需求、物流的投入与产出方面的统计信息分析来更好地运作物流，提高物流水平、物流效率，降低物流成本，使现代物流更好地为企业经济效益服务。

(2) 反映物流供求状况为研究物流产业发展趋势提供预测分析依据。物流产业是社会分工细化和专业化的结果，物流如何适应现代市场经济的发展，重要的是对物流市场需求的研究分析。这些分析与研究就需要对物流统计和调查，以准确掌握物流供求市场的规模和水平，以及反映供求结构的变化和影响因素。

(3) 反映物流发展概况，为国民经济和社会发展提供决策依据。从社会宏观的角度看，物流是社会生产和消费领域中物流活动的总和，它在国民经济中的地位和重要作用——物流是国民经济的动脉系统，是社会生产和再生过程的必要环节。国家要使社会经济按照计划的节奏运行，需要掌握物流在国民经济中的运行状态，就必须有一个准确、及时、全面的物流统计信息,为社会经济发展提供决策依据。

2. 物流统计的内容

1) 物流供需平衡统计

(1) 物流市场供需现状。

(2) 促进物流供需平衡的措施。

2) 物流固定资产投资统计

物流固定资产投资是指物流功能的建造和购置固定资产的经济活动,包括物流设施设备的购置及其更新改造、改建、扩建等。它对壮大物流企业规模,增强物流企业实力,实现物流现代化,满足社会生产和人们生活需要都具有重要意义。物流固定资产投资统计是物流统计的重要组成部分,它记录了企业的发展过程,全面反映物流企业的固定资产投资规模、结构和效率,为企业管理和决策提供依据。物流固定资产投资统计主要包括以下几项。

(1) 物流建设项目统计。

(2) 物流固定资产投资额统计。

(3) 新增物流作业能力投资统计。

(4) 新增物流固定资产统计。

(5) 物流生产设施设备统计。

3) 物流成本统计

(1) 仓储成本统计。

(2) 运输成本统计。

(3) 物流装卸搬运成本统计。

(4) 物流配送成本统计。

(5) 物流加工成本统计。

(6) 物流包装成本统计。

4) 物流利润统计

(1) 物流利润总额统计。物流利润是物流企业在一定的会计期内生产经营的最终效果,是评价物流企业经营效益的主要指标。其计算公式为

$$物流利润总额 = (物流营业收入 - 物流营业支出) + (物流营业外收入 - 物流营业外支出) \tag{9-1}$$

(2) 物流利润率统计。一般反映物流利润能力的统计指标有

$$成本利润率(\%) = 利润总额/总成本额 \times 100\% \tag{9-2}$$

$$收入利润率(\%) = 利润总额/收入总额 \times 100\% \tag{9-3}$$

$$人均利润率(\%) = 利润总额/职工平均数 \times 100\% \tag{9-4}$$

$$资金利润率(\%) = 利润总额/资金平均余额 \times 100\% \tag{9-5}$$

$$资产利润率(\%) = 利润总额/所有人的净资产 \times 100\% \tag{9-6}$$

5) 物流总值和物流增加值统计

(1) 物流总值统计。物流总值是指在一定时期内初次进入物流领域,并通过物流服务,已经和正在送达最终用户的商品的价值总和。从社会经济意义说,它既是一定时期内

社会物流活动的最终成果，也是社会物流需求与供给的总和，是社会物流需求规模的价值体现。

（2）物流增加值统计。物流增加值又称附加值或追加价值，是国民经济各基层单位在生产经营或服务中追加到社会最终产品中的价值，是国民经济核算中重要的统计指标。它是反映一个行业、一个地区经济发展的综合指标，能够较全面地反映社会生产活动成果的规模和水平。其统计公式为

$$物流增加值＝物流总产出－物流中间投入 \tag{9-7}$$

6）物流服务及质量统计

衡量物流质量的指标是根据物流服务的目标来确定的，即"目标质量"的具体构成内容。在实际运作中，围绕这些指标又可以制定一系列分目标的质量指标，这就构成了一个完整的质量指标体系，如图9-2所示。

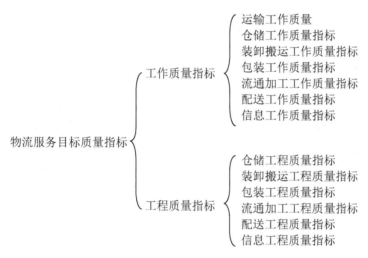

图9-2 质量指标体系

7）物流企业人力资源统计

物流企业人力资源统计是指在物流企业工作，并由企业支付工资的从业人员的统计。其包括以下指标。

（1）物流企业期末人数包括年末人数、季末人数和月末人数等。

（2）物流企业报告期内平均人数包括年末平均人数、季末平均人数和月末平均人数等。

（3）物流企业劳动生产率是物流企业劳动者的效率及人力资源的生产效率。其统计方式为

$$物流企业劳动生产率＝\frac{物流服务量}{服务时间} \tag{9-8}$$

8）物流企业安全生产统计

物流企业安全生产统计是指对物流企业劳动保护与安全生产法规的实施情况，总结劳动保护、安全和教训，查处安全隐患等工作的统计。

9.3 物流信息化

9.3.1 物流信息化概述

1. 物流信息化的含义

物流信息化是指物流企业运用现代信息技术对物流过程中产生的全部或部分信息进行采集、分类、传递、汇总、识别、跟踪、查询等一系列处理活动,通过分析控制物流信息和利用信息来管理和控制物流,提高物流运作决策水平,达到合理配置物流资源,降低物流成本,提高物流服务水平的目的。

随着以计算机技术、通信技术、网络技术为代表的现代信息技术的飞速发展,人们越来越重视对信息资源的开发和利用,人类社会正从工业时代迈向信息时代的今天,物流信息化水平已经成为衡量一个国家现代化水平和综合国力的重要标准。

2. 物流信息化的内容

物流信息化的内容包括物流技术信息化和物流管理信息化。

(1) 物流技术信息化。它是指在物流生产如运输、储存、装卸搬运、包装、配送等活动中所应用的条形码识别技术、射频技术、全球卫星定位系统、地理信息系统、激光自动导向系统等物流信息技术。

(2) 物流管理信息化。它是指物流管理过程中所应用的管理信息系统和决策系统技术的信息化。

3. 物流信息化的必要性

1) 社会信息化的要求

现代社会已经进入信息时代,物流信息化是整个社会的必然要求,特别是以计算机为代表的信息化革命,已经渗透到社会各个领域。整个社会物流系统是为生产制造企业、流通企业提供物流服务的,因此,物流企业的信息化要适应社会信息化发展的战略要求。

2) 市场运作变化的要求

随着经济进入买方市场时代,经济结构的调整和多样化、个性化消费需求的出现,现代的市场经济已经不再围绕生产者转而围绕消费者来进行,市场经济就由推动式运行变为拉动式运行,随着市场竞争的加剧,一些新的管理思想不断产生,如JIT准时制管理、企业资源计划管理、SCM供应链管理等。由于拉动式市场运作,物流、商流、资金流、信息流在整个市场范围内的高度一体化,物流处于各种市场的结合部而成为市场信息的集散中心,这就是物流活动从被动的信息接收转变为整个经济活动,通过组织信息为企业提供多功能、一体化的综合性物流服务和系列化的供应链解决方案,为此物流必须实现信息化管理。

另一方面,随着市场方式的转变,企业采用准时制生产和有效客户响应等先进运作模式,通过生产和销售过程与物流过程的相互联系,以提高对消费需求的响应能力,达到了前所未有的配合程度。这对物流的反应速度和信息管理能力提出了更高的要求,所以物流信息化也是物流适应现代市场经济条件下企业运作方式的必然要求。

3) 全球化物流竞争的要求

随着全球经济一体化的发展，国际分工和全球一体化经济，使企业的生产经营突破了国界范围，商品生产要素在全球范围内自由流动，物流业的国际竞争局面已经形成。一方面跨国物流公司纷纷进入中国市场，其业务网络和业务范围已经开始对中国物流市场产生了强烈的冲击；另一方面，中国的物流企业也向海外市场拓展，参与国际物流竞争，这种物流业的全球性竞争使中国物流企业与国外物流企业都站在同一起跑线上，相互间在物流基础设施、技术水平、网络范围、物流系统管理等方面进行全面竞争，这些都需要物流信息化技术作强大的支撑，而物流资源配置能力则是决定国际竞争的关键，物流信息化则是提升物流企业资源配置能力的最有效的手段。

4) 实现"第三利润源泉"的要求

据美国有关资料统计，美国的产品生产过程中，实际只有5%的时间用来加工制造，而95%的时间则用于储存、搬运等物流活动，由此可见物流在企业经营中的重要作用，以至于经济学家把物流称为企业的"第三利润源泉"，它告诉人们降低物流成本是企业利润的重要来源，要实现"第三利润源泉"，物流信息化是最大的推动力。由于市场竞争的加剧，行业平均利润率越来越低，对企业而言，控制物流成本已经成为原材料成本之外的最大的成本项目，有效的物流管理可以更广泛地拓展企业的利润空间，因此，物流成本控制已经成为企业管理的一个焦点。信息技术可以促进物流系统各种功能和资源的整合，实现优化决策和高效运作，从而减少物流运营总成本，因此，物流信息化是实现"第三利润源泉"的基本要求。专业化的第三方物流发展趋势锐不可当，越来越受到社会关注。企业将自身的物流业务外包给第三方物流企业来运行，通过物流专业化来实现物流成本的控制，而信息化则是实现这一方式的必要条件。

5) 现代物流信息特征的要求

物流是由信息驱动的生产活动，从本质上讲，物流信息化是由现代物流信息特征所决定的。

(1) 现代物流对象的信息特征要求信息化处理。现代商品极其丰富、种类繁多、管理精细，现代消费需求呈个性化、多样化发展，市场竞争激烈，物流信息动态性强，信息价值衰减速度快，即时性要求高。这些对物流信息的搜集、加工的速度和精度、决策支持水平等都提出了更高的要求。

(2) 现代物流信息的特征要求实现物流信息化。现代物流系统是一个地域跨度大、时间跨度长、信息源点多、分布面积广的大系统，现代消费特点要求现代物流运作要小批量、多批次、多品种，这就要求物流信息管理实现网络化。现代物流信息贯穿于整个物流过程，而且物流系统与其他系统（如生产系统、销售系统、供应系统、消费系统）息息相关。物流业务过程产生的信息种类繁多，物流内部各个环节有不同种类的信息，因此，就必须实现物流信息的标准化、数字化和处理的计算机化才能与之相适应。

(3) 供应链物流信息的特征要求物流信息化。在供应链物流环境中各环节都具有信息共享、信息传输的功能，形成一种网状发散结构，这就要求物流信息的处理必须实现网络化和计算机化。

6) 现代物流服务的要求

现代经济以客户为中心的服务理念已深入人心，服务至上已经成为企业生存发展的基本原则，这已为企业的生产经营实践所证明，而物流本身就是一种服务性行业，服务质量更是至关重要。物流信息化是现代物流服务内容和服务环境复杂性的要求，全社会信息化程度的日益提高和电子商务的日益发展，对物流服务质量提出了更高的要求。在这种环境下，物流服务内容、环境、技术手段、服务质量的复杂性、广博性都将给现代物流服务提出更大的挑战。

4. 实现物流信息化的主要手段

实现物流信息化主要包括以下几种手段。

1）数据库技术

物流作业是分布在不同的地点、时间，由不同的人员利用不同的载体共同完成的，要想将这些分散的数据收集在一起，为管理者用以对物流运作进行分析、控制和管理使用，离不开数据库技术。管理者将物流系统的数据库建成一个物流系统乃至整个供应链的公共数据平台，实现分布在不同地点和不同环节的数据的共享、不同的时间对数据库进行实时共享和更新，这就为物流运作信息数据的采集、数据更新和数据交换使用提供了前提条件。

2）信息网络

物流系统多以载体的实物网络形式存在，因此，物流信息网络应与该载体实物网络相匹配，结合采用数据库技术，物流网络可以使物流数据的采集、传输、处理等操作分散化，这正好与物流网络中网点数据分散的特点相吻合。由于因特网的出现大大降低了物流信息网络的建设成本，同时也大大提高了物流业务的信息化程度，加快了物流系统对用户的响应速度。

3）电子技术

随着社会经济进入电子信息时代，现代物流企业要广泛地采用电子技术，这些电子技术用于产品的识别和物流的自动化作业，如货架的电子标签、条码与射频技术、仓库的自动分拣机、自动堆垛机、机器人、智能系统等，将大大提高物流作业自动化程度，大大提高物流作业效率。

4）计算机

在现代经济生活中，计算机已经成为人们根本离不开的重要工作手段，计算机是一种最基本的信息处理工具，就是前面提到的信息网络数据库和电子技术无一可以离开计算机。

现代物流信息使用的先进的技术设备往往都是数据库、信息网络、电子技术和计算机技术等都是现代电子信息技术的具体运用。这些电子技术的运用，极大地提高了物流作业的自动化程度、提高了物流效率、降低了物流成本。物流信息电子化的趋势锐不可当，特别是电子商务的广泛运用，就要求现代物流不仅要有基于因特网的信息网络，还要具有全程、全网的信息收集、处理、传递、发布、查询、跟踪系统。

9.3.2　物流信息系统的应用

1. 物流信息系统概述

1）物流信息系统的含义

物流信息系统以人为主导，以计算机和网络通信设施及其相关设备为基础，进行物流信息的收集、传输、加工、储存、更新与维护，以物流企业战略竞争，提高效益与效率为目的，支持企业高层决策、中层控制、基层运作的集成化的人机系统。

物流信息系统是企业信息化的基础，利用信息技术对物流运作中各种信息进行实时、集中、统一管理，使物流、资金流、信息流三流同步并及时反馈市场、客户和物流的动态管理，为客户提供实时的信息服务

2) 物流信息系统基本结构

物流信息系统基本结构主要有以下几个组成部分。

(1) 业务中心管理子系统。业务中心管理子系统实现物流业务的控制和业务处理，在因特网上实现接单、发单、到站签收等功能。同时各业务部门可以在不同的地方，以不同的客户通过互联网进入系统，然后进行业务数据的输入及上传订单。业务中心根据各级仓库、车队的情况进行优化，发出合理的调度指令进行宏观调度。

(2) 运输管理子系统。运输管理子系统实现对运输业务的专业管理，可以提供汽车运输、火车运输、汽车运输、轮船运输和飞机运输等模式的管理。

(3) 仓储管理子系统。仓储管理子系统实现针对多级仓库和异地的仓库的管理，条码技术与信息技术的结合可以帮助企业合理有效地利用仓库容积。

(4) GPS 跟踪及查询子系统。通过接口设定，GPS 跟踪及查询子系统可以与 GPS 提供商进行数据导入而获取车辆运行位置信息。此外通过 GSM 手机短信等手段获得运输状态信息。条码的应用在每通过一次扫描时，系统都会记录货物已通过这一结点，使用户了解货物的确切位置。用户还可以通过因特网了解货物的发运、到站、接收以及物流数量质量等情况。

(5) 办公管理子系统。办公管理子系统可实现对企业的固定资产、设备资源、质量管理、人力资源、员工培训、企业动态、公共信息等进行无纸化管理，提高企业资源利用率。

(6) 财务管理子系统。财务管理子系统可实现对企业的财务应收、应付、已收、已付等业务管理，还可根据需要提供其他财务软件接口。

(7) 决策支持子系统。决策支持子系统对客户、车辆、仓库、地区、货物通过各种报表和曲线图等进行分析，对企业业务提供决策支持。

(8) 客户管理子系统。客户管理子系统实现对客户统一管理，建立客户信息反馈渠道，随时了解客户的需求，加快企业的反应速度，提升企业的信誉度和客户的忠诚度。

(9) ERP 管理接口子系统。ERP 管理接口子系统利用最新的 XDI(物流数据交换)技术实现物流系统与客户的 ERP 系统和其他系统的连接。

2. 物流信息平台

1) 物流信息平台概述

(1) 物流信息平台的含义。按照国家标准《物流术语》，物流信息平台是指基于计算机通信网络技术，提供物流设备、技术、信息等资源共享服务的信息平台。

一般认为，凡是能够支持或者进行物流服务供需信息的交互或交换的网站，均可视为物流信息平台。例如，一个物流公司为方便公司与其用户的联系而设计了一个信息交换系统，使得用户和公司可以保持便捷的联系，那么这个系统就具备了物流信息平台的性质。一个专业的物流信息服务网站就是一个典型的物流信息平台，例如亿顺物流网、发啦网、

中国物通网、物流全搜索等。

（2）构建物流公共信息平台的意义。物流信息平台是物流产业的重要组成部分，它对物流产业的发展起着基础性支撑作用。构建物流公共信息平台的意义在于：①充分利用已有物流信息资源，避免重复建设；②加快物流企业信息化进程，降低企业信息化成本，提供多样化服务，增强竞争能力；③推进物流综合信用体系和交易网络安全建设，推动电子商务的发展标准化建设；④推动物流信息标准化建设，建立物流相关政府职能部门间协同工作机制，有利于政府制定物流业的发展规划。

2) 物流信息平台的作用

物流信息在物流活动中具有十分重要的作用，通过物流信息平台对物流信息的收集、传递、存储、处理、输出等，成为决策依据，对整个物流活动起指挥、协调、支持和保障作用，其主要具有以下作用。

（1）沟通联系的作用：物流系统是由许多个行业、部门，以及众多企业群体构成的大系统，系统内部正是通过各种指令、计划、文件、数据、报表、凭证、广告、商情等物流信息，建立起各种联系，沟通生产厂、批发商、零售商、物流服务商和消费者，满足各方的需要。因此，物流信息是沟通物流活动各环节的桥梁。

（2）引导和协调的作用：物流信息随着货物流、资金流、凭证流及物流当事人的行为等信息载体进入物流供应链中，同时信息的反馈也随着信息载体反馈给供应链上的各个环节，依靠物流信息及其反馈可以引导供应链结构的变动和物流布局的优化；协调物资结构，使供需之间平衡；协调人、财、物等物流资源的配置，促进物流资源的整合和合理利用。

（3）管理控制的作用：通过移动通信、计算机信息网、电子数据交换、全球定位系统、短信平台、物流一卡通等技术实现物流活动的电子化，如货物实时跟踪、车辆实时跟踪、库存自动报警、代收款实时查询等，用信息化代替传统的手工作业，实现物流运行、服务质量和成本等的管理控制。

（4）缩短物流流程的作用：为了应付需求波动，在物流供应链的不同节点上通常设置有库存，包括中间库存和最终库存，如零部件、制成品的库存等，这些库存增加了供应链的长度，提高了供应链成本。但是，如果能够实时地掌握供应链上不同节点的信息，如知道在供应链中，什么时候、什么地方、多少数量的货物可以到达目的地，那么就可以发现供应链上的过多库存并进行缩减，从而缩短物流链，提高物流服务水平。

（5）辅助决策分析的作用：物流信息是制定决策方案的重要基础和关键一局，物流管理决策过程的本身就是对物流信息进行深加工的过程，是对物流活动的发展变化规律认识的过程。物流信息可以协助物流管理者鉴别、评估、比较物流战略和策略后的可选方案，如车辆调度、库存管理、设施选址、流程设计以及成本—收益分析等均是在物流信息的帮助下才能做出的科学决策。

（6）价值增值的作用：物流信息本身是有价值的，而在物流领域中，流通信息在实现其使用价值的同时，其自身的价值又呈现增长的趋势，即物流信息本身具有增值特征。另外，物流信息是影响物流的重要因素，它把物流的各个要素以及有关因素有机地组合并联结起来，以形成现实的生产力和创造出更高的社会生产力。物流信息对提高经济效益也起着非常重要的作用。

3）物流信息平台的构建模型

根据物流业本身需要，一般采用"基础层—支撑层—平台层—应用层"的构建模型，协调公共物流信息平台、政府各行业管理部门的信息系统、枢纽城市物流公共信息平台，以及物流企业信息系统之间的跨部门、跨行业、跨地域的协同。

物流信息平台包括以下构建模型。

（1）基础层：基础设施、如电信网络、计算机硬件、信息标准、物流政策环境等。

（2）支撑层：认证中心、公共数据库、安全管理机制、技术文件发展标准等。

（3）平台层：多对多数据交换中心，监控响应系统，数据及系统复原机制，数据传输加密及密钥安全解决方案，系统服务水平及运营成本平衡，客服中心机制及运营，收费机制规划及运营等。

（4）应用层：电子商务 B2B 和 B2G 跨组织流程的信息整合应用，各企业内部的信息化系统，按照国际标准采取开放式接口等。

物流信息平台涉及技术和管理问题，要求各相关环节在物流公共信息平台的架构下，通过规范流程、制定相应标准和法规，通过具体项目的实施，使物流公共信息平台的建设顺利开展。

物流公共信息平台作为政府的单一接口，物流相关的政府部门多，其信息需求各异。对于企业而言，将面临不同的信息转换问题，这就要求物流产业要以发展为主导，与政府的电子化对接，服务企业。

4）物流信息平台的运营模式

物流信息平台的运营模式，一般有以下 3 种。

（1）以政府为主的业务模式。这种业务模式中，公共物流信息平台的规划、建设和运营维护由政府相关部门负责。

（2）组合模式。此模式由政府选择并组合具有公共服务及相关执行经验的单位作为公共物流信息平台建设单位，并选择信息化管理水平较高，由具有建设和运营经验的厂商进行运营。

（3）以企业为主的业务模式。此业务模式中由企业自主经营，这就要求企业有雄厚的实力。

公共物流信息平台应采取政府引导、行业约束、企业自主的市场化运营模式。应面向企业，通过政府相关政策和行业协会制度的制约，并引入行业准入机制和会员管理方式。对加入平台的企业会员，通过会费、服务费、租赁费、广告费等形式进行市场化运作，提供有偿服务。政府行使宏观调控职能，负责指导物流公共信息平台共享信息的服务价格制定和市场的政策引导。

3. 物流信息管理系统的应用

1）运输管理信息系统的应用

（1）运输管理信息系统的含义。运输管理信息系统（TMIS）是指实时地将工具和集装箱及所用货物的动态信息通过公用数据网报告中央实时数据库，由中央实时数据库将收集到的信息加工处理后提供给各运输管理相关部门及货主，作为运输调度、了解货物状态的信息，从而实现对运输工具及货物的实时动态跟踪管理。

系统从微观上处理运输中各环节业务，可随时查询车辆和集装箱及货物的位置及设备的技术状态,并预报其未来三天的动态变化;从宏观上可预见各主要编组站、分界口的车流变化情况,防止车辆堵塞,加速车辆周转,提高运输效率。

(2) 运输管理信息系统的构成。运输管理信息系统由以下3部分构成。

① 中央处理系统。其核心是中央实时信息库,负责处理各信息源点的实时信息,为参与运输的所有车辆各接发货的站点建立动态信息文件和货票信息等。收集到的实时信息经处理后为各级运输组织管理人员提供所需要的信息,实现对车辆及货物的实时跟踪管理。

② 大中型场、站信息系统。将大中型场、站作为联网信息报告据点,建立信息处理系统,并承担向中央报告信息的责任,非联网的场站报告信息时,要通过联网报告据点报告。

③ 枢纽场站应用系统。各省建立运输枢纽场站,负责从各大中型场站和中央实时信息库获取有关车辆、货物的动态信息,并将其加工成需要的信息资料供各运输指挥之用。

2) 仓储管理信息系统的应用

(1) 仓储管理信息系统的含义。仓储管理信息系统(WMIS)是一个实时计算机软件系统,它通过进出库业务、仓储调拨、库存调拨和虚拟仓库管理等功能实施物料对应、库存盘点、质检管理和即时库存管理,能有效地控制并跟踪储存业务的物流和成本管理,完善的仓储信息管理。系统可以独立执行库存运作,与其他系统的单据和凭证等结合使用,提供全面的企业业务流程和财务管理信息。

(2) 仓储管理信息系统的构成。仓储管理信息系统基本模块有收货处理、商家管理、拣货作业、月台管理、补货管理、库内作业、越库操作、循环盘点、加工管理和矩阵式收费等。

3) 配送管理信息系统

(1) 配送管理信息系统的含义。配送管理信息系统用于大型配送企业分布在各城市间的配送中心的业务,通过控制中心统一调度车辆,进行多个配送中心间的单到单点、单到多点和多到单点及沿途接货的配送形式,帮助企业实现准时、快速、准确的配送要求。

(2) 配送管理信息系统的构成。

① 为生产企业设计专业的网上配送的电子商务网站。配送网站实时与系统联系。

② 通过 Internet,生产企业可在网上直接向配送系统下达配送单与配送商品、数量、质量、地点、时间等指令信息,管理自己的库存及配送计划,并通过网站了解每单配送业务的执行状态。

③ 客户可以通过系统查询货物的情况,实现企业和物流企业间的电子商务操作和掌握库存信息。

④ 配送管理信息系统与电子商务网站、运输部门、仓储部门业务数据相互协同,实现供应链中生产与物流的集成,提高了效率,降低了成本。

9.3.3 物联网

1. 物联网的概念

物联网是物物相连的互联网络,也称智能网络系统,它是通过各类信息传感器,按照约定的协议,根据需要实现物品互联互通的网络连接,进行信息交换和通信,以实现智能识别、定位、跟踪、监控和管理的智能网络。它是一个从自动提取、整合、物品局域网局部系统的智能服务与管理等向全国融合并逐步深化的过程。

2. 关于物联网"物"的含义

物联网中的"物"需要满足以下条件才能够被纳入"物联网"的范围：①要有数据传输通路；②要有一定的存储功能；③要有CPU；④要有操作系统；⑤要有专门的应用程序；⑥遵循物联网的通信协议；⑦在世界网络中有可被识别的唯一编号。

3. 物联网的特征

与传统的互联网相比，物联网有其鲜明的特征。

(1) 它是各种感知技术的广泛应用。物联网上部署了海量的多种类型传感器，每个传感器都是一个信息源，不同类别的传感器所捕获的信息内容和信息格式不同。传感器获得的数据具有实时性，按一定的频率周期性地采集环境信息，不断更新数据。

(2) 它是一种建立在Internet上的泛在网络。物联网技术的重要基础和核心仍旧是Internet，通过各种有线和无线网络与互联网融合，将物体的信息实时准确地传递出去。在物联网上定时采集的信息需要通过网络传输，由于其数量极其庞大，形成了海量信息，在传输过程中，为了保障数据的正确性和及时性，必须适应各种异构网络和协议。

(3) 物联网不仅仅提供了传感器的连接，其本身也具有智能处理的能力，能够对物体实施智能控制。物联网将传感器和智能处理相结合，利用云计算、模式识别等各种智能技术，扩充其应用领域，从传感器获得的海量信息中分析、加工和处理出有意义的数据，以适应不同的物联网用户。

4. 物联网的技术构架

从技术架构上来看，物联网可分为三层：感知层、网络层和应用层，如图9-3所示。

(1) 感知层由各种传感器以及传感器网关构成，包括二氧化碳浓度传感器、温度传感器、湿度传感器、二维码标签、RFID标签和读写器、摄像头、GPS等感知终端。感知层的作用相当于人的眼耳鼻喉和皮肤等神经末梢，其主要功能是识别物体，采集信息。

(2) 网络层由各种私有网络、Internet、有线和无线通信网、网络管理系统和云计算平台等组成，相当于人的神经中枢和大脑，负责传递和处理感知层获取的信息。

(3) 应用层是物联网和用户（包括人、组织和其他系统）的接口，它与行业需求结合，实现物联网的智能应用。

物联网的行业特性主要体现在其应用领域内，目前绿色农业、工业监控、公共安全、城市管理、远程医疗、智能家居、智能交通和环境监测等各个行业均有物联网应用的尝试，某些行业已经积累了一些成功的案例。

5. 物联网在物流业的应用

现代物流实现自动化、智能化、提高效率是物流服务的目标，物联网则是重要技术手段。物流系统采用红外、激光、无线、编码、识别、传感、射频技术、卫星定位等信息化网络技术，可视技术在物流系统的集成应用就是物联网在物流领域的应用。

(1) 物联网应用于企业原材料采购、库存、销售等领域，通过完善和优化供应链管理体系，提高供应链效率，降低成本。空中客车公司通过在供应链体系中应用传感网络技术，构建了全球制造业中规模最大、效率最高的供应链体系。

(2) 应用于选货、配货、送货环节的物流配送活动的智能化。

(3) 应用于交通运输、库存管理、货物分拣等智能化、自动化技术。

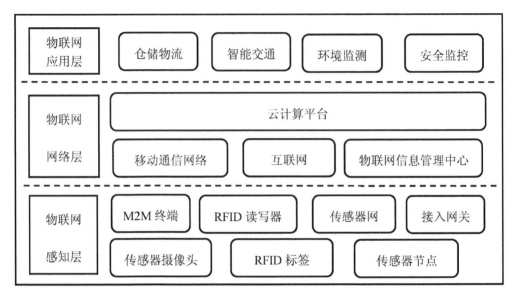

图 9-3 物联网技术架构

6. 物联网的发展趋势

业内专家认为,物联网一方面可以提高经济效益,大大节约成本;另一方面可以为全球经济的复苏提供技术动力。目前,美国、欧盟等都在投入巨资深入研究探索物联网。我国也正在高度关注、重视物联网的研究,工业和信息化部会同有关部门,在新一代信息技术方面正在开展研究,以形成支持新一代信息技术发展的政策措施。

运用物联网技术,上海移动已为多个行业客户量身打造了集数据采集、传输、处理和业务管理于一体的整套无线综合应用解决方案。最新数据显示,目前已将超过 10 万个芯片装载在出租车、公交车上,形式多样的物联网应用在各行各业,确保城市的有序运作。在世博会期间,"车务通"全面运用于上海公共交通系统,以最先进的技术保障世博园区周边大流量交通的顺畅;面向物流企业运输管理的"e物流",将为用户提供实时准确的货况信息、车辆跟踪定位、运输路径选择、物流网络设计与优化等服务,大大提升物流企业综合竞争能力。

美国权威咨询机构 Forrester 公司预测,到 2020 年,世界上物物互联的业务,跟人与人通信的业务相比,将达到 30∶1,因此,"物联网"被称为是下一个万亿级的通信业务。

2009 年 8 月温家宝在视察中科院无锡物联网产业研究所时,提出"感知中国"后,物联网被正式列为国家五大新兴战略性产业之一,写入"政府工作报告",物联网在中国受到了全社会极大的关注,其受关注程度是美国、欧盟及其他国家和地区不可比拟的。截至 2010 年,国家发改委和工业信息产业部等部委会同有关部门,在新一代信息技术方面开展研究,以形成支持新一代信息技术的一些新政策措施,从而推动我国经济的发展。

 典型案例

雀巢公司利用信息技术消除牛鞭效应

雀巢专门引进了一套 VMI 信息管理系统,家乐福也及时为雀巢提供其产品销售的 POS 数据和库存情况,通过集成双方的管理信息系统,经由 Internet/EDI 交换信息,就能及时掌握客户的真实需求。为此,家乐福的订货业务情况为:每天 9:30 以前,家乐福把货物售出与现有库存的信息用电子形式传送给雀巢公司;在 9:30～10:30 雀巢公司将收到的数据合并至供应链管理系统中,并产生预估的订货需求,系统将此需求量传输到后端的 APS/ERP 系统中,依实际库存量计算出可行的订货量,产生建议订单;在 10:30,雀巢公司再将该建议订单用电子形式传送给家乐福;然后在 10:30～11:00 家乐福公司确认订单并对数量与产品项目进行必要的修改之后回传至雀巢公司;最后在 11:00～11:30 雀巢公司依照确认后的订单进行拣货与出货,并按照订单规定的时间交货。这样,由于及时地共享了信息,上游供应商对下游客户的需求了如指掌,无须再放大订货量,有效地消除了牛鞭效应。

(案例来源:http://wenku.baidu.com/link?url=BAWu4F-yI4c-SIiPS4lIMatvGm-E3JtkzzEiau8rbDNlrsf_rQJzfnNxUcsjnqurIJqx1HraVg5ARUUVlhMCIrmkZoiqPdjJfHA3-w6wnDf0W.)

本 章 小 结

本章介绍了物流信息的基本概念、特征(信息量大、信息源多、分布广,信息流动性强,信息种类多,信息的不对称性等)和物流信息在物流管理中的重要作用。

物流信息的功能:交易功能、控制功能、决策功能、战略功能。

物流信息的种类。按信息领域不同划分:物流活动形成的信息、供给物流使用的其他社会信息源产生的信息;按信息的作用不同划分:计划信息、控制信息、统计信息、支持信息;按信息加工程度不同划分:原始信息、加工信息;按物流活动环节不同划分:运输信息、仓储信息、装卸搬运作业信息、流通加工信息、包装作业信息、配送信息和物流信息处理等信息。

物流信息的收集技术:电子数据交换技术(EDI)、条形码技术(BC)、射频识别技术(RFID)、销售时点系统(POS)、电子订货系统(EOS)、全球卫星定位系统(GPS)、地理信息系统(GIS)、物流规划仿真技术。

物流信息处理:物流信息数据输入、物流信息数据的存储、物流信息的分析处理、物流信息的输出、物流信息数据查询。

物流信息的服务——物流决策:以批发为核心的物流信息决策系统,进、销、存决策支持系统,配送决策支持系统,运输决策系统。

物流信息化含义及实现物流信息化的必要性:社会信息化的要求、市场运作变化的要求、全球化物流的竞争要求、实现"第三利润源泉"的要求、现代物流信息特征的要求、现代物流服务的要求。

物流信息平台建设及物流信息系统的含义。物流信息系统包括的物流运输管理信息系

统、物流仓储管理信息系统、物流配送管理信息系统和物联网系统的应用。

练 习 题

一、不定项选择题

1. 条码在物流中的作用有（　　）。
   A. 车辆定位　　　　B. 货物识别　　　　C. 防伪标识　　　　D. 车辆跟踪
2. GPS 在物流中的作用有（　　）。
   A. 车辆定位　　　　B. 车辆导向　　　　C. 订货确认　　　　D. 货物跟踪
3. 物流信息系统包括（　　）。
   A. 交易系统　　　　B. 管理控制　　　　C. 决策分析　　　　D. 战略制定
4. 在物流领域广泛应用的信息技术有（　　）。
   A. 数据交换技术　　B. 条形码技术　　　C. GPS 技术　　　　D. 物料需求计划
5. ERP 是指（　　）。
   A. 企业资源计划　　　　　　　　　　　B. 物料需求计划
   C. 企业管理计划　　　　　　　　　　　D. 数据交换技术
6. 物流信息的特点有（　　）。
   A. 信息量大　　　　B. 信息源多　　　　C. 动态性强　　　　D. 分布广
7. 物流信息的功能有（　　）。
   A. 数据收集　　　　B. 信息处理　　　　C. 信息储存
   D. 数据传输　　　　E. 信息输出

二、简答题

1. 简述物流信息的特点。
2. 简述物流信息管理的主要内容。

三、分析应用题

1. 简述信息化管理在物流管理中具有哪些作用？
2. 物流信息的决策服务有哪些？

四、综合案例分析题

沃尔玛的物流信息化实践

20 世纪 50 年代，当第一个人造卫星上天的时候，全世界商业对现代通信技术还无人问津，而到 70 年代，沃尔玛公司率先使用卫星通信。21 世纪已开始，沃尔玛又投资上亿元开始实施因特网标准平台的建设，凭借先发优势，科技实力，沃尔玛蓄势冲出美国，走向全世界。与其说是零售企业，不如说它是物流企业。沃尔玛的实践告诉我们：通过信息流对物流的整合、优化，实现成本控制，其强大的信息技术和后勤保障体系才是其成功的基石。沃尔玛领先竞争对手，现行零售信息系统进行了积极投资，最早使用计算机跟踪库存，全面实现单品级库存控制，最早使用条形码和 SKU 品类管理软件，最早采用 EDI 技术，制造与宝洁公司等大供货商实现产销联盟，在信息技术的支持下沃尔玛以最低的成本、最优的服务、最快的管理反应在全球运作。尽管信息技术并不是其取得成功的充分条件，但它确是沃尔玛成功的必要条件，沃尔玛的全球采购战略配送系统在业界都是可圈可点的经典范例。可以说，这些成功都是建立在沃尔玛利用信息技术对优势资源和传统物流整合及信息技术战略应用的基础之上的。在强大的信息技术和后勤保障体系的支持下，与其说沃尔玛是在经营商品，不如说是在生产商店、经营物流。

沃尔玛在美国公司总部建立了庞大的数据中心，每一家沃尔玛店都有自己的终端，每天全球的沃尔玛店及经营有关的购、销、调、存等信息通过卫星传送到总部数据中心。管理人员通过这些数据对日常运营企业战略做出决策。沃尔玛总部的通信网络可根据各店、供应商、配送中心之间的进、销、存、调节点形成在线作业。使沃尔玛的配送系统能够高效运转，这套系统的应用，在数小时内便可完成做各店订单汇总送出订单的整个流程，从而大大提高了运营的高效和准确性。为了满足美国本土 4 000 个连锁店的配送需要，沃尔玛配备了 30 000 个大型集装箱挂车，5 500 辆大型卡车，24 小时不间断的运营，每年运输量达到 77.5 亿箱，总行程达到 6.5 亿公里。为此，沃尔玛建立了专门的信息系统、卫星定位系统等世界一流的先进信息技术系统。沃尔玛全球有 5 000 个连锁店，其销售、订货、库存情况可以随时查询，公司所有车辆都配有卫星定位系统，对车辆的载货、位置等情况随时全部掌握。这样可以合理的安排运输，最大限度的发挥运输潜力、避免浪费、降低成本、提高效率。沃尔玛正是通过信息技术，实现对物流、资金流的整合优化，实现了有效的物流成本控制，实现了商业物流运作的标准化、专业化、统一化，从而达到实现规模效益的目的。

（资料来源：http：//www.chinawuliu.com.cn/xsyj/200407/20/131521.shtml.）

思考题：

（1）如何理解案例中所说沃尔玛"与其说是零售企业，不如说它是物流企业"？

（2）沃尔玛是如何运用信息技术整合其全球采购战略的配送资源的？

（3）沃尔玛通过信息技术的运用达到了什么目的？

实 训 操 作

【实训内容】

GPS 全球卫星定位系统的运用。

【实训目标】

通过到物流配送企业，实地认识物流企业如何运用 GPS 全球卫星定位系统对配送货物的跟踪与安全监控，使学生了解 GPS 全球卫星定位系统的运用。

【实训成果】

1. 通过到物流配送企业，实地认识物流企业运用 GPS 全球卫星定位系统对配送货物的跟踪与监控，加深对 GPS 全球卫星定位系统的运用的认识和理解。

2. 学生 5～7 人自愿分组实训，每组提交实训调查报告一份，由任课教师在课堂上组织学生交流，提高学生对物流信息管理的意识。

第10章 物流标准化管理

【学习目标】

通过对本章的学习,学生应重点掌握物流标准化的基本概念、功能、特点及物流标准的分类,了解我国物流通用标准、物流技术标准和物流作业标准等,以及国际物流标准体系和物流基本模数尺寸。

【关键概念】

物流标准　物流标准化　物流基本模数尺寸

导入案例

托盘标准化案例

关于托盘标准化问题，中日韩三国物流界人士就该问题进行了研讨。近日在京召开，由中国物流与采购联合会、《物流技术与应用》共同举办的研讨会，其全称是"第二届中日韩商务论坛：物流分论坛"，并且云集了来自中国物流与采购联合会、日本物流系统协会、韩国物流产学研协会的三国专家。

一切都源于国内物流标准化的缺失。由于缺乏相关的标准和规则，物流业发展正遭遇瓶颈之痛。目前，国内企业在建立物流系统的过程中，普遍存在着流通信息不畅、流通环节多、流通费用高、整体物流效益偏低的问题。统计显示，我国目前每万元 GDP 产生的运输量为 4 972 吨公里，而美国和日本的这一指标仅分别为 870 吨公里和 700 吨公里。物流企业的"非标准化状态"，也让国民经济付出了高昂的代价。以 2012 年为例，我国的物流费用支出高达 9.4 万亿元，约占 GDP 的 18%，如果物流费用所占比例降低 1 个百分点，就可节约近 940 亿元。严峻的数字下，物流标准化的确立势在必行。而在这个从无到有的确立的过程中，起始的一步，艰难并关键。

物流标准化的体系，主要包括四部分，分别为基础性标准、现场作业标准、信息化标准和物流服务规范。其中，基础性标准包括托盘、条码、集装箱等。物流专家从托盘身上看到了希望。在他们眼中，要使物流标准化，不妨先使托盘标准化。

（资料来源：http://wenku.baidu.com/link?url = bCgoY0wV9baRlLcUMLHzws97-eL2xh-Tp-PLxZbdkXNRS4l-sFUMJPXlmZB6w12ql_g2xknlYXqhQUydCl7jXdesqNMTsgu04bidj-0uvOK6m.）

没有规矩不成方圆，这是中国一句俗语，它实际上就是讲的标准问题。任何行业都有自己的标准，物流行业是服务型行业，服务必须有质量标准，它是衡量物流服务的尺度，因此物流行业必须有自己的标准，特别是物流业要向现代化迈进，更需要有物流标准。

10.1 物流标准化及其在物流管理中的作用

10.1.1 物流标准化概述

1. 标准化的含义

标准化就是为取得全局的最佳效果，在总结实践经验和充分协商的基础上，对经济活动和生产技术中具有多样性和重复性特征的事物及概念，按特定的秩序和形式由有关主管机构颁发的统一技术规定。标准化是国民经济管理和企业管理的重要内容，也是现代科学体系的重要组成部分。

2. 物流标准化的含义

物流标准化就是指对物流设施和工程、物流机械器具、物流工作和物流服务等活动规定的统一标准。

物流标准化管理是物流管理的重要手段，是物流合理化的重要内容，也是实现物流现代化的基础。推行物流标准化管理有利于加快物流系统的建设，提高物流效率，实现与其他系统的衔接和与国际市场接轨，为推进我国物流业向全球经济一体化发展创造条件。

10.1.2 物流标准化的特点

物流系统标准化与其他一般标准化系统相比,其涉及的范围更加广泛。

1. 物流标准化系统属于二次系统(也称为后标准化系统)

由于物流及物流管理诞生较晚,而组成物流系统的各分系统已经分别实现了本系统的标准化,并经过多年实践应用已经基本成型。在推行物流标准化时要以此为依据,在各个分系统标准化基础上,按照物流系统的新理念和新要求以适应和协调建立标准化系统。

2. 物流标准化更体现科学性、民主性和经济性

这也是一般标准的三个基本特征,是物流标准化特征所要求的。科学性指要体现现代科技水平,在物流系统中要与物流现代化相适应,在综合的科技水平上表现最优。民主性指标准的制定要采取协商的办法,广泛听取意见,充分考虑各种实现条件,使标准化更具权威性。经济性则是物流标准化的主要目标之一,也是标准存在的决定因素。物流过程增值是有限的,因此物流过程中的成本过多支出就必然影响其经济效益。因此,不能只片面追求科技水平而导致物流成本增加而影响效益,那样的标准最终会失去其必要性。

3. 物流标准具有极强的国际性

我国加入WTO后,全球经济一体化的推进,国际交往和国际贸易越来越频繁,而国际贸易是依靠国际物流来完成的,这就要求本国的物流标准要与国际物流标准相衔接,否则会加大国际交往的难度,更重要的是在本来较高的国际物流成本上又加上因标准化不一致造成的损失,这就可能进一步增大国际贸易成本而丧失国际市场,影响我国推进全球经济一体化的步伐。

10.1.3 物流标准化在物流管理中的重要作用

物流标准化是物流管理的重要手段,它对物流系统运作总成本和经济效益都有着重大的影响作用。托盘标准化、集装箱标准化、运输设备工具标准化、物流作业标准化等手段对生产和流通都起着重要作用。它能提高物流效率,保证物流质量,减少物流环节,降低物流成本,从而提高经济效益。

1. 物流标准化是物流管理,尤其是大系统物流管理的重要手段

在进行系统管理时,系统的统一性、一致性,以及系统内部各个环节的有机联系是系统能否生存的首要条件。系统管理除了需要一个合适的体制形式、有效的决策指挥和协调的领导体制等外,标准化就是重要的手段之一,方法手段健全与否又反过来影响决策能力和指挥水平。例如,我国的物资编码由于尚未实现标准化,而各个领域已分别制定了自己领域的物资编码,其结果是不同领域之间信息不能传递交流,计算机无法联网,严重地阻碍了系统物流管理的实施。又如,我国铁路和交通运输两个部门之间集装箱未能实现统一标准,致使车船联运和车船转载受到严重障碍,极大地制约了物流水平的提高和物流效率的发挥。

2. 物流标准化对物流成本效益的重大影响作用

标准化运作能够带来效益,这已为技术领域所公认,在物流领域也是如此。实现物流

标准化可以使一贯制物流作业直接到用户，使物流速度快、中转费用低、作业费用省而获得经济效益。例如，由于我国铁路和交通部门的集装箱尚未统一标准，双方衔接时就势必增加一道拆箱和装箱作业工序，为此造成每吨物资损失 1 元。如果按 2005 年全国集装箱运输量为 27 亿吨计算就损失约 27 亿元。这在目前日益发展、广泛采用集装箱运输的运量急剧增加情况下，其损失就更加惊人。

3. 物流标准化是加快推行物流系统管理的捷径

推行标准化能加速我国发展现代化的进程。物流标准化是加快推行物流系统管理的捷径，是推进我国物流现代化的必经途径。例如我国平板玻璃的集装托盘、集装架的发展初期还没有推行物流标准化，而各部门、各企业都已有自己的集装设备，出现了各式的集装方式，致使平板玻璃的物流系统标准的建立出现了困难，延缓了平板玻璃集装箱化的发展。

4. 物流标准化也给物流系统与外系统的衔接创造了条件

物流本身不是孤立存在的。从流通领域来看，它上接生产系统，下连消费系统；从生产物流来看，物流和相关工序相连接；从物流全过程来看，又和机械制造、土木工程、商流系统相交叉，彼此间有许多相互连接的交叉点。要使本系统与外系统衔接，没有物流标准化是根本做不到的。

10.2 物流标准的分类

物流标准可分为以下 3 大类。

10.2.1 物流通用标准

1. 专业计量单位标准

除国家公布的统一计量标准外，物流系统自己有许多专业的计量问题，必须在国家及国际标准化的基础上加以确定。由于物流的国际性特征，专业计量单位标准要充分考虑计量方式的差异和国际惯例，这是在制定本国物流计量单位标准时应十分关注的问题。

2. 物流基础模数尺寸标准

基础模数尺寸指标准化的共同单位尺寸或系统标准尺寸的最小公倍尺寸。在基础模数确定后各具体尺寸标准都以此基础模数为依据，选取其整倍数为规定的尺寸规定。物流基础模数尺寸的确定不仅要考虑国内物流系统，还要考虑与国际物流系统的衔接。

3. 物流建筑模数尺寸标准

物流建筑是物流必不可少的重要设施，其使用的基础模数是以物流基础模数尺寸为基准确定的。是对建筑物尺寸，包括仓库门窗尺寸、间距、跨度、深度等设计的依据。

4. 集装模数尺寸标准

集装模数尺寸标准化是在物流基础模数尺寸基础上，计算的各种集装设备的基础尺寸，是设计集装设备长、宽、高三向尺寸的依据，在整个物流系统中设计时往往以集装尺寸为中心，然后在满足其他要求的前提下决定设计尺寸。因此集装模数尺寸直接影响和决定其他相关环节(如运输、储存、包装、装卸搬运、配送等)的标准化。

5. 物流专业术语标准

为了使大系统配合与统一，尤其是在建立系统的信息网络之后，需要信息传递准确，这就要求用术语所代表的含义实现标准化。物流专业术语标准包括物流用语的统一及定义的统一解释、统一编码等。

6. 物流核算统计标准

物流核算统计的标准化是建立在系统信息网络对系统统一管理的基础之上的，也是对系统进行检测控制的前提。这里标准化包括以下内容。

(1) 确定共同的能反映系统各环节状态的最小核算项目。

(2) 确定能用于系统进行分析并可供信息系统收集、储存的最少项目。

(3) 制定具体方法确定共同的核算统计单位，确定核算统计管理规范。

7. 标志和识别标记标准

物流中的物品、工具、机具都是处于不断运动中的，因此识别和区分就显得十分重要，特别是对于物流中极其复杂的物流对象，就更需要有便于识别而又容易区分的标志，以便进行有效的储存管理。现代物流技术的自动识别系统，是用复杂的条形码技术来代替肉眼识别的标志。因此标志条码的标准化也是物流系统标准化中的重要内容之一。

10.2.2　物流技术标准

1. 运输车辆、船舶、飞机技术标准

它指各种从事物品空间位移的运输设备，如火车、卡车(拖拉机)、船舶和飞机等。从各种设备的有效衔接角度制定的车厢及船舶尺寸、载重量标准、运输环境条件标准等，从社会环境保护角度出发制定的噪声标准、废气排放标准等。

2. 装卸搬运机械技术标准

它指物流设施内部使用的各种生产作业的车辆机械，如叉车、铲车、吊车(起重机)、装载机、传输机等的运行方式、作业范围、作业能力、作业速度等方面的标准。

3. 仓库技术标准

它包括仓库三向尺寸、建筑面积与有效面积、通道比例、单位储存能力、吞吐能力、温度、湿度等技术标准。

4. 车站、港口、机场装卸作业站台技术标准

它包括站台高度、港口码头泊位、机场装卸作业机构设置、作业能力等技术标准。

5. 包装、托盘、集装箱技术标准

它包括包装、托盘、集装箱系列尺寸标准和重量标准、包装物强度标准，以及各种集装包装材料、材质标准、加工标准、回用转换标准。

6. 货架、储罐技术标准

它包括货架净空间、载重能力、储罐集装容积尺寸标准、材料材质标准等。

10.2.3 物流工作标准

工作标准与作业规范是对各项工作制定的要求及规定。工作标准及作业规范可帮助制定各种岗位职责范围、工作方法、检查监督方法、奖惩办法等。可使全系统统一工作方式、提高工作效率、防止在作业中出现遗漏差错，并有利于监督评价。其主要工作标准和作业范围有：①岗位责任及权限范围；②岗位交接程序及工作程序；③物流设施建筑的检查验收规范；④车船载货运行时间，运行速度限制等；⑤吊具索具的使用、更新、放置规定；⑥信息情报的收集、处理、使用规定；⑦异常情况的处理办法规定等。

10.3 物流标准体系

物流的经济活动与商品流通紧密联系而不可分，涉及交通运输业、储运业、货代业、配送业等专业领域，并与一般标准化系统有所不同，更具有种类繁多、共同性少、重叠交叉、内容复杂等特点。物流标准体系要突出与时俱进的特点，其目的是构筑一个物流业标准的有机体系，能反映出物流标准的现状、未来应该发展和制定的标准。物流国家标准按其内在的联系所形成的科学有机整体称为物流国家标准体系，这个体系必然有一个从复杂的交叉与重叠状态，向科学、简化合理的方向发展的过程，必须经过多次修订和调整才能逐步形成层次分明、结果合理、划分明确的物流国家标准体系。

随着全球经济一体化进程的加快，标准化工作所涉及的领域越来越广泛，发挥的作用也越来越大，国际标准的采用已经十分普遍，标准化已成为企业竞争的重要手段。而目前，我国物流标准化体系的建设相当不完善，尽管已建立了物流标识标准体系，并制定了一些重要的国家标准，如《商品条码》《储运单元条码》《物流单元条码》等，但这些标准的应用和推广存在着严重问题。以《储运单元条码》为例，应用正确率不足15%，这种情况严重制约了我国物流业的发展。

建立物流行业的标准化体系将是一项十分复杂的系统工程。必须在物流实践中，在充分调查研究的基础之上，结合未来发展趋势和国际物流标准的有效衔接等方面加以研究制定，这样的标准才更加具有广泛性和权威性，采用国际标准对物流产业的发展十分重要。我国的物流标准正是在遵循这项原则的前提下制定的。

国家物流标准按照物流规律和内在联系所形成的科学有机整体称为国家物流标准体系。我国物流国家标准体系如图10-1所示。

10.3.1 物流系统通用基础标准

在现代物流标准化体系表中，协调统一的基础性物流项目的标准成为通用基础标准。例如物流专业计量单位标准、物流基础模数尺寸标准、物流建筑基础模数尺寸标准、物流术语标准、优先数及优先数系列标准、物流单元编号与符号标记标准等。物流基础标准在物流行业内作为其他标准的基础，具有通用性和广泛性。

1. 物流基础模数尺寸是标准化的基础

物流基础模数尺寸的作用与建筑模数尺寸大体相同，基础模数在专业计量单位中除了国家公布的统一计量单位外,物流系统与其他系统的配合就有了依据。必须在国家标准的基础上,确定本专业标准,同时国际交流还应考虑国际惯例。

物流基础模数尺寸标准是物流系统中各种设施建设和设备制造的尺寸依据,在此基础上可以确定集装与集成基础模数尺寸,进而确定物流的模数体系。

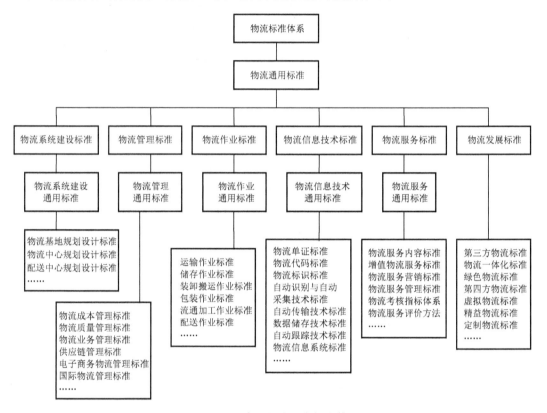

图 10-1 我国物流国家标准体系

2. 物流专业计量单位的标准化是物流作业定量化的基础

物流专业计量单位的标准化在国家统一的计量标准基础上考虑了许多专业计量问题和与国际计量标准衔接问题。《物流术语》国家标准于 2001 年 4 月正式发布,2006 年 12 月修订。该标准对物流中的基本概念术语、物流作业术语、物流技术与设施术语、物流管理术语等都做了明确的界定。而物流标准体系不仅包括了物流术语标准,并且充分考虑到标准的科学性、民主性、经济性要求,同时也从业务技术、国际接轨等观点考虑,将今后可能形成新的术语的子集,融合到术语标准中去。它的出台对于规范和促进我国物流发展起到十分重要的作用。

3. 物流单元和物流节点数据库结构标准

物流单元和物流节点数据库结构标准也有其统一性、配合性的特性。因此,将共有数据库标准列入基础标准之中也是有必要的,2000 年我国曾颁布过《物流单元编码与符号标记》的国家标准。这个基础性物流标准对物流行业加强信息化管理起到了很重要的作用。

10.3.2 物流系统建设标准

众所周知,经济合理的物流在很大程度上依赖于低成本、高效率的运转能力,而这在相当程度上受到基础设施质量的影响。改革开放以来,我国一直致力于物流基础设施的建设。我国对于专门的物流设施的认识、资金投入和规则才刚刚起步,物流枢纽、物流基地和配送中心,这些都是今后重点投入和建设的物流基础设施。而且已经建设的这些物流基础设施,还没有完全形成统一的、系统的设计规划,这些物流系统的标准还在研究制定之中。

10.3.3 物流管理标准

物流管理目标是为了以最低的物流成本,达到客户需要的服务水平。从一般属性上讲,管理标准是管理机构为行使管理职能而制定的具有特定功能的标准。例如物流主管部门对物流相关业务行使其计划、组织、监督、调节、控制等职能而制定的管理职能标准。人们为了取得工作成果,常常把成功的经验和失败的教训加以总结,从而形成大家共同遵循的工作准则,这就是人们常说的管理工作标准。

在物流体系中加入物流管理标准是适应现代物流发展的需要,物流是从传统的流通行业集成演化而来的。1991年在我国标准体系的研究中提到了管理型标准和服务型标准的新理念,并曾在《企业标准体系——管理标准工作标准体系的构成和要求》(GB/T 15498—1995)中也对制定企业管理标准做过要求。

物流业作为一种复合型生产性服务业,计算机和网络等信息技术的发展和应用,使物流在管理、运作和功能上与传统的物流发生了根本变化。专业化的第三方物流、电子商务物流网站、物流研究咨询等的出现改变了物流运作和管理模式,也使与传统物流业相关的行业的运营格局发生了重大改变。现代物流管理的特点是以实现客户满意为第一目标,以企业整体优化为目的,以信息为中心,重效率,看成果。

管理在现代物流中可以帮助物流行业有效地提高整体运行质量,是保证发展目标能够实现的重要手段。物流管理标准显然有利于物流系统、物流作业、物流信息技术、物流服务等标准的贯彻执行。

物流管理标准可分为六个部分,即物流业务管理标准、物流成本管理标准、物流质量管理标、供应链管理标准、电子商务物流管理标准和国际物流管理标准,基本包含了传统的和先进的物流管理思想和方法,如图10-2所示。

1. 物流业务管理标准

传统的物流业务运行已经形成了成熟的业务管理流程。因此物流业务管理标准按照已有的物流业务可分为:采购业务管理标准、运输业务管理标准、储存业务管理标准、流通加工业务管理标准、包装业务管理标准、配送业务管理标准等。

2. 物流成本管理标准

通过对物流成本的标准化设计,通过通用标准化方法对物流成本的计算结果制定物流计划,并通过物流标准化管理优化物流系统、降低费用。我们可以根据物流功能把物流成本管理标准细分为运输成本管理标准、储存成本管理标准、包装成本管理标准、装卸搬运成本管理标准、流通加工成本管理标准和配送成本管理标准。在每一项功能要素成本管理中应包括成本预测、成本计算和成本控制的标准化程序。

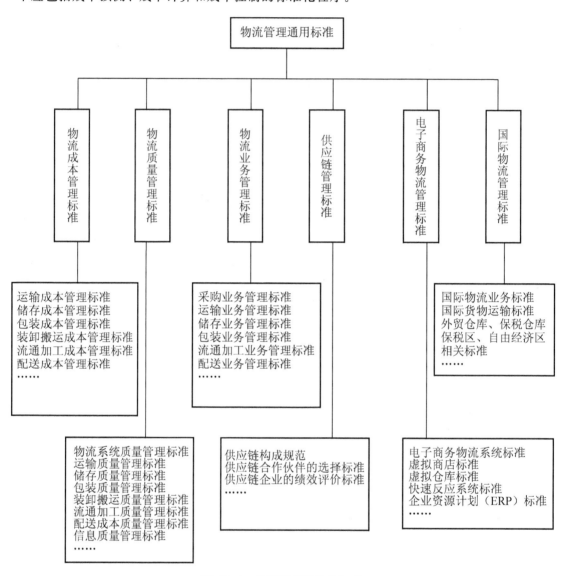

图 10-2 物流管理标准的组成

3. 物流质量管理标准

物流质量管理是指以全面质量管理的思想，运用科学的管理方法和手段对物流过程的质量及其影响因素进行计划、控制，使物流活动质量得以改善和提高。物流质量管理主要内容有：商品质量、物流服务质量、物流工作质量和物流工程质量。鉴于物流服务在现代物流发展中的重要作用，把物流服务质量标准与物流管理标准相提并论，从根本上体现了现代物流理念。物流质量管理标准包含物流工作质量和物流工程质量。其中物流工作质量指物流作业各环节、各工种、各岗位的具体工作质量。物流工程质量是把物流质量体系作为一个系统来研究，对影响物流质量的诸因素进行分析、计划、控制。这些因素包括：人的因素、体制因素、设备因素、工作方法因素、计量测试因素以及环境因素等。将物流质量管理标准细分为运输质量管理标准、储存质量管理标准、包装质量管理标准、装卸搬运质量管理标准、流通加工质量管理标准、配送质量管理标准和信息质量管理标准等。

4. 电子商务物流管理标准

(1) 物流信息化是现代物流发展的基础。现代社会已经进入了电子商务时代，物流信息化是电子商务的必然要求，物流信息化主要表现为物流信息的商品化、物流信息收集的数据库化及代码化、物流信息处理计算机化和电子化、物流信息传输的实时化和标准化，而物流效率的提高更多地取决于信息管理技术。

(2) 物流信息化在未来的物流发展中将会起到更加重要的作用。这是因为及时、准确的物流信息有利于协调生产和销售、运输和储存等业务的开展，有利于优化供货程序、缩短交货周期，有利于降低库存，有利于选择合理的运输路线，有利于物流作业效率的提高等。这些都能极大地降低生产成本和物流成本，提高服务水平。可以相信，现代物流信息技术在物流中的应用将会彻底改变物流行业的面貌。

(3) 电子商务的兴起给物流带来了新的发展机遇，使物流向着信息化、自动化、网络化、智能化和柔性化的现代物流大踏步地推进。

在电子商务条件下，要建立电子商务物流系统的标准化，同时也要建立与电子商务相适应的新的虚拟商务标准、虚拟仓库标准、快速反应系统标准、企业资源计划(ERP)标准等。

5. 国际物流管理标准

随着全球经济一体化的迅速推进，国际物流发展迅猛，我国物流业要迅速融入国际物流的大市场而与国际物流接轨，这就要求我们的物流标准体现国际化。其中主要包括国际物流业务标准、国际货运标准，以及外贸仓库、保税仓库、自由经济区等相关标准。

10.3.4 物流作业技术标准

物流作业技术标准是指物流活动中各功能要素的具体作业环节的系列标准，主要有物流相关工作标准、相关技术标准和相关的设备、设施标准，只有这些具体作业环节实行了标准化才能保证物品从生产者到消费者手中的物流过程的流畅、高效，而且成本最低。

按照物流作业技术经济特点分为运输工作标准和运输设备设施标准两个门类系列标准。除了运输工作通用标准外，还可以作如下细分，具体见表 10 - 1。

物流作业标准包含的内容较多，有的已在相关行业标准中有所体现。物流所涉及的运输、储存、装卸搬运、包装等行业可以为物流所用而纳入到物流的标准体系中。在现有的标准中关于物流设备及设施内容的标准较多。比如集装箱国家标准、包装容器国家标准、包装作业国家标准、立体仓库和高层货架的行业设计规范，铁路运输、公路运输、水陆运输的相关国家标准和行业标准，集装箱运输的国家标准及航空运输部分国家标准等。但是目前还有一部分标准，如流通加工作业标准、配送作业标准等一些工作标准和设备标准，这些将在今后的物流实践中加入总结完善。

物流作业标准，是和传统物流业相关最为密切的专业标准。这部分内容包括运输、存储、包装、装卸搬运、流通加工和配送等要素相关作业的系列标准，主要是物流相关工作标准、相关技术标准和相关设施设备标准。

表 10-1 物流作业技术标准具体分类

序号	标准名称	标准分类名称	子门类标准名称
1	运输作业技术标准	运输作业方式	铁路运输工作标准
			公路运输工作标准
			水路运输工作标准
			航空运输工作标准
			管道运输工作标准
			多式联运工作标准
		运输设备设施	铁路运输设备设施标准
			公路运输设备设施标准
			水路运输设备设施标准
			航空运输设备设施标准
			管道运输设备设施标准
2	储存作业技术标准	储存工作标准	仓库安全标准
			货物验收工作标准
			进出货工作标准
			库房管理工作标准
		储存设备设施标准	仓库标准
			货架标准
			堆码设备标准
			计量设备标准
			站台标准
			储罐标准
		储存技术标准	库存控制技术标准
			库存管理技术标准
			商品维护保养技术标准
			储备技术标准
3	装卸搬运作业技术标准	按照所在场所的不同	铁路装卸搬运工作标准
			公路装卸搬运工作标准
			港口装卸搬运工作标准
			机场装卸搬运工作标准
		装卸搬运设备标准	连续作业运输作业标准
			搬运车辆标准
			专用装卸机械标准

续表

序号	标准名称	标准分类名称	子门类标准名称
4	包装作业技术标准	包装工作标准	包装材料选择标准
			包装方法标准
			包装人员工作标准
		包装机械设备标准	包装机械标准
			托盘标准
			集装箱标准
			集装袋标准
			包装箱标准
			包装袋标准
			包装桶标准
			包装瓶标准
			包装盒标准
			包装罐标准
		包装技术标准	通常包装保护技术标准
			包装防震保护技术标准
			防破保护技术标准
			防锈保护技术标准
			防霉腐保护技术标准
			防虫保护技术标准
			危险品包装技术标准
5	流通加工作业技术标准	主要的流通加工产品和加工类的标准	水泥、熟料的流通加工作业标准
			煤炭及其他燃料流通加工作业标准
			混凝土流通加工作业标准
			钢板剪切加工作业标准
6	配送技术标准	配送工作标准	配送作业流程标准
			配送作业模式标准
			配送人员工作标准
			自动立体化仓库标准
		配送技术标准	自动分析系统标准
			货物跟踪系统标准
			销售信息标准
			EOS 标准
			DRP 系统标准

10.3.5 物流信息技术标准

物流信息是物流功能不可或缺的要素之一，物流信息技术是物流现代化的重要标志，在现代物流中具有十分重要的作用。物流信息技术的标准化对于推动物流业的发展起到了至关重要的作用。为了突出其重要性，在物流标准体系中将物流信息技术作为一个与物流管理和物流作业等相并列的大类专业标准。在这个标准中包括物流单证标准、物流代码标准、物流标识标准、自动识别技术标准、自动采集技术标准、自动传输技术（EDI/XML）标准、数据库储存技术标准、自动跟踪技术标准等物流信息技术标准，具体如表10-2所示。

表10-2 物流信息技术标准分类

序号	标准名称	说 明
1	物流单证标准	主要包括国内外物流所涉及的单证标准，分为进出口单证标准、国内运输单证标准、国内储存单证标准三个子门类标准。其中进出口单证有政府外贸等主管部门的单证贸易合同、商业单证、运输单证、保险单证、通关单证、检验单证和银行结算单证等。实现单证标准化，包括单证格式标准化、所记载信息标准化以及信息描述标准化。单证格式标准化指按照国际贸易基本单证格式，涉及各种商务往来单证样式、单证使用代码时代码所在的位置标准化
2	物流代码标准	代码是以条形码形式表现的用以实现对相关项目及数据进行标识的一种数据结构，它是数据库和明确相关项目的关键。国际上通用的EANVCC编码系统，是一种全球统一的标识系统。主要用于贸易项目、物流（信息运输）单元、资产和位置三个领域。编码系统标准可分为三个部分：①全球项目代码（GTN）标准；②系列货运包装箱代码（SSCC）标准；③全球位置码（GLN）标准及分别包括的相应单项标准
3	物流标识标准	主要包括条码标准和电子标签标准。 (1) 条码是实现POS系统、EDI系统、电子商务、供应链管理技术的基础，是物流管理现代化的重要技术手段。物流条码在国际范围内提供了一套代码标识体系，并为国际贸易提供了通用语言，为EDI系统和电子商务奠定了基础。条码系列标准有一位和二位条码标准。物流条码标准化在推动各行业信息化、供应链管理和现代化建设过程中都起到了重要作用。 (2) 电子标签是指以电子数据形式标识物品代码的标签，也称射频卡，它是一种标识代码的符号，主要用于存储需要和识别待输入的信息
4	自动识别与采集标准	包括条码识别技术标准、射频识别卡技术标准、语言识别技术标准、生物识别技术标准、图像识别技术标准、光学识别技术标准等几个子门类标准，每个子门类标准又分别对应相关的单项标准
5	自动传输技术标准	(1) EDI是统一规定的通用标准格式。将标准化的信息通过网络传输，在电子计算机系统之间进行数据交换和处理，也称"无纸贸易"，因此制定EDI标准就显得十分重要。EDI标准主要分为：通用语言标准、电子报文标准、业务处理技术标准、信息传输技术标准、安全保密技术标准等。 (2) XML（可扩展表示语言）是一种界定文本数据的简便而标准的方法，它由HTML（标准通用表示语言）衍生而来，区别于HTML的最大特点是XML可以扩展，允许用户自己定义标记。 (3) EDI/XML的应用，长期以来，EDI传统的应用注重企业的内部资源整合，使企业的资源潜力得以挖掘，管理日益完善。目前许多企业的企业资源计划正在寻求XML的应用，所以，EDI/XML便十分自然地应用到这种网络中。EDI/XML的结合将使EDI如虎添翼，使电子商务的发展取得巨大的突破，是我国电子商务发展的强大推动力

续表

序号	标准名称	说明
6	数据储存技术标准	包括各种常用的技术标准和数据库系统的设计标准、自动跟踪技术标准等,主要由全球定位系统标准和地理信息系统标准组成
7	物流信息系统技术标准	主要包括物流管理信息系统标准和物流决策支持系统标准

10.3.6 物流服务标准

1. 物流为用户提供服务并尽力满足其需要

在市场经济条件下,服务的差异化就自然为企业提供了超越对手竞争优势的选择,实施服务标准是企业拥有强势的竞争力和盈利能力的表现。物流服务水平直接影响着企业的市场占有量和物流总成本。物流服务对物流企业而言是至关重要的,一般来说,提供标准化服务能够形成规模经济,从而降低成本。

2. 物流服务的内容

物流服务分为基本服务和增值服务,其主要的内容包括运货服务、存货服务、定货服务和信息咨询服务等标准化的工作标准。增值物流服务标准包括提供便利性服务、快速反应服务、降低成本服务和延伸性服务等方面的标准。物流服务营销与市场关系十分密切,其标准包含有物流企业文化及工作人员着装标准、市场预测、目标市场确定、服务拓展与用户关系等方面的标准。

3. 物流服务管理标准

物流服务管理标准主要有物流服务差异性管理标准、物流服务质量管理标准和物流服务考核标准。物流服务考核标准是物流服务标准中十分重要的内容,该体系从产品质量、服务水平、产品价格、作业绩效和企业标准等几个方面考核标准化。物流服务是一种无形的产品,在现实中很难测评,对其标准化也有一定难度。目前,我国还没有物流服务相关的标准,但我国物流界已经认识到物流服务的重要性,而且也开展了这方面的研究。物流标准化体系中的物流服务标准将会在以后的研究和实践中陆续制定。

10.3.7 物流质量管理标准

1. ISO 9000 系列质量标准体系

ISO 9000 标准为物流企业的服务提供了质量保证,解决了物流企业在国内外物流市场如何生存和发展问题。物流企业在推行质量管理时应选择 ISO 9002 的质量保证模式及其相应的质量体系。因此物流企业应该尽快实施 ISO 9000 标准和认证,提高服务质量,增强竞争力。

2. 中国国家质量标准体系

国家质量标准体系 GB/T 19000—2008《质量管理体系基础和术语》和 GB/T 19001—

2008《规定质量管理体系—要求》。以上两个标准是我国物流企业在推行质量管理时必须遵照执行的,只有通过对国家质量标准体系和国际质量标准体系的贯彻执行和认证,才能从根本上提高企业质量管理水平和物流服务水平,增强企业在国际、国内市场竞争力。

10.3.8 国际物流标准

在国际物流中,要使国家间物流畅通,必须有一个统一的国际物流标准。目前,欧美等国家基本实现了物流机具、物流设施的统一标准。集装箱的统一规格和条码技术的标准化,大大提高了国际物流效率,降低了物流成本,增强了国际贸易的竞争力。

目前,我国也在深入进行对 ISO 物流标准化的研究工作,对国际物流标准化的重要模数尺寸也正在研究制定中,其中设置几个重要的基础模数尺寸。

(1) 物流基础模数尺寸:600mm×400mm。

(2) 物流模数尺寸(集装基础模数尺寸):1 200mm×1 000mm 为主,同时也允许使用 1 200mm×800mm 及 1 100mm×1100mm。

许多国家都正以此为基准更改本国物流的有关标准而和国际物流趋势相吻合。例如美国、英国、加拿大等国家都已改为国际标准模数尺寸,日本等一些国家在采用国际标准物流模数 1 200mm×1 000mm 模数尺寸系列时,也发展 1 100mm×1 100mm 的正方形集装模数。

(3) 物流基础模数尺寸与物流模数尺寸(集装基础模数尺寸)的配合示意图如图 10-3 所示。

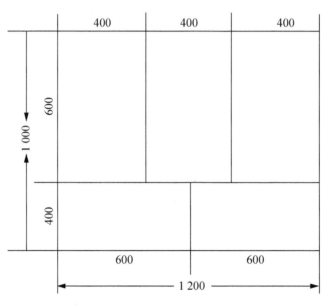

图 10-3 物流基础模数尺寸与物流模数尺寸的配合性

目前,我国已对物流系统体系开展全面的标准化工作和物流系统的配合性研究工作,而且在此以前相关部门已经制定了一些分系统的标准,如汽车、叉车、吊车等多种物流装卸、搬运机械已全部实现了标准化,包装模数尺寸及联运集装托盘也开始在研究制定相应的国家准。

典型案例

海尔的标准化物流

为加快提升国家服务标准化体系，满足物流服务发展的需要，近日在国家标准化管理委员会试点单位评选中，物流先驱企业——青岛海尔物流有限公司顺利入选首批"国家级服务标准化试点单位"称号企业。据悉，海尔是唯一入选的物流企业，随着物流行业整体服务水平、服务质量不断提高，用户的服务需求和服务质量要求也越来越高。近年来，海尔物流一直注重不断建立健全服务标准体系，树立服务品牌的工作，所以在此次评选过程中海尔物流凭借先进的物流管理模式、高品质的物流服务质量顺利入选。

海尔物流在后期将大力推进物流服务标准化，继续以提升物流服务质量、物流效率为目标，全面组织实施服务标准体系，包括物流服务的国家标准、行业标准、地方标准和相关管理规范、工作规范等；同时创建物流服务标准化管理新模式，积极培育服务品牌，并适时地将服务标准化试点工作成果进行推广，提升企业核心竞争力，并推动国家第三方物流的发展。

（资料来源：http://www.chinawuliu.com.cn/office/16/92/6714.shtml.）

本章小结

本章介绍了物流标准的基本概念、特点；物流标准化系统属于二次系统（也称为后标准化系统），物流标准化更体现科学性、民主性和经济性，物流标准具有极强的国际性。物流标准化在物流管理中的重要作用。

物流标准的分类：通用标准、技术标准、工作标准。

物流标准体系：物流系统通用基础标准、物流系统建设标准、物流管理标准、物流作业技术标准、物流信息技术标准、物流服务标准、物流质量管理标准、国际物流标准。

练 习 题

一、不定项选择题

1. 物流标准化系统是属于（　　）系统或称（　　）标准化系统。
   A. 二次，后　　　　B. 一次，后　　　　C. 一次，前　　　　D. 二次，前
2. 基础标准主要包括专业计量单位标准、物流基础模数尺寸标准、（　　）等。
   A. 运输车船标准　　　　　　　　B. 物流专业名词标准
   C. 仓库技术标准　　　　　　　　D. 物流专业标准
3. 国际标准化组织认定的物流基础模数尺寸是（　　）。
   A. 600cm×400cm　　　　　　　　B. 800cm×600cm
   C. 600cm×400cm　　　　　　　　D. 800cm×600cm
4. （　　）是物流系统各个环节标准化的核心，它决定和影响着其他物流环节的标准。
   A. 物流基础模数尺寸　　　　　　B. 集装模数尺寸
   C. 物流标准模数尺寸　　　　　　D. 物流建筑基础模数尺寸

5. 物流标准化要求体现科学性和（ ）。
   A. 民主性 B. 区域性 C. 经济性
   D. 协调性 E. 稳定性
6. 通常，可以将计入物流领域的产品（货物）分成三类，即（ ）。
   A. 散装货物 B. 零杂货物 C. 集装货物
   D. 液体货物 E. 罐装货物

二、简答题

1. 什么是物流标准？
2. 简述物流标准化的特点。
3. 简述物流标准体系的内容。

三、分析应用题

1. 物流标准化制度的基本原则是什么？
2. 根据所学的物流理论知识，试阐述实行物流标准化的重要意义。

四、综合案例分析题

物流卡板标准化

物流卡板化包括卡板尺寸规格标准化，卡板制造材料标准化，各种材质卡板质量的标准化，卡板检测方法及鉴定技术标准化，卡板作业标准化，卡板集装单元化和卡板作业一贯化，卡板国内、国际共用化和卡板与物流设施、设备、运输车辆、集装箱等尺寸协调合理化等内容。

卡板标准化是物流卡板化的核心，是物流卡板化的前提和基础，没有卡板标准化，就不可能实现物流卡板化，也就没有快速、高效、低成本的现代物流。

国际标准化组织——卡板标准化技术委员会（IO/TC51）是国际卡板标准制、修订的专门机构，在2003年颁布的ISO6780标准中推出6种国际卡板标准规格，其中，欧洲普遍使用1 200mm×800mm，1 200mm×1 000mm两种规格的卡板，美国主要使用的规格为40英寸×48英寸，澳大利亚则以1 140mm×1 140mm、1 067mm×1 067mm两种规格为主，亚洲国家，日本、韩国把1 100mm×1 100mm（简称T11）规格卡板作为国家标准卡板大力推广。目前，澳大利亚标准化卡板使用率最高，为95%；美国为55%；欧洲为70%；日本为亚洲之最，使用率为35%；韩国为26.7%。我国目前在社会上流通使用的卡板规格有几十种之多，其中包括1 100mm×1 100mm，1 200mm×1 000mm两种规格。

（资料来源：http://profile.1688.com/article/i7889086.html.）

思考题：

（1）什么是物流卡板标准化？
（2）如何理解卡板标准化是物流卡板标准化的核心，是物流卡板标准化的前提和基础这句话？
（3）我国目前在社会上流通使用的卡板规格有哪几种？

实 训 操 作

【实训内容】

企业物流标准化运用。

【实训目标】

通过到物流企业,实地认识物流企业如何运用物流标准化系统进行物流运作,使学生了解物流标准化系统的运用和对企业物流经营管理的支持作用。

【实训成果】

学生5~7人自愿分组实训,每组提交实训调查报告一份,由任课教师在课堂上组织学生交流,提高学生对物流信息管理的意识。

第11章 供应链管理

【学习目标】

通过对本章的学习,学生应重点掌握供应链和供应链管理的基本概念、功能、特点和物流管理与供应链管理的区别,以及供应链设计、供应链管理运作模式等,了解需求链和供应链的关系。

【关键概念】

供应链 供应链管理 需求链

导入案例

上海通用汽车公司的供应链管理

上海通用汽车有限公司(SGM)是由美国通用汽车公司和上海汽工业总公司联合投资建立,是迄今为止最大的中美合资企业。作为世界上最大的汽车制造商,美国通用汽车公司拥有世界上最先进的弹性生产线,能够在一条流水线上同时生产不同型号、不同颜色的车辆,每小时可生产27辆汽车。在如此强大的生产力支持下,SGM在国内首创订单生产模式,紧密根据市场需求控制产量。同时SGM的生产用料供应采用标准的JIT运作模式,由国际著名的RYDER物流咨询公司为其设计实行零库存管理,即所有汽车零配件(CKD)的库存存在于运输途中,不占用大型仓库,而仅在生产线旁设立RDC(再配送中心),维持288台套的最低安全库存。这就要求采购、包装、海运、进口报关、检疫、陆路运输、拉动计划等一系列操作之间的衔接必须十分紧密。中国远洋运输(集团)公司(COSCO)承担了该司全部进口CKD的运输任务,负责从加拿大的起运地到上海交货地的全程门到门运输,以及进口CKD的一关三检、码头提箱和内陆运输。上海通用汽车公司在物流供应链方面的进一步要求包括:短备货周期,降低库存。

SGM物流供应链安全运作的前提建立在市场计划周期大于运输周期的基础上,只有这样,CKD运输量才能根据实际生产需要决定。而目前CKD的运输周期是3个月,而计划市场周期为1周,所以只能通过扩大CKD的储备量来保证生产的连续性周期,造成库存费用很高。COSCO的木箱配送服务虽然为其缓解了很大的仓储压力,但并非长久之计,还要通过各种办法改进订货方式、包装等缩短备货周期,真正实现零库存。

改进信息服务,即提供和协助SGM收集、整理、分析有关的运作信息,以改善其供应链的表现。因为SGM的整车配送、进口CKD和其他零配件的供应,分别由ACS、上海中货、大通及其他供应商自行组织有关的运输,各服务提供商之间的信息无法有效地沟通。如通过整车配送,以协助SGM的销售部门改善营销预测的准确性和提前量,根据改善的预测信息来确定随后的生产和原料采购(进口)计划,可使每批进口CKD的品种构成更为合理化,从而可相应减少在途和上海RDC中缓解了很大的仓储压力,不必要的库存积压。

(资料来源:http://wenku.baidu.com/link? url = gJopQ _ TWnRIU5tZOAvYRgQWNs7Hr4l-Qqaz4m5R98rasFTZ991WZvZStKQ9A _ qvDnyDsxuPYZEAedsH _ szjoNe2VIBdIhVXIiBn7iNL _ eGdC)

上海通用汽车公司运用供应链管理达到了对整个供应链上的信息流、物流、资金流、商流、价值流的有效规划和控制,从而将核心企业与客户、分销商、供应商、服务商连成一个完整的网链结构,形成一个极具竞争力的战略联盟的案例说明供应链管理对一个现代企业的重要作用。随着全球经济一体化的推进,市场竞争越来越激烈,而且竞争的实质已经不是单个企业间的竞争,而是此供应链与彼供应链之间的竞争,因此,运用现代的供应链管理手段已经成为现代企业的发展的共识。

11.1 供 应 链

据2006年美国一家咨询公司进行的一项供应链管理调查,涉及6个行业,165家企业。资料显示,通过实施供应链管理的企业实现了综合效益的提高,其表现为成本下降10%、交货准确率提高15%、订单满足提前期缩短30%。随着经济全球化和知识经济时代的到来,以及全球制造和全球营销的出现,供应链战略已经成为跨国公司的首要战略。

11.1.1 供应链概述

1. 供应链的概念

供应链关注以核心企业的网链关系，强调供应链的战略伙伴关系，并通过建立战略伙伴关系，与供应商和用户更好地开展经营活动，实现整个供应链成员的多方共赢。

国家标准《物流术语》中，将供应链的概念定义为："生产及流通过程中，为了将产品或服务交付给最终用户，由上游与下游企业共同建立的需求链状网。"

2. 供应链的特征

（1）供应链上的每一个节点都是必不可少的参与者（成员），是链中的一个链条。供应链把对产品成本有影响的和在产品满足用户需求的过程中起作用的每一个参与者都吸纳在内，从供应商、制造商、分销商、零售商、物流服务商直到最终用户。

（2）供应链是一条物流链、信息链、资金链、增值链。供应链使所有参与者都受益，物流在供应链上因加工、包装、运输、配送等活动增加了产品的价值，通过信息分析、信息共享、业务共同化而使所有参与者共同受益，同时共担风险，取得合作利益。

（3）供应链是由若干个供应链集成的网络结构。一个企业可以是一条供应链的成员，同时也可以是另一条供应链的成员，众多的供应链形成交叉网络结构。以供应商为核心企业的供应链网络结构如图11-1所示。

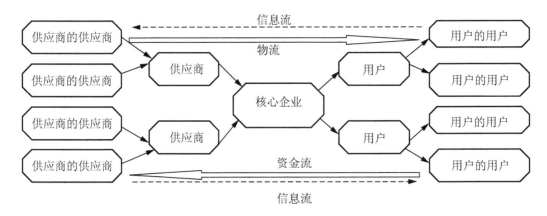

图 11-1 以供应商为核心企业的供应链网络结构

11.1.2 供应链成员间的相互关系

1. 供应商与制造商之间的关系

供应商是制造商生产活动所需原材料、零部件、产成品、工具、设备的供应者，制造商是需求方，并向供应商承诺一定时期的物料采购量的保证，制造商向供应商提出这些物品资料的采购计划，供应商保证制造商的需求，同时与制造商通力合作，促进新产品的开发。

2. 制造商与批发商之间的关系

批发商是制造商的主要分销渠道，批发商需对制造商承诺销售保证，而制造商要承诺对批发商的产品供应保证,还要求批发商分担库存风险。

3. 批发商与零售商的关系

批发商是零售商上游货源的供应者,零售商直接承担对商品销售,零售商的销售业绩直接影响到整个供应链的所有上游成员。零售商反馈给批发商、制造商的用户需求信息对供应链下一步运行具有重要作用。批零销售商共同承担库存风险,零售商对批发商保证分销,共同推动供应链运行。

4. 物流商与供应商、批发商、零售商之间的关系

供应商与制造商、供应商与批发商、批发商与零售商之间的物流活动都是由物流商(物流提供商)来承担,物流商为产品的实物空间位移提供时间和服务保证。

这些供应链成员之间的关系是相互合作、协调的关系,可能会因某些营销手段而发生干扰,如制造商直接对零售商,但其相互关联目标的一致性不会改变。

从上述关系分析中,可以得出以下两点。

(1) 供应链中成员信息共享、计划共用、业务同步,积极为合作者提供利益。

(2) 供应链中成员的风险分担对消除供应链障碍,实现合作利益具有积极意义。

供应链成员之间的相互关系如图 11-2 所示。

图 11-2 供应链成员之间的相互关系

11.1.3 供应链的整合与优化

1. 供应链中的"牛鞭效应"

1)"牛鞭效应"的含义

"牛鞭效应"是指供应链中的一种需求变异放大现象。

"牛鞭效应"是供应链在下游企业向上游企业传导信息的过程中发生信息失真,而这种失真被逐级放大的结果,从而波及企业的营销、物流、生产等领域。这种扭曲放大的作用在图形显示很像甩起的牛鞭,因此被形象地称为"牛鞭效应"。最下游的企业就相当于牛鞭的根部,而最上游的供应商相当于牛鞭的梢部,在根部一端只要有一个轻微的抖动,传递到末梢端就会出现很大的波动。在供应链中这种效应越往上游变化越大,距终端客户越远,波动影响就越大。

2)"牛鞭效应"的危害

"牛鞭效应"会导致供需失衡波动,其危害主要有以下表现。

(1) 从上游供应商的角度看,在供应链上游的企业,由于需求变异放大的影响,供应商往往要维持比下游企业实际需求更高的库存水平,以应付销售上订货的不确定性,从而人为地增大上游企业的生产、供应、库存和营销风险;在供应链下游的企业库存风险增

大，资金占用和成本加大，造成整个供应链的利润下滑，最终导致整个供应链运行效率降低。

(2) 从下游企业角度看，"牛鞭效应"是造成产品积压的根源，而产品积压会增加经营风险，削弱了供应链的增值能力和竞争力。

(3) 从社会角度看，"牛鞭效应"增大了整个产业的波动幅度，影响了资源的有效配置，破坏了有效需求和有效供给的平衡，是诱发经济危机的潜在根源之一。

3) "牛鞭效应"的解决办法

(1) 订货分级管理。从供应商的角度看，并不是所有销售商（批发商、零售商）的地位和作用都是相同的。按照帕累托定律，他们有的是一般销售商，有的是重要销售商，有的是关键销售商，而且关键销售商的比例大约占 20%，却实现了 80% 的销量。因此供应商应根据一定标准将销售商进行分类，对于不同的销售商划分不同的等级，对他们的订货实行分级管理，如对于一般销售商的订货实行满足管理，对于重要销售商的订货进行充分管理，对于关键销售商的订货实现完美管理，这样就可以通过管住关键销售商和重要销售商来减少变异概率；在供应短缺时，可以优先确保关键销售商的订货；供应商还可以通过分级管理策略，在合适时机剔除不合格销售商，维护销售商的统一性和渠道管理的规范性。

(2) 加强出入库管理。避免人为处理供应链上的有关数据的一个方法是使上游企业可以获得其下游企业的真实需求信息，这样，上下游企业都可以根据相同的原始资料来制定供需计划。

① 使用电子数据交换系统等现代信息技术对销售情况进行实时跟踪也是解决"牛鞭效应"的重要方法，如 Dell 通过 Internet、Intranet、电话、传真等组成了一个高效信息网络，当订单产生时即可传至 Dell 信息中心，由信息中心将订单分解为子任务，并通过 Internet 和企业间信息网分派给各区域中心，各区域中心按 Dell 电子订单进行组装，并按时间表在约定的时间内准时供货（通常不超过 48 小时），从而使订货、制造、供应"一站式"完成，有效地防止了"牛鞭效应"的产生。

② 联合库存管理策略是合理分担库存责任、防止需求变异放大的先进方法。在供应商管理库存的环境下，销售商的大库存并不需要预付款，不会增加资金周转压力，相反地，大库存还会起到融资作用，提高资本收益率，甚至大库存还能起到制约供应商的作用，因此它实质上加剧了订货需求放大，使供应商的风险异常加大。联合库存管理则是对此进行修正，使供应商与销售商权利责任平衡的一种风险分担的库存管理模式，它在供应商与销售商之间建立起了合理的库存成本、运输成本与竞争性库存损失的分担机制，将供应商全责转化为各销售商的部分责任，从而使双方成本和风险共担，利益共享，有利于形成成本、风险与效益平衡，从而有效地抑制了"牛鞭效应"的产生和加剧。

(3) 实行外包服务。一般来说，订货提前期越短，订量越准确，因此鼓励缩短订货期是破解"牛鞭效应"的一个好办法。使用外包服务，如第三方物流也可以缩短提前期和使小批订货实现规模经营，这样销售商就无须从同一个供应商那里一次性大批订货。虽然这样会增加额外的处理费用和管理费用，但只要所节省的费用比额外的费用大，这种方法还是值得应用的。

(4) 避短缺情况下博弈行为。面临供应不足时，供应商可以根据顾客以前的销售记录来进行限额供应，而不是根据订购的数量，这样就可以防止销售商为了获得更多的供应而夸大订购量。通用汽车公司长期以来都是这样做的，现在很多大公司，如惠普等也开始采用这种方法。

在供不应求时，销售商对供应商的供应情况缺乏了解，博弈的程度就很容易加剧。与销售商共享供应能力和库存状况的有关信息能减轻销售商的忧虑，从而在一定程度上可以防止他们参与博弈。但是，共享这些信息并不能完全解决问题，如果供应商在销售旺季来临之前帮助销售商做好订货工作，他们就能更好的设计生产能力和安排生产进度以满足产品的需求，从而降低产生"牛鞭效应"的机会。

（5）适当修正。供应商根据历史资料和当前环境分析，适当削减订货量，同时为保证需求，供应商可使用联合库存和联合运输方式多批次发送，这样，在不增加成本的前提下，也能够保证订货的满足。

2. 供应链的整合

供应链整合的目标是通过在各成员之间的良好协作与沟通，充分发挥各成员效能和优势，以达到整个供应链的合理高效的运行。

1）供应链整合的原则

（1）上下结合原则。在企业通常是由管理层制定战略规划，然后由下层实现规划。因此供应链设计应当坚持一个由上而下和由下而上相结合的原则，以求供应链设计的科学性、合理性。

（2）简捷性原则。为了使供应链具有灵活、快速响应市场的能力，供应链的每个节点都要尽量简捷具有活力，便于实现业务流程的快速整合。

（3）集优的原则（互补性原则）。通过这个原则实现各节点成员之间的强强联合，达到资源外延的目的。

（4）协调性原则。供应链业绩的优劣取决于供应链成员的合作关系程度，因此建立战略合作伙伴关系模式是实现供应链最佳效能的保证。

（5）动态性原则。不确定性是供应链管理的普遍现象，它会导致需求信息的失真。因此预见各种不确定性因素对供应链运行的影响，减少由此而产生的信息失真和延迟，提高预测精度和实效性，对消除不确定性对供应链的影响至关重要。

（6）创新性原则。创新设计是供应链设计的重要原则，因此要坚持创造思维对管理模式进行创新意识的设计。

（7）战略性原则。供应链建模要充分体现对未来预测性的长远战略规划思想，供应链系统结构发展与企业的战略目标保持一致。

2）供应链整合的内容

（1）供应链信息整合。通过信息整合，供应链成员之间的需求、库存、计划、市场等信息形成共享，各成员才能对整个供应链系统相适应。

（2）成员间运作协同。供应链成员间的协同运作是供应链整合的具体行为，通过对库存、采购、生产、营销等的协同实现供应链的整体优势。

（3）成员间利益协调。企业追求的目标是利益最大化，在供应链企业成员必须建立一个围绕核心企业的主导产品服务，本着信息共享、过程同步、服务满意、合作互利的成员共赢的利益协调机制，从而共同为提升供应链的争议优势而努力。

3. 供应链的优化

1) 供应链的优化的内容

(1) 供应链的优化要解决的问题。在企业经营环境多变的情况下,供应链的结构必须随着供应链联盟动态变化进行优化,才能适应整个供应链的战略发展需要。因此,供应链的优化要解决以下问题。

① 维持哪些核心资源的发展优势?
② 如何培植核心企业业务的发展优势?
③ 将哪些非核心业务外包给具有潜力的合作企业?
④ 如何明确为各种业务优化配置资源的策略?

(2) 供应链的优化的内容。供应链优化的目的是实现供应链内外部,多方共赢的价值最大化,为此,供应链优化的内容应有以下内容。

① 扩展化的供应链企业成员、企业的内部活动,供应链企业成员承担的外部活动等。
② 利用内外部资源的策略、利用不同规模的资源策略,以及资源运用策略对产品价格策略的影响等。

2) 供应链的优化方法

常用的供应链优化方法主要有以下几种。

① 线性规划法。是一种应用最广泛的优化方法,包括决策变量、新型目标函数,约束条件等的影响问题,通常应用于资源配置问题。

② 约束传播法。受约束条件的影响,每个约束都有一定的变量范围,变量域的减少会引起与约束条件相关的变量数目减少。

③ 遗传计算法。为找出最优解,经过多次迭代计算,这种通过改进已有解找到最优解的方法,比较适用于约束条件和目标函数复杂的问题。

11.2 供应链管理与物流管理

11.2.1 供应链管理概述

早期供应链管理理念重点在库存管理,将库存管理作为平衡有限的生产能力和适应用户需求变化的缓冲手段,通过供应链管理以寻找产品迅速、可靠地送到用户手中所需要的费用与生产、库存之间的平衡点,从而确定最佳的库存费用额。基于这一理念和物流中的效益背反的规律,其主要的工作重点是库存管理和运输管理。

现在的供应链管理思想则认为,供应链中各成员企业是一个整体,是一个需要各成员承担各自职能的协调发展的系统;供应链是一种方法,它能够优化整个供应链中各成员企业的资源配置,来满足以用户需求为标志的商业需求的增长。

1. 供应链管理的概念

供应链管理,顾名思义,就是对供应链的管理。我国国家标准《物流术语》(GB/T 18354—2006)中把供应链管理概念定义为:"对供应链涉及的全部活动进行计划、组织、协调与控制。"

2. 供应链管理的特征

(1) 职能性。将管理职能运用到供应链管理中,对产品生产和流通环节所涉及的物流、信息流、资金流和价值流以及相关的业务活动进行计划、组织、协调、控制以实现供应链的最佳组合和效率的最佳体现。

(2) 全面性。供应链管理是对在满足用户需求过程中起作用的每一个成员都考虑在内,供应链中每一个成员都是管理者,同时也是被管理者,每一个成员都是下游成员的供应者,同时又是上游成员的需求者。

(3) 层次性。供应链管理是围绕把供应商、制造商、批发商、零售商和用户之间有效地结合成一体来展开的,这说明供应链管理的整体性,同时它还具有多层次性,如分战略决策管理层、运作管理层和执行控制管理层等。

(4) 目的性。供应链管理的目的在于追求效率和系统成本的有效性,使系统总成本最低,包括运输成本、配送成本到原材料、在制品和产成品的库存成本等总成本的有效控制。

3. 实施供应链管理的意义

(1) 实施供应链管理可以发挥供应链的整体优势,形成规模效应,提高供应链成员企业的竞争力。

(2) 实施供应链管理可以提高供应链各成员企业的服务质量,按用户需求生产产品,及时配送,并对用户需求及时响应。

(3) 实施供应链管理可以实现信息共享,通过网络信息技术使产品的设计、原材料供应、生产、销售、用户形成一体化沟通,信息共享。

(4) 实施供应链管理可以使供应链各成员企业的库存量减少,库存周转加快,库存成本降低。

4. 供应链管理的运作模式

准时制造物料需求计划、企业资源计划、客户关系管理的管理技术的出现,使企业在改善内部业务流程的同时与供应商等有利益关联的联系。按照核心企业的不同,可将供应链管理模式划分以下 3 种。

1) 以生产商为核心企业的供应链管理模式

在以生产而非消费为主导的时代这是一种必然,随着以用户为中心的时代的出现,零售商在供应链中的作用越来越突出,但在许多产业仍然还是以生产商为主导,尤其是高技术含量的产业。以生产商为核心企业的供应链管理模式,其优势在于技术。由于在这种模式中生产商处于供应链的中间位置,使其在产品信息汇集上具有优势地位。因此,在供应链信息共享和协作不充分的情况下,这种供应链模式更为普遍。

2) 以零售商为核心企业的供应链管理模式

在市场条件下,零售商比生产商更为了解客户的需求,因此,可以在供应链中发挥更大的作用,由其去选择能够按照其设计产品生产和满足成本要求的生产商。以零售商为核心企业的供应链管理模式主要优势在于,零售商是最接近客户的末端环节,使供应链对市场信息的收集和反馈都会有利,而且零售商由于随时掌握需求信息,能够提出合理的供应链决策。因此,在用户至上的服务经济环境下,这种模式更加适合需求拉动型的供应链。

3）以中间商为主导的供应链管理模式

这里的中间商是指对于生产商和零售商而言的。在市场中，数量众多的生产商和零售商有赖于采购代理商作为交易双方的中介。在这种条件下，以中间商为主导的供应链管理模式即应运而生。以中间商为主导的供应链管理模式的优势在于采购代理商凭借客户资源，灵活组织供应而获得低成本的生产和充沛的市场容量。在日益发展的全球经济一体化的趋势下，这种以中间商为主导的供应链管理模式必将获得更大的发展空间。

11.2.2 供应链管理与物流管理的关系和区别

1. 供应链物流管理与物流供应链管理

物流管理是供应链管理模式中的一个的重要组成部分，供应链管理是对整个供应链上所涉及的成员企业的商流、物流、信息流、资金流及合作关系，进行组织、协调、控制等方面的集成管理。

实际上每个供应链都要涉及物流活动和物流管理，无论是物流供应链管理还是供应链物流管理都是属于供应链管理范畴。

（1）供应链物流管理是以物流为控制对象的供应链管理，供应链物流管理强调的是整个供应链的作用，供应链中的物流仅仅是其中一个分链，供应链物流管理目的是将企业经营中所有物流活动组成一个完整的供应链，实现物流一体化管理，其目标是按照物流在供应链体系中的重要性，减少库存，降低物流总成本，通过各种资源运作效率的提供，赋予经营者更大的运作能力来适应市场的变化，并能做到对用户市场的及时响应，从而达到物尽其用，货畅其流的目的。

（2）物流供应链管理是指在物流活动中引入供应链管理思想与方法，而物流供应链则强调的是对物流的管理，在这里物流活动是主体，供应链只是一种管理手段。从而形成以物流为主的供应链。从本质上说，这是供应链的一种形式。

（3）从组织形式上分析，物流供应链管理是以物流企业作为供应链的主体而按照一定的形式将其上游下游企业聚合在一起形成供应链。而供应链物流管理则不一定以物流企业为主体，可能是以生产企业为主体的供应链，或许是以流通销售企业为主体的供应链。

2. 物流管理与供应链管理的区别

1）管理范围不同

物流是供应链过程的一部分，物流只涉及原材料、零部件等物品在企业之间的流动，而不涉及生产制造的活动。供应链管理涉及从原材料采购开始到产品交付给最终用户的整个物流增值过程，是相关企业业务资源的集成和一体化，是对"原材料供应商—制造商—分销商—零售商"链上的商流、物流、信息流、资金流的集成。

2）优化范围不同

物流管理只设计本身路径范围的业务，而供应链管理则把对成本有影响和在满足客户需求时的供应链各方都考虑在内（包括供应商、生产商、分销商及用户）。

3）管理角度不同

（1）物流管理只涉及企业的供应、存储和分销，仅把其他企业当作交易伙伴，而供应链管理则关注企业之间作为战略合作伙伴的多赢关系。

（2）物流管理强调一个企业的局部优先，并且采用运筹学的方法分别独立研究相关的问题。而供应链管理将每个企业作为网络中的节点，追求多个企业的全局性优化，在信息技术的支持下，采用综合的方法研究相关问题。

（3）物流管理侧重于局部性操作层面的问题，而供应链管理更侧重于全局性战略问题。

关于供应链和物流之间的关系如图 11-3 所示。

图 11-3　供应链和物流之间的关系

11.2.3　供应链管理环境下物流管理的特点

由于供应链管理环境下物流运作的改变，使物流管理与传统管理相比有许多新的特点，它反映了供应链管理理念的要求和企业竞争的新策略。这里我们将传统的物流管理系统与在供应链管理环境下物流管理模型加以对比。

1. 传统的物流管理的主要特点

（1）纵向一体化物流管理。

（2）不稳定的供需关系，缺乏合作。

（3）资源的利用率低下，没有充分利用企业资源。

（4）信息的利用率低，没有共享有关的需求资源，需求信息失真现象严重。

其表现如图 11-4 所示。

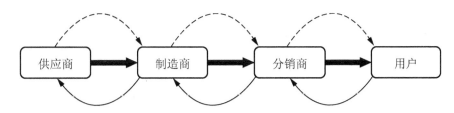

图 11-4　传统物流管理系统模型

注：■▶ 表示物流；---▶ 表示供应信息流；──▶ 表示需求信息流。

2. 供应链管理环境下的物流系统的特点

供应链管理环境下的物流系统的特点：①信息共享；②过程同步；③合作互利；④交货准时；⑤响应敏捷；⑥服务满意。

在供应链环境下物流系统，首先表现为信息量极度扩张，其需求信息和反馈信息不是逐级传递，而是网络是传递的，企业通过数据交换网络掌握供应链上个环节的供求需求和市场信息，因此信息共享、对物流的规划能力和物流信息的跟踪能力就成为供应链管理的重要特征。同时供应链的另一个特征就是合作性及协调性以及为用户提供的多样化物流服务。

供应链环境下的物流系统模型如图 11-5 所示。

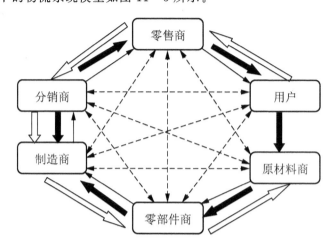

图 11-5 供应链环境下物流系统模型

注：▶ 表示物流；⇨ 表示需求信息；----▶ 表示供应信息；──▶ 表示共享信息。

11.3 供应链的设计

设计供应链是实施供应链管理的基础。良好的供应链设计能够提高企业的服务水平，达到企业成本与服务之间的有效平衡，提高企业竞争力，从而提高企业的盈利水平。供应链设计重要的是解决物流各功能要求之间的效益背反关系的问题，也是供应链管理的重要运作步骤。

11.3.1 影响供应链设计的主要因素

1. 影响供应链设计的物流系统因素

物流系统是供应链的物流渠道，是供应链管理的重要内容。物流系统设计是从原材料和外购件所经历的采购—存储—投料—加工—装配—包装—运输—分销—零售等一系列物流过程设计，是供应链设计中最重要的步骤之一。供应链设计是企业规模的设计，它既包括物流系统，也包括信息和组织以及价值流和与其相应的服务体系建设，要把供应链的整体理念融入设计构思之中。企业间要有并行的设计，才能实现并行的运作模式，这是供应链设计中最为重要的思想。

2. 影响供应链设计的环境因素

供应链设计的环境因素包括供应链运作环境，如地域、政治、文化、经济等因素；还应考虑未来环境变化的影响。因此供应链设计的柔性化程度是提高供应链对环境适应能力的重要保证。

3. 影响供应链设计的企业因素

从企业角度来讲，供应链设计使企业面临创新改造的问题，先进的制造模式客观上也要求企业供应方式进行改变。由于先进的制造模式的资源配置沿着"劳力密集—设备密集—信息密集—知识密集"的方向发展，使企业组织管理模式发生相应变化，而从制造技术集成转变为组织和信息等相关资源的集成。因此供应链设计既是用管理新理念要求去改造企业，也是先进制造模式的客观要求和推动的结果。

11.3.2 供应链设计的原则和步骤

1. 供应链设计的原则

供应链的设计要以产品为基础，首先要了解用户对企业产品的市场需求、产品寿命周期、产品的多样化、供货提前期和服务标准等情况，然后设计出与产品特性一致的供应链。产品设计在很大程度上决定着供应链中生产和流通的总成本。

不同的产品类型有不同的供应链，从产品角度来看，产品类型有以下两种。①用户需求稳定、低边际效用的功能性产品；②用户需求不稳定、高边际效用的革新性产品。

由于供应链对产品类型所起的作用不同，必然形成两种不同类型的供应链：一种是体现以最低的成本将原材料转化为产品，以及在供应链中的储存、运输等的物理功能型供应链；另一种是体现将产品输送到满足用户需求的市场中，并对预知的需求做出反应的中介功能型供应链。

2. 供应链设计的步骤

1）分析市场竞争环境

市场竞争环境分析是基于产品为设计基础原则的，包括产品的要求、类型、特征、市场份额以及用户需求等分析，同时也要对市场不确定性进行分析。

2）分析企业现状

主要分析企业供需管理状况，而着重分析企业供应链开发方向，寻找企业存在的问题及影响供应链的因素。

3）提出供应链设计项目

针对企业存在的问题提出供应链设计项目的可行性。

4）建立供应链设计目标

基于产品的供应链设计目标可分为主要目标和一般目标。

（1）主要目标包括取得高水平的用户服务与低库存投资和低成本之间的平衡。

（2）一般目标包括进入市场、开发新产品和新销售渠道、改善售后服务、提高用户满意程度、降低成本、提高工作效率等。

5）分析供应链组成

如何选择供应链合作成员十分重要，主要包括对制造商、供应商、分销商、零售商，以及用户的评价、选择，它直接关系到供应链的运行成功与否。

6）分析和评价供应链设计的技术可行性

在可行的基础上，结合本企业现状为设计供应链提出技术选择和支持。

7）设计供应链

在设计供应链时要借助各种技术手段和方法约束以下几个问题。

（1）供应链成员选择和定位及流转计划与控制。

(2) 原材料的来源供应量、价格、质量、运输和费用等指标。

(3) 生产设计，包括产品类型、生产能力、工艺流程、作业计划、库存管理等。

(4) 销售任务和能力设计，如市场、渠道、销量、运费、价格等。

(5) 信息管理系统设计。

(6) 物流管理系统设计。

8) 供应链的检验

通过设计形成新的供应链后，要经过科学方法和技术手段对供应链进行检验和试运行，如测试检验结果可行，即可启动供应链运行，如不行则可根据具体环节进行修改调整以达到供应链设计方案的可行。

11.4 需 求 链

11.4.1 需求链概述

1. 需求链的概念

需求链是美国著名管理学家和作家迈克尔·波特（Michael Porter）在其1985年的著作《竞争优势》中最先提出的，需求链是价值链商业模式的一部分。

需求链用于解决价值链中市场、销售和服务的需求，并包含了用户需求或供应链的市场需求因素。

由消费者提供一个包括推与拉的流程，我们称之为需求链管理。需求链管理实质是电子商务环境中消费者与服务商、产品供应商的协作关系。这种协作关系在对需求链管理不同的研究角度（需求、信息、资源、知识、合作关系）分析和应用研究将会针对企业非实物物流（资金流、信息流）管理、实物流（产品）管理、个体（消费者）以及企业组织（价值联盟）方面得到广泛的发展。从供应链角度看，需求链是一个确保产品有效供应，强调满足用户需求实际需求的供应链。

供应链管理的核心是较大的制造商或零售商，而消费者处于被动接受的地位。然而，随着市场竞争日趋激烈、信息技术的不断发展、消费者服务需求的不断提高，消费者地位开始逐渐提升，消费者需求在供应链中占据了主导地位，左右着供应链，从而导致了需求链的产生，其核心是强调用户的实际需求。需求链结构如图11-6所示。

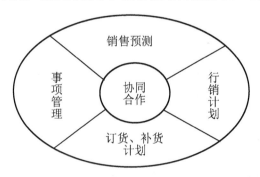

图11-6 需求链结构

2. 需求链管理

1) 需求链管理的概念

需求链管理的含义是指运用科学的管理理论对整个需求链的计划组织协调控制的过程。需求链是以创造、培养和满足客户服务需求为目标，由服务咨询、服务设计、服务实施到服务跟踪等服务环节所组成的网络链，如图 11-7 所示。

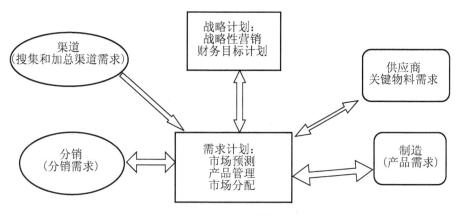

图 11-7 需求链管理结构

2) 供应链管理与需求链管理的关系

需求链的特点在于以服务需求为起点，以满足服务需求为终点，与供应链的以原材料供应为起点，以满足产品需求为终点相对应。可以看出这两者是截然不同的，因此供应链不可能转变为需求链，需求链也不是供应链中的一部分，只是这两者却在一定程度上又有着联系。因为产品需求和服务需求之间存在的关系，因此供应链往往和需求链又相伴而行。

(1) 需求链在于以服务需求为起点，满足服务需求为终点；而供应链在于以原材料供应为起点，满足产品需求为终点相对应。

(2) 供应链管理是以制造产品为驱动力为核心的推式管理；而需求链管理是是以顾客的直接需求生产出使顾客满意的产品的拉式管理。

11.4.2 供应链管理与需求链管理的区别

无论是供应链还是需求链都是包括由原材料获得，经过加工成中间品或成品，再送到顾客手中的各种环节所构成的一系列活动，但是二者还存在重大区别。

1. 链上的主体不同

从供应链管理发展过程中，供应链管理的核心是较大的制造商或零售商，消费者处于被动接受的地位。然而，随着市场竞争日趋激烈、信息技术的不断发展、消费者服务需求的不断提高，消费者地位开始逐渐提升，消费者需求在供应链中占据了主导地位，左右着供应链，从而导致了需求链的产生。

2. 两者强调的核心不同

传统的供应链是以保证生产为核心。公司把供应商、工厂、销售商组织在一个大规模的企业活动中，目的就是制造产品，至于顾客是否满意则是被动的、第二位的。而需求链管理则是以顾客需求为核心，强调对顾客的个性化服务，强调与顾客的交流以及顾客的满意度。满足顾客需求是主动的、第一位的。

3．供应链管理是推式管理，而需求链管理是拉式管理

推动式的供应链运作方式是以制造产品为核心。企业首先对市场进行粗略预测，当了解到市场需求某产品后就开始启动供应链进行生产。由于预测的粗略，生产的数量不可能与市场的真正需求一致。因此，当供过于求时，就会造成产品的滞销与积压，给企业带来损失；当供不应求时，由于分销商与零售商一直处于被动推销产品的地位，对市场潜在需求的反应迟钝，只有当产品在零售商店脱销时，才向制造商发出订单，开始计划新的生产，而当新的产品上市时可能已经误了商机。而需求链管理变推动为拉动，启动这个网络运作的不再是对市场需求的粗略估计，而是顾客的直接需求。由于需求链强调的是对顾客个性化需求的管理，因此它能及时地把顾客的潜在需求及时反馈给设计、生产部门，制造出使顾客满意的产品。因此，整个市场运作以顾客的需求拉动，供需协调，避免了推式管理的种种弊端。

4．授权方式不同

传统的供应链管理是集权式管理，它将各种企业以不同的方式捆绑在一起，使企业规模由小变大，因而对市场反应迟缓。而网络经济时代的需求链管理是分权式管理，它将企业由大变小，实行细化的专业分工。在供应网络的每个节点上，是专营各种资源的供应商。这种专业的分工，不仅可以提高产品的质量，更重要的是，为在网上供应链的机动灵活与敏捷地重组提供了基础条件。

5．资源利用效率不同

在传统的供应链管理中，生产资源的独占性与私有化降低了资源的使用效率。网络经济时代各种资源的社会化、公开化有利于资源的优化重组与利用，使全球范围内的资源利用率提高，从总体上全面降低了资源利用的成本。

6．供应商的竞争意识不同

在传统的供应链管理中，强调的是合作关系，或者是"一家人"的关系，这使参加到供应链中的供应商竞争意识不断削弱。而在需求链管理中企业与供应商之间是市场交易的合同关系，供应商的竞争意识会不断加强，使供应商在提高产品质量与降低成本方面不断有新的压力与追求。

7．物流管理与信息管理的侧重点不同

传统的供应链管理是以物流管理为中心，信息管理是物流管理的辅助工具。在需求链管理中信息管理是中心，物流运动是信息管理的实施过程。

11.4.3　供应链管理向需求链管理发展的模式

1．基于Web的供应链集成

在互联网时代，集成上下游信息，协调非垂直一体化的企业是趋势。基于Web技术已允许在用户和供应商之间实现库存计划、需求预测、采购计划、目标市场和客户关系管

理等进行集成，从而形成几个基本集成模式。

基于网络的供应集成度如图 11-8 所示，有如下几种：①不基于 Web 技术的集成（A 模式）；②供应链成员高度协调的集成（D 模式），即需求链管理；③与供应商的集成（B 模式）；④与用户的集成（C 模式）。

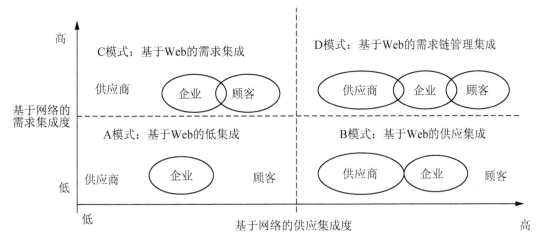

图 11-8　基于 Web 的供应链集成战略模式

2. 供应链管理向需求链管理发展的模式

（1）生产商由供应链管理向需求链管理发展需要增加与供应商和用户之间的集成，如果这些企业目前尚处于 B 模式的供应链集成或 C 模式的需求集成，那么它们分别逐步向上和向右，实现更高的集成，从而向需求链的发展转变；如果这些企业还处于没有 Web 技术的 A 模式集成，那么它们向需求链的发展转变的最佳模式就是向右过渡到 B 模式，最后再向上最终发展为基于 D 模式的需求链管理。

（2）就大多数企业而言，集中需求是最好的方法。如果这些企业还处于没有 Web 技术的 A 模式集成，那么应该创造条件向上实现与用户的集成发展为 C 模式。如果这些企业目前尚处于 B 模式的基础上实现了与供应商的集成那么也转向与用户的集成而发展为 C 模式的需求链管理。

11.4.4　需求链管理方法

1. 平台核心

需求链得以高效、可靠运行的一个重要前提就是需求收集、信息沟通、协同工作在一个电子商务平台中，并且该平台作为需求链价值联盟的核心存在。如 Alibaba、Ebay 等都是以需求平台获得成功的。在平台上，需求的收集和沟通很容易实现；供应商之间信息共享、协同工作以满足消费者的需求都变得不再难。

随着需求链管理对市场传递消费者实际需求的强调，扩展了供应链的概念。需求链的方法超越了供应链管理的物流界限。需求链寻求使消费者满意并为消费者解决问题的共同目标，把渠道成员联合起来，有以下几种方式。

（1）收集分析关于消费者未满足的需求等方面的信息。

（2）发现能够执行需求链所需职能的伙伴。

（3）把需要完成的职能移交给最有效益和效率的渠道成员执行。

（4）与链中其他成员分享有关消费者和客户、可利用的技术以及物流机遇和挑战等方面的信息。

（5）开发解决顾客问题的产品和服务。

（6）开发并执行最优的物流、运输和配送方法，以消费者期望的形式交付产品和服务。

2．流动内容

依据汉坎逊的网络理论，网络由其成员、资源和其各自行为组成的结论，参照需求链中成员间的交换内容的不同，把需求链中流动内容分为需求、资源、信息（需求外的其他信息）、知识和合作关系。

（1）需求。需求链管理的核心是需求的收集、需求的传递与满足。电子商务下需求链中需求与供应链还没有真正在需求的指挥下形成统一体，构成真正具有竞争力的价值联盟。目前都处于要么需求收集平台的成功：掌握大量用户需求，进而形成市场主导；要么供应链成功：掌握原材料供应、产品生产、销售渠道，形成价格主导。那么如何在需求的指挥棒下把这两种模式融合到一起将是需求链管理的趋势。

（2）资源。需求链管理的资源研究同样要针对企业的物质资源，研究内容主要应包括在传统供应链管理的重点——存货管理和运输优化上外，还要研究技术资源、金融资产、人力资源。技术资源将集中体现在电子商务平台的建设与保障、金融安全、信息安全等方面，这些资源的利用深度和广度将对需求链管理的可靠持续运行形成较大影响。金融资产的研究在电子商务出现后已经表现出新的特征，如贷记资金划拨、网络支付等。人力资源研究目前还集中在如何激励单个企业组织方面，在需求链管理中应该向如何提高整个需求链上人员工作效率深入。

（3）信息。信息技术的应用是需求链的基础支持系统，它包含各种功能和需求链中各组织单元的信息。需求链中的协作生产和物流集成需要诸如订单计划、各节点存货状态、采购计划、生产计划、供应商交货预安排及储运存货情况等信息的集成共享，以有效降低需求链中为缓冲需求波动的存货的数量，同时又能保证交货及时和高效。信息共享会导致控制力的丧失，从而造成需求链中信息的扭曲，产生个别厂商行动目标的偏离，最终影响了需求链整体的效率。信息的扭曲是造成需求链中"牛鞭效应"的原因之一。原始需求信息的共享是各组织决策的基础，可以部分避免造成需求链中"牛鞭效应"。

（4）知识。需求链管理关于知识的研究还没有形成明确的方向。一个值得注意的领域是个人能力、组织能力和网络能力之间关系的研究。奈特曾考察组织能力和个人能力之间的关系。关于组织能力和个人能力与需求链效率之间联系的研究很少有人涉及。

（5）合作关系。需求链中各消费者、组织之间的合作关系是需求链管理中最重要的要素。没有消费者、各组织单元协同的合作关系，一切对于需求链中信息流、资金流的管理都失去了基础。对合作关系的研究是从市场的宏观角度和企业组织的微观角度展开的。宏观角度的研究始于科斯的企业理论以及威廉姆森的交易成本理论。有时这一领域的学者用网络组织关系来代替需求链的概念，而把需求链视为一体化和完全市场中的不同概念。

艾尔认为垂直一体化可被视为需求链管理的一种特殊形式,不同的是它通过所有权来管理控制渠道。微观角度的组织注意到了与其供应商建立战略合作关系是一种价值增值活动。这种利益存在直接改变了其对供应商的行为态度,比如采取被称之为优先供应的行为。其他影响需求链中成员关系的因素有:①采购战略(独立采购、单供应商采购、多供应商采购、长期合作采购);②加强合作的态度和承诺;③核心企业在需求链网络上所处位置;④成员对需求链的依赖程度。合作关系的期限(以往的合作行为、信任程度),技术和业务联系(供应商是否掌控用于满足客户的关键设备技术),法律约束(合同协议、共同专利),合作伙伴的能力和影响力,需求链的长度和复杂程度(越到上游其成员对客户需求的依赖程度越低)。

3. 保障措施

需求链在电子商务的带动下已经局部获得成功,其可靠、安全运行的保障也是需求链研究框架的重要内容,主要包括信息和技术标准、法律法规、信息系统运行安全、金融安全、信用体系、信息保密等方面。

典型案例

惠普公司的现代供应链管理

大规模定制就是一个全球性的跨国公司对全世界用户提供高度个性化产品和服务的能力。其关键在于将产品差异化的工作,延迟到供应网络的最后一道工序进行。为达到这个目的,公司必须对其流程进行重组,正和产品的设计制造和配送以及整个供应网络结构。通过重组整合,公司就可以以最大的效率进行运作,以最小的库存量快捷地为用户提供产品。惠普公司是世界上著名的电脑生产商,惠普公司采用标准组装件来设计其打印机,在欧洲市场根据用户的要求组装成不同款式的产品进行销售。惠普将产品的个性化程度从制造车间推进到地区分销中心进行。如惠普不在其设在新加坡生产厂中进行差异化加工,转而到其设在德国的欧洲分销中进行,其设计的打印机连电源插座都要因国而异。然而分销中心不仅仅进行个性化加工,还自行采购能使产品差异化的材料。这种重新设计的结果,可能会导致比在生产车间的个性化加工成本要高些,但从整个生产运输和库存成本上计算,反倒降低了约25%左右。

惠普公司设计的供应网络(包括库存、服务、制造和分销点、数量与结构)能够提供两项服务:一是该网络能够以符合成本利益的原则方式,为实行产品差异化的分销点提供基本产品。二是该网络具有很强的灵活性能对个别用户订单快速响应,迅速为其提供个性化产品。一个柔性化的供应网络是大规模定制中不可或缺的,假如一个遍布世界各地、拥有千万种产品的分销中心,只能起到储存和分销的作用,致使公司花费巨额资金增加库存,显然公司能从该分销中心的获利将是十分有限的。上面提到的惠普公司的做法之所以优越,其原因在于,惠普公司在各地的分销中心完成了最终的个性化程序。

这里表明一个崭新的运作形式:就是将制造过程模块化,最后一个制造工序总是在接到用户订单后启动的。这一做法将大工业生产制造与传统的小作坊量身定做的优点巧妙地结合起来,从而创造出极富创意的大规模定制流程,为惠普公司赢得了超凡的竞争优势。

Dell 公司的国际供应链

Dell 公司是以国际供应链为企业竞争战略的成功典范，从 1983 年起购买过时的 PC 机存货加以改造升级出售开始起家，一直到 1985 年，自己组装个人计算机而通过直接销售的形式完成 Dell 的创业史。

PC 产业每年都推出新产品，其生命周期相对较短。而产品储存非但增加存货成本，还会因为产品过时丧失销售机会。另外企产品的零组件成本也很高，约占产品成本的 80%，再加上营销成本，使产品获利空间甚微。为解决这个难题，Dell 改变运作模式把运作改为在由用户需求后再行组装，再将产品直接销给用户，因此大大地减少了存货费用，同时避免了产品过时的风险。

现在计算机的每家企业都以戴尔为楷模，戴尔公司的飞速发展是美国高科技企业经营管理的一个奇迹，被行家誉为推动美国计算机发展的一种动力，在不到 20 年的时间里，白手起家发展到期 250 亿美元的规模。即使面对美国经济目前的低迷，在惠普等大型竞争对手纷纷裁员减产的情况下，仍然以两位数的发展速度快速推进。戴尔公司是一家以国际供应链为竞争策略的成功运作的典型。1997 年 Dell 采用了极为先进的"JIT 零组件供应系统"大幅度降低了与供应商的订货和存货数量，同时进一步简化配送流程，将主机与屏幕直接由供应商在同一时段配送给用户，简化了原来由生产上送货到仓库的运输成本和时间，而将运输和处理成本缩减，减少了流程，同时节约运送时间，使 Dell 能以最短的时间满足用户的需求。同年 Dell 又推出网络电子订货系统，使用户在订货后利用网络系统跟踪监控自己的订货处理情况，订货的次日便能收到货，这样用户得到满意。于是货款回收的时间就顺理成章地缩短了。为此，Dell 的资金周转压力就大大地减轻了。成功的国际供应链运作使 Dell 在既满足了用户的及时需求，又降低了运作成本，是一个典型的、成功的双赢典范。

本 章 小 结

本章介绍了供应链、供应链管理的基本概念及其特征：供应链上的每一个节点都是不可缺少的参与者(成员)，是链中的一个链条，供应链是一条物流链、信息链、资金链、增值链，供应链是由若干个供应链集成的网络结构。供应链的优化的原则和优化和优化方法。

供应链管理的特征：供应链管理的职能性、供应链管理的全面性、供应链管理的层次性、供应链管理的目的性。

供应链管理环境下的物流系统的特点：信息共享，过程同步，合作互利，交货准时，响应敏捷，服务满意。

供应链上的"牛鞭效应"及供应链的优化与整合。供应链设计的原则和供应链设计步骤及影响供应链设计的主要因素。需求链和需求链管理相关理论及需求链与供应链的区别。

练习题

一、不定项选择题

1. 下面（　　）不是供应链管理所涉及的领域。
   A. 供应　　　　　B. 生产计划　　　　C. 物流
   D. 需求　　　　　E. 销售

2. 消除"牛鞭效应"的方法有（　　）。
   A. 加强预测　　　B. 信息共享　　　　C. 业务集成
   D. 缩短提前期　　E. 建立伙伴关系

3. 下面说法正确的是（　　）。
   A. 库存可以平衡客户资源也可以平衡生产资源
   B. 库存可以平衡客户资源但不能平衡生产资源
   C. 库存不能平衡客户资源但可以平衡生产资源
   D. 库存既不能平衡客户资源也不能平衡生产资源

4. 下面不是影响成本的因素是（　　）。
   A. 管理能力　　　　　　　　　　　B. 劳动效率
   C. 分包的数量和质量　　　　　　　D. 工厂生产的能力和连续性
   E. 销售能力

5. 拉动式的供应链运作方式是以（　　）为核心的，因此能实现定制化服务。
   A. 供应商　　　B. 制造商　　　C. 分销商　　　D. 用户

二、简答题

1. 简述什么是供应链，其特点有哪些？
2. 简述什么是供应链管理，其特点有哪些？
3. 简述需求链与供应的区别。

三、分析应用题

1. 如何理解供应链管理与需求链管理的关系？
2. 供应链管理与需求链管理的区别有哪些？

四、综合案例分析题

DHL致力发展科技行业供应链

由于科技行业的持续创新，缩短了智能手机、电脑等产品周期，这对物流业带来了巨大的挑战。日前，DHL在上海召开的第3届全球科技论坛上透露，该公司已为此开发了一系列解决方案，包括直接配送服务，如到多点运送和子母运单快递，以及提供多种选择来完善客户服务品质，如支持客户售前活动的技术服务，配送前完成产品个性配置，同时整合故障货品修复的维修与物流工作，以加强售后流程。

据对250多位与会技术专家的调查，DHL有一个有趣的发现。目前，移动设备已经超越个人电脑，成为全球各地消费者首选的互联网访问工具。DHL预计，今年IT硬件方面的60%的增长量将来自平板电脑和智能手机。

DHL是全球快递业巨头，物流网络和递送速度是其优势，但是，仍然面临IT制造商日益严格的时效性要求，由于平板电脑和智能手机的创新周期进一步缩短，制造商进而要求物流供应商缩短产品的上市时间，以保持制造商的价格竞争力。

产品简单化和轻量化的整体趋势，结合价格压力，日益成为制造企业、供应商，甚至竞争对手的挑战，促使各方开发整合的解决方案，以提高科技供应链的成本效益。共享物流平台（如多用户仓库）的日益增多，显示了这一趋势。

在中国，DHL有两大科技界客户——联想和华为，作为中国IT制造商中的佼佼者，它们对物流时效性要求一样很高。自从DHL成为信息和通信技术解决方案供应商中国华为公司的物流合作伙伴，华为已在全球140个国家和地区展开业务，DHL便利用自己遍布全球220多个国家和地区的网络为华为提供生产无线、移动传输和电信设备所需原料的物流运输服务，以及为华为的电子成品提供包括清关、包装、公路运输和海运货代等服务。这是一套专业和增值的物流解决方案。

（资料来源：http：//www.shuang-yu.com/news/show.php？itemid=1328.）

思考题：
（1）DHL是一家全球知名的快递物流企业，它为何要致力于发展科技行业供应链？
（2）DHL发展科技行业供应链的成功有哪些？
（3）DHL发展科技行业供应链的做法对我国物流行业有何借鉴意义？

实 训 操 作

【实训内容】
企业供应链管理的运用。

【实训目标】
通过对供应链管理运用的学习，使学生了解供应链管理是将供应商、生产商、分销商、零售商等进行整合优化，是实现商品的生产和流通的最有效的运作。加深对供应链管理运用的认识和理解。

【实训成果】
学生5~7人自愿分组实训，每组提交实训调查报告一份，由任课教师在课堂上组织学生交流。

第12章 采购与供应管理

【学习目标】

通过对本章的学习,学生应了解和重点掌握采购和采购管理的基本概念、功能、特点和分类以及采购管理的作用和供应商管理模式等。

【关键概念】

采购 采购管理 招标采购

> **导入案例**
>
> 海尔的 JIT 采购
>
> 海尔用 CRM 与 BBP 电子商务平台架起了与全球用户的资源网、全球供应链资源网沟通的桥梁，从而实现了与用户的零距离，提高了海尔对订单的响应速度。海尔物流整合了集团内分散在 28 个产品事业部的采购、原材料仓储配送，通过整合内部资源，来获取更优的外部资源，建立起强大的供应链资源网络。在采购 JIT 环节上，海尔实现了信息同步，采购、备料同步和距离同步，大大降低了采购环节的费用。信息同步保障了信息的准确性，实现了准时采购。采购、备料同步，使供应链上原材料的库存周期大大缩短。目前已有 7 家国际化供应商在海尔建立的两个国际工业园建厂，爱默生等 12 家国际化分供应商正准备进驻工业园，与供应商、分供方的距离同步，有力保障了海尔对原材料的 JIT 采购与配送。
>
> （资料来源：http://wenku.baidu.com/view/35813cf1fab069dc502201ff.html.）

采购是制造企业进行生产的首要环节，采购成本约占企业生产总成本的 50%，所以，它也是生产制造企业的关键环节，企业要降低生产成本，提高企业效益，首先要降低原材料的采购成本。因此，企业必须十分注重采购工作，加强采购管理。

12.1 采购概述

从物流管理角度讲，采购不是物流的环节，但从社会生产与再生过程来看，它是生产的起始点。从供应链角度讲，供应链一般包括内部供应链和外部供应链，内部供应链是指企业内部产品生产和流通过程中所涉及的采购部门、生产部门、仓储部门、销售部门等组成的供需网络。而外部供应链则是指企业外部与企业相关的产品生产和流通过程中所涉及的原材料供应商、生产商、储运商、零售商以及最终消费者所组成的供需网络。因此，研究供应链管理就有必要研究采购与供应管理的问题

12.1.1 采购的概念

所谓采购就是指从多个供应商中选择并购买所需的物品。采购是一个选择和购买的过程，包括了解需要、选择供应商、协商价格、签订合同、交货运输等过程。因此，采购既是企业生产的起点，又是企业物流活动的起点，同时采购又是一个商流和物流的融合过程。现代物流管理认为，采购决策直接影响到物流渠道或服务的流动。采购时供应渠道中的第一环必须与物流过程的库存运输活动协调和统筹规划，才能使企业获得总体最佳效益。所以可以从以下几个方面来理解采购。

1. 采购是从资源市场获得资源

无论是生产还是生活，采购的意义就在于解决其所需要的，但又缺乏的资源。这些资源包括生产资料、生活资料；既包括原材料、设备工具等物资资源，也包括信息、软件、技术等非物资资源。能够提供这些资源的供应商就是一个资源市场。企业为了维持生产，个人为了维持生活，都需要从这些资源市场中采购资源。所以说，采购的基本功能就是帮助人们从资源市场上获取其所需要的各种资源。

2. 采购是一个信息流、商流和物流相结合过程

信息流就是对资源市场的资源信息进行收集、传递和加工的过程，商流是通过商务交易实现商品的物权转移，物流则是通过运输、储存、装卸、搬运等物流功能来实现商品实体的空间和时间的转移。可以说，采购过程实际上是商流和物流两个方面的完整结合，二者缺一不可。在采购过程中，一方面通过采购获取了资源，保证了企业生产，采购过程才能算完成。因此，采购过程实际上是商流过程和物流过程的统一。从采购的性质来看，它是一种经济活动，采购是企业生产经营活动的主要组成部分。在整个采购过程中，一方面，通过采购企业获得了资源，保证了生产的正常进行，从而使企业获得经济效益；另一方面，采购过程中也会产生各种费用，构成采购成本。这就要求企业运用价值分析采购活动的经济效益，努力实现科学合理地采购，不断降低采购成本以获得最大的经济效益。

3. 采购是一种经济活动

采购是经济活动的重要组成部分，所谓经济活动是指按照经济规律追求经济效益的活动。企业通过采购要消耗一定成本，而获得一定的经济效益。这就要求企业尽量降低采购成本，从而取得最大的经济效益。采购是企业实现效益最大化的重要源泉，因此，企业必须十分重视采购管理工作。

12.1.2 采购的作用

（1）为企业生产经营提供所需要的物资资源和服务。
（2）以最低的成本或物资采购服务，完善企业供应保障系统。
（3）为供应商提供准确的采购信息，要求以最快的速度供货。
（4）与供应商建立良好的合作关系，并不断开发替补供应商。

12.1.3 采购的分类

根据不同的标准，采购可以划分为以下几种类型。

1. 按采购主体不同划分

（1）个人采购。所谓个人采购是指个人生活需要的采购。这类采购一般是少品种、小批量、少金额、单批次且一般是随机发生的，带有很大的主观性和随机性。

（2）集团采购。是指单位团体性的采购。这种采购一般是多品种、大批量、大金额、多批次甚至是持续进行的。正是因为集团采购的这些特点，所以集团采购一般要有很强的计划性、非常严格、非常科学，因而也非常受重视。集团采购主要包括企业采购、政府采购、事业单位采购、军队采购等。这些采购形式都有各自的特点，其中企业采购涉及国民经济的主体部分，更是我们研究的主要内容。

根据企业类型的不同，企业采购又可以分为生产企业的采购和流通企业的采购。

① 生产企业的采购是指从事商品生产和制造的企业的采购，这类采购往往是对原材料、设备工具、燃油料及其他物品进行的采购，主要是用于维持正常生产制造的供应保障性采购。

② 流通企业的采购是指从事商品贸易流通的企业的采购。这类采购往往是对产成品

（也有对原材料、设备工具、燃油料）的采购，主要是用于维持正常的贸易流通经营的供应保障性采购。

这里与物流管理相关的主要是集团采购中的企业采购，也就是我们上面提到的生产制造企业和流通企业的采购。另外，我们主要研究的是对物资资源的采购，而对于非物资资源的采购我们不作为主要研究对象。

2. 按采购方法不同划分

1) 传统采购

所谓传统采购是指企业各部门每期末将下期所需要的物资品种、数量、规格、型号等汇总成采购计划报送供应部门，由供应部门汇总后按计划统一进行采购。采购回来后暂存仓库内，由各部门按计划领取使用，这种采购以各部门的采购计划为依据，以充填库存为目的。其管理较简单粗放，市场响应不灵敏，库存量较大，资金占用过多，库存风险大。这种采购方式容易导致库存积压和缺货并存的问题，不利于企业的生产经营良好运行和对用户的服务水平的提高。

2) 订货点采购

所谓订货点采购是指根据市场需求变化和订货提前期的长短来决定订货点、订货批量、订货周期、库存水平等，建立连续的订货启动操作机制和库存机制，达到既满足需求又使库存总成本最小的目的。在 20 世纪上半叶，订货点方法作为唯一的物资资源配置技术得到了广泛运用和深入地研究，已经形成一套完整的理论体系和应用体系。这种采购模式是以预测市场需求为依据，制定订货策略，配置物资资源，以预测性储备来等待未来用户的需求，以充填库存为目的兼顾满足需求和库存成本控制。订货点采购法是至今能够运用于独立需求进行物资资源配置的重要方法。此方法主要适用于需求比较确定的情况。尤其适用于用户未来需求连续且稳定的情况，在这种情况下他不但可以做到完全满足用户需求，还能为实现零库存创造条件。但不足的是订货点采购法库存量过大，造成资金占压过多，影响效率。

3) 招标采购

所谓招标采购是指将所需采购物资的所有条件（包括品名、数量、质量、规格、交货期、付款条件、投标押金、投标资格等）详细列明，刊登公告。投标企业按照公告的条件要求，在规定的时间内，交纳押金，参加投标。招标单位开标时按规定不得少于三家企业参加投标报价，原则上以最低报价确定中标企业。需要注意的是中标人报价高于招标单位底价时，招标方可以宣布废标，或经监办方同意采取议价的办法定标。

招标采购体现了公开、公正、公平的原则，但并不适合所有的采购项目，一般只适用于比较重大或者比较有影响的项目，而对于较小的项目或较小批量的采购则不需要采取招标的办法。

4) 供应链 VMI 采购

所谓供应链 VMI（供应商管理库存）采购是一种在供应链机制下的采购模式，在这种机制下，不用采购者来运作，而由供应商来运作，采购方只需把需求规律及库存信息向供应商及时并且连续传递，供应商就可根据企业的生产消耗和库存及时补充库存而满足采购方的需求并使其库存最低。供应链采购是一种企业之间的、新型的采购模式，它对需求信息和运作水平都有较高的要求。与传统的采购相比，供应链采购只是改变了供需双方的角色关系，由对立转为合作联盟，实现了信息互通、共享，更大程度上节约了采购成本，提高了运作水平和效率。

供应链采购的最显著特点是，由供应商运作的主动采购改变了其在传统采购中的被动供应的角色。供应链 VMI 采购最大的受益者是用户，可使其摆脱繁杂的采购事务，甚至连进货、运输和库存等都由供应商承担，因此，在已经进入供应链管理的当今时代，供应链采购是一种值得推广的、新型的理想采购模式。

5）电子商务采购

所谓电子商务采购是指采购业务在电子商务条件下进行的一种采购模式，也称网上在线采购。其基本特点是运用信息网络寻找供应商、寻找货源、洽谈交易、网上订货、网上付款等，这种模式扩大了采购市场范围，缩短了供需双方的距离，简化了采购手续，缩短了采购时间，减少了采购成本，提高了流通效率，应该说电子商务采购是一种颇具潜力的、新型采购模式。

6）JIT 采购

所谓 JIT 采购，也称准时制采购，是一种完全以满足需求为依据的采购方式，要求供应商正好在用户需要的时候，将合适的物品品种、合适的数量送到用户需要的地点。其以需求为导向来改造采购方式和采购过程，做到响应需求的变化，又使得库存趋近于零库存。为实现这一目标采购提供了一个不断改进的有效途径，即降低原材料和外购库存反映物品采购中存在的问题而采取措施解决问题再降低原材料和外购库存。JIT 采购模式简化了采购作业流程，节约了采购成本，为用户实现零库存创造了重要条件。

7）MRP 采购

所谓 MRP 采购是一种以生产企业根据主生产计划和在产品结构及库存情况，逐步推导出其生产主产品所需要的原材料和零部件等生产计划和采购计划的过程。这个计划确定了所需要采购物品的品种、数量、下单时间和采购提前期等。实施 MRP 采购要具备两个基本条件：其一是企业已经实施了 MRP 管理系统；其二是企业有良好的供应商管理措施。实施 MRP 采购管理必须要有良好的供应商管理为基础。在 MRP 采购中，购货的时间要求比较严格，如果没有良好的供应商管理，没能与供应商建立一个稳定的合作关系，则供货的时间将很难得到保证。与订货点采购方式比较，MRP 方式具有需求的确定性、需求的相关性、计划的精确性和计算的复杂性等特点。

3. 按采购价格划分

按采购价格可将采购分为以下几种类型。

1）询价、比价采购和议价采购

询价、比价采购是指采购人员选择信用较好的供应商，通过洽谈将企业的采购条件向对方讲明，征求对方可提供的供货报价，然后对几家供货商的报价进行比较，选择其中最适合本企业条件的供应商签约采购；议价采购是指采购人员与供应商通过讨价还价的磋商后，将所议定的价格作为供货确定价格后签约采购。在企业采购实际工作中，大多数情况下都是将询价、比价、议价等方式结合使用，很少单独使用一种。

2）定价采购

定价采购是指对某些采购数量大，不能只依靠几家供货商提供（如纺织企业需要的棉花、糖厂需要的甘蔗等）或所需物品在市场上紧缺时，往往采取以定价的方式进行采购。

3）市场公开采购

市场公开采购是指在公开交易或拍卖市场上的一种随机采购。

12.2 采购管理

12.2.1 采购管理概述

1. 采购管理的概念

所谓采购管理就是对采购工作的计划、组织、协调和控制等活动的总称。

（1）采购管理是站在采购方的立场上，实现采购工作的顺利进行和企业的整体效益，既包括对采购活动的管理，也包括对采购人员和采购资金的管理。这里采购管理和采购是有区别的，采购管理是对整个采购活动的计划、组织、协调和控制，是一种管理活动。

（2）采购管理的作用是实现企业的物资供应，是企业联系资源市场的纽带。从整个企业的生产经营角度看，与销售市场一样，资源市场也是企业的重要环节。它不仅是企业的资源供给场所，也是资源市场信息的来源。作为物料来源，它是通过企业采购人员的采购活动为企业生产经营提供原材料、设备工具、能源，保障企业生产经营顺利进行；而作为信息来源，也是通过采购人员的采购活动与资源市场的接触，了解与企业相关的资源市场的产品信息、技术信息、发展动态信息、运输信息等。

2. 采购管理的基本内容

为了实现采购管理的任务，采购管理需要有一整套业务内容和模式，如图 12-1 所示。

1）采购管理组织

采购管理组织是管理最基本的组成部分，为做好企业的采购管理工作需要有一个合理的管理机制和一套管理组织机构及一批管理与操作人员。对于采购管理组织的确定，首先要明确采购管理机构的工作内容、职权范围、审批权限等，完善采购管理组织机制，制定采购管理工作标准规范和规章制度，使企业的采购走向正规化、标准化的道路。

2）采购的需求分析

需求分析就是弄清楚企业需要采购物资的品名、数量、质量、性能、规格、型号、交货时间等要求。可以根据客户的需求历史或生产计划等确定需求规律，以便主动安排采购计划。需求分析涉及企业各部门、各工序、各种物资及用品。其中最主要的是企业生产经营所需要的原材料，而且企业对原材料的需求量大、持续性和时间性强，直接影响生产经营，需求分析是实施采购工作的第一步，是制定订货计划的基础和前提。作为企业的采购供应部门应当对企业物资供需情况十分清楚地掌握，并制定物资需求计划和组织采购供应工作，保证企业的生产经营正常有序地进行。

3）资源市场分析

资源市场分析就是根据企业所需要的物资及用品对市场资源情况进行调查分析（包括资源分布情况、供应商情况、价格情况、运输情况等）。资源分析的重点是对供应商分析和所需采购的物资品种的分析。通过对资源市场分析可为企业的采购供应工作提供可靠依据。

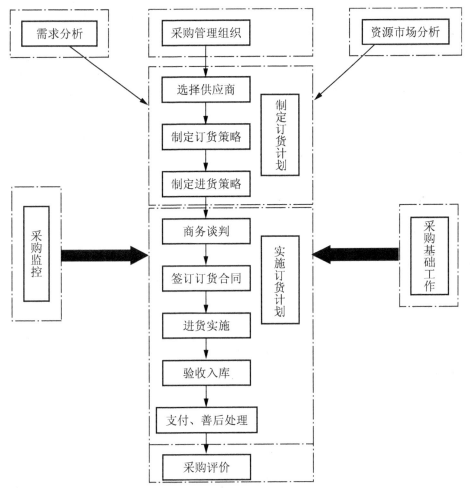

图 12-1 采购管理业务内容和模式

4）采购计划的制订

采购计划的制订就是根据需求品种和供应商的情况，制定切实可行的采购订货计划，包括选择供应商、供应品种、订货策略、实施进度、运输进货策略等。一个周密的采购订货计划对整个采购工作的实施能起到切实的指导作用。

5）采购计划的实施

采购计划实施就是将制定的采购订货计划根据既定的进度计划加以落实，具体事宜包括联系供应商、进行贸易谈判、签订订货合同、运输进货、到货验收、入库储存、支付货款及善后处理等。

6）采购的合同管理

在商品市场经济条件下，交易契约——合同是实现有效交易的首要条件，合同是具有法律效应的法律文书，它能约束和督促供需双方严格按照合同要求，明确双方的权利与义务完成采购供应活动。采购合同中一般的要素应当包括：商品名称，质量规格，数量，价格，交货时间、地点和方式，包装，验收，付款，违约责任等具体条款。

7）采购绩效评价

采购评价就是在每次采购工作完成后对其进行评估分析，或定期对一定时期的采购工作进行总结评价。评估的主要内容包括评价采购工作的效果、总结经验教训、找出问题、提出改进措施等，不断提高企业的采购管理水平。

8) 采购监控

采购监控是为保证企业采购工作的顺利开展，需要制定防范措施，降低采购风险而实施对采购的监督控制，包括对采购人员、采购资金、采购活动的监控。为了搞好采购的监控管理，首先要创造一个良好的采购监控基础条件，加强采购人员的素质管理，适当提高采购人员的工资待遇，建立健全采购规章制度，健全员工激励机制；其次要建立采购监控管理制度，包括采购计划制度、采购请示汇报制度、采购评价制度、资金管理使用制度、到货验收付款制度等。

3. 采购管理的作用

采购管理是企业生产经营管理的首要环节，对企业的成本控制和效益管理都有重要的作用。

1) 利润杠杆作用

在企业生产经营中，采购成本往往要占用大量资金，几乎占企业整个销售收入的50%以上。所以说，它对企业的成本和利润的影响有着举足轻重的作用。

举例说明，一家企业在采购时，改善了采购管理，从而节约1 000万元，这就意味着这1 000万元可作为企业的利润计算；假设该企业销售了价值1 000万元的产品，如果其利润率按5%计算，显然其所销售的1 000万元的产品只能有50万元的利润。通过这个简单例子，我们就能直观地理解到采购管理的价值潜力所在。

为了更进一步说明采购管理的价值效应，不妨再举一个实例。这家企业2013年经营情况如下：销售总收入10 000万元；物料采购成本6 000万元；工资奖金支付2 200万元；企业管理支付800万元；营业支付500万元；税前利润500万元。

如果要使企业的利润翻一番达到1 000万元，可有以下措施：① 在其他条件不变的情况下，销售量增加100%(500÷500)；② 在其他条件不变的情况下，价格调高5%(500÷10 000)；③ 在其他条件不变的情况下，工资奖金降低23%(500÷2200)；④ 在其他条件不变的情况下，企业管理支付减少62%(500÷800)；⑤ 在其他条件不变的情况下，采购成本降低8.3%(500÷6 000)。从以上措施分析出：如果增加销量、调高价格，不仅要受外部市场的制约，而且还要扩大企业的生产能力，这些都是企业一时难以做到的；如果从企业内部降低工资奖金和减少企业管理费用其难度更大，更何况通过这些方法改善的空间已经相当有限。但通过降低采购成本却将成为可能。

以上数据显示，如果采购成本每降低1%，就能够使企业利润上升12%，可见，采购成本对于提高企业利润有着重大作用。这种通过以较小比例的采购成本的降低而获得较大比例的利润增加的经营现象，我们称其为利润杠杆效应。

2) 资产收益效应

资产收益率作为企业的一种绩效衡量水平，已经越来越受到企业的重视。所谓资产收益率是指总利润与总资产的比率，它还可以用投资周转率与利润率的乘积来表示。企业的资产收益率越高，说明企业的投入所获得的回报就越高，较高的资产收益率有利于企业在资本市场上进一步融资而获得更多的投资资本。我们知道，在企业经营过程中提高资产收益率的目标可以通过减少采购成本来获得。原因在于利润杠杆效应所带来的利润增长，同时又因采购成本的减少而带来企业库存资金总额的降低,从而提高了投资周转的速度,带来了企业资产收益率的有效提高。

3) 信息源作用

由于企业采购部门在进行社会采购活动时要与社会和市场广泛地接触,因此通过采购能够了解许多信息,如产品价格、产品的技术性能、新产品新技术等,这些信息对企业的其他部门都非常有用。供应商采用的新的营销技术和配送体系可能对企业的销售部门大有用处;关于投资、合并兼并、即将来临的破产、职务的变动以及当前和潜在用户等方面的信息对企业的销售、财务、研发和高层管理都有一定的研究分析意义。这些信息可以提高企业其他部门的经营绩效,采购部门还可以因此直接或间接地为企业做出贡献。

4) 营运效率作用

在企业生产经营活动中,采购部门运作的有效性将直接反映在企业的其他部门的运作上。例如,当采购部门所选择的供应商不能按照合同约定的产品质量交货时,就可能造成废品或返修成本增加;假如供货不及时,就有可能要付出很大的代价去重新规划生产而影响生产效率,甚至可能导致停产。在企业中采购部门都把企业的其他相关部门视为内部用户,努力提高效率,以协调好与它们的关系,更好地为企业各部门提供服务,共同提高企业的营运效率。

5) 竞争力作用

企业在面对市场时,如果不能在用户需要的时候,按照用户要求的质量和公平的价格供应产品,那么这个企业就谈不上竞争力。同样,采购部门如不能按时、按质、按量地为企业采购所需要的原材料,企业的生产就不可能按时、按质、按量地为用户提供产品服务,这样企业的用户就可能转而投向其他企业而成为别人的用户,企业因此而失去老用户的代价是很大的,同时也使企业失去了竞争优势。

另外采购部门常年在社会上进行采购供应活动,他们的行为还会直接影响到企业的公共形象和企业本身的形象。比如在与供应商的业务交往中有某些不恰当的言行,他们就会对企业产生不良的看法,可能还会把这种看法传递给其他供应商,这样,不良的形象将会对企业产生恶劣的负面影响,可能因此而失去许多供应商伙伴。反之,如果采购部门的行为在供应商中有极好的口碑,就会与供应商们建立起一种良好的战略合作伙伴关系,从而获得供应商的许多优惠供货,带来企业采购成本的降低,使企业的竞争力得到加强。

4. 采购的业务流程

采购部门的职责是确定合适的货源和合适的供应商,并与其洽谈企业所需要采购原材料及零部件的具体数量、规格、质量、性能、价格、交货条件及付款条件等,一般采购工作的运作过程有以下几个步骤。

(1) 按照采购计划进行分析。在物料需求计划管理系统中,采购计划由使用部门提出,采购部门负责对各个使用部门提出的采购计划进行分析、审核确认后签发采购订单。

(2) 选择供应商。根据采购计划向有关的供应商征询报价,待收到各供应商的报价后进行调查、分析、比较,最后确定所需供货的供应商。

(3) 确定合适的采购价格。由采购部门负责与供应商进行采购价格的洽谈,以争取最优惠的采购价格。

(4) 签发采购订单。采购部门签发的采购订单是买方确定的购买文件，一旦供应商收到订单，就成为供应商按照采购协议规定的条款供货的、具有法律效力的供货合同。

(5) 查验货物，确保货物符合规定。采购部门负责对供应商按交货条款的交货进行跟踪查验，如发现供应商的交货有问题，须立即与供应商联系，商谈解决，如另外补货或安排生产供货。

(6) 接收货物。接收货物时，由收货部门对产品进行验收，以保证收到的货物的数量、质量与订购条款相符，如有货损货差，及时与供货商协商解决。

5. 采购管理中应该注意的问题及解决方法

采购是供应链当中的一个重要环节，它对企业管理是否成功有着巨大的影响。对任何生产企业而言，将正确的原材料和半成品以正确的价格、正确的质量在正确的时间送到正确的地点，是至关重要的。

在实际操作中，要把采购当成供应链的一部分进行管理，要想管理得当，需要注意以下几个方面的问题。

(1) 制订采购计划。其中包括采购商品的价格、付款条件、质量、商品来源地、交货方式和运输方式等。

(2) 选择合适的供应商并确定他们的合作方式。供应商是企业生产经营的先决条件，他对企业的生产经营有着举足轻重的作用。所以，做好采购管理的首要工作就是做好供应商的管理，选择合适的供应商并确定与他们的合作方式。

(3) 确定采购的数量和批次。企业为保障生产原材料的供应、控制库存管理，就必须在每次采购前就确定好采购的数量和批次，防止造成采购量过大增加不必要的库存成本和运输成本，或因采购量过小而影响生产。

12.2.2 战略采购与采购战略

1. 战略采购

为了适应激烈的市场竞争环境，制造业从 20 世纪 90 年代就开始引入战略采购这个崭新的概念，探索采购在供应链管理的成功经验。美国、日本等一些发达国家在此以前就已经在利用供应链思想来设计、运作和控制物流系统，在产品质量、成本交货期及市场响应等方面取得了良好的效果。

1) 战略采购的概念

所谓战略采购是依托现代信息技术和分析方法为某一特定产品制定的采购战略并组织实施的过程。如某企业需要采购某材料，该企业利用战略采购原理就可以以信息网络为基础平台来分析该产品所需材料的市场情况，了解该材料使用和生产的经济因素，制定该材料的采购战略，从而借助现代信息网络技术手段，通过已选定的供应商进行战略性采购，达到最佳的采购效果。

2) 实施战略采购的意义

从企业发展战略的角度来看，战略采购能够为企业带来各种近期和长期的利益，如运用战略采购能够使采购在价格方面及时地获得效益，但这并不是战略采购的唯一贡献。它还可以通过与供应商建立联盟合作，降低新产品的开发成本和缩短新产品开发周期。如日本本田汽车公司在供应商的大力帮助下设计了 98 型雅阁轿车，成功地将每辆汽车的成本降低 21%。而且许多供应商还为本田公司提供了有关改进汽车质量和更有效地利用零部件的建议。在多数情况下实施战略采购并不需要投入太多的资金，完全可以很快地收回投资，因此企业一旦实施战略采购措施将会在很短的时间内取得显著的收益。实践证明，世界 500 强跨国公司中许多公司就是运用了战略采购方法有效地改善了公司的财务状况，不断地优化供应商组合，从而提高了企业的竞争力。

在国内，海尔集团就是一个典型的例子。海尔集团共有各种供应商 900 多家，每月平均有 6 000 多个订单，定制 7 000 多种产品，需要采购的物资品种多达 150 000 种，一年的采购费用 100 多亿元。如果实施网上采购战略，利用网络联系供应商，进行物资采购，不仅采购价格大大降低，而且相关的物流费用也能随之大幅度下降。

实施战略采购时，优化供应商比只追求采购价格更为重要，也就是说，在采购中可能采购价格并没有降低，但供应商所提供的原材料或零部件质量、性能更好，最终这种更好的原材料或零部件能够给企业创造更多的价值。

3）战略采购的实施方式

（1）企业应当战略性地管理物资的供应来源，以降低生产经营物资和外购服务的成本。

（2）企业在降低物资采购成本的同时，还要注意发展与供应商的关系。

（3）企业在对供应商提出更高要求时，要注意考虑与供应商合作利益的共享机制。

（4）企业应根据对市场地位和行业结构的认识来考虑与供应商的合作问题。

（5）企业应根据用户对产品消费的不同阶段来确定或延迟策略的使用时间。

4）战略采购的实施阶段

企业特别是大型企业每年都要面临巨额的物资采购成本，引入战略采购的先进理念和供应链管理思想，从实际出发，经过缜密分析后制定实施方案，从现行的采购模式的评估开始，继而实施战略采购，最后改进采购管理机制并引进电子采购管理的应用程序，方能达到节约采购成本的目的。

其整个过程大致可以划分为以下几个阶段。

（1）采购评估阶段。该阶段就是将企业内面临重大压力的业务项目作为进行改进采购管理的重点，进行深入调查，详细评估。具体内容包括：采购管理体系评估和成本节约分析等。评估的目的是确定企业内部成本节约的潜在机会，提出具体的运作方案。

（2）战略采购实施阶段。该阶段的具体工作内容包括：评估供应市场需求与开发、原材料或产品采购策略、选择供应商和战略采购的实施。利用网络技术等现代科技手段扩大和优化供应商，为提高供应链管理效率、降低采购的交易成本创造条件。大幅度的企业组织和技术变革是企业战略采购成功的关键，此时采购部门已不再单纯地负责采购物资，它还能够推动企业经营战略的实施。

（3）采购管理机制改进阶段。该阶段的具体工作内容包括：制定采购系统流程，以降低采购过程中的误差；建立控制流程进行采购、库存和供应链管理，以降低供应链成本；建立对采购队伍的考核、激励与约束机制；建立采购流程标准化制度，实现规范化管理。

在上述阶段完成后，企业根据实际需要，引进电子采购应用程序，按企业的采购、生产和销售管理的实际实施自动化采购。毫无疑问，运用现代计算机网络技术实现按订单采购和生产及零库存管理，能够使企业大幅度地减少经营费用，降低产品成本，极大地提高企业的核心竞争力。

2. 采购战略

采购是企业生产或经营的首要环节，在传统的物流理念中，人们并没有对这一环节给以足够的重视。随着供应链管理思想的产生，才逐渐认识到采购在物流尤其是在供应链中的重要地位和作用。现在，越来越多的物流企业开始注重为用户提供包括采购在内的一体化物流服务。

1) 采购战略的概念

所谓采购战略就是企业在采购工作中所采用的带有指导性、长远性和全局性的谋划运作方案。一般情况下，采购方案至少要包括以下几个方面基本要素。

（1）采购品种战略。包括采购的品种种类、数量、质量、性能等的选择。

（2）采购方式战略。包括采购主体、采购技术、采购途径等的选择。

（3）采购商选择战略。包括对供应商的考核方式、评价方式、使用方式等。

（4）采购谈判战略。包括采购的品种、数量、质量、性能、价格、交货条件、风险分摊、责任权利和义务等的协商。

（5）采购进货战略。包括交货运输方式、运输价格等的选择和协商。

2) 采购战略的制定

传统的采购是为企业补充库存，保证生产经营的供应需要。而现代市场经济条件下，竞争的加剧、价格的压力都要求企业应用战略的眼光去看待对企业"有价值"的采购工作，要求不仅是如何降低采购成本，还要实现在相对低的成本条件下获得更高的采购价值，这就是所谓的采购战略。

一般来说，采购战略的制定首先要着重考虑以下两个问题：其一，采购在战略意义上的重要性，这是根据产品的增值和采购物资占总成本的比例结构来确定的。其二，供应市场的复杂程度，它是以产品供应的短缺水平、技术和替代产品的调整水平，以及进口限制、物流成本因素和产品的市场供求情况等来衡量的。

采购战略的制定，一般有以下3种方法。

（1）ABC分析法，就是运用数理统计中的一个重要原则——20/80原理。20/80原理指出在一个事项中往往存在着重要的少数20%和不重要的多数80%的现象，这一原理启示我们在制定采购战略时须将管理资源集中在重要的少数，即把80%的时间和精力用在最重要的20%上，其效益将得到80%的回报；而把20%的时间和精力用在其余的80%上，也能收到良好的效果。

其具体做法就是将需要采购的物品进行分类，在实际的操作中用简单的计算机程序就能算出每种物品的具体使用量和价值，继而对全部需要采购的物品按ABC方法进行分类，然后用20%与80%的统计原理对需要采购物品的数量多少加以确定。

（2）供应细分分析法，就是将需要采购的物品区分为"战略性""杠杆性""关键性""策略性"采购，最后来确定对哪些物品采用哪种采购策略的方法。一般来讲，供应细分分析法比ABC分析法更能反映企业的实际，可以保证相应的企业管理人员在比较成本、价值及风险程度的前提下，优先调整紧急物品的采购处理。

（3）SWOT 分析法，这是一种对企业采购工作具有影响的优势、劣势、机会与挑战等方面因素的分析，具体做法就是将对企业采购工作有影响的所有内外部因素进行评价，把所有的优势因素和所有的劣势因素分别与企业的机会因素和对企业的挑战因素进行配对比较，最后达到平衡的结果就是我们所需要的采购战略制定的依据。

采购战略在企业战略的重要作用主要体现在与供应商建立一种合作伙伴关系，能在企业本身不用或少用投资的前提下，充分利用供应商的技术能力为企业开发生产专用产品，既可以节约资金、降低风险，又可以快速形成企业的生产能力。

3）采购策略的选择

统计资料表明，我国企业的采购成本约占总成本 70% 左右，由于这部分费用比重很大，即便是少量变化都将对企业产生重大影响。因此，寻求合适的采购策略对企业的经济效益有至关重要的作用。实践证明，以现代信息技术为手段的电子采购与网络营销是一种先进的采购方式。所以企业在进行采购工作时，要根据自己的需求及实际情况选择最合适的采购模式和采购策略。一般常用的采购策略有以下几种。

（1）统一采购策略。统一采购策略是指企业实行集中统一采购进货，可以向供应商争取一个较低的采购价位。

（2）规模采购策略。规模采购策略是指大批量进货，以充分发挥现代大流通的规模效应，享受采购价格的优惠。企业将这种大批量进货低成本优势，进一步转化为本身的竞争优势。

（3）比较供应商策略。比较供应商策略是保持一定量的供应商并经常根据需求情况更新供应商的方式进行采购，可以形成供应商之间的竞争态势，使企业获得采购价格的优势。

（4）集中于少数供应商策略。集中于少数供应商策略是指专注少数供应商的紧密合作，使供应商体会到采购方的重要性，从而更加注重在产品的质量和价格方面给予配合和关照。

（5）VMI 采购策略。是指利用供应商来掌握库存动态进行实时供应的策略，以使企业成功地压缩库存和减少资金的占用，降低采购成本，为企业提高经济效益创造更好的条件。

（6）JIT 采购策略。JIT 采购策略是指要求供应商在准确的时间，按需求物资的品种、数量、质量进行供货的采购方式，是一种完全满足采购方需求的服务方式。这种采购方式对采购企业而言，具有极大的优势，它对企业实施零库存，减少资金占用，降低采购成本乃至生产经营成本都具有非常重要的作用。

（7）全球采购策略。随着全球经济一体化地推进，企业已经逐渐融入国际经济大循环之中，特别是跨国大公司已经实现了全球采购、全球销售的大格局。受这种格局的驱动，企业为了取得国际竞争的优势，实行全球采购策略是一个势在必行的途径。

（8）网络采购与管理组合策略。网络采购就是通过计算机网络进行的采购。通过网上采购可以使采购活动更加公开、公正，提高市场透明度，形成产品优胜劣汰的局面，从而大大降低采购成本。

12.3 供应商管理

市场经济竞争使企业利润空间越来越小,仅仅依靠企业自身的优势去获取利润已变得相当困难,因此生产商与供应商建立长期稳定的战略合作关系将会使企业在激烈的市场竞争中有可靠的物资来源,有利于企业的生存和发展。采购工作对生产经营活动有着十分重要的影响,因为企业的采购工作是直接与供应商打交道而获得生产经营所需要的物资的,因此采购管理的一项重要工作就是供应商管理。

12.3.1 供应商管理概述

所谓供应商就是指企业原材料、设备、器具、燃油料及其他物品的提供者,供应商可以是生产企业也可以是流通企业。企业要维持自己的生产经营就必须要有一批良好的供应商为企业提供可靠的原材料等物资供应保障。俗话说"兵马未动,粮草先行"对于企业来说供应商就是粮草的先行官。因此,供应商是企业生产经营的先决条件,它对企业的生产经营有着举足轻重的作用。所以,做好采购管理的首要工作就是做好供应商的管理。

1. 供应商管理的概念

所谓供应商管理就是指对供应商的了解、选择、开发、使用和控制等综合性管理工作的总称。其中,对供应商的了解是基础,对供应商的选择、开发和控制则是手段,对供应商的使用才是管理的目的。供应商管理目的在于为企业建立一个稳定、可靠的供应队伍,为企业生产经营提供稳定、可靠的物资供应。企业要维持正常的生产经营,必须有可靠的供应商为企业提供原材料的物资供应,供应商对企业的物资供应起着决定性作用。采购管理就是直接和供应商打交道,从供应商那里获得各种物资的供应。因此采购管理的一项重要工作就是供应商管理。

从传统的供应商管理发展到现代的供应商管理,企业在供应商管理方面有了很大的突破。传统的供应商管理和现代的供应商管理的比较如表12-1所示。

表12-1 传统的供应商管理与现代的供应商管理的比较

项 目	传统的供应商管理	现代的供应商管理
供应商管理数量	多数	少数
供应商关系	短期合作、买卖关系	长期合作、伙伴关系
企业与供应商沟通	仅限于采购部与供应商之间	双方多个部门沟通
信息交流	仅限于订货收货信息	多项信息共享
价格谈判	尽可能低的价格	双赢的互惠价格
供应商选择	凭采购员经验	完善的程序
供应商对企业的支持	无	提出建议
企业对供应商的支持	无	技术支持

2. 供应商管理的重要作用

供应商管理是企业采购管理的一个重要组成部分，是企业资源市场和外部环境的组成部分。资源市场中物资的供应量、供应价格、竞争态势、技术水平等是资源市场的主要元素，而企业的采购就是从资源市场中获得资源的过程。在这个过程中企业要有合适的供应商来保证对企业需要的物资供应支持。传统的采购中，采购方与供应商的利益是相互冲突的，即双方相互依赖又相互对立，彼此间总是处于一种互不信任的界碑心理状态。对采购方而言，如果企业所需要的物资采购成本过高，而且难以保证，这些都对企业的生产经营十分不利。为此，企业有必要加强供应商管理工作，通过努力，了解、选择和开发供应商，建立一支可靠的、稳定的供应商队伍，为企业的生产经营做好物资供应保障工作，同时，搞好供应商管理也是做好企业采购管理工作的基础。

12.3.2 供应商管理的内容

供应商管理基本包括以下内容。

1. 供应商的选择

供应商的选择是企业采购管理的一个重要组成部分，一个好的供应商应拥有生产高质量产品的技术，拥有实在的生产能力，能够在获得利润的同时提供具有竞争力的产品。同一产品的供应商很多，这就使得对供应商的选择工作更加复杂，因此需要有规范的程序来操作。供应商的选择一般包括以下几个步骤。

（1）建立供应商评估、选择机构。供应商的选择涉及企业的生产、技术、计划、财务、物流、市场等部门，需要有关部门共同参与分析，对企业所要选择的供应商进行评估讨论确定。特别是对技术要求高的重要采购项目更需要建立一个由各部门组成的评估选择组织。

（2）确定供应商名单。通过供应商信息数据库或行业网站、刊物等媒体渠道了解市场上能够提供所需物资的所有供应商。

（3）确定对供应商的服务水平进行评估的指标体系和各指标之间的权重比例，以便对供应商的评估更加公正、科学、合理。

（4）公正科学地评估并确定供应商。经过评估机构的综合分析、评估供应商的各方面因素后，根据指标体系和权重系数对各供应商进行打分，最后选择出合格的供应商。

2. 供应商的调查

供应商的调查目的就是通过调查了解企业有哪些可能合作的供应商，他们的基本情况如何，为企业了解资源市场和选择供应商做前期准备。供应商调查包括对供应商的调查和资源市场的调查。其中供应商调查，主要是对供应商的基本情况的调查，比如供应商的名称、地址、生产能力、能供应那些产品、能供应多少、质量如何、性能如何、价格如何、市场份额、交货运输情况等。资源市场的调查主要调查资源的分布情况、市场行情、质量性能、进货运输条件等。

3. 供应商的考核与使用

1) 供应商的考核

对供应商的考核主要是指在与供应商签订正式采购供应合同以后的运作期间对供应商的整个活动的全面考查。其考核指标有：①产品质量；②价格；③交货期；④按时交货量；⑤工作质量；⑥进货费用水平；⑦信用度；⑧服务程度。

2) 供应商的使用

供应商被企业评估选择机构确认为正式供应商后，就要开始进入正常的物资供应运作程序。进入供应程序的第一项工作就是双方签订供货合同，这份合同是宣告双方合作的开始，也是双方承担责任和义务的责任书，又是双方将来合作规范的法律性文件。合同签字生效后都必须严格遵守。

企业在供应商使用管理上，应树立一个供需双方双赢的思想，使企业在采购活动中，供需双方都能从中获得适当利益，共存共赢。从真诚的合作角度出发，解决好双方的各种事务，建立起一种相互信任、相互支持、友好合作的长远关系。

4. 供应商的开发

1) 开发供应商

供应商管理的一个重要任务就是开发供应商，建立一支能够为企业提供需要的物资供应商队伍。根据企业所需要的物资的重要程度确定与供应商的关系程度，对供应商的前期调查进行分析评估，重点供应商建立紧密关系，非重点供应商建立一般关系。企业要根据生产经营的需要和供应商情况来共同设计规范双方合作关系，制定相关的联系制度，在管理技术、质量保证等方面对供应商进行辅导和协助，使供应商适应企业需要，为企业提供可靠的供应保障。

2) 供应商的激励与控制

为了保证日常物资供应工作正常进行，企业要采取一定的措施对供应商进行激励和控制。其目的是使供应商在供应工作中充分发挥积极性与主动性，努力做好物资供应工作，保证企业的生产经营正常进行。同时，要防范供应商的不轨行为，以防其对企业可能造成的不确定性损失。

5. 供应商质量管理

质量是其必须十分关注的问题，也是企业对供应商管理的关键问题。所谓供应商质量管理就是指特定的绩效范围内，符合或超过现有未来用户期望或需要的能力。

供应商质量管理一般包括以下内容。

(1) 一贯符合或超出标准绩效的能力，这意味着供应商能满足程度高，如果供应商在供货时经常变化，那么这个供应商就不是高质量的供应商。

(2) 现在或未来的用户期望或标准，供应商应该满足或超出现有的标准，同时有能力满足未来的标准。只能满足现有标准而达不到未来标准的供应商称不上高质量的供应商。

(3) 供应商质量不仅是产品实体特征，质量高的供应商能满足用户除产品本身以外的延伸增值服务，如产品的配送，产品与服务的一致性、售后服务等。

对供应商管理的内容如图 12-2 所示。

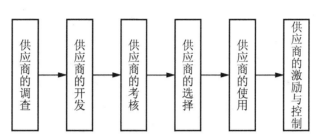

图 12-2 供应商管理的内容

典型案例

两种采购现象背后观念的碰撞

从 20 世纪 80 年代开始,为了顺应国际贸易高速发展的趋势,以及满足客户对服务水平提出的更高要求,企业开始将采购环节视为供应链管理的一个重要组成部分,通过对供应链的管理,同时对采购手段进行优化。

1. 胜利油田

在采购体系改革方面,许多国有企业和胜利石油境遇相似,虽然集团购买、市场招标的意识慢慢培养起来,但企业内部组织结构却给革新的实施带来了极大的阻碍。

胜利油田每年的物资采购总量约 85 亿人民币,涉及钢材、木材、水泥、机电设备、仪器仪表等 56 个大类,12 万项物资。行业特性的客观条件给企业采购的管理造成了一定的难度,然而最让中国石化胜利油田有限公司管理者头痛的却是其他问题。

胜利油田目前有 9 000 多人在作物资供应管理,庞大的体系给采购管理造成了许多困难。胜利每年采购资金的 85 亿中,有 45 亿的产品由与胜利油田有各种隶属和姻亲关系的工厂生产,很难将其产品的质量与市场同类产品比较,而且价格一般要比市场价高。例如供电器,价格比市场价贵 20%,但由于这是一家由胜利油田长期养活的残疾人福利工厂,只能是本着人道主义精神接受他们的供货,强烈的社会责任感让企业背上了沉重的包袱;同样,胜利油田使用的大多数涂料也由下属工厂生产,一般只能使用 3 年左右,而市面上一般的同类型涂料可以用 10 年;另外还有上级单位指定的产品,只要符合油田使用标准、价格差不多,就必须购买指定产品。

在这样的压力下,胜利油田目前能做到的就是逐步过渡,拿出一部分采购商品来实行市场招标,一步到位是不可能的。

胜利油田的现象说明,封闭的体制是中国国有企业更新采购理念的严重阻碍。采购环节漏洞带来的阻力难以消除。

2. 海尔集团

与大型国有企业相比,一些企业已经克服了体制问题、全面融入国际市场竞争的企业,较容易接受全新的采购理念,这类型的企业中,海尔走在最前沿。

海尔采取的采购策略是利用全球化网络,集中购买。以规模优势降低采购成本,同时精简供应商队伍。据统计,海尔的全球供应商数量由原先的 2 336 家降至 840 家,其国际化供应商的比例达到了 71%,目前世界前 500 强中有 44 家是海尔的供应商。

对于供应商关系的管理方面,海尔采用的是 SBD 模式:共同发展供应业务。海尔有很多产品的设计方案直接交给厂商来做,很多零部件是由供应商提供今后两个月市场的产品预测并将待开发产品形成图纸，这样一来，供应商就真正成为海尔的设计部和工厂，加快开发速度。许多供应商的厂房和海尔的仓库之间甚至不需要汽车运输，工厂的叉车直接开到海尔的仓库，大大节约运输成本。海尔本身则侧重于核心的买卖和结算业务。这与传统的企业和供应商关系的不同在于，它从供需双方简单的买卖关系，成功转型为战略合作伙伴关系，是一种共同发展的双赢策略。

（资料来源：http://www.purchasingbbs.com.）

本章小结

本章主要介绍采购基本概念及采购的任务和作用一般流程。

采购的任务和作用：为企业生产经营所需要的物资资源和服务。以最低的成本和物资采购服务，完善企业供应保障系统。确保供应商提供最好的服务并以最快的速度供货。与供应商建立良好的合作关系，并不断开发替补供应商。

采购的分类：按采购主体划分，按采购方式划分，按采购价格划分。

采购管理的内容包括：组织管理、需求分析、资源市场分析、计划制订与实施。

采购管理的新思维主要有采购管理的关键环节——成本控制及控制流程。

战略采购的基本概念及战略采购的实施方法和实施阶段。

采购战略的基本概念及一般常用的采购战略形式。

采购模式的变革主要包括：协同采购取代传统采购模式和新型采购模式。

采购的一般流程有：制订采购计划、选择供应商、确定采购价格、签发采购订单、验货接收、汇付货款。

供应商管理的概念和对供应商管理的重要作用。

供应商管理的基本内容包括供应商的选择、供应商的调查、供应商的开发、供应商的考核与使用、供应商质量管理、供应商的激励与控制。

练 习 题

一、不定项选择题

1. 企业采购工作的第一步是（　　）。
   A. 采购申请　　　　B. 市场调查　　　　C. 需求预测　　　　D. 供应商调查
2. 供应商管理的目的是（　　）。
   A. 供应商考核　　　　　　　　　　　　B. 供应商开发
   C. 建立供应商队伍　　　　　　　　　　D. 供应商激励与控制
3. JIT 的基本思想是（　　）。
   A. 准时制　　　　　B. 彻底杜绝浪费　　　C. 看板方式
4. （　　）是投标者对于招标书的回应。
   A. 投标书　　　　　　　　　　　　　　B. 招标书
   C. 投标邀请　　　　　　　　　　　　　D. 投标文件格式

5. 采购技术中，JIT 采购是指（   ）。
   A. 订货点采购　　　　　　　　　B. 准时化采购
   C. 供应链采购　　　　　　　　　D. 电子商务采购

6. 如果采购单位认为对于某个供应商的采购业务对本公司来说并不十分重要，但是供应商认为本单位的采购业务对于他们来说非常重要，这样的供应商就是采购单位的（   ）。
   A. 商业型供应商　　　　　　　　B. 优先型供应商
   C. 重点型供应商　　　　　　　　D. 伙伴型供应商

7. 按 80/20 规则分类，重点供应商是指（   ）。
   A. 数量 20% 的占价值 20%　　　B. 数量 20% 的占价值 80%
   C. 数量 80% 的占价值 20%

8. 按 80/20 规则分类，普通供应商是指（   ）。
   A. 数量 20% 的占价值 20%　　　B. 数量 20% 的占价值 80%
   C. 数量 80% 的占价值 20%

9. 采购定价的方法包括（   ）。
   A. 招标采购　　B. 询价采购　　C. 比价采购　　D. 议价采购
   E. 定价采购　　F. 公开市场采购

二、简答题

1. 如何理解采购的作用？
2. 采购具体有哪些分类？
3. 采购的一般流程有哪些？

三、分析应用题

1. 如何理解战略采购和采购战略？试举例说明。
2. 如何理解招标采购？

四、综合案例分析题

王府井百货上收采购权和麦德龙下放采购权

2005 年 9 月，在王府井百货 50 年庆典活动上，时任王府井百货董事长兼总经理郑万河宣布，王府井百货为了能与国际零售企业接轨，不断扩充企业规模，准备在明年实现门店商品的统一采购。"我们在明年初将对北京市所有门店的采购系统进行统一切换，实现北京门店所有商品 100% 集采，接下来对外地门店的商品进行渐进式的集采。"郑万河介绍。为了能实现这个目标，王府井百货已经与麦肯锡合作，设计了连锁战略、业务体制、业务流程等运营手册，引进了安达信成熟的连锁信息系统，并搭建了百货连锁信息管理平台。与此同时，锦江麦德龙现购自运有限公司总部透露：麦德龙在中国推行的采购新政，将使区域公司在生鲜、蔬果的当地采购上获得一定的自主权。实行采购新政之后，总部采购部门将与区域采购部门联合采购，华北、华南、华中和华东四大区域的区域采购部，将取代总部担负起收集资料、与当地供应商洽谈业务等工作。但是，放权会否导致管理混乱？对此，麦德龙负责人表示，区域采购部门的权力仍受总部很大的限制，不仅在供应商最终决定时要与总部协商，日常的供货过程，也将受到总部质量监督单位与区域的质量监督部门的共同监督。

（资料来源：http：//www.chinadmd.com/file/wp3ix3c3oaoso3cwtezievp6_1.html.）

思考题：

（1）如何理解王府井百货上收采购权的做法？

（2）如何理解麦德龙下放采购权的做法？

（3）王府井上收采购权和麦德龙下放采购权各自出于什么考虑？

实 训 操 作

【实训内容】

采购订单的制作。

【实训目标】

通过模拟联系企业采购订单的制作，熟悉企业采购供应工作的基本流和要求，加深对企业采购工作对企业加速资金周转和降低成本的重要意义的理解。

【实训成果】

1. 由学生3～5人自愿组成一组，试以天祥贸易公司采购员的身份，就海大电子公司委托天祥贸易公司采购原材料一事，按照其采购清单制作《询价单》、《报价单》、《购销合同》。

2. 通过上述采购单据的实际制作练习，熟悉企业采购的基本程序和要求后，每人写出一份简要心得报告。任课教师组织一次课堂讨论。

3. 经过讨论评选出几篇有价值的心得报告供全班学生交流，提高学生对物流企业运营的理解和认识。

第13章 电子商务物流管理

【学习目标】

通过对本章的学习,学生应了解和重点掌握电子商务的基本概念、特点、类型,以及电子商务与物流的关系和电子商务环境下的物流运作管理模式等。

【关键概念】

电子商务　电子商务物流

7-11 便利店的电子商务物流配送

一家成功的便利店背后必然有一个高效的物流配送系统，日本著名的连锁超市 7-11 便利店的物流配送经历了三个阶段、三种模式的变革。起初 7-11 便利店并没有自己的配送中心，商品配送是外包给批发商的，渐渐地这种分散化的配送方式不能满足便利店的业务扩展要求。于是 7-11 便利店考虑与批发商合作共建配送系统，后来 7-11 便利店意识到要想更大发展必须要有自己的配送中心，于是着手建立自己的物流配送系统。这样由配送中心的信息网络系统可以便捷地获取各便利的销售和库存信息，通过电子商务对各店实行集中采购统一配送，大大地降低了物流成本。这样 7-11 便利店运用电子商务流手段进行商品配送，每年可节省相当于商品原价的 10% 的费用。

（资料来源：http://wenku.baidu.com/view/37e4f3ce58f5f61fb7366612.html.）

电子商务（E-Commerce，EC）是继电子信息技术的出现而发展起来的一种商业模式。随着科技的进步和社会的发展，电子商务将会对社会经济和人们的工作、生活带来越来越大的变化。在这一发展变化过程中，人们发现作为支持有形商品的网上商务的物流对电子商务能否顺利运行起着至关重要的作用。可以说，没有一个与电子商务相配套的物流系统，电子商务的优势将很难得到有效的发挥和发展。

13.1　电子商务概述

电子商务的发展可以追溯到远古的原始商品交换，到后来以货币为媒介的简单商品交换出现的商店、钱庄，再到后来发达的商品交换活动，等等。西方 19 世纪晚期的邮购订货，20 世纪汽车送货上门到后来的电话订购，80 年代的电视购物和会员制直销邮购，直到现在的以网络为依托的零售业。人类进入 21 世纪这个知识、信息经济时代，信息化、数字化和网络化的发展，迅速地推出了以电子商务为特征的崭新的商业模式。

据市场研究的统计数据显示，2010 年全球 B2B 电子商务市场约有 26 万亿美元，销售额约为 4 330 亿美元，预测分析，未来 10 年，全球国际贸易的 30% 将会通过网上交易——电子商务来进行。随着信息技术现代化高速发展，因特网作为电子商务的主要渠道之一，正在全球范围内成为必然的趋势。

我国的电子商务是 20 世纪 90 年代初以数据交换开始到 90 年代末进入互联网的发展阶段，这 10 年间电子商务以惊人的速度发展。报告显示，截至 2012 年 6 月，国内使用第三方电子商务平台的中小企业用户规模已经突破 1 650 万家。中国网购的用户规模达 2.14 亿人，同比增长 23.7%。预计到 2015 年，电子商务交易额将突破 18 万亿元。其中企业间的网上交易（B2B）交易规模超 15 万亿元，占总交易额的 83.3%。经常性应用电子商务的中小企业将达到中小企业总数的 60% 以上。在这一发展过程中，作为支持有形商品的网上商务的物流对电子商务能否顺利运行起着至关重要的作用。

13.1.1　电子商务的概念

《物流术语》（GB/T 18354—2006）对电子商务的定义为："以互联网为载体所进行的各种商务活动的总称。"

具体讲，电子商务是交易双方利用计算机网络，按照一定的标准和程序进行的各类商务活动。换言之，电子商务是建立在电子技术基础上的商业运作，是利用电子技术的加强、加快、扩展、增强、改变了其过程的商务。电子商务的概念模式可以抽象地描述每个交易主体之间的交易关系。其交易关系如图13-1所示。

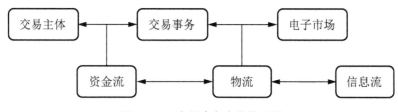

图 13-1 电子商务交易关系图

电子商务的具体应用范围较广，它包括供应链管理、电子市场及电子广告、网上购物、网上娱乐、有偿信息服务、网上银行等。

13.1.2 电子商务的结构

电子商务的基本结构是指实现电子商务从技术到服务所应具备的运行基础，它主要包括以下几项内容。

(1) 网络基础设施。网络基础设施，即"信息高速公路"，包括Internet、内联网(Intranet)、外联网(Extranet)，它是实现电子商务的最基础的硬件设施，是信息输入系统，包括远程通信网、有线电视网、互联网、无线通信网等，应当指出的是目前电子商务的运行基本是以因特网为主流平台的。

(2) 互联网络提供信息传输的内容。互联网络提供信息传输的内容有文本、音像等资料。

(3) 交易文件的信息传递设施。电子商务要求文件的格式化数据传输。

(4) 贸易服务的基础设施。它主要包括标准的商品目录、建立服务价格表、电子支付工具的开发、保证商业信息安全传输的方法及认证交易双方的合法性等。

13.1.3 电子商务的分类

电子商务根据不同的分类标准，主要有以下几种分类方法。

1. 按照电子商务的交易对象不同分类

(1) 企业对企业(Business to Business)之间的电子商务模式，简称B2B。
(2) 企业对消费者(Business to Consumer)之间的电子商务模式，简称B2C。
(3) 企业对政府(Business to Government)之间的电子商务模式，简称B2G。
(4) 消费者对政府(Consumer to Government)之间的电子商务模式，简称C2G。
(5) 消费者(Consumer to Consumer)之间的电子商务模式，简称C2C。

2. 按照电子商务的支付角度不同分类

(1) 支付性电子商务，是一种不在网上支付和货物运送的电子商务。
(2) 非支付性电子商务，是一种在网上支付和货物运送的电子商务。

3. 按照电子商务使用的网络不同分类

(1) 基于数据交换系统的电子商务系统，实际上是一个数据交换系统服务中心为核心的服务网络。

(2) 基于因特网的电子商务系统，是以因特网为基础的电子商务。

(3) 基于企业网络的电子商务系统，是企业内部和外部的数据交换与共享而形成的一种电子商务。

4. 按照开展电子交易的地理范围不同分类

(1) 本地电子商务，是指利用本城市或本地区的网络进行的电子商务活动，这种电子商务的交易范围较小。

(2) 远程国内电子商务，是指在国内范围内进行的网络交易活动，这种电子商务的交易范围较大。

(3) 全球电子商务，是指在全世界范围内进行的网络交易活动，这种电子商务的交易范围更大。只不过全球电子商务比前两种电子商务的区别不仅是在地理范围，更重要的是其涉及国际贸易、商品检验、国际运输、海关、税务、银行、保险等国际物流领域。

13.1.4 电子商务的运行特征

电子商务之所以得以广泛应用，并且快速发展，就在于它比传统的商务活动有更多的优势。其优势表现为以下几点。

1. 交易虚拟化

电子商务是通过以因特网为代表的计算机网络系统进行的交易，交易双方从谈判、签约到支付都是通过互联网完成，无须当面进行，整个交易过程是虚拟化的。

2. 交易透明化

正是因为电子商务交易双方的交易过程是在互联网上进行的，所以迅捷的信息传输能够保证信息之间的相互查核，防止伪造信息的可能性，这就是电子商务的透明性。

3. 交易效率化

电子商务的商业文件要求标准化、格式化，能够在很远的距离上瞬间完成文件信息的传递和处理，从而大大缩短交易时间，使交易更加方便、快捷。

4. 交易低成本化

电子商务能够使双方交易成本大大降低，主要有以下原因。

(1) 交易双方通过网络进行，无须中介，减少交易环节。

(2) 供方可以通过互联网进行产品宣传，避免了大量的印发广告费用发生。

(3) 电子商务实行的是"无纸化贸易"，减少了大量的文件处理费用。

(4) 信息传输在网络上进行，其成本相对电话、传真、信件更节省。

(5) 互联网使交易双方交流供求信息更及时，使实现零库存生产和销售成为可能。

(6) 通过互联网能够使公司及其分布在世界各地的子公司、分部及时地对市场做出反应，可以通过即时生产、高效率配送来提供服务，降低交易成本。

(7) 电子商务贸易平台是网络办公间,比传统的商业店铺、门面加库存形式更节省。

13.1.5 电子商务运行的基本形式

从电子商务的核心内容来讲,仍然是以满足消费者个性化、多样化的不同层次需求,甚至是传统物资供应和服务的需求。同时也出现了由于传统技术的局限不能满足用户的需求,而因电子商务的出现能够满足用户的需求的现象。从电子商务的实质内容来看,其基本运行方式是建立在电子商务基础之上运用电子手段和电子工具进行的商务模式。

1. B2B 电子商务

B2B 电子商务企业之间的电子商务活动,例如,工商企业利用计算机网络进行采购、供应和利用计算机网络进行付款(也称网上支付)等商务活动,而且这类电子商务已经运行多年。特别是企业通过私营式增值计算机网络(VAN),采用电子数据交换系统方式进行的商务活动。

尽管网上企业直接面向用户的销售形式十分强劲,但为数众多的经济分析家还是认为企业之间的商务活动最有潜力。这是因为在电子商务应用方面,供应商企业是最热心的推动者,相对而言,企业间的交易通常是大宗交易,引进电子商务能够使企业交易效率高、交易成本降低而获得丰厚的经济效益。以海尔为例,海尔集团100%的采购订单在网上下达,使采购周期从原来的10天减少到3天,降低了供应链成本。呆滞物资降低73%,库存资金减少10亿元左右。就目前来看,B2B 电子商务仍将持续发展,成为其他类型电子商务的主要动力之一。特别是进入21世纪后,数字技术、网络技术和信息技术的突飞猛进为电子商务的发展提供了极其广阔的天地,其发展势头将是十分迅速、锐不可当的。

B2B 电子商务通常包括以下交易过程。

(1) 电子商务过程与传统商务过程的区别。传统商务过程大致为:材料采购→生产→商品销售→支付结算→商品交割。

当引入电子商务时,这个过程就变为:电子查询市场需求→以电子单证形式调查原料计划信息,确立采购计划→生产→通过电子广告商品促销→以电子货币形式支付结算→商品交割。

(2) B2B 电子商务通用交易过程。B2B 电子商务交易过程可以分为4个阶段。

① 交易前的准备阶段,交易双方对交易前期的市场调查、分析。

② 交易谈判和签约阶段,双方通过谈判利用电子数据交换系统签订电子商务合同;

③ 办理交易进行前的手续阶段,与相关中介方如银行、保险、税务、物流等各方办理向需方供货的手续。

④ 交易合同履行和办理索赔阶段。

(3) 电子商务平台。B2B 电子商务平台以交易服务中心、商务服务中心、信息服务中心、客户服务中心为基本结构。

① 交易服务中心:主要业务是为用户提供商品目录、采购、销售、合同管理、配送的交易管理服务。

② 商品服务中心:主要业务是为企业提供交易之外的商品服务,对市场策划、销售管理服务,通过 EDI 功能与企业的 ERP 系统和其他交易中心进行通信和数据共享,完成与外贸、海关、商检、税务、银行、保险等环节的联系服务。

③ 信息服务中心：主要任务为企业提供政策法规、市场信息、行业动态、咨询服务等。

④ 客户服务中心：主要任务是建立客户档案，定期对客户的信用评估，会员企业在接受中心提供的服务同时，通过平台为客户进行有效管理。

2. B2C 电子商务

B2C 电子商务模式是借助于国际互联网所开展的在线式销售活动，近几年随着国际互联网的发展，这类电子商务发展形势惊人，例如在国际互联网上出现的大型电子超级市场所售商品一应俱全，从食品、饮料到电脑、汽车等，几乎包括所有消费品。B2C 电子商务是这些年来各类电子商务中发展较快的一种，其主要原因是：国际互联网发展为企业和消费者之间提供新的交易平台，应用范围广、潜力大。

B2C 电子商务的物流配送支持以下方式。

（1）建立相对完善的配送体系。这是具有实力的电子商务公司通常采用的物流策略，他们有足够的资金实力投建完善的物流配送系统。比如海尔集团的电子商务公司，投资 1 亿多元建立的一套完善的配送体系，在完成自己的配送业务之外，还对其他企业提供配送服务。

（2）一般电子商务公司不拥有自己的任何物流实体。一般电子商务公司主要从事信息中介商务活动，将商品采购、储存和配送都交给第三方物流，为用户提供独有的电子商务服务。它们将业务营销定位在网络服务的创新、服务产品的多样化、个性化以及与第三方物流配送企业的密切配合方面。

（3）自营与外包相结合的配送模式。这类电子商务公司一般只拥有部分物流资源，但尚不能满足商务拓展的需要，又苦于建立自己的配送体系投资大、周期长、风险大、建设周期长，不能满足企业的盈利期望等原因，而不得已采取这种自营与外包第三方物流相结合的配送模式。与第三方物流配送企业形成战略伙伴合作关系，建立适合自己的供应链渠道，并通过供应链各成员的共同努力来提高供应链的竞争力是当前电子商务稳定、快速发展的必由之路。

现阶段我国 B2C 电子商务物流配送存在以下问题，严重地影响其业务的发展。一是配送规模太小，发展不平衡；二是配送中心的现代化程度低；三是配送中心的功能不完善。所有这些都是阻碍电子商务发展的外部原因，因此在发展电子商务的同时，必须发展与之配套的物流配送系统，只有这样才能使电子商务与物流发展相得益彰。

3. B2G 电子商务

B2G 电子商务模式是指企业与政府间进行的电子商务活动。例如政府将公共采购商务通过国际互联网定价招标，企业通过电子方式进行投标。如美国约 70% 的政府采购通过电子商务实现，瑞典政府约 90% 以上的公共采购在国际互联网上公开进行。我国的金关工程也是通过电子商务，如政府外贸主管部门发放进出口许可证、办理出口退税、电子报关等。以国际贸易为龙头的电子商务框架，促进了我国电子商务的发展，树立了政府形象。可以说政府在推动电子商务发展方面起着最重要的作用。

4. C2G 电子商务

C2G 电子商务模式是指政府对个人的电子商务活动，这类电子商务目前还没有真正形成。但是在一些发达国家如澳大利亚税务机构，通过私营税务式财会事务所用电子商务方式来为个人报税，已经具备了消费者个人对政府机构的电子商务活动的雏形。当然政府随着 B2G 和 B2C 这些电子商务的发展，将会对社会的个人实施更多更全面的电子方式服务。例如社会福利金的发放，将来都可以在网上实施。

5. C2C 电子商务

C2C 电子商务模式主要是指个人之间的艺术品交易、网上拍卖、网上人才市场、邮品交易、换房交易等，与前四种电子商务相比这种商务交易程序简捷，交易量极其有限。

13.2 电子商务物流及其业务流程

13.2.1 电子商务物流概述

1. 电子商务物流的含义

电子商务物流就是指在电子商务条件下，运用计算机技术、互联网技术、电子商务技术以及信息技术等进行现代科学技术的运用的物流活动。电子商务物流的目标就是在电子商务条件下，通过现代科学技术的运用，实现现代物流的高效率、低成本运行，促进物流产业的升级和国民经济的发展。

2. 电子商务物流的特征

电子商务条件下物流具有以下特征。

1) 物流信息化

物流信息化主要表现在物流信息的表示、传递、储存及使用诸方面与传统物流的比较有着革命性的突变。这些革命性的变化包括物流信息表达的数字化；物流信息收集的自动化、代码化；物流处理的计算机化；物流信息传递的网络化、标准化、实时化；物流信息存储的数据库化；物流信息管理的系统化；物流信息查询的个性化；物流信息的商品化等。

2) 物流自动化

自动化的基础是信息化，自动化的核心是机电一体化，自动化的表现就是操作无人化，自动化的效果就是活力化。物流自动化广泛运用于物流运作过程，如条码/语音系统、射频自动识别系统、自动分拣系统、自动存取系统、自动导向系统、货物自动跟踪系统，这些在发达国家已经普遍运用于物流作业，而且取得了巨大的效益。但在我国由于物流业起步较晚、发展水平较低，自动化程度还很低。但是，物流产业的自动化发展趋势是历史的必然。

3) 物流网络息化

互联网和网络技术是电子商务实现的基础条件，当然也是电子商务物流的必要前提条件。物流网络息化包含三层意思：一是物流配送系统的计算机及通信网络借助于电子订货系统和数据交换技术，实现配送中心与供应商和下游客户间的通信联系；二是组织网络化，即利用企业内部网采取外包的形式组织生产，再由配送中心将产品发送客。这一过程离不开网络化的支持。三是全球经济一体化的发展、企业的电子商务物流必须实现网络化,才能满足国际供应链的要求,实现物流全球化运作。

4) 物流智能化

应该说,物流智能化是物流自动化和物流信息化的一种高层次的应用。物流运作过程中大量的运筹、决策,如物流运作方案的模拟与优选,库存水平的确定与控制,自动导向与自动分拣的运行控制,自动存取系统的运行与控制等都需要高智力的解决。在物流自动化的进程中,物流智能化是不可回避的技术问题。目前国际上一些发达国家已经发明了如"专家系统"、机器人等相关的物流智能化技术,并在物流业推广应用,取得了巨大的成功。为了物流实现现代化,提高物流智能化水平是一条必然的途径。

5) 物流柔性化

现代物流是基于企业经营战略基础上从顾客服务目标的设定开始,进而追求顾客服务的差别化战略,在现代物流中,顾客服务的设定优先于其他各项活动,并且为了使物流顾客服务能有效地服务于顾客个性化的要求,必须实现物流柔性化。

实际上,柔性化是实现营销"以用户为中心"的理念提出的,我们也知道,物流是一种服务性行业,要做到物流运作的柔性化,就要求物流企业根据用户的需求,随时灵活地调节物流企业的运作活动,对用户的物流服务需求做出及时的响应。20 世纪 90 年代末,国际上推出的柔性制造系统(FMS)、计算机集成制造系统(CIMS)、物料需求计划系统(MRP)、制造资源计划系统(MRPⅡ)、企业资源计划系统(ERP)、及时制系统(JIT)以及供应链管理系统(SCM)等都是将生产流通进行集成,根据用户需求来组织生产物流运作的。因此,在当今"以用户为中心"的营销理念的推动下,物流运作必须柔性化,才能适应社会经济发展和市场竞争的需要。

6) 物流增值化

从某种意义上讲物流是供应链的组成部分,供应链是一条物流链、信息链、资金链、增值链,物流在供应链上因加工、包装、运输、配送等活动实现了产品的价值,供应链是物流的充分延伸,是产品与信息从原材料到消费者之间的增值服务。

7) 物流全球化

电子商务的发展加速了经济全球化的过程,国际交往越来越频繁,国际贸易量与日俱增,必然推动物流业向跨国经营和向全球化迈进,国际物流、国际供应链大发展已经是不可阻挡的经济大潮。物流全球化已经成为一种必然的趋势。

13.2.2 电子商务与物流的关系

电子商务和物流作为现代流通大手段,相互存在着虚与实关系。从电子商务和物流的基本含义上看,电子商务是在电子信息技术出现后的一种新型商务交易形式,它是以信息网络技术为基础的商务模式。虽然具有区别于一般商务交易的现代化特征,但并不能因此而改变其本质上属于的商流性质,仍然只是实现商品的价值和商品所有权的转移。在商品流通过程中,商流是流通的前提,物流是基础,它是伴随商流而产生的,但它又是商流的基础和物资内容的载体。商流目的是交换商品的所有权而实现商品的价值,而物流才是商品交换过程要解决的物资变换过程的具体体现——实现商品的使用价值。只有商流和物流的有效结合才能完整地实现商品的流通过程——既实现商品的价值,又实现商品的使用价值。

1. 物流在电子商务中的作用

(1) 物流是电子商务实现的前提条件。从物流和商流以及伴随着信息技术而发展起来的电子商务的全部发展过程来看，作为支持有形商品的网上商务的物流对电子商务能否顺利运行起着至关重要的作用。可以说，没有一个与电子商务相配套的有效的、合理的物流系统，电子商务的优势将很难得到有效的发挥和长远的发展。

(2) 物流的发展影响和制约电子商务的发展。从上面我们提到的物流与商流的关系中，已经清楚了物流是流通过程中商流的物质基础，物流发展的程度必然影响和制约商流，而电子商务是商流的一种新型方式，当然也同样受物流发展程度的影响和制约。物流的规模包括物流的运输、仓储网络布局，装卸搬运、流通加工、物流配送、信息处理等能力和效率将直接影响和制约电子商务的发展能力和规模。自古以来，在流通中就特别强调"货畅其流"应该是有其道理的。

(3) 物流能够扩大电子商务的市场辐射范围，提高电子商务的效率与效益，从而支持电子商务的快速发展。

(4) 物流集成了电子商务中的商流、信息流与资金流，促使电子商务成为21世纪最具竞争力的商务模式，实现了基于电子商务的供应链集成。

2. 电子商务对物流的影响

1) 电子商务为物流提供了发展机遇。

在电子商务环境下，贸易、银行、商务处理信息化，商品进入市场就已经进入物流领域了。物流企业成了代表生产企业和供应商向用户实施实物供应的唯一供应者，是进行局域市场实物供应的主体，这样电子商务就把物流推上了前所未有的高度。

电子商务跨越时空的特性，使得物流需求呈现跨国性，从而推动国际物流的迅速发展，为物流提供了更广阔的发展机遇。

2) 电子商务拓展了物流服务空间

电子商务的经营需要物流的增值服务，而不是传统的物流服务，其包括以下增值性服务。

(1) 服务更加便利。在提供电子商务物流服务时推行一条龙式的"门到门"服务，全天候营业、自动订货、传递信息和转账的全过程跟踪服务，这些都是对电子商务有用的增值服务。

(2) 服务效率提高。快速反应已经成为物流发展的动力之一，传统的做法是把加快反应速度变成单纯对运输的一种要求，而现代物流的做法可以通过两种形式使过程更快。第一种形式是提高运输基础设施和设备的效率，如修建高速公路、铁路提速、编制新的运输方案；第二种形式是具有推广价值的增值性物流服务。所以说，应该优化电子商务系统的配送中心和物流中心网络，重新整合、设计适合电子商务的流通渠道，减少物流环节，简化物流过程，提高物流系统的快速反应能力。

(3) 大大降低物流成本。电子商务发展初期，物流成本较高，企业可能会因此而拒绝电子商务，选择性地将电子商务的物流业务外包出去，因此发展电子商务开始就要有能够降低物流成本的方案，如采用第三方物流服务商，电子商务经营商之间或电子商务经营商与其他经营商联合，采取物流共同化战略。还可以通过推行物流管理技术、条码技术、信息技术等，提高物流效率，降低物流成本。

(4) 丰富了服务内容。主要体现在服务延伸，向上可以延伸到市场，向下可以延伸到配送及物流方案的规划与设计。物流系统的运作需要电子商务经营者的理解和支持，通过向电子商务经营者提供物流培训服务，可以培养与物流经营管理者的认同感，从而提高电子商务经营者的物流管理水平，可以将物流系统的要求传达给电子商务经营者，便于完善物流作业标准。

(5) 增强了电子商务的时效性。电子商务的优势之一就是能够大大减少业务流程，降低运作成本。而电子商务条件下企业成本优势的确立和保持，必须以高效的运作为保证。现代企业要在市场竞中获胜，不仅需要生产适销对路的产品，还需要"品质经营"，即强调产品的时效性。

(6) 加强了物流的实时控制。首先，电子商务能使物流实现网络的实时控制，传统的物流活动运作过程无论是以生产为中心，还是以利润为中心，其实质都是以商流为中心而从属于商流活动。而在电子商务条件下，物流运作则是以信息为中心的，信息不仅决定物流的运动方向，而且还决定着物流运作的方式。在实际运作过程中，通过网上的信息传递，可以有效地对物流进行实时控制，从而使物流更加合理化。其次，网络对物流的实时控制是以整体物流来进行的，传统的物流活动虽然由计算机对物流实行实时控制，但这种控制都是以单个运作方式来进行的。比如在用计算机管理物流中心时，仓储企业多是以企业自身为中心进行管理的，而电子商务则是以网络全球化为特点，使物流在全球范围内实施实时控制。

(7) 电子商务促进了物流技术水平的提高。现代物流技术包括运输技术、储存保管技术、库存控制技术、流通加工技术、包装技术、物品标识技术、货物监管跟踪技术等管理技术。如物流规划、物流评价、物流设计、物流策略等计算机网络技术的应用，尤其是电子商务的迅猛发展，促进了物流技术水平的提高，使物流技术又融合了许多现代技术，例如全球卫星定位系统、地理信息系统、电子交换、条形码等。传统物流服务与电子物流服务的比较，如表 13-1 所示。

表 13-1 传统物流服务与电子物流服务的比较

项 目	传统物流	电子物流
业务推动力	物质财富	IT 技术
服务范围	单项物流服务（运输、仓储、装卸、包装、配送）	综合物流服务，同时提供更广泛的网上前端服务等业务
通信手段	传真电话	应用互联网络、数字交换技术
仓储	集中分布	分散分布、分拣中心更接近用户
包装	批量包装	个别包装，小包装
运输频率	低	高
交付速度	慢	快
IT 技术应用	少	多
订单	少	多

3. 电子商务物流的整合

电子商务是以现代信息技术和计算机网络为基础进行的商品和服务交易，具有交易虚拟化、透明化、成本低、效率高的特点。在电子商务中，信息流、商流、资金流的活动都可以通过计算机在网上完成，唯独商品的实体使用无法像信息流、资金流那样被虚拟化。必须经过物流的实际运作才能实现，因此，作为电子商务组成部分的物流便成为决定电子商务效益的关键因素。在电子商务中，如果物流滞后、效率低、质量差，则电子商务经济、方便、快捷的优势就不复存在。所以，完善的物流系统是决定电子商务生存与发展的命脉。分析众多电子商务企业经营失败的原因，在很大程度上是源于物流上的失败。因此，在电子商务的状态下，企业需要通过各种优化整合方式，寻求物流的合理化，使商品实体在实际的运动过程中，达到效率最高、费用最省、距离最短、时间最少的要求。

1）供应链的系统整合

电子商务企业，无论是采取自建物流模式还是第三方物流，都涉及制造商、供应商、销售商直至最终消费者整个网络的运作。要使物流在整个供应链中以正确的数量、正确的时间到达正确的地点，必须引入供应链管理的思想，实现供应链的优化整合。供应链的系统优化整合目的在于，通过优化以物流为中心的业务过程的速度和确定性，进而提升企业物流运营速度，降低总体交易成本，保证参与各方的运作效率和效益，实现电子商务环境下的商流、物流、信息流、资金流的同步化目标。

供应链企业的合作，是提高物流水平和供应链反应能力的基础。真正意义上的合作，应是供应链上的企业通过紧密协作，实行信息共享与交换，包括需求的预测信息、库存水平信息、订单信息、产品排产计划、共同管理订单，以及进行共同配送等。

2）企业信息的整合

要实现物流系统的优化整合，企业内外部的信息整合是十分必要的。信息集中型控制能够导致全局最优。随着信息技术的发展，集中型系统中所有机构都能共享数据。在这种情况下，供应链任何地方都能获得相同的信息，并且无论使用什么样的查询方式和谁查询信息，所获得的信息都是一样的。因此，集中型系统允许共享信息，更重要的是通过利用这些信息减少了"牛鞭效应"和提高了预测的准确性。因此，电子商务企业需要在 ERP 的基础上，实现与整个供应链各节点的信息共享。

信息整合的目的是共享，在整个供应链中，物流与信息流的整合应是相伴而行的。整合的结果是供应链中每个节点企业都能方便地收集应用信息。

3）企业服务流程的整合

在电子商务条件下，要适应顾客需求变化快的特点，提高物流效率，就必须进行适应电子商务需要的企业业务流程再造。

企业业务流程再造，就是对企业的业务流程进行重新设计，从而获得可以用诸如成本、质量、服务和速度等方面的业绩来衡量的变化的成果。以客户为中心，以提高物流效率为目标的流程再造，需要抛开现状，在打破原来职能分工的基础上，按业务流程重新考虑管理模式。它不是对原来的不足加以修补，而是从"零"开始从新设计。为此，在企业着手实施变革之前，首先要以企业的流程为中心，重组管理部门，然后再以现代计算机技术作为流程再造的技术手段和物质基础。这样，就可以使先进的信息技术与先进的管理流程相匹配，最大限度地发挥出企业的竞争潜力。

13.2.3 电子商务物流业务流程

电子商务条件下,整个供应链由供应商、制造商、物流中心和用户组成,它们通过互联网共享需求信息。供应商根据用户的订单提供原材料,经过制造商生产、加工、包装等一系列作业后,将产品汇集到物流中心,物流中心按用户的订单将商品送到用户手中。这样物流中心就形成了企业和供应商对用户的唯一供应通道。可见在电子商务条件下物流中心的作用越来越突出。其流程如图13-2所示。

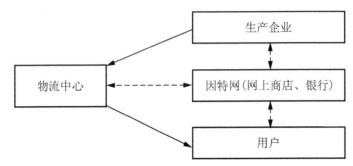

图13-2 电子商务条件下物流业务流程图

注:------▶ 表示信息流;───▶ 表示物流。

1. 电子商务条件下制造企业的物流业务流程

(1) 各批发商根据自己销售情况对产品的品种、数量,通过互联网给供应商下订单。

(2) 企业销售部门收到订单时,待供货情况核实后签订供货合同。

(3) 销售部门将签订的订单合同通知生产部门,让其先查询库存情况,如有存货立即安排供货。若无库存则及时组织原材料,安排生产,保证及时供货。

(4) 采购部门按生产部门提供的采购计划,通过互联网向供货商确定采购原材料计划。

(5) 原材料供应商通过互联网确认并向采购部门发出供货通知。

(6) 采购部门验收确认后即办理相关支付手续,准备接货。

(7) 原材料供货商开始供货,并提供相关供货单据、发票,企业收到供货后验收入库。

(8) 生产部门组织生产,并通过互联网将生产好的产品信息反馈给销售部门和用户及办理相关支付手续,并准备收货。

(9) 销售部门开始供货,并提出相关的供货单据、发票,用户收货验收。

2. 电子商务条件下流通企业的物流业务流程

现代物流企业一般由物流业务管理部门和仓储中心组成,其作业包括以下流程。

(1) 采购作业流程。采购作业流程是物流业务管理部门根据用户要求及库存情况通过电子商务中心向供应商发出采购订单,通过互联网确认、物流业务管理部门确认后,对订货的产品种类、数量情况通过互联网向供应商和仓储中心发出供货信息,仓储中心根据商品的情况安排发货,同时供应商将发货单通过网络向仓储中心发货。

（2）销售作业过程。销售作过程是用户通过因特网向业务管理部门发出采购订单，业务管理部门确认，用户也确认后，业务管理部门向仓储中心发出配送通知，仓储中心根据发货的种类和数量向用户发出配送通知，确定配送时间、配送产品的数量，同时按时将货物连同单据送达用户。

（3）仓储中心作业流程。仓储中心受业务管理部门管理，主要从事库存管理和接发货任务。当仓储中心收到供应商的货单和货物后，通过条码扫描仪进行验收确认后对货物进一步处理，属于直接发货的则根据业务受理发出的供货通知向用户发货；属于存放的货物则通过自动分拣输送系统、自动导向系统进入自动化仓库储存。

典型案例

美国联邦快递的电子商务

美国联邦快递公司是全球规模最大的快递公司之一，主要以第三方物流、配送企业的身份参与电子商务。该公司成立于1973年4月，总部位于美国田纳西州。1997年初开始从事电子商务业务，到1999年，在全球211个国家和地区经营快递业务，它的物流网络覆盖了占全世界90%的国家和地区。公司通过信息网络与100多万个客户保持联系，并在全球使用统一的FedEx物流管理软件。联邦快递建立了大约1 400个全球服务中心，全球平均处理货件量每天超过310万件，运输量每天大约9 400吨，航空货运量每天大约260万吨。1999年11月，该公司宣布在中国成立第一家合资快运公司，并且在5年内将要在中国100个城市开设办事处。

与其他公司不同的是，该公司拓展电子商务业务，在物流网络和信息网络以及客户资源上远比一般的电子商务公司具有优势，已经具备了从信息、销售到配送所需的全部资源和经验。1999年，联邦快递公司决定与一家专门提供BtoB和BtoC解决方案Intershop通信公司合作，开展电子商务业务。FedEx公司有效利用覆盖全球211个国家的物流网络和公司内部的信息网络（Powership Network），并将信息网络和物流网络完美结合，使全球的消费者均可通过互联网跟踪其包裹的发运状况，为消费者提供完整的电子商务服务。利用现有的物流和信息网络资源，FedEx公司控制了电子商务最为重要的环节——配送，实现了公司资源的最大利用，完全获得了电子商务方面的成功。据统计，该公司有3/4业务来自网上，每月的点击率是两百万，每年成本降低两千万美元。

FedEx是快递界首屈一指的全球领导业者。该公司促使客户成功的关键因素之一，就是结合空运、陆运及IT网络，为客户提供创新的物流及配送解决方案。FedEx物流配送中心网络遍布亚洲及全球各主要城市，提供365天全天候的物流服务。该公司的物流配送中心具有下列功能：储存或托运产品；减少昂贵的存货；使用准确、最新的信息及管理报告；实时追踪仓储或运输中的货件；缩短循环周期；提高作业灵活度；为客户提供超值服务等。

（资料来源：http：//wenku.baidu.com/link? url = MWIx _ fw1tkhW9VtKC9Kq-W51SocDdda6lyz2TwIB5DmHJFDzmKJ _8Hl _-cdy _hP6i8G4fzASV0oZxP3sP _h7usBij1m-EHrXx45-G085xu837.）

本 章 小 结

本章介绍了电子商务的概念、基本结构和电子商务的运行特征。

实现电子商务的必要条件和实现电子商务的充分条件。

电子商务的运行特点、电子商务物流的特征等。

电子商务运行的基本形式：企业对企业之间的电子商务（B2B）、企业对消费者之间的电子商务（B2C）、企业对政府之间的电子商务（B2G）、消费者对政府之间的电子商务（C2G）。

电子商务与物流关系和电子商务物流业务流程。

练 习 题

一、不定项选择题

1. 电子商务是（　　）。
   A. 贸易电子化   B. 网上购物的方式
   C. 电子购物市场   D. 商品售前售后各环节的电子化
2. 电子商务的特点有（　　）。
   A. 高效率   B. 低成本   C. 虚拟化   D. 无地域限制
3. 电子商务的交易包括（　　）。
   A. 商流信息流   B. 信息流   C. 资金流   D. 物流
4. 属于电子商务物流管理原则的是（　　）
   A. 系统效益原则   B. 激励原则
   C. 标准化原则   D. 服务原则

二、简答题

1. 什么是电子商务？其基本结构有哪些？
2. 电子商务运行的基本形式有哪些？
3. 电子商务特征都有哪些？

三、分析应用题

1. 如何理解生产制造企业的电子商务与物流？
2. 如何理解直销企业的电子商务与物流？

四、综合案例分析题

中国远洋运输集团的电子商务

中远集团是从事海洋运输的国有大型运输企业，是我国海运界最早推行电子商务的运输企业，其研发的 EDI 标准已经成为中国海运界的通用标准，1997 年中远集团建成全球通信专网并构建中远联网平台，促进了集团与全球 E-mail 中心的建设，集团大部分海运业务都是通过全球 E-mail 系统进行的。1998 年中远集团率先在网上推出船期公告和订舱业务，根除了传统的速度慢、效率低、工作量大、差错率高的弊端，后来又相继推出了中转查询、货物跟踪等业务，从而使全球因特网客户都可以在网上与公司开展商务。目前，推出的网络营销系统已经具备网络运输的雏形，具有很高的互动性和很高的服务性。电子商务已经成为社会化物流运作的必要手段，而社会化物流更强调企业间的广泛合作。更多的企业将以独特的服务性优势，建立或参与企业联盟为基础的物流体系，实现更大范围的物流一体化。中远集团发展电子商务的战略定位在从全球的客户需求出发，以全球一体化营销体系为业务平台，以物流、信息流和业务流程重组为管理平台，以客户满意为目标，构建于因特网的、智能的、服务方式柔性的、运输方式多样化的网上运输和综合物流体系。

思考题：
（1）中远集团的电子商务主要运用在哪些业务？
（2）中远集团发展电子商务的战略定位是什么？
（3）中远集团电子商务应用对中国其他物流企业有什么启示？

实 训 操 作

【实训内容】
对某电子商务企业物流配送运作案例调查与访问。

【实训目标】
结合电子商务企业的实际经营，加深对电子商务物流配送运作模式的认识和理解。

【实训成果】
1. 由学生自愿分组，每组3~5人选择1~2家电子商务企业进行调查访问。
2. 在调查访问前，应根据课程所学的基本理论知识制定调查访问提纲，包括调查问题与安排。
3. 调查访问后，每人写出一份简要调查报告。任课教师组织一次课堂讨论。
4. 经过讨论评选出几篇有价值的调查报告供全班学生交流，提高学生对物流企业运营的理解和认识。

第14章 国际物流

【学习目标】

通过对本章的学习,学生应了解和重点掌握国际物流基本概念、特点、类型和国际物流的商检运输、保险、报关等业务运作,国际物流与国内物流的区别及国际供应链、物流国际化等。

【关键概念】

国际物流　国际货运代理　国际货运保险　国际供应链

国际物流 第14章

索尼充分发挥全球物流供应链作用

索尼集团公司是日本一家跨国经营和生产电子产品的厂商，在全球拥有75家工厂和200多个销售网点。据国际物流专家估计，仅电子产品方面，索尼集团公司每年的全球集装箱货运量已经超过16万TEU，是世界上规模比较大的发货人之一。

索尼集团公司在国际市场上长久立于不败之地的奥秘是："竭尽全力，接近客户，要想客户之所想，急客户之所急，凡是客户想到的，索尼争取先想到，凡是客户还没有想到的，索尼必须抢先想到。"索尼集团公司的物流理念是：必须从战略高度去审视和经营物流，每时每刻都不能忽视物流，满足客户及市场需要是物流的灵魂，索尼集团公司下属各家公司必须紧紧跟随市场潮流。索尼集团公司物流在涉及采购、生产和销售等项目时，一般是在不同地区与承运人商谈不同的物流项目。为了进一步降低物流成本，索尼集团公司常常根据实际需要，办理集装箱货物多国拼箱业务，最大限度地满足客户的需求。

（资料来源：http://www.lawtime.cn/info/wuliu/wlgs/201009013078.html.）

索尼集团公司每年的全球集装箱货运量已经超过16万TEU，是世界上规模比较大的发货人之一。随着全球经济一体化的推进，跨国企业在全球进行采购，在全球进行加工，全球进行销售的趋势已经形成，这对国际物流乃至国际供应链都提供了一个广阔的发展空间。

14.1 国际物流及其所受影响

14.1.1 国际物流概述

所谓国际物流，就是按国际分工协作的原则，依照国际惯例，利用国际化的物流网络、物流设施和物流技术，实现货物在国际的流动与交换，以促进区域经济的发展和世界资源优化配置。

1. 国际物流的主要特点

1) 物流环境的差异性

各国物流环境的差异性是国际物流的重要特点，尤其是物流软环境的差异。不同国家的不同物流适用的法律不同，使国际物流的复杂性远远大于一个国家的国内物流；不同国家不同经济和科技发展水平会造成国际物流处在不同科技条件的支撑下，不同国家的人文风俗的差异也使国际物流受到很大障碍。由于国际物流环境的差异，要求物流系统需要在不同的科技、人文、习俗、语言、法律、设施等环境下运行，无疑加大了国际物流的难度和系统的复杂性。

国内物流与国际物流的区别主要表现在运输工具、信息传递、风险、组织、政府法令、语言文化等方面，如表14-1所示。

2) 经营范围的国际性

顾名思义，国际物流就必然会鲜明地凸显出其国际性，这是因为国际物流系统涉及众多国家,地理范围广阔。这一特点又称为国际物流系统的地理特征。国际物流跨越不同地区的国家,跨越海洋和大陆,运输距离长,运输方式多样,这就需要合理选择运输路线和运输方式,优化物流运作方案,缩短运输距离,压缩货物在途时间,从而降低物流成本。

表 14-1 国内物流与国际物流的区别

项目		国内物流	国际物流
运输工具		公路、铁路为主	海运、航空为主
信息传递		语音、文件与 EDI 信息	语音与文件效率低;EDI 信息标准化高
文件		较少	高度的文件需求
风险	货物运输	较低	较长的运输时间与货物换手处理
	财务	较小	高风险,涉及不同的货币、交换率与通货膨胀
组织	委外组织	较少	依赖承揽业、流通商与报关行
	政府组织	危险物品、重量、安全与货物税等的管制	海关、商务、农产品与交通运输
文化		相同	文化差异导致产品与市场需求的不同

3)运作的风险性

由于国际物流需要通过陆运、海运或航空运输来实现,跨越不同地区的国家,运输距离长,运输方式多样。所以,国际物流运作具有一定的风险性,这些风险主要有经济风险、自然风险和政治风险。经济风险又可分为汇率风险和利率风险,主要是指从事国际物流必然要发生的资金流动,由于时间的因素产生的货币汇率风险和利率风险。自然风险则是指物流运作过程中,可能因为自然因素,如海风、暴雨等,而引起的风险。政治风险主要是由于所经过的国家可能遭遇的社会政局动荡,如罢工、战争等造成货物可能受到损害或灭失。

4)国际化信息系统支持

没有国际化的信息网络的支撑,国际物流根本无法全球范围内有效的运作。建立国际化的信息系统的目的就是对物流企业全球供应链信息实行高度集成、动态查询、快速处理和资源共享,为客户提供快捷、安全、经济、合理的服务。所以说,国际化的信息系统是国际物流非常重要的支持手段。

5)国际标准化运作

随着全球经济一体化的迅速推进,国际物流正以一种锐不可当之势迅猛发展,在国际物流活动中,要使国际的物流运作效率提高,必须执行国际的统一标准。其中主要包括国际业务标准、国际货运标准,以及外贸仓库、保税仓库、自由经济区等相关标准。目前,美国、欧洲发达国家基本实现了物流工具、设施的物流模数的统一标准,集装箱、托盘的几种统一规格及条码技术的标准化等,这大大提高了货物转运、换载的物流效率,降低了物流费用,从而提高了国际贸易的竞争力。

2. 国际贸易对物流的新要求

国际贸易是国际物流产生和发展的基础条件,国际物流的高效运作是国际贸易发展的

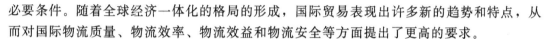

必要条件。随着全球经济一体化的格局的形成，国际贸易表现出许多新的趋势和特点，从而对国际物流质量、物流效率、物流效益和物流安全等方面提出了更高的要求。

1) 物流质量方面要求

随着世界经济和科技的发展，国际贸易结构也发生着巨大变化，一些技术含量高、高附加值、高精密度产品物流量的增加，对国际贸易运作质量提出了更高的要求。同时由于国际贸易需求的多样化，形成物流多样化、小批量化，这就要求国际物流进一步提高质量，向优质服务和多样化方向发展。

2) 物流效率方面要求

国际贸易活动的集中表现就是合约的订立和履行，而国际贸易合约的履行是由国际物流系统来完成的，因而要求物流高效率地履行合约。从进口物流看，提高物流效率最重要的是如何高效率的组织所需商品的进口、储备和供应。也就是说，根据国际贸易商品的不同，从订货、交货，直至运入国内保管、组织供应的整个过程，采用与之相适应的巨型专用货船、专用泊位以及大型机械的专业运输等，对提高国际物流效率起着重要作用。

3) 物流安全方面要求

由于国际分工和社会生产专业化的发展，大多数商品在世界范围内组织原材料，进行生产和销售。国际物流所涉及的国家多，地域辽阔，在途时间长，受气候条件、地理条件等自然因素和政局、罢工、战争等社会政治因素的影响极大。因此，在选择国际物流运输方式和运输线路时，要密切注意所经地域的气候条件、地理条件，还应注意沿途所经国家和地区的政治局势、经济状况等，以防止这些人为因素和不可抗拒的自然力造成货物的损失。

4) 物流成本方面要求

国际贸易的特点决定了国际物流的环节多，备运期长，因此，降低国际物流总成本具有更加重要的意义。对于从事国际物流的企业来说，提高物流运作效率、控制物流费用，降低成本具有很大潜力。在国际物流经营中，选择最佳物流方案，提高物流经济性，降低物流成本，保证服务水平，是提高国际贸易竞争力的有效手段。

3. 国际物流的类型

1) 国际贸易物流（或称进口物流和出口物流）。

随着生产力的发展、科学技术的进步和国际经济联系的增强，在当代，国际贸易这一概念所包含的内容进一步扩大了。从前，国际贸易实际上只包括实物商品的交换，而现在，它还包括服务和技术等非实物商品的交换。所谓实物商品交换，是指原材料、半制成品及工业制成品的买卖；服务交换是指在运输、邮政、保险、金融、旅游等方面为外国人提供服务，或本国人员在国外劳动、服务，从而获得外国货币报酬；技术交换包括专利、商品使用权、专有技术使用权的转让以及技术咨询和信息的提供和接受。

由于世界范围的社会化大生产必然引起不同的国际分工，特别是全球经济一体化的推进，极大地增加了国际的合作机会。国际的商品和劳务流动是由商流和物流组成的，前者由国际交易机构按照国际惯例进行，后者由物流企业按各个国家的生产和市场结构完成。为了实现和发展这种合作，就必须开展与国际贸易相适应的国际物流。

2) 国际展品物流

国际展览会是以固定的地点、在特定的日期和期限里，通过展示达到产品、服务、信息交流的经济活动方式。有人描述展览会是用最短的时间,在最小的空间里,用最少的成本作最大的生意。国际展览的种类包括综合展览会、贸易展览会、销售展览会、国际展览会、地方展览会、农业展览会、经济展览会、独家展览会、流动展览会、国际贸易中心、虚拟展览会等。

展品运输是筹办展览的主要业务工作,也是国际展品物流的最重要环节。业务范围主要包括:制定展品运输工作方案,确定展品类型、数量,安排展品的征集、制作、购买,安排展品、道具、宣传品、行政用品的运输,协调安排展品等货物的装箱、开箱、清点、保管,协助安排展品和展台布置,安排有关展品运输的调研、评估、总结。展品运输工作对展览的效率和效果有着直接的、重要的影响和作用。同时在展品的运输过程中也会涉及对展品的包装、储存和简单加工等物流活动。

3) 国际邮政物流

国际邮政物流是指通过各国邮政运输办理的包裹、函件等。每年全世界通过国际邮政所完成的包裹、函件、特快专递等数量相当庞大。世界各国的邮政包裹业务均由国家邮电部门负责办理。国际上,各国邮政之间订有协定和公约,通过这些协定和公约,使邮件包裹的传递畅通无阻,四通八达,形成全球性的邮政运输网,从而使国际邮政运输成为国际物流中普遍采用的运输方法之一。

国际邮政运输的特点体现在以下几个方面。①具有广泛的国际性;②具有国际多式联运性质;③方便的门到门服务。

在国际邮政运输中,国际特快专递业务是 1971 年 6 月 20 日首先在美国和英国之间办起来的,此后开办国不断增加。特快专递邮件业务包括定时业务和特需业务两大类,按邮件性质分类,这两类业务又包括信函、文件类和物品类邮件。国际上较大的快递公司有 DHL、UPS、FEDEX、TNT、OCSD 等。我国于 1980 年 7 月首先与新加坡开办了公司特快专递邮件业务,至 1998 年年底,我国已与 96 个国家和地区建立了国际邮政特快专递业务关系,国际快递邮件可以通达近 120 个国家和地区,国内开办此项业务的城市近 2 000 个。

4) 国际军事物流

从国际物流的系统性角度讲,国际军事物流也是国际物流的一个方面。它是为国际军事战争和军事交流服务的国际物流活动,在本书中只着重研究生产、建设等大领域内的物流问题,在此,对国际军事物流不做详细探讨。

14.1.2 经济全球化趋势对国际物流的影响

1. 贸易自由化促进了国际物流的增长

贸易自由化是经济全球化的基础,也是它的重要标志。1994 年乌拉圭谈判的成功使自由贸易体制的一大进步,国际社会不仅确定了商品贸易自由化的目标,而且将商品自由贸易的准则推广到服务贸易,使多个与贸易相关的问题纳入贸易自由化体系中去解决。这种格局大大地促进了国际贸易的不断完善和发展,加快了经济全球化的进程,从而也促进了国际物流的蓬勃发展。

2. 跨国生产经营推进了物流市场的一体化

跨国企业的出现和发展是 20 世纪后半期世界经济中一个重大特征,生产要素在国际化生产经营中不断迅速流动，它从根本上改变了经济运作模式，形成了一种与全球化经济相对应的企业组织形式——跨国企业。跨国企业的发展趋势加快了全球一体化的推进步伐，因为跨国企业使国际分工成为企业分工的一部分，资源配置成为企业的经营战略。跨国企业的规模越来越大，在全球投资的范围越来越广，从而使生产一体化也越来越走向更高水平。由于跨国企业规划全球生产必须实行更合理的内部生产组织体系，从原材料的供应、加工工序、到零部件的制造和商品的销售，一切都是在全球范围内进行的。其结果是传统的以国家之间分工为定义的国际分工表现为以跨国企业内部生产组织为形式的分工。例如，美国福特公司某一款轿车要同 20 个国家中的 30 个厂家联合生产，产品销往 100 多个国家和地区。跨国企业越是发展，这种分工越是明显，国际物流服务需求也随之增长。国际物流跨越国界的功能性服务也得到迅速提高。

3. 金融国际化使全球化资源配置更加合理有效

金融的国际化是支撑国际商品贸易与国际投资的重要平台。金融国际化使资源在全球化配置更加合理，更加有效。金融国际化不仅使国际经济更加活跃，而且使全球经济运行机制更加协调。国际资本规模的扩大加快了金融一体化进程，现代电子信息通信技术的普遍应用突破了金融交易中的地域和时间界限，使国际金融市场真正融为一体。金融的全球化和金融市场竞争的日趋激烈，将促使银行业兼并、合并的趋势得到进一步加强，银行业务趋向综合化、网络化。跨国银行将向不仅经营商业银行的各项业务，还将经营国际租赁、现金管理和投资管理等业务的"全能银行"方向发展。跨国银行以世界经济为市场，利用金融电子化和先进通信设备形成世界金融网络，将在全球范围内调配、融合资金、开展各项业务。

4. 技术进步在经济全球化的推进过程中将发挥更强大的威力

在信息电子技术蓬勃发展的今天，我们尤其需要充分预见信息技术的进步对经济全球化的影响。电子商务把传统的商务活动从地理约束中解放出来，实现了"零距离"商贸交易，极大地提高了交易效率，扩大了国际贸易业务，在更大的程度上刺激了国际物流的发展。

物流技术的发展曾经是世界经济形成和发展的一个关键技术因素，然而，在当今科学技术的发展为我们提供了许多现代物流新技术，这些新技术随着世界经济的巨大发展将会在全球经济一体化的进程中发挥出更强劲的作用。

5. 国际分工的细化为国际物流带来了更多的需求

不论是跨国化生产的扩大，还是贸易自由化的增强，其本质都是国际分工的进一步深化。从资源性产品的开发到现代最终制成品的生产之间的垂直型分工，在同一生产技术水平上的现代制造业的水平分工，都因为经济全球化的推进而扩大。资源性产品的自然分布以及欠发达国家传统的产业结构，使他们很难从根本上改变这一分工格局。同时由于现代制造业的日益复杂化，产品的品种与类型的不断多样化，这就产生了水平分工的需要。现代化的国际竞争常常通过产品的多样化来实现，于是产品的差异化构成了发达国家国际分工的基础。

国际分工及国际物流与全球经济一体化有着十分密切的联系。世界经济全球化从两个方面影响着国际物流发展，一是国际分工的进一步深化对国际物流的影响，二是电子信息技术突飞猛进的发展对国际物流的影响。

14.2 国际物流运作

14.2.1 国际货物仓储与保税业务

商品储存、保管使商品在其流通过程中处于一种或长或短的停留状态,这种停留是完全必要的(虽然它要产生一定的成本)。因为,商品流通是一个由分散到集中,再由集中到分散的源源不断的流通过程。国际贸易和跨国经营中的商品从生产厂或供应部门都必须集中运送到装运港口或场、站,有时须临时存放一段时间,再装运出口,是一个集和散的过程。

1. 保税区

所谓保税区就是指海关设置的或经海关批准注册的特定区域。国际贸易中,通行的保税制度就是对特定的进口货物,在进境后,尚未确定内销或转口复出的流向之前,暂时缓交纳货物的进口税,并由海关监管的一种制度。这是各国政府为了促进对外加工贸易和转口贸易而采取的一项关税措施。

1) 保税仓库

保税仓库(货栈)是经海关批准专门用于存放保税货物的特殊业务仓库。它必须具有经过海关批准、工商部门注册的经营资质,配备专门的经海关培训认可的专职管理人员。具备专门储存、堆放货物的安全设施;健全的仓库管理制度和详细的仓库账册。

保税仓库的出现,为国际物流的海关仓储提供了既经济又便利的条件。有时会出现不明了对货物下一步作何处理的情况,这时买主(或卖主)将货物在保税仓库暂存一段时间。若货物最终出口,则无须缴纳关税或其他税费;若货物转为在该国内销,再将纳税时间推迟到内销时为止。从物流角度看,这要求与国内物流一样,虽然有保税仓库的便利,但是还应尽量减少储存时间、储存数量,加速货物和资金周转,实现国际物流的高效率化运作。

保税仓库可分为以下几种类型。

(1) 有对外经贸权的企业自营的保税仓库。只储存本企业的保税货物。如进出口公司只储存自营产品或经加工再出口的其他产品。

(2) 公共保税仓库。它是指具有法人资格的经济实体,可向海关申请建立专营仓储业务,其本身一般不经营进出口货物,而是面向社会和国内外具有货物保税资格的经营者。中国外运公司在全国各地所经营的保税仓库就属于这种类型。

(3) 海关监管仓库。这类仓库主要储存货物以及行李物品进境而货物所有者暂未提取,或无证到货、单证不齐、手续不完备,以及违反海关规定的海关不予放行需要暂存海关仓库听候海关处理的货物。这种仓库有的由海关自行管理,也有的交由专营的仓储企业经营管理,而由海关行使行政监管职能。

2) 保税工厂

保税工厂是指经海关批准可以对外进行加工、制造、分类以及检修等业务活动的场所。

3) 保税展厅

保税展厅也是经海关批准在一定期限内用于陈列外国货物进行展览的保税场所。保税展厅通常设置在本国政府、外国政府、本国或外国企业等直接举办资助举办的展览会，它除了具有保税的功能外，还能展出商品，促进进出口贸易。

2. 自由贸易区

目前，各国为了提高其经济开放程度更好地融入国际经济大循环，纷纷实行各种经济特区政策，除了保税区政策外，与国际贸易和国际物流相关的经济特区如自由贸易区政策和进出口加工政策

1）自由贸易区概述

自由贸易区（自由贸易港）也叫自由口岸，它是集商业贸易、工业加工、科技开发于一体的综合性区域，是国际贸易流通枢纽及集散、交易中心的主导。在当前整个世界经济体系中，由于商品生产要素的流通已经达到前所未有的规模，导致国际物流的规模和数量剧烈扩张。目前在全世界各地分布的600多个自由贸易区已经成为全世界开放度最高的经济特区，而且在世界经济贸易活动中发挥着重要作用。许多跨国大公司正是充分利用自由贸易区的全球布局的巨大优势，以推进其全球化经营网络，迅速的地占领国际市场，扩大市场份额。

各种保税区与自由贸易区的区别见表14-2。

表14-2 保税区与自由贸易区的区别

种	类	设置目的	设置功能
保税区	保税仓库	储存保税货物；二年内原货退运出口免税	非自用保税仓库可储存一般保税货物；自用保税仓库视为储存自己进出口货暂作保税用
	保税工厂	进口原料保税，加工产品外销后原料免税	国内的外销品生产商设立保税工厂，其进口原料先保税，加工成产品外销后免税
	物流中心	经营保税货物的仓库、转运及配送的保税场所	除经营保税货物的仓储转运及配送业务外，在物流中心内的进行或整理及简单加工
	加工出口区	为促进投资及国际贸易在适当的地区设置的加工区	加工出口区从事制造加工组装研发贸易咨询技术服务仓储运输装卸包装修配等
自由贸易区		发展国际物流与推动贸易自由化，提升国际竞争力促进经济发展	与国际航空、港口的管制区内或临近设置的管制区域，在自由贸易区内可从事仓储等物流的集散、转口、转运、报关、组装、整理、包装、加工、制造、展示或数服务

2）自由贸易区的特点

自由贸易区具有的特点是：①港区事务自主管理；②港区内货物免税；③港区内货物自由流通；④港区内可从事深度增值加工；⑤港区内可自由引进商务活动；⑥港区内雇佣条件弹性化；⑦港区内资金流动简捷化；⑧港区行政管理效率化。

14.2.2 国际货物包装与流通加工

1. 国际货物包装

从国际贸易经营与国际物流的角度来看，既强调销售产品的卖相，同时更注重货物在运输流通中的安全和保护，两者不可偏废。国际物流包装的特性不同于国内运作的包装，在设计时不能以国内的状况与标准来衡量，以下为有关国际物流包装的特性。

（1）需符合各国包装规定。出口商应明了进口国的文化、风俗背景及当地市场情况，并选择最好且适合的包装，以适应各国不同规定。如美国、欧洲、澳大利亚、日本、埃及等国规定，凡用木箱（包括木质栈板）进口的货品，均须提供熏蒸证明。美国、澳大利亚、新西兰、挪威、菲律宾等国则禁止使用稻草作为包装材料。埃及规定包装箱应里外防水，且用双层铁皮捆扎牢固。沙特阿拉伯规定所有货物应先用栈板集装后再装入货柜，不准有散装，以利机械装卸，且每件货柜栈板重量不得超过 2 吨。国际货物包装是为在国际物流过程中保护商品安全的，国际货包装的质量好坏对进出口商品的安全非常重要，因此各国外贸企业都十分重视进出口货物的包装。

（2）符合国际物流趋势。随着科技进步和环保理念的深入，绿色包装（环保包装）越来越受到各国的重视。国际（特别是经济发达的国家）对于绿色包装的要求越来越高，纷纷通过立法手段对于进口商品的包装提出符合环保要求。

2．进出口货物的流通加工

国际商品的流通加工是随着技术进步，强力推进着国际物流业的发展而不断发展的。流通加工业的兴起，是为了促进销售、提高物流效率和物资利用率，以及维护产品的质量而兴起的一种现代物流运作功能。在进出口商的要求下，流通加工使物资或商品在流通过程中发生一定的物理和化学变化，保证出进口商品质量达到要求或商品增值的目的。出口商品经过流通加工能够使商品更好地满足国外进口商和消费者的需要，从而不断扩大出口，增加创汇；同时也是一种充分利用本国劳动力和部分加工能力，扩大就业机会的重要途径。

流通加工的内容很广泛，其主要包括：商品贴标签、配装、挑选、混装、刷标记等出口贸易商品服务和生产性外延加工。这种出口加工或流通加工，能最大限度地满足客户的个性化、多元化需求，实现国际物流的增值功能。

14.2.3　国际货物商品检验检疫

1．商检机构

国际上的检验机构，有官方的，也有民间私人或社团经营的。官方的检验机构只对特定商品（粮食、药物等）进行检验，如美国食品药物管理局。国际贸易中的商品检验主要由民间机构承担，民间商检机构具有公证机构的法律地位。比较著名的有瑞士日内瓦通用鉴定公司，日本海外货物检验株式会社，美国保险人实验室，英国劳合氏公证行，法国船级社以及香港天祥公证化验行等。

我国进出口商品检验主要由中华人民共和国商品检验局及其分支机构承担，此外还有各种专门从事动植物、食品、药品、船舶、计量器具等的官方检验机构。

中国进出口商品检验总公司及其分公司，是接受国家委托从事进出口商品检验的具有法人资格的公司。我国商检机构和一些国外检验机构建立了委托代理关系或合资检验机构。

2．商检业务

买方检验权是一种法定的检验权，它服从于合同的约定，买卖双方通常都在合同中对如何行使检验权的问题作出规定，即规定检验的时间、地点和内容。

1) 检验的时间和地点

（1）在出口国产地检验。发货前，由卖方检验人员会同买方检验人员对货物进行检验，卖方只对商品离开产地前的品质负责。离开产地后运输途中的风险，由买方负责。

（2）在装运港（地）检验。货物在装运前或装运时由双方约定的商检机构检验，并出具检验证明，作为确认交货品质和数量的依据，这种规定，成为以"离岸品质和离岸数量"为准的交易条件。

（3）目的港（地）检验。货物在目的港（地）卸货后，由双方约定的商检机构检验，并出具检验证明，作为确认交货品质和数量的依据，这种规定，成为以"到岸品质和到岸数量"为准的交易条件。

（4）买方营业处所或用户所在地检验。对于那些密封包装、精密复杂的商品，不宜在使用前拆包检验，或需要安装调试后才能检验的商品，可将检验推迟至用户所在地，由双方认可的检验机构检验并出具证明。

（5）出口国检验，进口国复验。对大多数一般商品交易来说，"出口国检验，进口国复验"的做法最为方便而且合理，因为这种做法一方面肯定了卖方的检验证书是有效的交接货物和结算凭证，同时又确认买方在收到货物后有复验权，这符合各国法律和国际公约的规定。

外国检验机构经批准也可在我国设立分支，在指定范围内接受进出口商品检验和鉴定业务。

2) 检验内容

（1）品质检验。品质检验也称质量检验，是指运用各种检验手段，包括感官检验、化学检验、仪器分析、物力测试、微生物学检验等，对进出口商品的品质、规格、等级等进行检验，确定其是否符合外贸合同（包括成交样品）、标准等规定。

（2）卫生检验。卫生检验主要是对进出口食品检验其是否符合人类使用卫生条件，以保障人们健康和维护国家信誉。《中华人民共和国食品卫生法（试行）》规定："进口的食品、食品添加剂、食品容器、包装材料和食品用工具及设备，必须符合国家卫生标准和卫生管理办法的规定。进口上款所列产品，由国境食品卫生监督检验机构进行卫生监督检验。进口单位在申报检验时，应当提供输出国（地区）所使用的农药、添加剂、熏蒸剂等有关材料和检验报告。海关凭国家卫生监督检验机构的证书放行。"又规定："出口食品由国家进出口商品检验部门进行卫生监督、检验。海关凭国家进出口商品检验部门的证书放行。"

（3）安全性能检验。安全性能检验是根据国家规定和外贸合同、标准以及进出口国的法令要求，对进出口商品有关安全性能方面的项目进行的检验，如易燃、易爆、易触电、易受毒害、易受伤害等，以保证生产使用和生命财产的安全。目前，除进出口船舶及主要船用设备材料和锅炉及压力容器的安全监督检验，根据国家规定分别由船舶检验机构和劳动部门的锅炉、压力容器安全监察机构负责监督检查外，其他进出口商品涉及安全性能方面的项目，由商检机构根据外贸合同规定和国内外的有关规定和要求进行检验，以维护人身安全和确保经济财产免遭侵害。

（4）包装检验。包装检验时根据外贸合同、标准和其他有关规定，对进出口商品的外包装和内包装以及包装标志进行检验。包装检验首先核对外包装上的商品包装标志（标记、号码等）是否与进出口贸易合同相符。对进口商品主要检验外包装是否完好无损，包装材料、包装方式和衬垫物等是否符合合同规定。对外包装破损的商品，要另外进行验残，查明货损责任方以及货损程度。

(5) 商检证书。商检证书，是各种进出口商品检验证书、鉴定证书和其他证明书的统称，是对外贸易有关各方履行义务、处理索赔争议和仲裁、诉讼举证，具有法律依据的有效证件，也是海关验收、征收关税和优惠减免关税的必要证明。证书共分为20种：包括品质检验证书、数量检验证书、包装检验证书、兽医检验证书、卫生检验证书、产地检验证书、普惠制原产地证书、出口危险货物包装容器鉴定证书、船舱检视证书、残损鉴定证书等。

3) 法定检验和公正鉴定

按我国《商品检验法》规定，我国商检机构基本任务包括以下3项。

(1) 法定检验。商检机构依据国家的法律、行政法规的规定，对进出口商品实施强制性的检验。按规定属于法定检验的进口商品，未经检验者，不准销售、使用。实施法定检验的商品由《商检机构实施检验的进出口商品种类表》和其他法律法规加以规定。

(2) 公证鉴定。应国际贸易关系人的申请，商检机构以公证人的身份，办理规定范围内的进出口商品的检验鉴定业务，出具证明，作为当事人办理有关事物的有效凭证。比如品质、数量证明；残损鉴定和海损鉴定；车、船、飞机和集装箱的运载鉴定；普惠制产地证鉴定。

(3) 实施监督管理。商检机构通过行政管理手段，对进出口商品有关企业的检验部门和检验人员进行监督管理；对生产企业的质量体系进行评审；对进出口商品进行抽查检验等，是我国商检机构对进出口商品执行检验把关的重要手段。

14.2.4 国际货运保险

1. 国际货运保险概述

在国际贸易中，货物运输保险是一种契约行为，保险人基于投保人支付保险费作为合同之代价，同意负担货物因特定意外事故而致损害之补偿责任。

货主（不论交易的买方或卖方）按国际贸易条件向保险人投保货物保险，并将投保之货物交由运送人运送，若于保险期间内发生保险事故，则由保险人负责理赔，保险人于理赔后，就其赔偿金额范围内，依法取得对运送人请求赔偿的权利。货物运输保险保险人、货主及运送人关系如图14-1所示。

由于复合运输的兴起，运输方式由船舶运输扩及陆上及空中运输，因此，除海上保险外，也有其他运输保险以确保货主之权益。现在的货物运输保险与其所使用的运输方法有密不可分的关联，从货物运输保险角度来说，常见的包括以下运输方式。

(1) 海运——船舶，空运——飞机。

(2) 邮包（海、空运）——经由邮局或快递运送。

(3) 内陆运输——火车、货车、货柜车、飞机。

(4) 海陆空运输——船舶、火车、货车、货柜车、飞机。

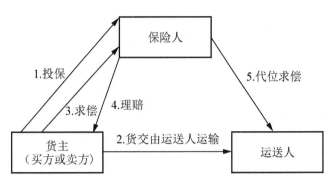

图 14-1 货物运输保险保险人、货主及运送人关系

2．海运货物承保的危险分类

1）海上基本险

海上基本险包括平安险(FPA)、水渍险(WPA)、一切险(AR)。

（1）平安险(FPA)：①自然灾害包括恶劣、雷电、洪水、地震、海啸及其他不可抗力灾害。②意外事故包括船舶搁浅、触礁、沉没、碰撞、失火、爆炸、失踪等具有明显海事特征的重大意外事故等。

（2）水渍险(WPA)：平安险及因自然灾害造成的部分损失。

（3）一切险(AR)：水渍险和一般外来原因造成的部分及全部损失。

2）一般附加险

一般附加险包括：偷窃提货不着险、淡水雨淋险、短量险、混杂玷污险、渗漏险、碰损险、破碎险、串味险、受热、受潮险、钩损险、包装破裂险、锈损险。

3）特殊险

特殊险指因为军事、战争、政治、罢工及行政法令等原因造成的风险而引起的货物损失等。

一般附加险和特殊附加险不能单独投保，只有在投保平安险、水渍险、一切险的条件下，方能加保附加险。需要注意的是，11种一般附加险已经包含在一切险中，投保一切险后，无须再投保任何一种一般附加险。

3．陆运和空运货物保险

1）陆运货物保险

（1）陆运货物风险与损失。货物在运输中，可能遭受各种自然灾害和意外事故，如车辆碰撞、倾覆、出轨、道路损坏、火灾爆炸；地震、雷电、战争、偷窃等。

（2）陆运货物的保险险别。中国保险公司的陆运基本险有：①陆运险，与海运的水渍险相似。②陆运一切险，与海运的一切险相似。③陆运冷藏货物险，适用于冷藏设施损坏造成货物腐败的损失。

陆运货物在投保以上任何一种险别后，均可加保附加险，陆运货物附加险与海运的附加险相似。

2）空运货物保险

（1）空运货物风险与损失。货物在运输中，可能遭受各种自然灾害和意外事故，如飞机碰撞、倾覆、坠落、失踪、火灾爆炸；地震、雷电、战争、或其他危难事故的货物抛弃等。

(2) 空运货物的保险险别。中国保险公司的陆运基本险有：①航空货运险，与海运的水渍险相似。②航空货运一切险，与海运的一切险相似。

4. 保险索赔

进出口货物在运输途中遭受损失，被保险人（投保人或保险单受益人）可向保险公司提出索赔。保险公司应按保险条款所承担的责任进行理赔。

进出口保险的目的在于一旦货物在国际物流运作过程中遭受损失时得到保险公司的赔偿以弥补其损失。故索赔是被保险人的权利，而理赔则是保险人的义务。货物损害发生后，首先应根据其损害性质，判断其责任归属。若系供货人责任（如短装或原包装不良等），应按照买卖合约进行索赔。若系运输人的责任，则应按照保险合同进行索赔。

1）损害的通知与受损检验

保险人在收到货损通知后，应安排公正进行货物受损检验。其检验工作要在货物放置现场。受损货物被检查之前要保持货物原状，如货柜的封条、包装的现状等。必须待保险方或公证方到场后，再会同开箱、开柜检查。

2）索赔请求与时效

投保人或被保险人自接到货损通知之日起，一个月内不将货物受损通知保险人或其代表，应视为货物无损害。受损被确定后的索赔请求时效期，自请求之日二年内不行使求偿则视为自行消灭。

3）索赔必备的文件

索赔必备的文件：①索赔函及索赔清单；②保险单或保险证书正本；③货物提单；④商业发票；⑤装箱单副本（散装货物除外）；⑥保险公司指定或认可的检定人（或公证公司）出具的检定报告书正本；⑦运送人或其他有关方面出具承认货损责任的破损证明文件正本；⑧被保险人对运送人或其他与货损责任有关的人（如货物的保管人）所为货物索赔一切往来函件及对方的回函副本；⑨其他因素所需文件。

4）赔偿金的计算

货物运输保险属于定值保险，保单上约定的保险金（或保险价额）即为货损理赔之基础依据。大部分损害金的理算都是以受损货物约定价额对整批货物约定价额的比率乘以整批货物的保险金额，得到受损货物的保险金额。

（1）全损险（实际全损或推定全损）以发生货损的全部保险金额（而非发票金额）提出索赔，若系推定全损则应于确定后向保险人提出委付和构成推定全损之先决条件。

（2）部分损害——单独海损计算公式为

$$货物数量短少 = 全部保险金额 \times \frac{短少部分的法定保险价额}{全部法定保险价额} \tag{14-1}$$

$$货物部分受损 = 损坏部分的保险金额 \times \frac{完好到货时的价值经拍卖所得的价款}{完好到货时的价值} \tag{14-2}$$

14.2.5 国际货物报关

1. 国际货物报关概述

所谓报关就是指进出口货物的收发货人或其代理人，在货物进出口时，都必须在海关规定的期限内向海关请求申报，并按海关规定的格式填写进出口货物报关单，交验规定的证件和单据，接受海关对所报货物的查验，依法缴纳海关税、费和其他有海关代征的税款，然后由海关批准对货物的放行，这项业务就称为"报关"或"通关"。

我国《海关法》规定："进出口货物，除另有规定的外，可以由进出口货物收发货人自行办理报关纳税手续。"根据这一规定，进出口货物的报关又可分为自理报关和代理报关两大类。

（1）自理报关：进出口货物收发货人自行办理报关手续称为自理报关。根据我国海关目前的规定，自理报关单位必须具有对外贸易经营权和报关权。

（2）代理报关：是指接受进出口货物收发货人的委托，代理其办理报关手续的行为。我国海关把有权接受他人委托办理报关纳税手续的企业称为报关企业。报关企业从事代理报关业务必须经过海关批准且向海关办理注册登记手续。

2. 报关的基本流程

进出境货物的报关，一般来说可分为四个基本流程，即申报、查验、征税和放行。

1）进出口货物的申报

申报是指进口货物的收货人、出口货物的发货人或其代理人在进出口货物时，在海关规定的期限内，以书面或电子数据交换方式向海关报告，并随附有关货运和商业单据，申请海关审查放行，并对所报告内容的真实、准确性承担法律责任的行为。

2）进出口货物的查验

海关查验是指海关接受报关员的申报后，对进口或出口的货物进行实际核查，以确定货物的性质、原产地、货物状况、数量和价格是否与报关单所列一致。

海关查验货物一般在海关监管区内的进出口口岸码头、车站、机场、邮局或海关的其他监管场所进行。海关查验进出口货物后，均要填写一份《海关进/出口货物查验纪录》。

3）进出口货物的征税

关税是专以进出口的货物、进出境的物品为征税对象的一种国家税收，它是指由海关代表国家，按照《海关法》等法律法规，对国家专许进出境的货物所课征的一种流转税。

关税征收的过程是税则归类、税率运用、价格审定及税额计算的过程。进出口货物的到、离岸价格是以外币计算的，应由海关按照签发税款缴纳证之日国家外汇牌价的中间价，折算成人民币。

海关审核单证和查验货物后，根据《中华人民共和国关税条例》规定和《中华人民共和国海关进出口税则》规定的税率，对实际货物征收进口或出口关税及相关税费。

4）进出口货物的放行

放行是海关监管现场作业的最后环节。海关在接受进出口货物的申报后，经审核报关单据、查验实际货物，并依法办理进出口税费计征手续并缴纳税款后，在有关单据上签盖放行章，海关的监管行为结束，在这种情况下，放行即为结关。进口货物可由收货人凭单提取；出口货物可由发货人装船车、起运。

14.2.6 国际货物运输

1. 国际货运业务

1) 国际海洋货运业务

(1) 理货。理货随着水路运输的出现而形成的,它是指船方或货主根据运输合同在装运港及卸货港收受和交付商品时,委托港口的理货机构代理完成的在港口对商品进行计数、检查商品的残损、指导装舱积载、制作相关单证等工作。理货是国际货运中不可缺少的一个环节,是检定商品交接数量和状态的职能,是托运和承运双方履行运输合同、划分商品短缺及毁损责任的必要过程。其主要工作内容有:①处理有关理货单证;②分票;③残损处理;④绘制货物实际积载图;⑤签证与批注;⑥复查与查询。

(2) 国际海运业务流程。国际海运一般是由海运代理所完成的,海运代理出口(集装箱)业务在国际海运实际运作时需要注意以下几点:①委托确认过程;②安排航运环节;③准备清关。其具体流程如图 14-2 所示。

图 14-2 国际海运业务流程图

2) 国际陆路货运业务

(1) 托运前有关货物包装性质及包装的表示及标记的准备。

(2) 国际陆运业务流程。

国际陆运一般是由发货人或发货代理人完成的,陆运出口业务在国际陆运实际运作时需要注意以下几点:①货运单证[国际铁路(公路)联运单、出口货物明细表、出口货物报关单、出口外汇核销单及有关商检、质量单证];②出口货物的交接。其具体流程如图 14-3 所示。

图 14-3 国际陆运业务流程

3) 国际航空货运业务

(1) 接受空运委托及货物发送准备。

(2) 国际空运一般是由发货人或发货代理人完成的,空运出口业务在国际空运实际运作时需要注意以下几点:①货运单证(国际空运单、装箱单、商业发票、出口货物明细表、出口货物报关单、产地证、出口外汇核销单及有关商检、质量单证);②口岸外运公司与内地公司的出口货物的货物单证的交接。其具体流程如图 14-4 所示。

图 14-4 国际航空货运业务流程

4) 国际管道运输业务

关于国际管道运输,在第 3 章已经做过详尽的阐述,由于此运输方式的特殊性,其通用性极差。所以通过国际管道运输的运输量是十分有限的。

2. 国际货运代理

国际货运代理是接受进出口货物收货人、发货人的委托，以委托人或自己的名义，为委托人办理国际货物运输及相关业务，并收取劳务报酬的经济组织。

1) 国际货代在国际货运中的作用和地位

(1) 能够根据委托人的要求综合考虑运输的运价、实效、安全地诸因素，使用最合适的运输工具和运输方式，选择最佳的运输线路和最优的运输方案，将货物准确、及时、经济、安全地运到目的地。

(2) 能够及时掌握全程运输信息，对货运即使监控跟踪并与用户及时沟通，了解货物运输进度情况。

(3) 能够就运费、包装、单证、通关、金融、各国领事要求等方面向企业提供服务咨询，并就国内市场及在国外市场的销售情况提出有益的建议。

2) 国际货运代理的服务

国际货运代理的服务对象是为与国际贸易相关的国内外货物所有人，国际货运代理的服务内容主要有：①租船订舱代理；②货物报关代理；③转运及理货代理；④货物存储代理；⑤集装箱业务代理；⑥多式联运代理。

3) 国际货运代理的责任

(1) 国际货运代理人对合同的责任。无论哪种情况下，国际货运代理人应对本身没有执行合同造成的货物损失承担赔偿的责任。如果货物的灭失和损害能被证明有第三方的行为或疏忽造成时，货运代理人有义务将此情况及有关证据告知委托人，并采取过合适的措施保护委托人的利益，协助委托人向第三方提出赔偿要求。故此，仅作为代理人时，他对以委托人名义委托第三方的运输、装卸、仓储、交付、结算、单据签发等方面的行为或疏忽所致货物的损害，不承担任何责任，除非能证明其在选择代理人、承运人或其他第三方有失职行为。

(2) 国际货运代理人对仓储的责任。国际货运代理人接受货物并准备仓储时，应在收到货物给委托人遭返货物收据或仓库证明，并在仓储期间按照货物的性质及包装情况，选择适当的仓储方式，尽其职责管好货物。如委托人对货物仓储另有特殊要求时也一并执行。在以尽其职责后仍发生货物的灭失或损害，货运代理人不负责任，除非能证明该货物的灭失或损害是由于货运代理人在选择仓库方面存在不当和过错，或由于其在货物报关过程中有过失或疏忽。

14.2.7 国际物流信息系统

国际物流管理已经超越单一企业范围，国际物流信息系统，一方面整合国际企业内部各物流相关功能，另一方面整合国际上不同区域的相关企业的各种信息的收集、存储及处理，提供给国际物流的企业共享使用。

就国际物流管理而言，企业相隔千山万水，国际物流系统中任何一个环节没有信息传递整个国际物流便无法有效运作，如没有先进的信息系统支持，要做到国际物流中的快速响应那将是根本不可能的。

1. 国际物流信息系统与目标

国际物流信息系统的目标在于将国际物流各环节与活动有效的对接，利用信息驱动物流各环节进行运作。国际物流信息系统与国际物流各环节目标如表 14-3 所示。

表 14-3 国际物流信息系统与国际物流各环节目标

环　　节	目　　标
供应链联结	准确的信息传递对供应链运作的效果
原材料采购	规划原材料需求并以 JIT 方法降低原材料库存
生产	改善产品对市场波动的调节
仓储	利用再订购来缩减存货
销售	减少存货短缺
运输	实行 JIT 缩短运输时间
订单处理	提高准确率、降低处理成本、提高用户满意度

2. 国际物流信息管理

1）国际物流信息系统的功能

（1）国际物流企业之间的信息共享。流通商利用国际市场消费者的信息预测进行商品的存货管理和配送；生产商则利用信息预测原材料的储运、生产过程中的半成品、成品的运输和储存。

（2）加速新产品的开发。准确的信息能够使销售商和生产商及时掌握对新产品的开发需求，以及时向市场推出适销对路的新产品。

（3）减少缺货、促销评估。准确的信息能够修正、降低预测可能产生的误差，并经过生产过程的调整，减少存货和缺货现象。准确的信息能够对国际市场进行有效的评估，并及时有效的修正促销活动。

2）国际物流信息系统的效益

国际物流信息系统的开发成本和效益是相对的，最基本的系统（交易系统）所能获得的效益比较容易确定，相对而言，层次越高的系统越需要投入更多的资金和更多的时间，同时还可能要面对较高的风险和不确定的高效益。

14.3　国际供应链

国际供应链是指一个国际化的企业在全球范围内寻找最经济的原料，以最经济的国际生产制造，以最经济的方式，满足全球的需求。消费者对产品要求的不断提升与经常变化的国际竞争环境加大了国际企业的压力与挑战，一个能掌握国际供应链的国际化企业，不但能降低产品的成本，还能缩短顾客的订货时间，提高顾客的满意度而成企业未来的主要竞争优势。美国著名经济学家克里斯多夫说："市场上只有供应链而没有企业，真正的竞争不是企业与企业之间的竞争，而是供应链与供应链之间的竞争。"

14.3.1　国内供应链与国际供应链的区别

供应链的运作如果自原料采购到制造、运输、消费都在一国境内完成，这就是国内供应链；如果供应链的运作牵涉到跨国境的作业流程，便是国际供应链的范畴了。由于国际供应链牵涉到跨国境的活动，国际运作加大了国际供应链的复杂程度，因此，除了一般的物流运作管理外，国际供应链还涉及供应链的整合管理、构建信息平台使信息能够在供应链中顺畅传递，以及与供应链相关的组织合作等。所以说，就国际供应链来说，要处理的问题更加复杂。国内供应链与国际供应链的区别，主要表现在运输工具、信息传递、风险、组织、政府法令、语言文化等方面，其具体区别如表14-4所示。

表14-4 国内供应链与国际供应链的区别

项 目		国内供应链	国际供应链
运输工具		公路、铁路为主	海运、航空为主
信息传递		语音、文件与EDI信息	语音与文件效率低；EDI信息标准化高
文件		较少	高度的文件需求
风险	货物运输	较低	较长的运输时间与货物换手处理
	财务	较小	高风险，涉及不同的货币、交换率与通货膨胀
组织	委外组织	较少	依赖承揽业、流通商与报关行
	政府组织	危险物品、重量、安全与货物税等的管制	海关、商务、农产品与交通运输

由于国际供应链牵涉到跨国境的活动，因此较国内供应链来说需要更长的交通运输时间，运输工具更多样化，备运的前置时间的延长，造成企业必须有较高的存货以维持相同的服务质量，财务风险也随之增高。而较长的在途的运输时间和多种运输工具也增加了货损、货差的风险。

在信息传递方面，国际供应链较国内供应链来说，对信息的标准化要求更高。另外因为跨国运作牵涉到与各相关国家的通关与法令的问题，商务文件的种类与复杂程度也高。

在组织方面，因国际供应链牵涉的物流活动跨越国界且较为复杂，一般企业较难全部自行处理，所以物流作业需依赖跨国物流组织共同完成，例如报关业及货代业。在政府组织方面，也从一国境内的管理单位增加为多国政府的管理单位，牵涉层面更广。

在文化方面，国际供应链因为各国文化与市场需求的不同，还需处理产品设计改变与供应链结构变动等问题。

14.3.2 国际供应链的重要性

在企业国际化的同时，企业也面临着消费者对产品品质的要求提升，以及产品生命周期日益缩短等外在压力，这些因素促使企业必须积极整合上下游国际企业，快速响应消费者的需求。国际供应链整合上下游厂商与中间商，能够达到成本的最优化，并快速响应市场需求，因此成为跨国企业建立竞争优势的重要策略之一。

国际企业需利用国际供应链建立竞争优势的原因有以下几点。

1. *产品的品质是立足市场的必要条件*

商品的高质已经成为立足市场的基本条件，良好的国际供应链运作能使企业在维持产品高品质的同时，仍能保有低成本优势，以保持国际企业的竞争力。

2. 消费者喜好变化加快，产品生命周期缩短

消费者喜好的改变，使厂商很难准确掌握消费者的需求，也迫使产品的生命周期快速缩短。这就要求生产企业压缩新产品由研发至上市的时间。国际供应链管理能增加生产的弹性，并针对消费者的需求快速反应，将满足消费者个性化、多样化需求的产品提供到市场上，因而成为国际企业重要的竞争优势。

3. 时间效率的要求

顾客需求趋向多样化，产品的更新速度也加快，能使消费者需求发生后就能及时响应是企业获利的重要手段，故及时满足用户需求的时间效率成为企业成功的重要因素。国际企业一方面必须加快订单传送的速度，另一方面则必须压缩成品在运输及流通上的时间。国际供应链整合信息与实体流通，能有效地达到国际企业满足时效性要求的目的。

4. 降低成本的必要性

激烈的市场竞争使提高营业收入的难度加大，要提高企业盈利水平，便要从降低成本着手。企业要降低成本，物流是最后的可开发的领域，物流成本一般占企业营业收入的 5%～35%，因为预留运作是企业增加利润的是"第三利润源泉"，有效地降低物流成本对产品成本的降低具有重要意义。

通常，企业用存货水平来应对市场的不可预测性，但存货也需要成本的支出。因此制造业为解决存货问题，便要求供货商以即时制供应的方式供料，以减少对原料及零件的存货要求。另外，减少仓库数目可通过全球性或区域性配送中心配送速度的提高来完成，这些都是供应链管理可以达到的效果。因此，对国际企业来说，整合性的国际供应链管理能有效降低国际运作的成本，从而使利润得以提高。

5. 物流业务外包

为了同时使仓储与配送成本更低，并提升消费者服务的水准，越来越多的制造商与中间商建立长期合作的关系，希望能对消费者的需求做出快速反应；同时为了降低成本及提高资源使用效率，也有越来越多的生产制造企业把先前公司的仓储及配送设施或业务转包给第三方物流企业，从而更加专注于本企业最具竞争优势的核心产品生产上。随着物流服务的需求增加，专业化的物流企业应运而生，专业化的第三方物流服务能够使生产制造企业在国际供应链运作上获得更好的效益。

6. 售后服务的必要性增强

科技进步使产品的复杂度与维修的需求增加，另外随着消费者对品质要求的提高，售后服务成为十分强劲的竞争优势。产品的复杂度增加（如汽车或计算机）使维修的难度提高，无法一次备齐所有零件会导致零件的更换时间延长。于是将需要的零件储存于区域型配送中心，利用电话订货快速配送到修理厂商就成为企业的必要选择。若消费者位于好几个区域或国家，其调度与配送将是对企业国际物流服务的能力的考验。国际供应链管理的优势之一就是能为企业同时解决时间与成本的问题，提高国际企业的竞争力。

7. 资金周转的加速

资金的周转对企业的运作至关重要。尤其是企业国际化后，各项收付款流程因为有了国界的障碍，常有汇率、兑保、付款条件等作业需要处理，企业收款的时间的延误使跨国企业需要更充盈的资金准备，以应付国际化经济的运作。国际供应链管理能同步协调供应链中物流与资金流的运作，通过供应链中的金融合作能降低跨国企业的资金准备，也降低了国际企业的运作风险。

典型案例

国际物流竞争的趋势

国际物流竞争是市场经济环境下企业生存和发展的重要手段，是国际经济活动的重要组成部分。现代国际物流竞争具有以下特点。

1. 实体与虚拟共存

物流企业本身绝大多数都具有一定的实体形态，其运作的商品也多是有形的。随着电子信息技术的发展，而在未来的环境中，物流企业可能成为虚拟化，物流企业所运作的商品也可能成为无形的信息化或可信息化的商品。

信息以数字形式流动，取代实体载体便捷、快速的流动，而形成一种新的流通形式，将改变物流领域的竞争态势。物流代理配送将会更加适应虚拟化于实体共存的电子商务，在内容上，实体与虚拟共存；在形式上，实体经营与虚拟经营相辅相成。这种竞争环境将会随着电子商务的发展而愈演愈烈。

2. 整合与分化并存

在市场经济大潮中企业必须面对激烈的竞争，未来的竞争局面将只能依靠企业的资源高度整合才能取得优势。如美国的联邦快递公司在其邮件快递业务中就具有明显的优势，这种优势就是得与于其在条码技术、网络管理等技术层面上的有效整合。同样，分化也会成一些企业参与竞争的选择，通过分化，企业能够放弃一些自己并不专长的业务而更加专注本身的核心业务，把企业资源整合到核心业务中来，继而取得更大的竞争优势。

从社会物流的意义讲，第三方物流企业正是这种社会资源整合与分化的结果，所以说，第三方物流的崛起，将使电子商务发展如虎添翼。

3. 及时性与预测性共存

对国际物流而言，效率就是竞争优势，对物流服务的及时性要求已经成用户对物流需求选择的标志。企业运用信息技术，不断地、及时地满足用户的需求响应，而使企业获得有效的竞争力。为做到及时性，企业必须有很强的预测能力，有了这种能力就可以超越"用户导向"转而引导用户，创造新的供求关系。

4. 本土化与全球化共存

对运作有形化商品的企业来说，其需要整合资源的地域范围无疑将受到运输成本和物流效率的制约，而被迫带有明显的本土化色彩。相对于从事信息化传输的国际物流企业而言，其整合资源的地域将无限扩大，具有强烈的全球化特点。物流企业能否处理好整合资源的本土化与信息流通全球化的趋势，是决定能否把握更大、更多的市场机会的关键。

现代物流发展的国际化趋势锐不可当，因此物流企业必须在立足于本土化的前提下，稳扎稳打大踏步地向全球化迈进。数字化、网络化、市场一体化是21世纪世界经济发展的必然趋势，网络为信息化提供了强大的支撑，同时造就了全球信息化、市场化。在网络环境下，时空的概念、市场的性质、消费的需求都将发生深刻的变化。建立网络服务、改革物流经营模式、Dell 运用网络拓展市场、创造市场机会,将是现代物流企业所必须面临的挑战。

(资料来源:http://wenku.baidu.com/view/3f42b31a227916888486d79a.html.)

本章小结

本章主要介绍了国际物流的特征、基本流程、国际物流的重要作用及经济全球化对国际物流的影响。

国际物流构成与实际运作业务。

国际采购主要包括国际采购的特点、形式与策略。

国际货物保税和仓储主要包括仓储与保税、自由贸易区的运作业务。

国际货物包装与流通加工主要包括国际包装对国际物流的影响和进出口流通加工业务。

国际货物商品检验与检疫主要包括商品检验的作用与商品法定检验及公正鉴定业务。

国际货物保险的作用、特点和承包范围、投保范围、保险的索赔。

国际货物报关主要包括国际货物通关业务。

国际货物运输主要包括国际货运与国际货运业务、多联式运输业务及国际货运代理。

国际物流信息主要包括国际物流信息系统目标、国际物流信息管理等。

国际供应链的基本概念与特点及与国内供应链的主要区别,国际供应链的发展前景。

练 习 题

一、不定项选择题

1. 商品由 A 国运往 B 国途经本国,对本国而言这是(   )。
   A. 进口贸易   B. 进口贸易   C. 过境贸易
   D. 转口贸易   E. 复出口
2. 我国进出口商品检验检疫的范围包括(   )。
   A. 所有进出口商品   B. 船舶
   C. 集装箱   D. 包装
   E. 动植物
3. 一般报关时需交验的单证有(   )。
   A. 报关单   B. 发票   C. 商检证书   D. 保险单
4. 我国现行的《海运货物保险条款》之规定,基本险应包括(   )。
   A. 平安险   B. 提货不着险   C. 水渍险   D. 一切险
5. 以下单证具有物权凭证作用(   )。
   A. 提单   B. 提货单   C. 货协运单   D. 多式联运单
6. 根据货物外表有无不良批注可将提单分为(   )。
   A. 记名提单   B. 指示提单   C. 清洁提单   D. 不清洁提单

7. 国际集装箱运输中，拼箱货的装拆项业务是在（　　）进行的。
   A. 发货人仓库　　B. 收货人仓库　　C. 发货人工厂　　D. 集装箱堆场
8. 国际物流的类型有（　　）。
   A. 进出口物流　　B. 国际邮政物流　　C. 国际军事物流　　D. 国际展品物流
9. 国际货运代理的服务内容有（　　）。
   A. 租船订舱代理　　　　　　　　B. 货物报关代理
   C. 转运及理货代理　　　　　　　D. 多式联运代理
10. 国际保税业务是对（　　）贸易的国际惯例。
    A. 进口　　　　B. 出口　　　　C. 转口
    D. 过境　　　　E. 复出口

二、简答题

1. 如何理解国际物流的特点？
2. 如何理解国际贸易对国际物流的新要求？

三、分析应用题

1. 国际物流与国内物流有什么特点？
2. 国际货运代理的作用有哪些？
3. 如何理解国际货运保险的发货人、运输人保险人的三方关系？

四、综合案例分析题

行业利润渐薄，快递巨头抱团取暖

UPS是全球最大的速递机构，全球最大的包裹递送公司，同时也是世界上一家主要的专业运输和物流服务提供商。每个工作日，该公司为180万家客户送邮包，收件人数日高达600万。该公司的主要业务是在美国国内并遍及其他200多个国家和地区。该公司已经建立规模庞大、可信度高的全球运输基础设施，开发出全面、富有竞争力并且有担保的服务组合，并不断利用先进技术支持这些服务。该公司提供物流服务，其中包括一体化的供应链管理。

UPS每天都在世界上200多个国家和地域管理着物流、资金流与信息流。通过结合货物流、信息流和资金流，UPS不断开发供应链管理、物流和电子商务的新领域，如今UPS已发展到拥有300亿美元资产的大公司，2011年营业收入以达531亿美元。

TNT快递是全球四大物流配送商中的第四家，2011年实现营收72.5亿欧元，其中2/3来自于欧洲市场。全球最大快递服务商UPS收购欧洲第二大快递服务企业TNT快递集团后，双方将通过合并加强和整合全球业务网络，合并后公司年营收预计将超过450亿欧元，将超越美国联邦快递和德国敦豪快递DHL，成为全球物流行业的领军者。

UPS与TNT合并后，将建立一家全球综合性包裹配送与物流服务集团，成为当前全球营收最高的国际物流巨头。

（资料来源：http：//www.chinawuliu.com.cn/zixun/201203/26/180347.shtml.）

思考题：
（1）UPS是第三方物流企业吗？
（2）UPS为何要收购TNT快递？
（3）如何理解"行业利润渐薄，快递巨头抱团取暖"这句话？

实 训 操 作

【实训内容】

对某一自营物流企业运作案例调查与访问。

对某一第三方物流企业运作案例调查与访问。

对某一第四方物流企业运作案例调查与访问。

【实训目标】

1. 结合对三类物流企业的实际经营模式的调查,加深对企业自主经营物流、第三方物流企业、第四方物流企业运作模式的认识和理解。

2. 了解物国内外各类物流企业的运营状况。

【实训成果】

1. 由学生自愿分组,每组 3~5 人选择各类物流企业 1~2 家进行调查访问。

2. 在调查访问前,应根据课程所学的基本理论知识理论制定调查访问提纲,包括调查问题与安排。

3. 调查访问后,每人写出一份简要调查报告。任课教师组织一次课堂讨论。

4. 经过讨论评选出几篇有价值的调查报告供全班学生交流,提高学生对物流企业运营的理解和认识。

第15章　其他物流形式

【学习目标】

通过对本章的学习，学生应了解和重点掌握绿色物流、逆向物流、应急物流、精益物流、定制物流、虚拟物流和第四方物流的基本概念、特点、类型及其管理等。

【关键概念】

绿色物流　逆向物流　应急物流　精益物流　定制物流　虚拟物流　第四方物流

> **导入案例**
>
> 日本的地下物流系统
>
> 　　地下物流技术在相对人口集中、国土狭小的日本得到了广泛的关注。2000年，日本将地下物流技术列为未来10年政府重点研发的高新技术领域之一，主要致力于研究开通物流专用隧道并实现网络化，建立集散中心，形成地下物流系统。
>
> 　　日本建设厅的公共设施研究院对东京的地下物流系统进行了二十多年的研究，研究内容涉及了东京地区地下物流系统的交通模拟、经济环境因素的作用分析以及地下物流系统的构建方式等诸多方面。拟建系统地下通道总长度达到201公里，设有106个仓储设施，通过这些设施可以将地下物流系统与地上物流系统连接起来。系统建成之后能承担整个东京地区将近36%的货运，地面车辆运行速度提高30%左右；运输网络分析结果显示每天将会有超过32万辆的车辆使用该系统，成本效益分析预计系统每年的总收益能达到12亿日元，其中包括降低车辆运行成本、行驶时间和事故发生率以及减少二氧化碳和氮化物的排放量带来的综合效益。该系统规模大、涵盖范围广，它的优点在于综合运用各学科知识，并与地理信息系统紧密结合，前期研究深入、透彻，保证了地下物流系统的高效率、高质量、高经济效益以及高社会效益。
>
> （资料来源：http://www.examw.com/wuliu/anli/136617.）

　　经济发展离不开物流，社会发展离不开环境保护，随着科技的发展、社会的进步人们对环境的保护的意识越来越强烈。因此，发展现代物流要优先考虑环境问题，形成一个与环境共生性的绿色物流体系已经成为社会共识。

15.1 绿色物流

15.1.1 绿色物流概述

1. 绿色物流的概念

《物流术语》（GB/T 18354—2006）对绿色物流的定义为："以降低对环境的污染、减少资源消耗为目标，利用先进物流技术规划和实施运输、储存、包装、装卸、流通加工等物流活动。"

绿色物流是指在物流过程中抑制物流对环境造成危害的同时，实现对物流环境的净化，使物流资源得到最充分利用。它包括物流作业环节和物流管理全过程的绿色化。从物流作业环节来看，包括绿色运输、绿色包装、绿色流通加工等。从物流管理过程来看，主要是从环境保护和节约资源的目标出发，改进物流体系，既要考虑正向物流环节的绿色化，又要考虑供应链上的逆向物流体系的绿色化。绿色物流的最终目标是可持续性发展，实现该目标的准则是经济利益、社会利益和环境利益的统一。

2. 绿色物流的内涵

绿色物流是以经济学一般原理为基础，建立在可持续发展理论、生态经济学理论、生态伦理学理论、外部成本内部化理论和物流绩效评估的基础上的物流科学发展观。同时，绿色物流也是一种能抑制物流活动对环境的污染，减少资源消耗，利用先进的物流技术规划和实施运输、仓储、装卸搬运、流通加工、包装、配送等作业流程的物流活动。

绿色物流的内涵包括以下 5 个方面。

（1）集约资源。这是绿色物流的本质内容，也是物流业发展的主要指导思想之一。通过整合现有资源，优化资源配置，企业可以提高资源利用率，减少资源浪费。

（2）绿色运输。运输过程中的燃油消耗和尾气排放，是物流活动造成环境污染的主要原因之一。因此，要想打造绿色物流，首先要对运输线路进行合理布局与规划，通过缩短运输路线，提高车辆装载率等措施，实现节能减排的目标。另外，还要注重对运输车辆的养护，使用清洁燃料，减少能耗及尾气排放。

（3）绿色仓储。绿色仓储一方面要求仓库选址要合理，有利于节约运输成本；另一方面，仓储布局要科学，使仓库得以充分利用，实现仓储面积利用的最大化，减少仓储成本。

（4）绿色包装。包装是物流活动的一个重要环节，绿色包装可以提高包装材料的回收利用率，有效控制资源消耗，避免环境污染。

（5）废弃物物流。废弃物物流是指在经济活动中失去原有价值的物品，根据实际需要对其进行搜集、分类、加工、包装、搬运、储存等，然后分送到专门处理场所后形成的物品流动活动。

3. 绿色物流的特点

绿色物流除了具有一般物流所具有的特征外，还具有学科交叉性、多目标性、多层次性、时域性和地域性等特征。

（1）学科交叉性。绿色物流是物流管理与环境科学、生态经济学的交叉。由于物流与环境之间的密切关系，在研究社会物流与企业物流时必须考虑环境问题和资源问题；又由于生态系统与经济系统之间的相互作用和相互影响，生态系统也必然会对经济系统的子系统——物流系统产生作用和影响。因此，必须结合环境科学和生态经济学的理论、方法进行物流系统的管理、控制和决策，这也正是绿色物流的研究方法。学科的交叉性，使得绿色物流的研究方法复杂，研究内容十分广泛。

（2）多目标性。绿色物流的多目标性体现在企业的物流活动要顺应可持续发展的战略目标要求，注重对生态环境的保护和对资源的节约，注重经济与生态的协调发展，追求企业经济效益、消费者利益、社会效益与生态环境效益四个目标的统一。系统论观念告诉我们，绿色物流的多目标之间通常是相互矛盾、相互制约的，一个目标的增长将以另一个或几个目标的下降为代价，如何取得多目标之间的平衡？这正是绿色物流要解决的问题。从可持续发展理论的观念看，生态环境效益的保证将是前三者效益得以持久保证的关键所在。

（3）多层次性。绿色物流的多层次性体现在以下 3 个方面。

① 从对绿色物流的管理和控制主体看，可分为社会决策层、企业管理层和作业管理层等三个层次的绿色物流活动，或者说是宏观层、中观层和微观层。其中，社会决策层的主要职能是通过政策、法规的手段传播绿色理念；企业层的任务则是从战略高度与供应链上的其他企业协同，共同规划和控制企业的绿色物流系统，建立有利于资源再利用的循环物流系统；作业层主要是指物流作业环节的绿色化，如运输的绿色化、包装的绿色化、流通加工的绿色化等。

② 从系统的观点看,绿色物流系统是由多个单元(或子系统)构成的,如绿色运输子系统、绿色仓储子系统、绿色包装子系统等。这些子系统又可按空间或时间特性划分成更低层次的子系统,每个子系统都具有层次结构,不同层次的物流子系统通过相互作用,构成一个有机整体,实现绿色物流系统的整体目标。

③ 绿色物流系统还是另一个更大系统的子系统,这就是绿色物流系统赖以生存发展的外部环境,包括法律法规、政治、文化环境、资源条件、环境资源政策等,它们对绿色物流的实施将起到约束作用或推动作用。

(4) 时域性和地域性。时域特性指的是绿色物流管理活动贯穿于产品的生命周期全过程,包括从原材料供应,生产内部物流,产成品的分销、包装、运输,直至报废、回收的整个过程。

绿色物流的地域特性体现在以下两个方面。

① 由于经济的全球化和信息化,物流活动早已突破地域限制,呈现出跨地区、跨国界的发展趋势。相应地,对物流活动绿色化的管理也具有跨地区、跨国界的特性。

② 绿色物流管理策略的实施需要供应链上所有企业的参与和响应。例如,欧洲一些国家为了更好地实施绿色物流战略,对于托盘的标准、汽车尾气排放标准、汽车燃料类型等都进行了规定,其他国家的不符合标准要求的货运车辆将不允许进入本国。跨地域、跨时域的特性也说明了绿色物流系统是一个动态系统。

4. 实施绿色物流的意义

1) 人类环境保护意识的觉醒

随着世界经济的不断发展,人类的生存环境也在不断恶化。具体表现是:能源危机,资源枯竭,臭氧层空洞扩大,环境遭受污染,生态系统失衡。以环境污染为例,全球20多个特大城市的空气污染超过世界卫生组织规定的标准。人类的认识往往滞后于客观自然界的发展,当前生态环境保护的意义逐渐被人类所认识。20世纪60年代以来,人类环境保护意识开始觉醒,十分关心和重视环境问题,认识到地球只有一个,不能破坏人类的家园。于是,绿色消费运动在世界各国兴起。消费者不仅关心自身的安全和健康,还关心地球环境的改善,拒绝接受不利于环境保护的产品、服务及相应的消费方式,进而促进绿色物流的发展。与此同时,绿色和平运动在世界范围内展开,环保勇士以不屈不挠的奋斗精神,给各种各样危害环境的行为以沉重打击,对于激励人们的环保热情、推动绿色物流的发展,也起到了极其重要的作用。

2) 各国政府和国际组织的倡导

绿色物流的发展与政府行为密切相关。凡是绿色物流发展较快的国家,都得益于政府的积极倡导。各国政府在推动绿色物流发展方面所起的作用主要表现在:一是追加投入以促进环保事业的发展;二是组织力量监督环保工作的开展;三是制定专门政策和法令来引导企业的环保行为。

环保事业是关系到人类生存与发展的伟大事业,国际组织为此作出了极大的努力并取得了显著成效。1972年,第27届联合国大会决议通过把每年的6月5日作为世界环境日,每年的世界环境日都规定有专门的活动主题,以推动世界环境保护工作的发展。联合国环境署、世贸组织环境委员会等国际组织展开了许多环保方面的国际会议,签订了许多环保方面的国际公约与协定,也在一定程度上为绿色物流发展铺平了道路。

3）经济全球化潮流的推动

随着经济全球化的发展，一些传统的关税和非关税壁垒逐渐淡化，环境壁垒逐渐兴起。为此，ISO 14000 成为众多企业进入国际市场的通行证。ISO 14000 的两个基本思想是预防污染和持续改进，它要求建立环境管理体系，使其经营活动、产品和服务的每一个环节对环境的影响最小化。ISO 14000 不仅适用于第一、二产业，也适用于第三产业，更适用于物流业。物流企业要想在国际市场上占一席之地，发展绿色物流是其理性选择。尤其是中国加入 WTO 后，将逐渐取消大部分外国股权限制，外国物流业将进入中国市场，势必给国内物流业带来巨大冲击，也意味着未来的物流业会有一场激烈的竞争。

4）现代物流业可持续发展的需要

绿色物流是现代物流可持续发展的必然。物流业作为现代新兴产业，有赖于社会化大生产的专业分工和经济的高速发展。而物流要发展，一定要与绿色生产、绿色营销、绿色消费等绿色经济活动紧密衔接。人类的经济活动不能因物流而过分地消耗资源、破坏环境，以至于造成重复污染。此外，绿色物流还是企业最大限度降低经营成本的必由之路。一般认为，产品从投产到销出，制造加工时间仅占 10%，而几乎 90% 的时间为仓储、运输、装卸、分装、流通加工、信息处理等物流过程。因此，物流专业化无疑为降低成本奠定了基础。

15.1.2 绿色物流管理

1. 产品绿色设计

绿色物流建设应该起自于产品设计阶段，以产品生命周期分析等技术提高产品整个生命周期环境绩效，在推动绿色物流建设上发挥先锋作用。

2. 绿色生产管理

绿色生产又包括绿色原材料的供应、绿色设计与制造。绿色产品的生产首先要求构成产品的原材料具有绿色特性，绿色原材料应符合以下要求：环境友好性；不加任何涂镀，废弃后能自然分解并能为自然界吸收的材料；易加工且加工中无污染或污染最小；易回收、易处理、可重用的材料，并尽量减少材料的种类，这样有利于原材料的循环使用。

绿色制造则追求两个目标，即通过可再生资源、二次能源的利用及节能降耗措施缓解资源枯竭，实施持续利用；减少废料和污染物的生成排放，提高工业品在生产过程和消费过程中与环境的相容程度，降低整个生产活动给人类和环境带来的风险，最终实现经济和环境效益的最优化。

3. 绿色包装管理

包装是绿色物流管理的一个重要方面，绿色包装是指采用节约资源、保护环境的包装，其特点是材料最省废弃最少且节约资源和能源；易于回收利用和再循环；包装材料可自然降解并且降解周期短；包装材料对人的身体和生态无害。

在中国比较严重的白色污染问题，就是不可降解的塑料包装随地遗弃引起的。

在日本，经营食品的商人已放弃塑料包装，在食品界掀起"绿色革命"，取得了较大的成效。他们的食品包装已不只是要美观和实用，照顾环境需要也成为包装业的重要课题。在对食品包装时尽量采用不污染环境的原料，用纸袋包装取代塑料容器，这也减少了将用过后的包装收集到工厂再循环所面对的技术和成本困难,绿色包装设计在这方面发挥很大作用。

4. 绿色供应商管理

供应商的原材材料,半成品的质量的好坏优劣直接决定着最终产成品的性能,所以要实施绿色物流还要从源头上加以控制。由于政府对企业的环境行为的严格管制,并且供应商的成本绩效和运行状况对企业经济活动构成直接影响。因此在绿色供应物流中。有必要增加供应商选择和评价的环境指标,即要对供应商的环境绩效进行考察。

5. 绿色运输管理

交通运输工具的大量能源消耗;运输过程中排放大量的有害气体,产生噪声污染;运输易燃、易爆、化学品等危险原材料或产品可能引起的爆炸、泄漏等事故都会对环境造成很大的影响。因此构建企业绿色物流体系就显得至关重要。

(1) 合理配置配送中心,制定配送计划,提高运输效率以降低货损量和货运量。开展共同配送,减少污染。共同配送是以城市一定区域内的配送需求为对象,人为地进行有目的、集约化地进行配送。它是由同一行业或同一区域的中小企业协同进行配送。共同配送统一集货、统一送货可以明显地减少货流;有效地消除交错运输缓解交通拥挤状况,可以提高市内货物运输效率,减少空载率;有利于提高配送服务水平,使企业库存水平大大降低,甚至实现零库存,降低物流成本。

(2) 实施联合一贯制运输。联合一贯制运输是物流现代化的支柱之一。联合一贯制运输是指以件杂货为对象,以单元装载系统为媒介,有效地巧妙组合各种运输工具,从发货方到收货方始终保持单元货物状态而进行的系统化运输方式。通过运输方式的转换可削减总行车量,包括转向铁路、海上和航空运输。

(3) 评价运输者的环境绩效,有专门运输企业使用专门运输工具负责危险品的运输,并制定应急保护措施。企业如果没有绿色运输,将会加大经济成本和社会环境成本,影响企业经济运行和社会形象。

6. 绿色储存管理

储存在物流系统中起着缓冲、调节和平衡的作用,是物流的一个中心环节。储存的主要设施是仓库。现代化的仓库是促进绿色物流运转的物资集散中心。绿色仓储要求仓库布局合理,以节约运输成本。布局过于密集,会增加运输的次数,从而增加资源消耗;布局过于松散,则会降低运输的效率,增加空载率。仓库建设前还应当进行相应的环境影响评价,充分考虑仓库建设对所在地的环境影响。例如,易燃、易爆商品仓库不应设置在居民区,有害物质仓库不应设置在重要水源地附近。采用现代储存保养技术是实现绿色储存的重要方面,如气幕隔潮、气调储存和塑料薄膜封闭等技术。

7. 绿色流通加工管理

流通加工是指在流通过程中继续对流通中商品进行生产性加工,以使其成为更加适合消费者的需求的最终产品。流通加工具有较强的生产性,也是流通部门对环境保护大有作为的领域。

绿色流通加工的途径主要分两个方面:一方面变消费者分散加工为专业集中加工,以规模作业方式提高资源利用效率,以减少环境污染;另一方面是集中处理消费品加工中产生的边角废料,以减少消费者分散加工所造成的废弃物污染。

8. 绿色装卸管理

装卸是跨越运输和物流设施而进行的,发生在输送、储存、包装前后的商品取放活动。实施绿色装卸要求企业在装卸过程中进行正当装卸,避免商品体的损坏,从而避免资源浪费以及废弃物环境造成污染。另外,绿色装卸还要求企业消除无效搬运,提高搬运的活性,合理利用现代化机械,保持物流的均衡顺畅。

15.1.3 绿色物流的实施

1. 树立绿色物流观念

观念是一种带根本性和普遍性意义的世界观,是一定生产力水平、生活水平和思想素质的反映,是人们活动的指南。由于长期的低生产力,人们更多地考虑温饱等低层次问题,往往为眼前利益忽视长远利益,为个体利益忽视社会利益,企业因这种非理性需求展开掠夺式经营,忽视长远利益和生态利益及社会利益,进而导致来自大自然的警告。

2. 推行绿色物流经营

物流企业要从保护环境的角度制定其绿色经营管理策略,以推动绿色物流进一步发展。

(1) 选择绿色运输。通过有效利用车辆,提高配送效率。例如,合理规划网点及配送中心、优化配送路线、提高共同配送、提高往返载货率;改变运输方式,由公路运输转向铁路运输或海上运输;使用绿色工具,降低废气排放量等。

(2) 提倡绿色包装。包装不仅是商品卫士,而且也是商品进入市场的通行证。绿色包装要醒目环保,还应符合 4R 要求,即少耗材(Reduction)、可再用(Reuse)、可回收(Reclaim)和可再循环(Recycle)。

(3) 开展绿色流通加工。由分散加工转向专业集中加工,以规模作业方式提高资源利用率,减少环境污染;集中处理流通加工中产生的边角废料,减少废弃物污染等。

(4) 搜集和管理绿色信息。物流不仅是商品空间的转移,也包括相关信息的搜集、整理、储存和利用。绿色物流要求搜集、整理、储存的都是各种绿色信息,并及时运用于物流中,促进物流的进一步绿色化。

3. 开发绿色物流技术

绿色物流不仅依赖绿色物流观念的树立、绿色物流经营的推行,更离不开绿色物流技术的应用和开发。没有先进物流技术的发展,就没有现代物流的立身之地;同样地,没有先进绿色物流技术的发展,就没有绿色物流的立身之地。而我们的物流技术与绿色要求有较大的差距,如物流机械化方面、物流自动化方面、物流的信息化及网络化,与西方发达国家的物流技术相比,大概有 10~20 年的差距。要大力开发绿色物流技术,否则绿色物流就无从谈起。

4. 制定绿色物流法规

绿色物流是当今经济可持续发展的一个重要组成部分,它对社会经济的不断发展和人类生活质量的不断提高具有重要意义。正因为如此,绿色物流的实施不仅是企业的事情,而且还必须从政府约束的角度，对现有的物流体制强化管理。

一些发达国家的政府非常重视制定政策法规，在宏观上对绿色物流进行管理和控制。尤其是要控制物流活动的污染发生源，物流活动的污染发生源主要表现在：运输工具的废气排放污染空气，流通加工的废水排放污染水质，一次性包装的丢弃污染环境，等等。因此，他们制定了诸如污染发生源、限制交通量、控制交通流等的相关政策和法规。国外的环保法规种类很多，有些规定相当具体、严厉，国际标准化组织制定的最新国际环境标志也已经颁布执行。

5. 加强对绿色物流人才的培养

绿色物流作为新生事物，对营运筹划人员和各专业人员的素质要求较高，因此，要实现绿色物流的目标，培养和造就一批熟悉绿色理论和实务的物流人才是当务之急。

15.2 逆向物流

15.2.1 逆向物流概述

1. 逆向物流的概念

《物流术语》（GB/T 18354—2006）对逆向物流的定义为："物品从供应链下游向上游的运动所引发的物流活动，也称反向物流。"

可见，逆向物流的表现是多样化的，从使用过的包装到经处理过的电脑设备，从未售商品的退货到机械零件，等等。也就是说，逆向物流包含来自于客户手中的产品及其包装品、零部件、物料等物资的流动。简而言之，逆向物流就是从客户手中回收用过的、过时的或者损坏的产品和包装开始，直至最终处理环节的过程。但是现在越来越被普遍接受的观点是，逆向物流是在整个产品生命周期中对产品和物资的完整的、有效的和高效的利用过程的协调。然而对产品再使用和循环的逆向物流控制研究却是过去的十年里才开始被认知和展开的。其中较知名的论著是罗杰斯和提篷兰柯的《回收物流趋势和实践》、佛雷普的《物流计划和产品再造》等。

回收物流(Returned Logistics)是指不合格物品的返修、退货以及周转使用的包装容器从需方返回到供方所形成的物品实体流动。如回收用于运输的托盘和集装箱、接受客户的退货、收集容器、原材料边角料、零部件加工中的缺陷在制品等的销售方面物品实体的反向流动过程。

废弃物物流(Waste Material Logistics)是指将经济活动中失去原有使用价值的物品，根据实际需要进行收集、分类、加工、包装、搬运、储存等，并分送到专门处理场所时形成的物品实体流动。

综上所述，逆向物流有广义和狭义之分。狭义的逆向物流是指对那些由于环境问题或产品已过时的原因而对产品、零部件或物料回收的过程。它是将排泄物中有再利用价值的部分加以分拣、加工、分解，使其成为有用的资源重新进入生产和消费领域。广义的逆向物流除了包含狭义的逆向物流的定义之外，还包括废弃物物流的内容，其最终目标是减少资源使用，并通过减少使用资源达到废弃物减少的目标，同时使正向物流及回收的物流更有效率。逆向物流流程如图 15-1 所示。

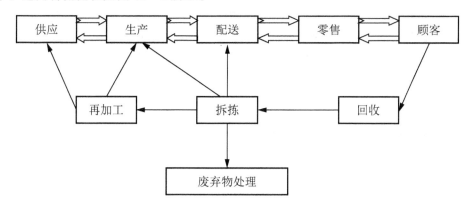

图 15-1 逆向物流流程示意图

注：⇒ 表示正向物流；⇐ 表示退货逆向物流；→ 表示回收逆向物流。

2. 逆向物流的特点

逆向物流作为企业价值链中特殊的一环，与正向物流相比，既有共同点，也有各自不同的特点。二者的共同点在于都具有包装、装卸、运输、储存、加工等物流功能。但是，逆向物流与正向物流相比又具有其鲜明的特殊性。

（1）分散性。逆向物流产生的地点、时间、质量和数量是难以预见的。废旧物资流可能产生于生产领域、流通领域或生活消费领域，涉及任何领域、任何部门、任何个人，在社会的每个角落都在日夜不停地发生。正是这种多元性使其具有分散性。而正向物流则不然，按量、准时和指定发货点是其基本要求。这是由于逆向物流发生的原因通常与产品的质量或数量的异常有关。

（2）缓慢性。人们不发现，开始的时候逆向物流数量少，种类多，只有在不断汇集的情况下才能形成较大的流动规模。废旧物资的产生也往往不能立即满足人们的某些需要，它需要经过加工、改制等环节，甚至只能作为原料回收使用，这一系列过程的时间是较长的。同时，废旧物资的收集和整理也是一个较复杂的过程。这一切都决定了废旧物资缓慢性这一特点。

（3）混杂性。回收的产品在进入逆向物流系统时往往难以划分为产品，因为不同种类、不同状况的废旧物资常常是混杂在一起的。当回收产品经过检查、分类后，逆向物流的混杂性随着废旧物资的产生而逐渐衰退。

（4）多变性。由于逆向物流的分散性及消费者对退货、产品召回等回收政策的滥用，有的企业很难控制产品的回收时间与空间，这就导致了多变性。

（5）逆向物流具有极大的不确定性。其主要表现在以下几个方面：①产品回收的数量不确定；②产品回收处理方法和要求不确定；③产品回收后的去向不确定；④产品回收的在加工的成本不确定；⑤对再生产品的需求不确定等。

由于这诸多的不确定性，使得逆向物流系统的设计、库存控制和对生产计划等的进行造成很大的难度。

（6）逆向物流与正向物流具有不同的利润结构。逆向物流的利润更多地来自于产品回收；而正向物流的利润来自整个供应链的价值增值之中。

（7）逆向物流网络与正想物流网络之间的集成困难是多数正向物流不具备逆向物流的的条件。配送成本会比从生产地流动原始产品的用户的成本更高。比如，因质量等原因召回产品的成本比正向配送的成本至少要高出两三倍，这主要由于不确定的需求召回所形成小规模运输所致。

3. 逆向物流的运作模式

逆向物流的运作模式如图 15-2 所示。

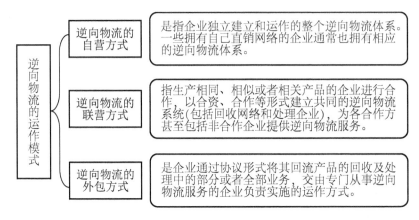

图 15-2　逆向物流的运作模式

4. 逆向物流的作用

对于企业而言，逆向物流往往出于以下动机：环境管制；经济利益（体现在废弃物处理费用的减少、产品寿命的延长、原材料零部件的节省等方面）和商业考虑。因而，管理者首先应认识到逆向物流的重要性和价值，其次要在实际运作中如何给予逆向物流以资源和支援，才是发挥竞争优势的关键。

（1）提高顾客价值。在当今顾客驱动的经济环境下，顾客价值是决定企业生存和发展的关键因素。众多企业通过逆向物流提高顾客对产品或服务的满意度，赢得顾客的信任，从而增加其竞争优势。对于最终顾客来说，逆向物流能够确保不符合订单要求的产品及时退货，有利于消除顾客的后顾之忧，增加其对企业的信任感及回头率，扩大企业的市场份额。如果一个公司要赢得顾客，就必须保证顾客在整个交易过程中心情舒畅，而逆向物流战略是达到这一目标的有效手段。另一方面，对于供应链上的企业客户来说，上游企业采取宽松的退货策略，能够减少下游客户的经营风险，改善供需关系，促进企业间战略合作，强化整个供应链的竞争优势。特别对于过时性风险比较大的产品，退货策略所带来的竞争优势更加明显。

（2）降低物料成本。减少物料耗费，提高物料利用率是企业成本管理的重点，也是企业增效的重要手段。然而，传统管理模式的物料管理仅仅局限于企业内部物料，不重视企业外部废旧产品及其物料的有效利用，造成大量可再用性资源的闲置和浪费。由于废旧产品的回购价格低、来源充足，对这些产品回购加工可以大幅度降低企业的物料成本。

（3）改善环境行为。随着人们生活水平和文化素质的提高，环境意识日益增强，消费观念发生了巨大变化，顾客对环境的期望越来越高。另外，由于不可再生资源的稀缺以及环境污染的日益加重，各国都制订了许多环境保护法规，为企业的环境行为规定了一个约束性标准。企业的环境业绩已成为评价企业运营绩效的重要指标。为了改善企业的环境行为，提高企业在公众中的形象，许多企业纷纷采取逆向物流战略，以减少产品对环境的污染及资源的消耗。

（4）实现经济的可持续发展。社会的可持续发展的三个主要特征：生态持续、经济持续和社会持续。生态持续是基础，经济持续是条件，社会持续是人类共同追求的应该是自然、经济、社会复合系统的持续、稳定、健康发展。可持续发展的核心思想是健康的经济发展应建立在生态可持续能力、社会公正和人民积极参与自身发展决策的基础上；它所追求的目标是：既要使人类的各种需要得到满足，又要保护资源和生态环境。它特别关注的是各种经济活动的生态合理性，而绿色物流正是体现人类经济活动与生态发展的合理性，而实现社会经济的持续发展的战略。

15.2.2 逆向物流与循环经济

循环经济本质上是一种生态经济，它要求运用自然生态学的规律来指导人类社会的经济活动。它所倡导的是建立在物质不断循环利用的基础上的经济发展模式，它要求将经济活动组织成一个"资源—产品—再生资源"的反馈是流程，使所有的资源得以在这个循环中合理地、持久地利用，从而经济活动对自然环境的影响降低到最小程度，是一种与环境和谐发展的社会经济发展模式。

1. 逆向物流与绿色物流

逆向物流活动的实施有利于减少废旧产品对环境的危害，但它与绿色物流有着本质的区别。逆向物流是与供应链相反方向的物流活动；而绿色物流是指物流活动，包括逆向物流活动都必须遵循资源的节约，提高资源的利用率；同时减轻对环境的危害，从而降低外部经济性，实现自身和社会的可持续发展。

2. 逆向物流与可持续发展

逆向物流是以回收再生为主要内容的物流活动，逆向物流作为流通环节的重要产业形态，它的发展也必须考虑环境保护和资源的合理、有效利用问题。由于经济发展促进物流活动的急剧扩张，会产生对环境的影响和对资源的消耗，因此，要实现长期、持续的社会经济的可持续发展就必须坚持及保护环境，又节约资源的社会发展战略。

15.3 应急物流

15.3.1 应急物流概述

自然灾害、公共卫生事件等给人类造成的重大打击，信息的不完备而导致的决策者失误，由国际环境复杂化而引起的供应链复杂化和冗长，为维护消费者权益而实行的召回政策等都促使物流体系中一个新的门类——应急物流的产生。

应急物流是指为应对严重自然灾害、突发性公共卫生事件、公共安全事件及军事冲突等突发事件而对物资、人员、资金的需求进行紧急保障的一种特殊物流活动。应急物流与普通物流一样，由流体、载体、流向、流程、流量等要素构成，具有空间效用、时间效用和性质效用。应急物流多数情况下通过物流效率实现其物流效益，而普通物流既强调效率又强调效益。应急物流可以分为军事应急物流和非军事应急物流两种。

1. 应急物流的概念

《物流术语》（GB/T 18354—2006）对应急物流的定义为："针对可能出现的突发事件已做好预案，并在事件发生时能够迅速付诸实施的物流活动。"

应急物流的"应急"二字本身带有一定的军事色彩，但应急物流并不等同于军事物流。军事物流的指令性较强，尤其在战争爆发的时候，始终把军事利益放在首位。而应急物流系统则应该以社会利益为牵引，服务的对象是受灾地区的人民。应急物流一般具有突发性、弱经济性、不确定性和非常规性等特点，多数情况下通过物流效率实现其物流效益，而普通物流既强调效率又强调效益。目前中国的应急物流有自己的特点，其表现为：政府高度重视，企业积极参与；军民携手合作，军队突击力强；平时预有准备、预案演练到位等。

2. 应急物流的内容

应急物流主要包括以下内容。① 应急物流组织机制的构建；② 应急技术的研发；③ 应急物流专业人员的管理；④ 应急所需资金与物资的筹措；⑤ 应急物资的储存与管理；⑥ 应急物流中心的构建；⑦ 应急物资的储存、运输与配送等内容。

3. 应急物流的特点

应急物流是一般物流活动的一个特例，它具有区别于一般物流活动的以下特点。

（1）突发性和不可预知性：这是应急物流区别于一般物流的一个最明显的特征。

（2）应急物流需求的随机性：应急物流是针对突发事件的物流需求，应急物流需求的随机性主要是由于突发事件的不确定性。

（3）时间约束的紧迫性：一般重大自然灾害来临来势凶猛，应急物流应对时间紧迫，需要对人和物的紧急救援，刻不容缓。

（4）弱经济性：普通物流既强调物流的效率，又强调物流的效益，而应急物流在许多情况下是通过物流效率的实现来完成其物流效益的实现。

（5）非常规性：重大自然灾害发生的规律性很难掌握，正所谓"天有不测风云"。

（6）政府与市场的共同参与性。但凡发生重大自然灾害，对一个国家、一个地区的人身安全和财产都会造成重大损失，都需要政府动员社会力量来共同参与。正所谓"一方有难，八方支援"的社会原则，以保证最大限度地减少人员和财产的损失。

4. 应急物流的地位与作用

应急物流也包括采集、运输、储存、装卸、搬运、包装、配送等物流环节。相比之下，普通物流既强调物流的效率又强调物流的效益，而应急物流在许多情况下是通过物流效率的实现来完成其物流效益的实现。应急物流是现代物流新兴的分支领域，属于特种物流，为应对社会突发公共事件提供物资支援的应急物流，已经成为当今我国经济持续健康快速发展的重要保障力量，在科学发展、构建和谐社会的大背景下，必须高度重视应急物流的建设发展。

（1）应急物流是国家安全保障系统的重要力量。社会在发展过程中总难免发生一些突发公共事件。突发公共事件发生时，短时间内需要大量物资，因此，救灾的胜负不仅取决于现场救援力量，也依赖于应急物流能力。从社会作用层面上讲，应急物流主体功能包括：快速抢救受灾物资和各类设施、设备，减弱损失；及时补充物资，维系抢险救灾活动顺利进行；快速供应物资，帮助灾区重建；稳定民心，维护社会经济秩序安定等四个方面。良好的应急物流体系，能够源源不断地将国民经济力量增值、输送到灾区，补充救灾物资消耗，恢复救灾力量，成为救灾能力的倍增器。可见，良好的应急物流系统，既是综合国力的重要组成部分，也是其发展水平的重要标志，更是综合国力转化为救灾实力的物质桥梁，与现场救援实力一样。

（2）应急物流建设事关国计民生，意义十分重大。从宏观上讲，它直接关系着国家社会和谐稳定和国防安全巩固，与国家、各级政府息息相关；从微观层面上讲，它关系着百姓安康、生活幸福，与个人和群体利益也紧密相连。因此，为确保国家经济建设、国计民生能够面对突发事件应对自如，减少损失，我们应站在国家安全战略角度，高度重视应急物流建设，充分发挥应急物流为应对突发公共事件提供物资保障的作用，使突发公共事件的应对，由被动应对变为主动应对由片面应对变为全面应对。

（3）应急物流为应急管理提供强大的物资支撑。应急管理理论认为，突发事件可分为潜伏期、发展期、爆发期和痊愈期四个阶段。应急物流在突发事件潜伏期做好各种准备，发展期启动，在爆发期和痊愈期真正运作，体现价值。在应急行动中，大致可分为实施抢救的现场救援活动和实施物资保障的物流活动，国家实力不会自动地转化为抗灾救灾实力，应急物资必须经过包装加工、组配、储存、前送、分发等多个环节，通过物流这种桥梁作用，才能为现场救援提供不间断的物资供应。

15.3.2 应急物流管理

应急物流从概念的提出至今，时间不长，但因其对社会的重大意义，研究的广度和深度不断加大。国内外对应急物流的规律、保障机制、实现途径等方面都进行了深入的研究。

欧美发达国家对应急管理体系的建设较早，其表现为：建立并完善应急管理协调机制；制订并优化应急管理行动流程；制订并完善应急管理法规体系；搭建应急管理信息平台等。

1. 完善应急管理协调机制

1）应急物流指挥系统的建设

加大院校、实体等各种培训机构的培养力度做好专业指挥人才储备。同时整合全国的相关物流专业救援力量合理规划应急指挥队伍的布局充实骨干人员改善技术装备全面加强应急物流指挥管理人员的培训和综合实战演练按规划和预案的要求不断提高应对突发公共事件的指挥能力积极探索利用市场机制组织企业、非政府组织等社会力量参与应急物流管理与服务的长效机制逐步形成专、兼职队伍结合的突发公共事件应急物流指挥人才队伍和专业技术力量。

2）完善应急物流通道建设

（1）完善应急物流通道设施设备。应急物流通道设施设备是应急物流体系有效运作的物质基础包括具有应急物流功能的交通网络、通道信息管理平台、点线结合部等设施以及运输、搬运等相关设备和工具必须大力抓好其配套建设完善功能提高应急能力。

（2）加强应急物流通道规划管理。应急物流通道的规划管理是保障应急物流畅通运行的关键。在应急物流物质基础具备的情况下只有通过统筹规划、强化管理才能真正提高应急物流通道的保障能力，使通道运行畅通有序。

（3）建立应急物流通道保障机制。应急物流通道保障机制是指有关应急物流通道建设和管理的国家法律、地方部门、行业法规和配套规章制度体系政府出台的政策措施、指定的各种技术标准等。

3）加强应急物资储备系统的建设

在应急物资储备系统中国家是主体、军队是骨干、地方是补充、市场是辅助、家庭是基点。我国应立足恶劣复杂的环境条件根据不同地区可能发生灾害的类型、强度等实际情况由国家主管部门统一部署各级地方政府组织指导从家庭储备做起市场参与建立国家、军队、地方、市场和家庭"五位一体"的应急物资储备系统有效保障应对突发公共事件的物资需求。

2. 建立应急预案预警信息系统

以国家总体应急预案为统揽逐步形成相互衔接、完整配套的应急物流预案体系为应急物流指挥系统的运行提供必要准备工作。预案编制要结合实际符合应急物流管理和应急处置工作的规律及特点具有针对性、实用性和可操作性。另外应根据形势发展和情况变化及时对预案进行修订与完善。利用现代信息技术和通信手段在全国范围内构建应急物流指挥管理网络。加强对有关信息的收集、分析、判别以及跟踪监测从而为指挥系统建立准确、快速、畅通的预报渠道以实现预警信息的资源共享。

3. 加强应急物流法规建设

宏观层面包括应急物流的地位、发展的重点、运行的内部环境调整应急物流系统内部及与应急物流管理部门、政府其他部门或地方主管部门的工作关系。具体包括应急物流产业法规、应急物流组织法规、应急物流建设投入法规、应急物流教育法规、应急物流人力资源法规、应急物流科技法规等。管理层面的应急物流法规，是应急物流、管理和运作的具体依据，包括应急物流调控法规、应急物流资源管理法规、应急物流企业动员法规、应急物流评价标准，应急物流预案等操作层面的应急物流法规是与应急物流具体作业相关的规章制度、主要规范。应急物流的操作行为以标准规范为主，包括应急物流通用基础标准、应急物流信息标准、应急物流管理标准、应急物流系统建设标准、应急物流其他标准等。

应急物流是所有自然灾害和社会灾害发生后抢救人民生命和财产的"生命线"。应急物流是一个极其复杂的系统应急物流系统的有效运行是抢救生命和财产的保证。所以目前应该切实认识到对应急物流系统进行建设的紧迫性抓紧应急物流建设的相关工作常设应急物流指挥协调部门为将来的自然灾害和社会灾害做好一切准备工作尽最大努力保证人民的生命安全和财产损失最小化。应当尽快找出并解决我国应急物流系统存在的相关问题从国外应急物流救灾中吸取经验从而提高自己的应急物流救灾水平将灾害的损失降到最低。总结自然灾害、公共事件、军事事件等突发性事件具有难以预测性、不可抵抗性 对公共秩序、民众生命和财产安全、环境和社会功能有着巨大威胁。建立完善的应急物流体系 可以有效促进应急物流的顺利实施。加强应急物资的储备和管理可以在很大程度上减轻突发性事件造成的损失减少突发性事件的影响范围。

15.4 精益物流

15.4.1 精益物流概述

1. 精益物流的概念

《物流术语》(GB/T 18354—2006)对精益物流的定义为："消除物流过程中的无效和不增值作业,用尽量少的投入满足客户需求,实现客户的最大价值,并获得高效率、高效益的物流。"

精益物流起源于日本丰田汽车公司的一种物流管理思想,其核心是追求消灭包括库存在内的一切浪费,并围绕此目标发展的一系列具体方法。它是从精益生产的理念中蜕变而来的,是精益思想在物流管理中的应用。

2. 精益物流的内涵

在沿着价值流的各个公司和工厂之间,建立一个能够经常以小批量进行补给的拉动系统。我们假设 A 公司(一个零售商)直接向顾客销售产品,而且从 B 公司(一个制造商)大批量、低频率的补给货物。精益物流将会在零售商(A 公司)安装一个拉动信号,当他售出若干的货物之后,这个信号就会提示制造商,补充相同数量的货物给 A 公司,同时制造商会提示他的供应商补充相同数量的原料或半成品,以此一直向价值流的上游追溯。精益物流需要拉动信号(EDI、看板、网络设备等),来保证价值流各工序之间的平衡生产。例如,用频繁的小批量装运方法,将零售商、制造商,以及供应商,联成一条"送牛奶"的供应链。

作为一种新型的生产组织方式,精益制造的概念给物流及供应链管理提供了一种新的思维方式,它包括以下内容。

(1)以客户需求为中心。要从客户的立场,而不是仅从企业的立场,或一个功能系统的立场来确定什么创造价值、什么不创造价值。

(2)对价值链中的产品设计、制造和订货等的每一个环节进行分析,找出不能提供增值的浪费所在。

(3)根据不间断、不迂回、不倒流、不等待和不出废品的原则制定创造价值流的行动方案。

(4)及时创造仅由顾客驱动的价值。

(5)一旦发现有造成浪费的环节就及时消除,努力追求完美。

作为JIT(准时制管理)的发展，精益物流的内涵已经远远超出了JIT的概念。因此可以说，所谓精益物流指的是：通过消除生产和供应过程中的非增值的浪费，以减少备货时间，提高客户满意度。

15.4.2 精益物流的实施

1. 精益物流的目标

1) 以客户需求为中心

在精益物流系统中，顾客需求是驱动生产的原动力，是价值流的出发点。价值流的流动要靠下游顾客来拉动，而不是依靠上游的推动，当顾客没有发出需求指令时，上游的任何部分不提供服务，而当顾客需求指令发出后，则快速提供服务。系统的生产是通过顾客需求拉动的。

2) 准时

在精益物流系统中，电子化的信息流保证了信息流动的迅速、准确无误，还可有效减少冗余信息传递，减少作业环节，消除操作延迟，这使得物流服务准时、准确、快速，具备高质量的特性。

货品在流通中能够顺畅、有节奏地流动是物流系统的目标。而保证货品的顺畅流动最关键的是准时。准时的概念包括物品在流动中的各个环节按计划按时完成，包括交货、运输、中转、分拣、配送等各个环节。物流服务的准时概念是与快速同样重要的方面，也是保证货品在流动中的各个环节以最低成本完成的必要条件，同时也是满足客户要求的重要方面之一。准时也是保证物流系统整体优化方案能得以实现的必要条件。

3) 准确

准确包括：准确的信息传递，准确的库存，准确的客户需求预测，准确的送货数量，等等。准确是保证物流精益化的重要条件之一。

4) 快速

精益物流系统的快速包括两方面含义：第一是物流系统对客户需求的反应速度，第二是货品在流通过程中的速度。

物流系统对客户个性需求的反应速度取决于系统的功能和流程。当客户提出需求时，系统应能对客户的需求进行快速识别，分类，并制定出与客户要求相适应的物流方案。客户历史信息的统计、积累会帮助制定快速的物流服务方案。

货品在物流链中的快速性包括，货物停留的节点最少，流通所经路经最短，仓储时间最合理，并达到整体物流的快速。速度体现在产品和服务上是影响成本和价值重要因素，特别是市场竞争日趋激烈的今天，速度也是竞争的强有力手段。快速的物流系统是实现货品在流通中增加价值的重要保证。

5) 降低成本

降低成本、提高效率，精益物流系统通过合理配置基本资源，以需定产，充分合理地运用优势和实力；通过电子化的信息流，进行快速反应、准时化生产，从而消除诸如设施设备空耗、人员冗余、操作延迟和资源等浪费，保证其物流服务的低成本。

6) 系统集成

精益系统是由资源、信息流和能够使企业实现"精益"效益的决策规则组成的系统。

精益物流系统则是由提供物流服务的基本资源、电子化信息和使物流系统实现"精益"效益的决策规则所组成的系统。

具有能够提供物流服务的基本资源是建立精益物流系统的基本前提。在此基础上，需要对这些资源进行最佳配置，资源配置的范围包括：设施设备共享、信息共享、利益共享等。只有这样才可以最充分地调动优势和实力，合理运用这些资源，消除浪费，最经济合理地提供满足客户要求的优质服务。

7) 信息化

高质量的物流服务有赖于信息的电子化。物流服务是一个复杂的系统项目，涉及大量繁杂的信息。电子化的信息便于传递，这使得信息流动迅速、准确无误，保证物流服务的准时和高效；电子化信息便于存储和统计，可以有效减少冗余信息传递，减少作业环节，降低人力浪费。此外，传统的物流运作方式已不适应全球化、知识化的物流业市场竞争，必须实现信息的电子化，不断改进传统业务项目，寻找传统物流产业与新经济的结合点，提供增值物流服务。

使系统实现"精益"效益的决策规则包括使领导者和全体员工共同理解并接受精益思想，即消除浪费和连续改善，用这种思想方法思考问题、分析问题，制定和执行能够使系统实现"精益"效益的决策。

2. 精益物流的作用

为企业在提供满意的顾客服务水平的同时，把浪费降到最低程度。物流活动中的浪费现象很多，常见的有不满意的顾客服务、无需求造成的积压和多余的库存、实际不需要的流通加工程序、不必要的物料移动、因供应链上游不能按时交货或提供服务而等候、提供顾客不需要的服务等，努力消除这些浪费现象是精益物流最重要的内容。

3. 精益物流的实现方法

精益物流的根本目的就是要消除物流活动中的浪费现象，如何有效地识别浪费就成了精益物流的出发点，为此，物流专家做了大量的工作，创建了一些"工具箱"，Daniel T. Jones 等曾总结了这方面的成果，认为目前行之有效的方法有 7 种：过程活动图、供应链反应矩阵、产品漏斗图、质量过滤图，需求放大（扭曲）图、决策点分析图、实体结构图，而其中最常用的方法是过程活动图和实体结构图。

1) 流程活动图

它起源于工业工程领域。工业工程的很多技术可以被用来消除工作场所的浪费、矛盾和不合理，进而能够更加容易、快速和便宜地提供高质量的产品和服务。工业工程的一些技术，正是由于这个原因而广为人知，而流程分析则是其中最普通的一种。

2) 实体结构图

它是从整个供应链的角度识别价值流，它有助于了解供应链的结构及供应链运行状况，一般由容量结构图和成本结构图两部分构成。与过程活动图一样，通过实体结构图可以消除不必要的活动，或简化、合并活动或调整活动顺序以达到减少浪费的目的。综上所述，运用供应链管理的整体思维，站在顾客的立场，无限追求物流总成本的最低是精益物流真正核心所在。精益物流如图 15 - 3 所示。

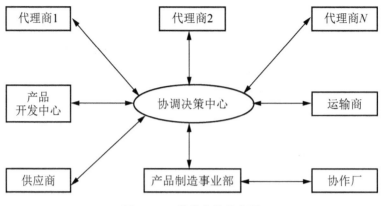

图 15-3 精益物流示意图

15.5 定制物流

15.5.1 定制物流概述

1. 定制物流的概念

《物流术语》(GB/T 18354—2006)对定制物流的定义为:"根据用户的特定要求而为其专门设计的物流服务模式"。

2. 定制物流的特点

(1) 以客户需求为导向。物流活动主要追求提高物流效率、降低物流成本,是一种推动型物流服务模式,而定制物流旨在充分识别客户的物流需求,并根据需求特征进行市场细分,寻求差异化的物流战略,从而通过对物流功能的重组和物流操作的重构,提供客户化定制物流服务,是一种需求拉动型物流服务模式。

(2) 以现代信息技术和物流技术为支持。定制物流要在获得大规模经济效应的同时提供客户化定制物流服务,必须依靠现代信息技术和物流技术,包括电子数据交换、条形码、电子自动订货系统、全球卫星定位系统、地理信息系统、射频技术等。这些技术使企业能采用先进的管理方法如快速反应、有效客户反应、准时制管理;提供客户要求的供应商管理库存计划、提前运送通知、协同计划、预测与补给、上架准备等特定服务;支持工厂和仓库中新增的物流活动如直接换装操作、运输调度及回程安排等。

(3) 以物流功能模块化、标准化为基础。物流服务功能主要包括运输、保管、包装、装卸搬运、配送、流通加工、信息处理等,各个功能可以视为物流服务的模块,并进行标准化。各模块功能的实现可通过自营或外购的方式获得,以每个组织的核心竞争力为依据确定自营功能模块,外购非核心能力的功能模块。在实现标准化的过程中,可以运用标杆瞄准(Benchmarking)方法,以该功能领域的领先者或竞争对手为标杆,实现物流设施设备、物流操作等的标准化。最后,根据具体的客户需求进行物流功能模块的组合,以物流服务总效益最大化为指导,实现各功能模块的协调。

(4) 以整体价值最大化为目标。定制物流最终是要实现企业价值与顾客价值的统一,做到顾客需求的满足和企业目标的实现。这是一个系统工程，涉及众多不同的模块及流程阶段，在各阶段的协调中要求其局部优化要以系统整体价值的提升为准则，以使顾客和企业共同受益。

（5）以网络化物流为发展方向。定制物流注重提高物流服务的质量，降低物流服务的成本以及减少物流系统的反应时间。定制物流在现代信息技术和网络技术的支持下能够整合企业内外各种物流资源，最终实现跨行业、跨区域的网络化物流。网络化物流统筹了物流链上各模块的物流功能及物流资源，致力于以整个物流网络的最小总成本和最快的反应速度向顾客提供高质量的物流服务。

15.5.2 定制物流的实施

1. 物流细分

由于定制物流要提供有效的客户化定制方案，满足不同客户的特定需求，因而实现定制物流首先要从物流角度进行市场细分，通过物流细分来识别客户的需求特征，并按照一定的标准划分客户群，从而为物流服务水平的设计打下基础。

物流细分所使用的工具与市场细分相似，主要是进行因素分析，不同之处在于决定分类的因素不同，市场细分主要以客户需求的产品特征为基础，物流细分则主要以客户的物流需求和产品的物流特征为基础，这些因素主要包括购买关系性质、订货和账单送交方式、运送和服务支持、订单内容、运送内容等。由于不同物流服务提供者对各因素重要性的理解有异，因此物流细分中所使用的主要因素也不尽一致。例如，澳大利亚一家大型酿酒公司利用客户订货特征、物流运送要求和客户规模作为主要因素进行物流细分，而另外一家电子通信产品供应商则主要根据客户的订货方式（如紧急订货和正常订货）、运送要求等进行物流细分。

2. 物流服务水平设计

在细分市场之后，要针对每个客户群定制物流服务水平。为此，首先要了解企业的物流服务能力；在此基础上，根据物流细分的结果设计满足客户群物流需求的服务水平。由于明确了各客户群的物流服务需求，设计相应的物流服务水平是一件比较直接的事，但在很多情形下，如为了跟上竞争者的物流服务水平，或采取差异化战略而缺乏相应的物流能力，或缺乏满足重要客户物流需求的某些物流能力等，在物流服务水平的设计方案中需增加新的物流服务能力，才能满足客户的物流服务要求。这时，就应比较新增物流服务能力的总成本和收益机会，做出正确的决策。

进一步地，所设计的物流服务水平必须进行内外部的测试和检验，并根据测试反馈情况，进行适当的变更，最后确定物流服务水平。内部测试主要是针对市场营销部门和销售人员进行，当某些方面发生抵触时，要进行协调，确保总体效益最大。外部测试主要针对客户进行，要求确保新增的附加服务能为客户增加价值，并且客户愿意支付更多费用或同意增加购买量，来获得这些服务。

最后，在为具体客户提供物流服务的实际操作中，为客户提供的物流服务水平以该客户所在客户群的物流服务水平为基础，再根据客户特定需求对物流服务内容进行适当增减，从而在大规模的基础上提供定制化物流解决方案。

3. 物流服务能力重构

要达到设计的物流服务水平，必须重构企业的物流服务能力。为此，要综合考虑物流操作流程、物流资产和技术以及人员安排等三个方面。

新的物流操作流程要确保能有效地提供定制物流服务。对制造商而言，需要明确新执行的物流活动；了解由于物流服务变动所影响的客户数目和预期的产品数量，寻求执行新流程而不干扰其他产品流的最好方式；明确单个流程（接收、入库、存储、拣选、分拨、运输计划）所受到得影响；弄清市场预测、生产计划、存货管理和分销管理流程和政策，以及市场营销流程和政策需进行的调整与改变。

物流资产和技术也是物流服务能力重构中必须考虑的问题。进行重构时要分析资产构造的变化，确定重构的仓储设施、新增物流设备的数量；明确为支持新流程，在销售、订单管理以及客户服务系统方面的变化；明确为支持提供新服务，在生产计划、供应链计划、仓储和运输管理系统方面的变化等。

物流服务能力重构还需考虑人员安排。一般地，工作流程上的变化、引进新系统需对人员进行培训。另外，如果物流能力的实现是外包第三方，则需与第三方物流服务提供者进行新的协议，因而物流服务能力重构需对人员安排进行合理的调整，对员工进行相应的培训。

15.5.3 大规模定制物流

1. 大规模定制物流的特征

1）以客户需求为导向

大规模物流主要追求提高物流效率、降低物流成本，是一种推动型物流服务模式，而大规模定制物流旨在充分识别客户的物流需求，并根据需求特征进行市场细分，寻求差异化的物流战略，从而通过对物流功能的重组和物流操作的重构，提供客户化定制物流服务，是一种需求拉动型物流服务模式。

2）以现代信息技术和物流技术为支持

大规模定制物流要在获得大规模经济效应的同时提供客户化定制物流服务，必须依靠现代信息技术和物流技术，包括电子数据交换、条形码、电子自动订货系统、全球卫星定位系统、地理信息系统、射频技术等。这些技术使企业能采用先进的管理方法如快速反应、有效客户反应、准时制管理；提供客户要求的供应商管理库存计划、提前运送通知、协同计划、预测与补给、上架准备等特定服务；支持工厂和仓库中新增的物流活动如直接换装操作、运输调度及回程安排等。

2. 大规模定制物流策略

1）有效实施大规模定制的途径——延迟

大规模定制有助于企业进入新的市场，并吸引大量个性化需求不能被标准产品所满足的顾客。然而，原始的大规模定制既浪费成本又没有效率。如果定制的产品在时间和成本上超过了顾客的预期，只会失去现有顾客。当然，如果无法实施和履行规模定制的承诺，这对于企业来说也是一种损失。因此，如果没有与之相应的低成本且又高效率的供应链，大规模定制是难以实现的。

供应链总成本降到最低的同时使得供应链效率最优化的产品和流程设计的最根本的原则就是"延迟"。其核心内容是：制造商事先只生产通用化或可模块化的部件，尽量使产品保持中间状态，以实现规模化生产，并且通过集中库存减少库存成本，从而缩短提前期，使顾客化活动更接近顾客，增强了应对个性化需求的灵活性。延迟化策略的基本思想就是：表面上的延迟，实质上是为了更快速地对市场需求做出反应，即通过定制需求或个性化需求在时间和空间上的延迟，实现供应链的低生产成本、高反应速度和高顾客价值。

2) 供应链环境下采用的延迟模式

（1）拉动式延迟。

（2）物流式延迟策略，是建立在改变定制化步骤发生地点基础上的，要求重新设计供应链流程所包含的任务和模块，以便于定制化步骤可以在靠近顾客的下游进行。

（3）结构式延迟策略要求彻底改变产品结构，使用那些能够使一些零部件和流程步骤标准化的设计。如果早期的步骤能够标准化，使这些步骤产生的结果无差别，那么产生产品差异的点就会有效地得以推迟。我们称之为结构式延迟，是因为延迟是通过产品结构形式的改变而得以实现的。

15.6 虚拟物流

15.6.1 虚拟物流概述

1. 虚拟物流的概念

《物流术语》（GB/T 18354—2006）对虚拟物流的定义为："以计算机网络技术进行物流运作与管理，实现企业间物流资源共享和优化配置的物流方式。"虚拟物流如图15-4所示。

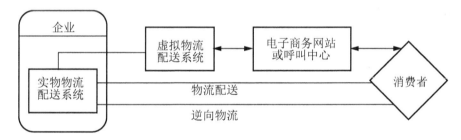

图 15-4 虚拟物流示意图

2. 虚拟物流的特点

1) 信息化

电子商务时代，物流信息化是电子商务的必然要求。物流信息化表现为物流信息的商品化、物流信息收集数据库化和代码化、物流信息处理的电子化和计算机化、物流信息传递的标准化和实时化、物流信息存储的数字化等。因此，条码技术、数据库技术、电子订货系统、电子数据交换、快速反应及有效的客户反映、企业资源计划等技术与观念在我国的物流中将会得到普遍的应用。信息化是一切的基础，没有物流的信息化，任何先进的技术设备都不可能应用于物流领域，信息技术及计算机技术在物流中的应用将会彻底改变世界物流的面貌。

2）自动化

它的基础是信息化，自动化的核心是机电一体化，自动化的外在表现是无人化，自动化的效果是省力化，另外还可以扩大物流作业能力、提高劳动生产率、减少物流作业的差错等。物流自动化的设施非常多，如条码/语音/射频自动识别系统、自动分拣系统、自动存取系统、自动导向车、货物自动跟踪系统等。这些设施在发达国家已普遍用于物流作业流程中，而在我国由于物流业起步晚，发展水平低，自动化技术的普及还需要相当长的时间。

3）网络化

物流领域网络化的基础也是信息化，物流的网络化是物流信息化的必然，是电子商务下物流活动的主要特征之一。物流领域网络化的基础也是信息化，这里指的网络化有两层含义：一是物流配送系统的计算机通信网络，包括物流配送中心与供应商或制造商的联系要通过计算机网络，另外与下游顾客之间的联系也要通过计算机网络通信；二是组织的网络化，即所谓的企业内部网。

4）智能化

这是物流自动化、信息化的一种高层次应用，物流作业过程大量的运筹和决策，如库存水平的确定、运输（搬运）路径的选择、自动导向车的运行轨迹和作业控制、自动分拣机的运行、物流配送中心经营管理的决策支持等问题都需要借助于大量的知识才能解决。物流的智能化已成为电子商务下物流发展的一个新趋势。

5）柔性化

柔性化本来是为实现"以顾客为中心"理念而在生产领域提出的，但要真正做到柔性化，即真正地能根据消费者需求的变化来灵活调节生产工艺，没有配套的柔性化的物流系统是不可能达到目的的。

3. 虚拟物流的要素

虚拟物流主要包括以下 4 个要素。

（1）虚拟物流组织。它可以使物流活动更具市场竞争的适应力和赢利能力。

（2）虚拟物流储备。它可以通过集中储备、调度储备以降低成本。

（3）虚拟物流配送。它可以使供应商通过最接近需求点的产品，并运用遥控运输资源实现交货。

（4）虚拟物流服务。它可以提供一项虚拟服务降低固定成本。

4. 虚拟物流的作用

（1）它可以使物流活动更具市场竞争的适应力和赢利能力。

（2）它可以通过集中储备、调度储备以降低成本。

（3）它可以使供应商通过最接近需求点的产品，并运用遥控运输资源实现交货。

（4）它可以提供一项虚拟服务，降低固定成本。

对于中小企业来说虚拟物流的意义十分重大。中小企业在大的竞争对手面前经常处于不利的地位，他们从自己的物流活动中不但无法获取规模效益，而且还会加大物流成本的消耗。虚拟物流可以使这些小企业的物流活动并入到一个大的物流系统中，从而实现在较大规模的物流中降低成本，提高效益。

15.6.2 虚拟物流的风险及管理

通过对虚拟物流概念的论述，可知虚拟物流是指多个具有互补资源和技术的成员企业，为了实现资源共享、风险共担、优势互补等特点的战略目标，在保持自身独立性的条件下，建立的较为稳定的合作伙伴关系。虚拟物流管理模式的最大好处之一就是可以在较短的时间内，通过外部资源的有效整合，实现对市场机遇的快速响应。但由于虚拟物流并没有改变各节点企业在市场中的独立法人属性，也没有消除其潜在的利益冲突。因此，虚拟物流也给各联盟企业带来了一些新的风险问题。虚拟物流组织中的风险可以分为两大类：一是来自于虚拟物流组织外部的风险，包括市场风险、金融风险、政治风险、自然灾害风险等；二是来自于虚拟物流组织内部的风险，包括能力风险、协作风险、投资风险、运行流程风险等。

虚拟物流风险管理就是以最小的成本，在分析虚拟物流风险的基础上，选择最优的风险处理技术，确保虚拟物流组织安全的一系列活动。虚拟物流作为一种现代物流管理模式，在其酝酿、组建、运行及解体等不同阶段都存在一定的风险，于是虚拟物流的风险管理是指可能遇到的风险进行预测、识别、评估、分析，并在此基础上有效处置风险，以最低成本实现最大安全保障的科学管理方法。

15.6.3 虚拟物流发展对策

1. 构建城市物流信息平台

城市物流信息平台是发展城市虚拟物流的基础。它是通过对区域内物流相关信息的采集，为生产、销售及物流企业等信息系统提供基础物流信息，满足企业信息系统对物流公用信息的需求，支撑企业信息系统各种功能的实现，同时，通过物流共享信息，支撑政府部门间行业管理与市场规范化管理方面协同工作机制的建立。它将城市物流资源整合到一起，组成城市虚拟物流企业联盟，构建城市物流体系。

2. 强化企业认识

企业对虚拟物流认识程度决定虚拟物流发展程度。企业认同虚拟物流，才会参与虚拟物流的建设。

（1）政府引导。虚拟物流的发展需要政府的支持和鼓励，第一政府应出台相关的法律法规，创造良好的虚拟物流的经营环境；第二政府出台相关财政政策，加强虚拟物流理论研究资金投入力量，完善虚拟物流理论体系；第三政府可以采取税收等手段，鼓励物流企业联盟，组建虚拟物流企业。

（2）企业宣传。虚拟物流组建者(整合商)要善于向组建伙伴陈述虚拟物流带来的好处，对于企业所关心的核心技术外泄和核心能力丧失等问题，组建者要通过客观介绍打消企业的顾虑，组建者自身也要注意采取一些措施和手段加强合作伙伴之间的信任关系。

3. 建设物流标准化体系

（1）政府部门要重视物流标准化工作。针对当前物流标准化进程中存在的问题和国际物流标准化的发展方向，政府部门要加强对物流标准化工作的重视：一方面要在计量标准、技术标准、数据传输标准、物流作业和服务标准等方面做好基础工作；另一方面，也是最为迫切的，是要加强对标准化工作的协调和组织。

（2）企业应成为物流标准制定和实施的主体。从长远看，物流标准化关系到企业的可持续发展问题，关系到企业的自身利益问题。企业应该积极参与和配合物流标准化的推广与应用。

4. 重视物流人力资源的开发

虚拟物流是知识经济时代物流企业发展趋势，人才是虚拟物流企业的核心资源和竞争力，因此必须要重视物流人力资源的开发。一方面，要加大物流人才培养和选拔力度，充分利用城市的教育资源培养和选拔相关方面的物流人才；另一方面，要支持物流人才的合理流动，加大吸引人才的力度。

15.7 第四方物流

1. 第四方物流的概念

从概念上讲，它是一个自己以及组织其他的具有互补性的服务提供商的资源、能力和技术提供一个综合解决方案的供应链集成商。很显然第四方物流是在解决企业物流基础上整合社会资源促成信息共享、资源充分利用的问题。第四方物流如图 15-5 所示。

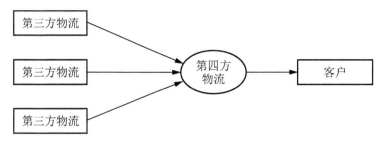

图 15-5 第四方物流的方案集成模型

2. 第四方物流的特征

（1）有能力提供一套完整的供应链解决方案，是集成管理咨询和第三方物流服务的集成商。

（2）通过对供应链产生影响的能力来实现价值，满足客户需求。

（3）第四方物流不是物流利益方。

（4）第四方物流能实现信息共享。

（5）第四方物流能整合所有物流资源。

3. 第四方物流的基本功能

（1）供应链管理功能，即从货主—托运人—用户的全过程管理。

（2）运输一体化功能，即负责运输人—物流商之间在业务操作上的衔接。

（3）供应链再造功能，即按照货主、托运人在供应链战略上的要求，及时改变或调整战略战术，使其处于高效运作状态。第四方物流的关键在于行业的最佳物流运作方案为用户服务。

4. 第四方物流的服务内容

第四方物流的服务内容主要有：①物流方案规划；②供应规划；③物流战略网络规划信息系统的规划整合；④物流和供应链管理咨询；⑤成本利润管理；⑥应用服务提供；⑦分销、运输优化规划；⑧人力资源、租赁文档管理；⑨运输货物的跟踪与监管。

5. 第四方物流的三种模式

目前第四方物流存在以下三种模式。

（1）协助提高者。第四方物流为第三方物流工作，并为第三方物流提供缺少的技术和战略技能。

（2）方案集成商。第四方物流为用户服务，并成为所有第三方物流提供商及其他提供商的联络中心。

（3）产业革新者。第四方物流用过对同步与协作的关注成为各产业成员运作的供应链。

无论第四方物流采取哪种模式，应该说都突破了单纯的第三方物流的局限，能更好地低成本运作，实现更广泛的资源整合。

典型案例

TNT打造全球绿色运输车队

目前，TNT正努力减少其陆路运输车队二氧化碳的排放量。在中国、英国和澳大利亚等国投入100辆电动卡车。TNT快递与Smith电动机车公司在伦敦联合组建了世界最大的零排放运输车队，Smith是全球最大的陆路商用电动机车生产商。新投入运营的100辆"Newton"电动卡车在未来将逐步取代柴油机车。重达7.5吨的运输卡车每年在英国的大、小城镇可减少1 299吨二氧化碳的排放。首批50辆卡车将在TNT多个分部投入运营，在伦敦开展为期18个月的测试。TNT正在欧洲主要城市对这种先进的电动机车进行调研。另一方面，TNT与中国最大的汽车生产商、电动机车制造商东风汽车公司在武汉开始了一项双电池电动运输货车的试验。该实验包括由武汉东风汽车公司设计、生产并组装的两辆轻型电动运输车。这是TNT首次在欧洲以外进行零排放试验。

2008年4月底，TNT在澳大利亚引入10辆Hino混合驱动卡车，替代以传统能源为动力的机车，TNT成为首家在澳大利亚境内使用柴油发电机驱动的混合卡车车队的公司。这种车辆每年可以减少排放二氧化碳1.6吨。与使用传统燃料的同等型号卡车相比，这种车辆能减少二氧化碳排放量14%，减少氮氧化物排放量50%。

TNT首席执行官Peter Bakker说："为使TNT成为第一个实现零排放目标的快递公司，必须使陆路运输车队更加环保。TNT正在为降低环境影响而改进经营方式，例如使办公室、仓储、电力能源更加环保以及更换电动机车等。"

（资料来源：http://www.spb.gov.cn/folder11/folder37/2008/06/2008-06-2610661.html.）

曼哈顿的退货解决方案

现代企业应该认识到退货管理的重要性，采取积极的措施节约资金、提高客户满意度。退货管理对客户关系、品牌忠诚度和净收益有着重要意义。所以执行主管应关注这一领域，了解为什么会产生退货、退货对财务的影响，以及如何降低退货。退货管理很复杂，不仅包括需要快速地再储存和再销售的产品，还包括需要修理、整修的产品，这些产品往往有保修卡，以及根据环保要求需要安全处理的产品。对于销售供应链，我们会根据不同的产品成倍增加销售渠道；同样地，逆向物流也需要增加渠道。但由于"退货"不能以同样的方式处理，而且退货占所有售出产品的20%，所以退货管理对大多数企业来说是一个棘手的问题。

为了帮助消费者处理不同的退货，曼哈顿合伙企业——美国亚特兰大一家供应链提供商与其他的软件提供商设计了新的解决方案。大多数企业都有自己处理退货的方针，要遵循许多的供应商规则，但是这些方案都不简单。据曼哈顿合伙企业逆向物流的高级总管David Hommrich介绍，其实每一个企业都会有自己的退货产品的处理政策，但是由于每一个企业的政策不同，加上操作人员对其不熟悉，使得处理退货的政策指南只能束之高阁，无人问津。因此，曼哈顿合伙企业的一个目标就是要使退货政策深入人心。曼哈顿合伙企业的"退回供应商"模型能够把所有供应商退货管理的政策纳入计划。比如说，一个DVD制造商要求每次退回的DVD数量为20。那意味着企业必须搁置19件，直到第20件到来才能处理。然而，曼哈顿的"退回供应商"模型可以自动生成一个拣选票据，并且能够把票据传输给仓储管理系统。这样，曼哈顿合伙企业就可以避免退货管理中经常出现的问题。此外，曼哈顿合伙企业的退货政策还具有"守门"功能，可以防止不符合条件的产品的退回。例如，一个制造商可能与一家批发商签订协议，不管是否是质量问题，都只允许一定比例的退货。在这种情况下，企业就必须实时掌握退货的数量。一些企业只允许批发商每季进行一次退货，另一些企业的退货数量与产品的生命周期有关。不管哪种情况，都涉及"守门"功能。曼哈顿合伙企业按照退货处理政策，以关系、产品或环境为基础，动态地解决各种情况，自主决策。

退货物流正在成为企业竞争中的重要组成部分，尤其是欧盟又将对电子产品回收执行新的规则，其重要性更趋明显。

（资料来源：http://www.56885.net/news/2012418/317876.html.）

海地地震的应急物流

2010年在地震发生一周以后，海地政府官员和人道主义机构正在努力将救援物资提供给最需要的海地居民。但是海地发生的多起骚乱事件阻碍了救援工作的正常进行。

中国东航首批执行海地地震应急物流运输队出发 运输受阻，物流不畅，极大地影响着海底地震的救灾行动与赈灾物品的发放与配送，为此全球应急物流系统启动，中国应急物流迎接挑战。东航首批执行海地地震救援任务的"航班救援队"已经于北京时间21日中午12点45分从上海飞行部正式出发，执行海底地震应急物流运输任务。上海飞行部以高度的政治使命感认真对待此次包机任务，在1月21日上午9点30分接到任务后，飞行部立即吹响了"救援集结号"，一个小时之内便顺利成立了一支由4名机长教员（杨雄南、石立新、刘凯、刘海峻）和3名成熟副驾驶（文雷、黎晶、张哲浩）组成的强大航班救援队。据了解，机组将先执行MU581航班抵达温哥华，在那里作简单休整后，预计于北京时间24日调换刚抵达温哥华的第二套救援机组，继续运送国内的医疗队和医疗器械飞往海地。据飞行部航务部经理王松介绍，此次包机任务飞行时间紧迫，航线距离极长，且地处加勒比海地区的海地在此季节上空多对流天气，震后情况非常复杂，海地机场通信、导航以及后勤保障存在许多不确定因素,给执行这次任务的机组带来极大的挑战。机组成员均有着执行重大包机任务的经验,其中机长杨雄南还执行过汶川地震救援任务,他们在出发之前都表示虽然困难重重但对完成此次任务充满信心。海地强烈地震交通瘫痪,应急物流运输取道邻国,在加勒比岛国海地1月12日七点三级强烈地震发生后,全球救灾工作及赈灾物品应急物流系统迅即启动,但地震在城海地境内交通非常差,没有火车,公路也很破旧,造成赈灾的应急物流进展十分艰难。很多援助物资取道多米尼加等邻国,然后通过陆路转到太子港。

赴海地执行救援任务的中国国际救援队乘坐的专机于北京时间14日清晨6:40左右取道温哥华国际机场补充油料、办理相关手续后飞往海地。

据介绍,武警总医院常备灾难救援战备应急仓库,医疗分队组成人员每年都要进行两次集中救援训练。医疗分队到达地震灾区后可立刻组建成一个小型医院及相应的应急配送仓库投入救援工作。

世界粮食计划署已经建立了一个物流系统,来确保运送人道主义救援物资的飞机在太子港的安全降落。我们计划派出直升飞机,找到受灾人员的集中地,发现之后立即发放食品。世界粮食计划署正在太子港建立4个人道主义物流中心,并计划在海地周围再建至少30个这样的中心。除了食品发放,世界粮食计划署还在帮助国际移民组织发放装水的容器以及净水剂。由于对食物的需求较大,世界粮食计划署在全球发出倡议,呼吁国际社会捐献1亿份即食食品,以便在紧急情况下第一时间保住灾民性命。为了保证此次大规模救援行动的实施,世界粮食计划署正在动用5条通往海地的人道主义走廊。陆路运输的食品和救灾物资将会经由邻国多米尼加进入海地,空运的物资降落在太子港的主要机场以及Borahonas的一个小型机场,水运则通过太子港的主要港口进入海地角的另一个海港。目前已经得到了共1 600万份的即食食品的提供保证,并且正在购买420万吨的补充即食品,以满足儿童对能量和营养的日常需要。

(资料来源:http://info.jctrans.com/xueyuan/czal/201210311597775_2.shtml.)

海尔的JIT精益物流

海尔"中国物流示范基地"工程,即青岛国际化物流配送中心,是海尔现代物流体系的一个示范节点。海尔现代物流先后经历了物流重组、供应链管理和物流产业化三个阶段。期间,海尔整合了集团内分散在23个产品事业部的采购、原材料仓储配送、成品仓储配送的职能,并率先提出了三个JIT的管理,即JIT采购、JIT原材料配送、JIT成品分拨物流。海尔物流建立了两个国际化物流中心,革了传统仓库的命,减少了20万平方米的平面仓库。

2004年,海尔集团每个月平均接到60 000多个销售订单,这些订单的定制产品品种达7 000多个,需要采购的物料品种达26万余种。在这种复杂的情况下,海尔物流整合以来,呆滞物资降低90%,仓库面积减少88%,库存资金减少63%。海尔建立两个国际化物流中心,改存储物资的仓库为过站式(X-DOCKING)物流配送中心,从最基本的物流容器单元化、标准化、集装化、通用化到物料搬运机械化,逐步深入到工位的五定送料管理、日清管理系统的全面改革,看板拉动式管理实现了柔性生产,每条生产线每天可以生产几十个国家上百种规格的产品,实现了JIT物流。海尔物流目前已逐步从原先的企业物流迈向的社会化物流,随着海尔社会化物流业务的不断拓展,海尔物流将真正成为企业的第三利润源泉。

(资料来源:http://wenku.baidu.com/link?url=ypzR2WekA6m_Ir4Lg-JSocPXF-q2OD51TKUVru1qI-FYm8bnGwQeIjULOtMAG4z7K_Vqk47G5wyDesfzheGFcG81ooFb-ELOZ1hSiWvED5r2C.)

宝马汽车厂的定制物流

宝马接受客户定制的订单,10天内装配完毕完成订单,这样的拉式供应链系统推动着宝马南卡罗莱那州Spartanburg制造厂的变革。和通用、福特、戴姆勒·克莱斯勒三大汽车巨头主打大众型汽车不同,宝马以豪华汽车为主。宝马出产的汽车中绝大多数都是根据顾客个性化要求进行定制的,例如新车型X5 SUV(运动型多功能车)给车主提供了8种车体结构、12种颜色、19个发动机型号和其他60多个个性化要求可供选择。因此,宝马在全球各地的经销商处只保有很有限的车辆,它把销售工作的重心放在汽车展厅上,在那里顾客可以进行观摩,并综合个性需求进行下单。

为了适应定制生产的需要,宝马对南卡罗莱那州Spartanburg的制造厂进行了扩充,重新设置了厂内布局,对物料搬运系统进行改进,实施新的软件系统,在整个制造流程中实行时信息掌控,实行接单生产和柔性生产。

2002年7月,Spartanburg制造厂采用接受顾客个性化订单、接单后10天内交货的拉式供应链模式。宝马把这种新的模式叫做"以顾客为导向的销售和生产"。

在如此短的时间内完成订单交付,延迟战略发挥了至关重要的作用。采用延迟策略,推迟个性化订单送上组装线的时间,大大缩短了订单交付的前置期。现在,当车身喷漆完毕、暂存储后风干后,再送上装配线,这意味着车主在最终装配开始前六天提交的定制要求都是有效的。

宝马在美国制造的汽车中,绝大多数都是根据顾客的明细要求定制的,把单个部件精确地、依次送上装配线对于提高制造效率是至关重要的。X5 SUV的投产和Z4 Roadster敞篷跑车生产车间的始建促使宝马专门设立生产厂的零件存放机构,接收、暂存来自欧洲和北美各个地区的零部件,然后根据制造规划和进度,拣选完成后,向组装输送。

为了适应定制生产的需要,采用以市场为导向的拉式供应链系统,借助排序中心进行接单生产,宝马在提高生产效率的同时,大大缩短定单交付的前置期,在控制成本和改善服务双方面都确立了新的竞争优势。

(资料来源:史强.现代物流概论[M].郑州:河南科技出版社,2010.)

苏州的虚拟化物流网

如果全球笔记本电脑市场发生剧烈动荡,价格飞涨,根源往往是物流不畅,这并不让人惊讶,统计资料表明,从原料到成品,生产往往只占10%时间,其他90%的时间都可能浪费在各个环节的物流过程中。但这样的情形在苏州工业园区发生的可能性微乎其微。苏州没有海港,没有机场,发展物流产业"先天不足",然而这并不妨碍苏州成为江苏省的重要国际物流转换枢纽,周边的海港如上海港、宁波港,空港如虹桥机场、浦东机场都不姓"苏",但是不求所有,但求所用,利用数以万计的制造企业在苏州聚集的规模优势,苏州物流产业将周边海、空港连接成一张四通八达的物流网，让苏州年产将近2000万台的笔记本电脑和其他产品与原材料如水银泻地般快速流向长三角以至整个世界。

苏州物流产业"变戏法"的第一招"虚拟海港"。苏州没有海港，当初大量的外资企业进出口只能到上海报关，苏州物流中心有限公司总裁陆志刚说当时上海港非常繁忙，一般需要一周时间才能办完，进出口企业苦不堪言，苏州因此提出上海海关能否虚拟延伸到苏州工业园区，企业的进出口货物直接在苏州报关，上海港免检，该方案得到国家的批准，苏州因此有了一个"虚拟海港"，物流时间大为缩短。

随着经济的发展，海运已经满足不了苏州企业的胃口，效率更高、速度更快的空运成为物流重要选项，但是苏州没有机场，货物要到上海虹桥、浦东机场报关，时间上都有所耽误，苏州因此提出"虚拟空港"的概念，建立了上海机场与苏州工业园区间的空陆联程快速通关模式(SZV)，空运货物在苏州报关一次即可，苏州的空中快线由此打通。

在"虚拟海港"、"虚拟空港"之后接踵而至的是"虚拟香港"。2004年5月，苏州物流中心成为全国首家试点"保税物流中心(B型)"，在保税物流中心内，同一产业链上居于不同环节的企业进行交易时不征收增值税，企业不必再挖空心思花费大量运费将产品拉到香港再原样返回内地，保税物流中心成为苏州的"香港"。

三招"虚拟化"生存手段使完，苏州并没有就此沉寂，VMI(供应商库存管理体系)与DC(物流配送中心)服务是苏州物流中心最新亮出的"两板斧"。陆志刚介绍VMI与DC实际上是一种仓储的第三方托管服务，物流公司提供独立、专业、细分的仓储、配送服务，客户不需要专门的人力、物力建造自己的仓库，实现"零库存"，资金"零投入"，从而节省大量资金加强生产和研发；另外一方面，物流公司由于具备强大的运输网络和信息资源，在一定距离内，对客户的物流需求能够第一时间反应，为平滑生产提供保障。

VMI与DC的引入为苏州物流中心创造了新的经济增长点。2006年，苏州物流中心园区监管的进出口货值为190亿美元，今年预计将达到300亿美元，增加58%。在总的业务量中，VMI与DC等第三方物流服务业所占的比重已经增加到20%到30%之间。入驻苏州物流中心的锦海捷亚公司总经理助理徐逞说他的公司2004年已经着手研究VMI业务，目前该业务的占比在35%左右，在将来的总业务量中将占到80%。去年12月苏州工业园综合保税区获得国务院批复同意设立，包括VMI与DC服务在内的现代物流产业获得了更为宽广的增长空间。

（资料来源：http://info.1688.com/detail/1025145709.html.）

本 章 小 结

本章主要介绍了绿色物流的概念、特征、作用、内容和实现绿色物流的措施。
逆向物流的概念、特征、作用、内容和实现逆向物流的措施。
应急物流的概念、特征、作用、内容和应对应急物流的措施。
精益物流的概念、特征、作用、内容和实现精益物流的措施。
定制物流的概念、特征、作用、内容和实现定制物流的措施。
虚拟物流的概念、特征、作用、内容和实现虚拟物流的措施，以及第四方物流的概念、特征、作用、内容和模式。

练 习 题

一、不定项选择题

1. 绿色物流的内容有（　　）。
A. 节约资源　　　　B. 绿色运输　　　　C. 绿色仓储
D. 绿色包装　　　　E. 废弃物流

2. 绿色物流的特点有（　　）。
A. 学科交叉性　　　B. 多目标性　　　　C. 多层次性
D. 时域性　　　　　E. 地域性

3. 逆向物流的特点有（　　）。
A. 分散性　　　　　B. 缓慢性　　　　　C. 混杂性
D. 多变性　　　　　E. 不确定性

4. 应急物流的特点有（　　）。
A. 突发性和不可预知性　　　　　B. 应急物流需求的随机性
C. 时间约束的紧迫性　　　　　　D. 弱经济性

5. 企业系统的精益化的内容包括（　　）。
A. 组织结构的精益化　　　　　　B. 系统资源的精益化
C. 信息网络的精益化　　　　　　D. 业务系统的精益化
E. 服务内容及对象的精益化

6. 精益物流的目标包括（　　）。
A. 以客户需求为中心　　B. 准时　　　C. 快速
E. 降低成本　　　F. 系统集成　　　G. 信息化

7. 定制物流的特点包括（　　）。
A. 以客户需求为导向
B. 以现代信息技术和物流技术为支持
C. 以物流功能模块化、标准化为基础
D. 以整体价值最大化为目标
E. 以网络化物流为发展方向

8. 大规模定制物流的特征包括（　　）。
A. 以客户需求为导向
B. 以现代信息技术和物流技术为支持
C. 以物流细分为手段
D. 以物流功能模块化、标准化为基础

9. 虚拟物流的特点包括（　　）。
A. 信息化　　　B. 自动化　　　C. 智能化　　　D. 柔性化

10. 虚拟物流的要素包括（　　）。
A. 虚拟物流组织　　　　　　　　B. 虚拟物流储备

C. 虚拟物流配送　　　　　　　　D. 虚拟物流服务

11. 第四方物流的特征包括（　　）。

A. 集成管理咨询和第三方物流服务的集成商

B. 通过对供应链产生影响的能力来实现价值，满足客户需求

C. 第四方物流不是物流利益方

D. 第四方物流能实现信息共享

E. 第四方物流能整合所有物流资源

12. 第四方物流的基本功能有（　　）。

A. 供应链管理功能　　　　　　　　B. 为运输一体化功能

C. 为供应链再造功能

二、简答题

1. 绿色物流的作用有哪些？
2. 逆向物流的作用有哪些？
3. 应急物流的作用有哪些？
4. 精益物流的目标有哪些？
5. 定制物流的特点有哪些？
6. 虚拟物流的作用有哪些？

三、分析应用题

1. 如何理解实现绿色物流的措施？
2. 如何理解实现逆向物流管理的措施？
3. 如何理解应对应急物流的措施？
4. 如何理解实现精益物流的措施？
5. 如何理解实现定制物流的措施？
6. 如何理解实现虚拟物流的风险管理？

四、综合案例分析题

贝克啤酒的绿色运输

船舶运输是贝克啤酒出口营业的最主要运输方法是式。贝克啤酒厂邻近不来梅港，是其采纳海运的最大优势。凭借全自动化设备，尺度集装箱，可在8分钟内罐满啤酒，15分钟内完成一切发运手续。每年，贝克啤酒经海运发往美国的啤酒就达9000TEU(1 标箱＝20 集装箱)。

之所以选择海运方式，贝克啤酒诠释为了环保。欧洲甚至世界规模陆运运输的堵塞和污染日益严重，贝克啤酒选择环保的方式，不仅节约了运输成本，还为自己贴上了环保的金色印记。

思考题：

（1）贝克啤酒厂为什么选择海运方式？

（2）如何理解"贝克啤酒选择环保的方式，不仅节约了运输成本，还为自己贴上了环保的金色印记"这句话？

（3）贝克啤酒厂这种做法对其他企业有什么启示作用？

Henderson 电器公司成功的逆向物流

Henderson 电器公司最近开发了一套逆向物流系统,以管理其来自主要经销商的返品。尽管有一些产品是在顾客那里损坏的,但主要的损坏还是来自运送途中。作为逆向物流领域的一个新丁,公司为此从头开始设计了一个高效信息系统,这对公司来说多少有点奢侈。这个系统帮助 Henderson 公司将每个顾客的每一个返品都同初始订单、初始制造厂和制造商的数据联系起来。公司的产品和质量工程师利用这些数据评定制造上的缺陷,提高流程,甚至重新设计包装以杜绝以后低劣产品的出现。公司的最终目标是消除运送途中造成的返品,因为这类返品的比率极高。例如,当某种类型的损坏时常发生时,工程师就会重新设计产品包装以防止运输途中类似情况的再发生。这种改革极大地节约了成本,提高了公司过去两年的收入。

思考题:
(1) Henderson 电器公司为什么要开发了一套逆向物流系统?
(2) 这个系统对 Henderson 公司有什么帮助?
(3) Henderson 电器公司公的最终目标是什么?

汶川地震应急物流

2008 年 5 月 12 日 14 时 28 分 04 秒,我国四川省汶川县发生里氏 8.0 级大地震。此次地震震中位置为汶川映秀镇,地震波及范围之大,30 多年来罕见。汶川特大地震灾害发生后,在政府和广大人民群众的共同努力下,救援工作迅速展开,救援人员克服重重困难,极大限度地挽回受灾群众的生命和财产损失。

在地震发生后,当地政府快速启动应急物流预案,第一时间将物资运往前线合理利用各项物流资源,及时有效将应急物资运往灾区,利用多种方式筹集应急物资,地震发生后两天,民政部调空了在哈尔滨、沈阳等 10 个城市的中央级紧急物资储备库灾前库存的约 18 万顶帐篷。然而,为安置川、陕、甘三省无处安身的灾民,共需 300 多万顶帐篷。但仍然还存在着应急物资数量不足的情况,由于自然灾害有不确定性,这必然导致应急物资需求的不确定性,储备的应急物资很难与应急物资的需求相匹配。

思考题:
(1) 汶川大地震发生后当地是如何采取应急物流措施的?
(2) 当地在采取应急物流措施中还有哪些不足?
(3) 汶川大地震的发生对我国的应急物流有什么启示作用?

中国邮政精益物流系统

中国邮政物流的发展,无疑为中国邮政体制改革之后的强劲发展起到了倍增器的作用,并且为中国物流业的发展及其进一步扩大市场竞争产生的积极的影响。国家邮政局物流发展实施方案确定将邮政物流市场定位于电子、医药、日用护理、出版、烟草等行业中的高附加值、小品种、小质量、多批次、高时效性的奖品是符合邮政自身发展特点的,这些产品所具有的特点将决定了中国邮政物流朝着小而精的方向发展;同时,由于电子、医药、图书等产品具有不同的物流运作特征,这又决定了邮政物流服务的多样性与个性化。因此,在邮政物流中引入精益思想,提供精益的物流服务将为广阔的中国邮政物流发展空间提供理论与实践上的支撑。中国邮政精益物流系统属于一种拉动型的物流系统,它与以顾客需求为驱动的供应链相一致，物流活动过程中的价值物流流动要靠下游顾客来拉动；中国邮政精益物流是高质量的物流系统，系统中广泛深入的服务网络以及电子化的信息流保证了信息流动的速度与准确性，还可有效减少冗余信息传递减少作业环节，使得物流服务准时、准确、快速，具备高质量的特性。

思考题：
（1）国家邮政局物流发展实施方案确定将邮政物流市场定位是什么？
（2）中国邮政精益化物流的内容什么？
（3）中国邮政精益化物流目标有哪些？

沃尔沃的定制物流新理念——反营销

"北京要加速发展高新技术产业和现代服务业，决定了所有高附加值的产品和大量的消费品必须通过物流出入。"吴瑜章说，"作为一个现代大都市，经济高速发展与优良高效的物流运输是分不开的。"吨位×速度×完好率＝耗费，这不仅是企业的成本，也是整个城市的成本，关系到整个城市的国际综合竞争能力。做营销出身的吴瑜章却为沃尔沃卡车的销售提出了一个"反营销"的说法，"我们不提供产品。我们提供全方位的解决方案，产品仅是整体方案的一部分。"

吴瑜章表示，沃尔沃卡车销售的不仅仅是车，更重要的是沃尔沃卡车为其客户建立最有效的运营方式。沃尔沃卡车对每位客户的运营状况进行细致分析，针对每位客户的实际需求，提供一份运行测算——涵盖客户今后5年内每个月的产品运转情况，每个阶段所实行不同费用的管理制度，甚至包括油价的涨跌所带来的影响。这个分析报告将帮助客户获得物流业的"赢利点"。借"为客户创造最高的营运价值"的理念，秉承"引领中国物流运输现代化进程，促进中国物流交通向欧美国家的高效率、高效能、低耗费、低排放的方向发展"，是沃尔沃卡车帮助贵族客户创造更多财富的基础。

思考题：
（1）如何理解本案例中"反营销"的说法？
（2）如何理解本案例中"为客户创造最高的营运价值"的理念？
（3）沃尔沃的定制物流新理念——"反营销"对其企业有什么启示？

参 考 文 献

[1] 叶怀珍. 现代物流学 [M]. 2版. 北京:高等教育出版社,2006.
[2] 汝宜红. 现代物流 [M]. 2版. 北京:清华大学出版社,2012.
[3] 田源. 物流管理概论 [M]. 北京:机械工业出版社,2006.
[4] 张永强. 物流管理概论 [M]. 北京:电子工业出版社,2006.
[5] 毕新华. 现代物流管理 [M]. 2版. 北京:科学出版社,2012.
[6] 蔡淑琴. 物流信息与信息系统[M]. 北京:电子工业出版社,2007.
[7] 董千里. 物流企业运作与实务 [M]. 北京:人民交通出版社,2005.
[8] 丁溪. 现代物流学 [M]. 北京:中国商务出版社,2008.
[9] 王之泰. 新编现代物流学[M]. 3版. 北京:首都经济贸易大学出版社,2012.
[10] 杨晓雁. 供应链管理 [M]. 上海:复旦大学出版社,2005.
[11] 马士华. 供应链管理 [M]. 3版. 北京:机械工业出版社,2010.
[12] 贺东风. 物流系统规划与设计[M]. 北京:中国物资出版社,2006.
[13] 黄福华. 现代企业物流管理[M]. 北京:科学出版社,2010.
[14] 吴彬,孙会良. 物流学基础 [M]. 北京:首都经济贸易大学出版社,2006.
[15] 李创,王丽萍. 物流管理 [M]. 北京:清华大学出版社,2008.
[16] [日]汤浅和夫. 物流管理[M]. 张鸿,译. 上海:文汇出版社,2002.
[17] [日]菊池康也. 物流管理[M]. 丁立言,译. 北京:清华大学出版社,2001.
[18] 蒋长兵. 现代物流学导论 [M]. 北京:中国物资出版社,2006.
[19] 郎会成,蔡连桥. 物流经理业务手册:掌握工作方法与技巧的捷径[M]. 北京:机械工业出版社,2007.
[20] 帅斌. 物流经济 [M]. 成都:西南交通大学出版社,2005.
[21] 丁俊发. 中国物流[M]. 北京:中国物资出版社,2007.
[22] 刘志学. 现代物流手册[M]. 北京:中国物资出版社,2004.
[23] 丁立言. 物流系统工程 [M]. 北京:清华大学出版社,2006.
[24] 吴健. 现代物流学[M]. 北京:北京大学出版社,2010.
[25] 赵启兰. 企业物流管理 [M]. 2版. 北京:机械工业出版社,2011.
[26] 吴清一. 物流管理 [M]. 北京:中国物资出版社,2005.
[27] 李振. 物流学 [M]. 北京:中国铁道出版社,2005.
[28] 刘宗凤. 现代物流管理概论[M]. 北京:中国物资出版社,2006.
[29] 刘延平. 物流统计学[M]. 北京:清华大学出版社,北京交通大学出版社,2006.
[30] 董白波. 运输管理学 [M]. 上海:上海大学出版社,2009.
[31] 王子建. 电子商务物流应用[M]. 北京:机械工业出版社,2006.
[32] 崔介何. 物流学 [M]. 4版. 北京:北京大学出版社,2014.
[33] 邹辉霞. 供应链物流管理[M]. 2版. 北京:清华大学出版社,2009.
[34] 张树山. 物流企业管理学 [M]. 北京:中国铁道出版社,2007.
[35] 周建亚. 物流基础[M]. 北京:中国物资出版社,2007.
[36] 齐二石. 物流工程 [M]. 北京:高等教育出版社,2006.

北大版·物流专业规划教材

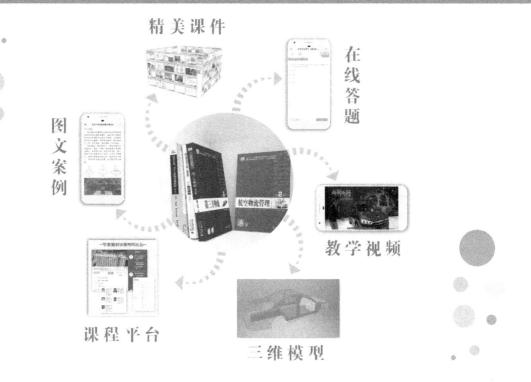

本科物流

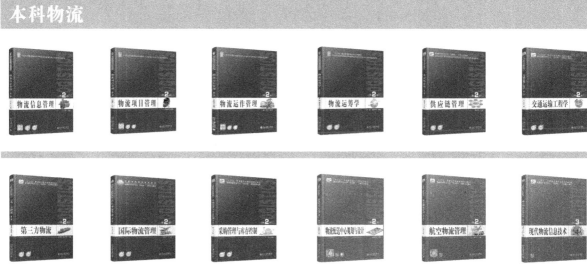

高职物流

扫码进入电子书架查看更多专业教材,如需申请样书、获取配套教学资源或在使用过程中遇到任何问题,请添加客服咨询。